Daheim in www.cibervalle.com

Heike Mónika Greschke

I0094970

Qualitative Soziologie · Band 10

Herausgegeben von

Jörg R. Bergmann
Stefan Hirschauer
Herbert Kalthoff

Die Reihe „Qualitative Soziologie" präsentiert ausgewählte Beiträge aus der qualitativen Sozialforschung, die methodisch anspruchsvolle Untersuchungen mit einem dezidierten Interesse an der Weiterentwicklung soziologischer Theorie verbinden. Ihr Spektrum umfasst ethnographische Feldstudien wie Analysen mündlicher und schriftlicher Kommunikation, Arbeiten zur historischen Sozialforschung wie zur Visuellen Soziologie. Die Reihe versammelt ohne Beschränkung auf bestimmte Gegenstände originelle Beiträge zur Wissenssoziologie, zur Interaktions- und Organisationsanalyse, zur Sprach- und Kultursoziologie wie zur Methodologie qualitativer Sozialforschung und sie ist offen für Arbeiten aus den angrenzenden Kulturwissenschaften. Sie bietet ein Forum für Publikationen, in denen sich weltoffenes Forschen, methodologisches Reflektieren und analytisches Arbeiten wechselseitig verschränken. Nicht zuletzt soll die Reihe „Qualitative Soziologie" den Sinn dafür schärfen, wie die Soziologie selbst an sozialer Praxis teilhat.

Daheim in www.cibervalle.com

Zusammenleben im medialen Alltag der Migration

von Heike Mónika Greschke

Lucius & Lucius

E-Mailanschrift der Autorin:
mafalda33@gmail.com

Bibliografische Information der Deutschen Nationalbibliothek
Die Deutsche Nationalbibliothek verzeichnet diese Publikation in der Deutschen
Nationalbibliografie; detaillierte bibliografische Daten sind im Internet über
http://dnb.d-nb.de abrufbar.

ISBN 978-3-8282-0466-9
ISSN 1617-0164

© Lucius & Lucius Verlagsgesellschaft mbH, Stuttgart 2009
   Gerokstr. 51, D-70184 Stuttgart
   www.luciusverlag.com

Satz: Sibylle Egger, Stuttgart
Umschlagentwurf: Isabelle Devaux, Stuttgart
Druck und Einband: Rosch-Buch, Scheßlitz
Printed in Germany

Für Angie

Danksagung

Frauen – so sagt man – fehlt es in der Wissenschaft an „Role Models"; an Vorbildern also, die dadurch, dass sie so sind, wie sie sind, andere dazu ermutigen, ihnen auf dem beschwerlichen Weg in die Wissenschaft zu folgen. Ich habe das außerordentliche Glück, dass der Weg wissenschaftlicher (Selbst)Erkundung, von dem dieses Buch erzählt, von Personen begleitet wurde, die mir auch in einem kreativeren Sinne Vorbilder sind. Ich danke allen voran Jörg Bergmann, Bettina Heintz, Ruth Ayaß und Luis Guarnizo, die mich dadurch, dass sie so sind, wie sie sind, ermutigt haben, der eigenen Neugier zu folgen; die ihr Wissen, ihre Erfahrung und ihre Freude am Forschen mit mir geteilt haben, um einem unbekannten Phänomen auf den Grund zu gehen. Für kreative Datensitzungen, überraschende Einsichten und kritische Fragen danke ich dem EMKA-Arbeitskreis und dem Graduiertenkolleg „Weltbegriffe und globale Strukturmuster" an der Universität Bielefeld. Für Zweifel an zu eindeutigen Interpretationen und Anstöße zum Weiterdenken danke ich besonders Sarah Hitzler, Anja Jacobi, Antonia Krummheuer und Paul Mecheril. Der Deutschen Forschungsgemeinschaft und der Universitätsgesellschaft sei für die finanzielle Unterstützung gedankt, ohne die weder die Forschung noch ihre Publikation möglich gewesen wäre. Schließlich gilt mein Dank den Bewohner/innen von Cibervalle für die vorbehaltlose Herzlichkeit, mit der sie mich als Fremde aufgenommen und zu einer der Ihren gemacht haben; meiner Mutter für ihr uneingeschränktes Vertrauen.

Im April 2009   Heike Mónika Greschke

Inhalt

A Medien – Alltag – Migration 1

1. Einleitung 3
2. Tragödie im Supermarkt Ycua Bolaños 7
3. Die Herstellung von Globalität im medialen Alltag der Migration 19
4. Eine globale Lebenswelt ‚à l@ paraguay@' 23
   Globale Formen des Zusammenlebens 24
   Globalität als Ermöglichung reflexiver Selbstwahrnehmung in einem
   globalen Beobachtungshorizont 25
5. Methodologische Herausforderungen und Buchstruktur 27
   Reflexiv-methodologische Annäherung an eine techno-soziale
   Wirklichkeit 28
   Überblick über die Buchstruktur 29

B *Fremd ist der Fremde nur in der Fremde?*
Über die Kunst ethnographischer Verortung in einer globalisierten
Welt 31

6. Die Ethnographin und ihre Felder in der Weltgesellschaft 33
7. „Multi-sited Ethnography": Ein Forschungsprogramm für die
   (mediatisierte) Weltgesellschaft? 39
8. Per Mausklick ins Forschungsfeld? – Ethnographie in der
   Internetforschung 42
   Alltag im Internet: Virtuelle Ethnographie 43
   Internet im Alltag: Ethnographie der lebensweltlich kontextualisierten
   Internetnutzung 44
   Die Bedeutung des Internets für transnationale Populationen 44
   Von Trinidad zum Internet 45
   Bin ich drin? – Methodologische Reflexion der Zugänglichkeit
   computervermittelter Forschungsfelder 46
Exkurs: Ethnomethodologische Anmerkungen zur Ethnographie 47
   Das „unique adequacy requirement" 47
   „Becoming member" als methodologisches Prinzip 48
9. Die methodische Gestalt Cibervalles 51
   Fallzentrierte Konstruktion des Forschungsfeldes 51
   Feldzugang in Etappen 53
   Follow the people: Die ethnographische Dackelmethode 53
   Follow the technology: Formatsänderungen als techno-soziale
   Hybridisierung 54
   Das Datenmaterial 55

10. Ein- und Aussteigen in einem plurilokalen computervermittelten
Forschungsfeld 56
What's going on here? – Annäherungen an Cibervalle 56
Positionswechsel vom Lurker* zum Member 56
„Hier und dort sein" – „hier oder dort sein": Wohin führt mobile
Ethnographie? 60
„Eine traurige Nachricht über Mafalda" – Die Solidargemeinschaft
braucht ihre Notfälle 62
Migration im Cyberspace: Wenn statt der Forscherin das Feld
aussteigt 62

C Die sozialen Landschaften Cibervalles **65**

11. Paraguay: Eine Migrationsgeschichte 68
Im-migration, **E**-migration oder **Trans**-migration?
Eine Frage der Perspektive 72
(Trans)national oder sozial? – Geografie-machen in der Migration . . 75
Die Entstehung Paraguays als geopolitischer Raum in der
Weltgesellschaft 77
Paraguay statistisch und empirisch besehen 82
„Lebende Grenzen" – Migration und die Konstitution sozialer Räume 85
Innere Grenzen: Mennonitische Gemeinden im Chaco 86
Grenzverschiebungen: Enklaven für den Weltmarkt in der
Grenzregion zu Brasilien 89
Grenzverkehr: Pendelmigration zwischen Paraguay und Argentinien 92
„Proud American-USA" – Die translokale Gemeinde ‚Caraguatay' . . 97
Zum Verhältnis von Flächen- und Sozialraum in Paraguay 99
Migration und ‚Nationbuilding' 101
12. Wo und mit wem man Tereré* trinkt: Cibervalle ‚multi-sited' 106
Der virtuelle Sozialraum Cibervalle 106
Geografische Verteilung der Nutzer/innen und lokale Subgruppen . . 107
Lebensweltliche Kontexte der Nutzer/innen und sozialstrukturelle
Zusammensetzung Cibervalles 109
„Ein Fenster nach Paraguay" – Die Bedeutung Cibervalles in der
Migration 114
„Ein Fenster zur Welt" – Die Bedeutung Cibervalles für die
Nutzer/innen in Paraguay 121
Globales Netzwerk oder nationale Gemeinschaft? –
Dimensionen sozialer Formierung in Cibervalle 125

D Die kommunikative Architektur Cibervalles **133**

13. Analyse von internetbasierter Kommunikation 135
    Konversationsanalyse und Internetkommunikation 136
    Logfiles von Diskussionen im Online-Forum und
    Chat-Konversationen als natürliche Transkripte? 138
    Gattungsanalyse und Internetkommunikation 140
    Das Online-Forum als kommunikative Gattung? 141
    Ansatz zur Analyse der kommunikativen Architektur Cibervalles ... 144
14. Aufbau und techno-soziale Evolution des Cibervalle-Forums 146
    Die Forumskommunikation 146
    Zeitstrukturen 151
    „Es war einmal ..." – Die Evolution der Forumskommunikation ... 155
    Das Verhältnis von Asynchronität und Synchronität 157
    Erweiterung der Ausdrucksmöglichkeiten 161
    Thematische Erweiterung und Koordination der Kommunikation .. 163
    „Diskussion beendet!" – Regeln des Rederechts in Cibervalle 167
15. Globales Zusammenleben in Cibervalle 169
    Buddy-Listen als Deutungsgemeinschaften 172
    Gemeinsame virtuelle Reisen durch die Alltagswelt Cibervalle 174
    Die Virtualisierung von Anwesenheit und Interaktion 177
    Globale Interaktion: Kommunikation unter virtuell Anwesenden ... 179
    Geteilte Anwesenheiten: Die Überlappung lokaler und virtueller
    Sozialräume 182
    Grade von Anwesenheit 184
    Zusammenleben im Cyberspace? 186
16. „Jetzt schaut euch die Welt zu!" – Wie Cibervaller@s im Alltag zu
    global playern werden 189
    Blinde Flecken auf der medialen Weltkarte: Die Unwahrscheinlichkeit
    von Globalität 191
    Alltag unter Beobachtung: Öffentlichkeit als Strukturmerkmal 195
    „Hallo, ich bin neu!" – Form und Funktionen der
    Begrüßungskommunikation 196
    „Hallo an alle!" – Multiple Adressierungen und imaginierte Publika . 211
    Zelebrieren, fotografieren, kommentieren: Praktiken der
    Glokalisierung 213
    „Tragödie im Supermarkt Ycua Bolaños" 227
    Strukturen einer globalen Lebenswelt 238

Schlussbetrachtung 241
Glossar 245
Literaturverzeichnis 247

A
Medien – Alltag – Migration

1. Einleitung

„Es ist wahr, ohne dass du es merkst, verwandelt sich Cibervalle in deinen Alltag, mindestens einmal am Tag musst du hin, um zu sehen, was los ist, ob es auch allen gut geht, ob auch niemand Kummer hat, wie Eduardo sich heute frisiert hat um zur Arbeit zu gehen, ..." (Ana, Frankreich, *Cibervalle-Forum*)[1].

Die Idee zu der vorliegenden Forschungsarbeit hat sich aus Beobachtungen ergeben, die ich während mehrerer Aufenthalte in Paraguay, Bolivien und Spanien in der Zeit zwischen 1999 und 2003 gemacht habe. Ich stellte fest, dass Migration und Migrationsabsichten in den beiden südamerikanischen Ländern in Gesprächen im Alltag und in den Massenmedien häufig thematisiert wurden. Gleichzeitig war mir sowohl in den beiden südamerikanischen Ländern als auch in Spanien die Vielzahl an kommerziellen Internetcafés aufgefallen, die in kürzester Zeit wie Pilze aus dem Boden zu schießen schienen. Während ich in den Internetcafés in Bolivien und Paraguay meine E-Mail-Korrespondenz erledigte, sah ich neben mir oft ältere Menschen sitzen. Manchmal hatten sie kleine Kinder dabei und ließen sich von einer der Mitarbeiter/innen[2] den Umgang mit dem Computer erklären. Diese Beobachtungen irritierten mich, war ich doch bisher davon ausgegangen, dass das Internet eine Technologie ist, die sich in erster Linie in den Industriestaaten etabliert und vor allem von jüngeren Generationen genutzt wird. Was hatten die vielen Internetcafés in den von Armut gezeichneten Städten Boliviens und Paraguays zu suchen? Und was machten die Leute dort?

Etwa eineinhalb Jahre nach dem letzten Aufenthalt in Südamerika, während meines Studiums in Sevilla, machte ich die Beobachtung, dass die Internetcafés dort, neben dem Zugang zum Internet, meist auch günstige Tarife für Telefonate und Geldtransfers, insbesondere in die Länder Mittel- und Südamerikas anboten. In den Seminaren, die ich am *Departamento de Antropología social* der *Universidad de Sevilla* belegte, sprach man derweil von einer Zunahme an Migrationsbewegungen nach Spanien, insbesondere aus den Ländern Mittel- und Südamerikas und von einer Verdichtung der Migrationsbeziehungen zwischen Herkunfts- und

---

[1] Auch wenn die Kommunikation im Forum öffentlich ist und den Nutzer/innen diese Grundbedingung bewusst ist, habe ich, in Absprache mit den Protagonist/innen meiner Forschung, den Namen des Forums sowie die Namen und Nicknamen der Teilnehmer/innen anonymisiert. Dies war zum Schutz meiner Informant/innen nötig, die mir Einblicke in ihre privaten Lebenswelten und Gedanken gewährt haben, die oftmals über das hinausgehen, was sie in einem öffentlichen Diskussionsforum oder vor anderen Mitgliedern der Cibervalle-Gemeinschaft von sich zeigen würden. Für das Vertrauen, das mir vonseiten vieler Einzelpersonen entgegengebracht wurde, bedanke ich mich herzlich.

[2] Die männliche und weibliche Schreibweise werden in diesem Buch entweder gleichzeitig oder in nicht systematisch abwechselnder Form verwendet. Soweit Eigenbegriffe des Feldes zur Sprache kommen, wird eine im Spanischen mögliche Form der Inklusion beider sozialen Geschlechter benutzt. Dabei wird das @-Zeichen verwendet (z.B. Cibervaller@s), das sich gleichzeitig als a (Femininum) und o (Maskulinum) lesen lässt.

Aufenthaltsländern, die auf sogenannten „transnationalen Praktiken" der Migration beruhten. Ich hatte den Eindruck, dass meine Beobachtungen in Paraguay und Bolivien mit denen in Spanien in Zusammenhang stünden, dass es also interessant sein könnte, die Nutzung der neuen Medien in Migrationskontexten zu untersuchen. Ich begann zu recherchieren und stellte fest, dass es zwar unzählige Webseiten, Diskussionsforen, News-Groups und vieles mehr in spanischer Sprache gibt, die sich offenkundig an Personen in der Migration richten oder von ihnen genutzt werden, aber kaum sozialwissenschaftliche Studien zu finden sind, die dieses Phänomen behandeln.

Während ich im WWW nach empirischen Anknüpfungspunkten für die Konzeption meiner Forschung suchte, stieß ich zufällig auf ein paraguayisches Webportal mit einem öffentlich zugänglichen Online-Diskussionsforum. WWW.Cibervalle. com[3] bietet Paraguayer/innen aus allen Teilen der Welt einen virtuellen Treffpunkt, den allerdings auch viele der überwiegend paraguayischen Nutzer/innen zufällig erreichen, während sie das WWW nach Informationen über Paraguay durchsuchen.

> „Ich bin zufällig hierher geraten. Ich habe die Seite besucht, um die Suchmaschine zu benutzen und die wichtigsten Nachrichten zu lesen. Ich habe dann einige Tópicos*[4] gelesen, so begann ich die Persönlichkeiten kennen zu lernen, rauszufinden, wer wessen Rivale ist, welche sich untereinander kannten, die Konfliktiven, die Streithähne, diejenigen, die sich über das Leben beschweren etc. etc. Rafael und Anita machten mich ganz schwindelig, sie hatten Dutzende von Töchtern und Nichten, ich verstand ihre Beziehung zu Blümchen nicht, die in Ciudad del Este lebt, wo die beiden doch in Europa sind" (Sandra, Paraguay, *Cibervalle-Forum*).

Wie Sandra war auch ich zunächst verwirrt und gleichzeitig fasziniert von dem, was im Cibervalle-Forum passierte. Viele der Beiträge, die ich am Anfang las, handelten von migrationsspezifischen Themen. Ich lernte viel über das Wie und Wohin der Migration, über Motive und Ängste, über die Probleme des Lebens in der Migration und darüber, wie sich die Forumsnutzer/innen gegenseitig unterstützen. Die Kommunikation im Cibervalle-Forum erschien mir dabei merkwürdig vertraut. Viele der Nutzer/innen schienen sich untereinander zu kennen, dabei lebten sie doch tausende von Kilometern voneinander entfernt. Wie konnte das gehen? Es schien keinen inhaltlichen Fokus zu geben, die Cibervaller@s diskutierten über Gott und

---

[3] Cibervalle [ˌieberbaˈle] ist ein Pseudonym für das Diskussionsforum, das den gleichen Namen trägt wie das Webportal, an das es angegliedert ist und mit dessen Namen die Nutzer/innen auch ihre Gemeinschaft und sich selbst (Cibervaller@s) bezeichnen. Cibervalle setzt sich aus der hispanisierten Form der englischen Vorsilbe „Cyber-" und dem Wort „valle" [guar.: zuhause] zusammen.

[4] Eigenbegriffe aus dem Feld, die sich schwer übersetzen lassen bzw. die für den kulturellen Haushalt der Cibervalle-Formation von zentraler Bedeutung sind, werden im Original belassen, mit einem * gekennzeichnet und im Glossar erklärt, das im Anhang des Buches zu finden ist.

die Welt, stritten und versöhnten sich, ständig kamen neue Teilnehmer/innen hinzu, die von den anderen herzlich begrüßt wurden. Es gab Fotos von einem „Friedensvertrag", der zwischen zwei Teilnehmern geschlossen worden war. Glaubt man den Kommentaren zu den Fotos, waren sich die beiden bei dieser Zusammenkunft jedoch zum ersten Mal leibhaftig begegnet. Was sollte das alles?

Im Laufe der zwei Jahre, in denen ich die Aktivitäten in Cibervalle verfolgt und mich zeitweise an ihnen beteiligt habe, sind mir das Forum, seine Nutzer/innen und die Lebensweise der Cibervaller@s immer verständlicher und vertrauter geworden. Genauso ist das Lesen und Schreiben im Diskussionsforum von Cibervalle für viele der Nutzer/innen nach einer Weile zur Routine geworden und die tägliche Kommunikation mit den anderen Nutzer/innen macht nun einen selbstverständlichen Teil ihrer sozialen Beziehungen aus. Cibervalle wird beinahe unbemerkt zum Alltag, wie Ana im eingangs zitierten Beitrag feststellt. In kreativer Aneignung der Kommunikationsmedien, die sich im Internet vereinen, haben die Nutzer/innen Cibervalle zu einer Lebensgemeinschaft gemacht. Cibervalle erlaubt seinen Nutzer/innen, jeglicher geografischer Entfernung zum Trotz, zusammen zu leben und einen Teil ihres Alltags gemeinsam zu gestalten. Aber was heißt überhaupt Alltag und Zusammenleben in diesem Fall? Wie kann sich ein Diskussionsforum im Internet in jemandes Alltag verwandeln? Und wo geht Ana hin, um zu sehen, ob es allen gut geht? Wie kann sie Eduardos aktuelle Frisur sehen, wenn sie in einem ganz anderen Land lebt als er? Aufgrund der Annahme, dass eine computervermittelte Lebensform, wie sie in diesem Buch beschrieben wird, den meisten Leser/innen fremd ist, wird die Arbeit mit einer ethnographischen *Doku-Fiktion* eingeleitet, die einen Einblick in das Leben in Cibervalle ermöglichen soll. Die folgende Erzählung hat dokumentarischen Charakter insofern, als sie ein Ereignis fokussiert, das tatsächlich stattgefunden hat und Daten in den Mittelpunkt stellt, die vom Feld selbst produziert wurden. Es handelt sich dabei um einen Tópico*, einen Diskussionsthread aus dem Cibervalle-Forum, der die Kommunikation zwischen verschiedenen Mitgliedern abbildet[5], die den Brand im Supermarkt Ycua Bolaños von verschiedenen geografischen Orten aus gemeinsam verfolgt haben. Dieser tragische Brand hat im August 2004 nicht nur mehr als vierhundert Men-

---

[5] In der *Doku-Fiktion* werden alle Datenbeispiele in der deutschen Übersetzung dargestellt. Um den interpretativen Gehalt der Übersetzung möglichst gering zu halten, habe ich mich um eine möglichst wörtliche Übersetzung bemüht und dabei beispielsweise auch den, für die Forumskommunikation typischen, etwas nachlässigen Gebrauch von Satzzeichen, Groß- und Kleinschreibung, etc. in der Übersetzung berücksichtigt. Um meine Interpretationen für die Leser/innen transparent zu machen, werden vor allem im kommunikationsanalytischen Teil des Buches alle Textbeiträge aus dem Diskussionsforum und die Konversationen aus dem Instant Messenger* im Original *und* in der deutschen Übersetzung abgebildet. Zitate aus Gesprächen, die ich im Feld geführt habe, werden in der deutschen Übersetzung dargestellt.

schen das Leben gekostet, sondern Paraguay für kurze Zeit in den Blickpunkt der Weltöffentlichkeit gerückt.

In der Erzählung „Tragödie im Supermarkt Ycua Bolaños" wird die Kommunikation aus dem Cibervalle-Forum mit ethnographisch generierten Daten angereichert, um die lebensweltlichen Kontexte der einzelnen Protagonist/innen zu erhellen und gewissermaßen die Grundbedingungen der hier untersuchten sozialen Formation, ihre Plurilokalität und Mehrdimensionalität, die öffentliche Rahmung ihrer privaten Kommunikation und die spezifischen Praktiken der Mediennutzung zu verdeutlichen. Fiktiv ist die Erzählung, weil sie auf der Grundlage empirischer Daten typische Praktiken und Figuren konstruiert und eine Situation aus verschiedenen örtlichen Perspektiven gleichzeitig erzählt. Die Art der Erzählung ist so eigentümlich wie die soziale Formation, die sie vorstellt und so innovativ wie das methodische Konzept, das sich in ihr spiegelt. Sie ist als eine Art Präludium gedacht, die auf eine imaginative Reise durch mein Forschungsfeld einlädt und auf das vorliegende Buch einstimmen will.

¡Buen Viaje! [Gute Reise!]

2. Tragödie im Supermarkt Ycua Bolaños

Buenos Aires (Argentinien), 01. August 2004, Ortszeit ca. 15h: Ariel sitzt im Wohnzimmer des kleinen Hauses, das er gemeinsam mit seinen beiden Schwestern, seiner Mutter und dem kleinen Bruder bewohnt. Der Jüngste lebt zurzeit bei seiner Tante in Paraguay und besucht dort die Grundschule. Die ältere der beiden Schwestern arbeitet zusammen mit der Mutter nebenan in der kleinen Nähwerkstatt, in der sie Auftragsarbeiten für den lokalen Textilmarkt produzieren. Zu ihren regelmäßigen Auftraggeber/innen gehört auch eine der teuren Boutiquen auf der Avenida Santa Fe, für die bis morgen eine Lieferung von 20 Abendkleidern fertig gestellt sein muss. Die Mutter arbeitet seit gestern früh beinahe ohne Pause und wird abwechselnd von den beiden Töchtern unterstützt. Lustlos zappt sich Ariel durch das Nachmittagsprogramm des argentinischen Fernsehens, als plötzlich sein Blick gebannt auf dem Bild eines brennenden Gebäudes haften bleibt, das ihm irgendwie bekannt vorkommt. Er schaltet den Ton ein, den hatte er bis dahin ausgelassen, um seine Schwester nicht zu wecken. Bei dem brennenden Gebäude handelt es sich um einen Supermarkt der Kette Ycua Bolaños in Asunción, der Hauptstadt seines Heimatlandes Paraguay, wie er gerade von der aufgeregten Stimme eines Reporters erfährt. Entsetzt stellt Ariel bei genauerem Hinsehen fest, dass sich innerhalb des Gebäudes Menschenmassen drängen, die darin eingeschlossen zu sein scheinen. Zwischen dicken Schwaden schwarzen Qualms, der aus allen Öffnungen des Gebäudes dringt, sieht er mit Ruß bedeckte Arme und Hände, die durch das Gitter des Eingangstors greifen. Von draußen schlagen Straßenverkäufer, die gewöhnlich vor dem Supermarkt ihre Waren anbieten, mit Stöcken und Steinen auf die Glasbausteine der unteren Etage ein, um die verzweifelten Menschen aus der tödlichen Falle zu befreien. Alles schreit durcheinander: „Öffnet die Türen, öffnet die Türen!" Ariel weckt seine Schwester, fährt hastig seinen Computer hoch, greift gleichzeitig zum Telefonhörer und wählt die Nummer seiner Kusine, die ganz in der Nähe des Supermarktes lebt. Den Telefonhörer am Ohr, informiert er seine Schwester über das, was er gerade aus dem Fernsehen erfahren hat. Auf ihren fragenden Blick antwortet er mit alarmierter Stimme, „es hebt niemand ab." Sie wissen beide, dass ihre Kusine sonntags nach dem Besuch des Gottesdienstes mit der ganzen Familie im Restaurant des Supermarktes zu Mittag isst. Bedrücktes Schweigen breitet sich zwischen den beiden aus. Ariel setzt sich an den Computer, loggt sich in den Instant Messenger ein und öffnet nacheinander die Seiten des Cibervalle-Forums und der Online-Version von ABC Color, einer der paraguayischen Tageszeitungen. Während sich die Cibervalle-Seite ohne Probleme aufbaut, erscheint statt der Tageszeitung eine Fehlermeldung auf dem Bildschirm. Er versucht es erneut, während er auf der Eingangsseite des Cibervalle-Forums unter den aktuell diskutierten Themen sogleich einen Tópico* mit dem Titel „Tragödie im Supermarkt Ykua Bolaños" findet.

Boston (USA), 01. August 2004, Ortszeit ca. 14h: Mariana sitzt mit ihren beiden Mitbewohnerinnen in der kleinen gemeinsamen Küche. Die drei Frauen wollen den Nachmittag gemeinsam im nahegelegenen Park verbringen und bereiten noch schnell einen Imbiss vor. Mariana lebt seit fast zwei Jahren in Boston, wo sie die Stelle im Haushalt einer Familie übernommen hat, die zuvor ihre ältere Schwester innehatte. Die Schwester musste die Stelle aufgeben, als sie ihr erstes Kind bekam. Sie hat dann Mariana ein Flugticket besorgt und ihr Geld geschickt, damit sie sich einen Reisepass und ein Touristenvisum ausstellen lassen kann. Nun führt sie an Stelle der Schwester einen fremden Haushalt und betreut die Kinder einer fremden Familie. Ihre eigene Familie musste sie vorerst in Paraguay zurücklassen. Da sie keine Aufenthaltserlaubnis hat, kann sie nicht ohne weiteres die Grenze überschreiten. Ihren Mann und ihre beiden Kinder hat sie deshalb seit zwei Jahren nicht mehr gesehen. Sie wird traurig bei dem Gedanken an ihre Kinder. Ihr elfjähriger fußballbegeisterter Sohn spielt seit einem Jahr beim *Club Olimpia*. Er ist sehr talentiert, und mit Hilfe ihrer regelmäßigen Geldüberweisungen kann sie ihm endlich eine angemessene Förderung bieten. Im Moment werden sie wohl gerade auf dem Weg vom Fußballplatz nach Hause sein. Sicher werden sie vorher im Internetcafé vorbeigehen, um ihr mitzuteilen, wie das Spiel ausgegangen ist. Ihr Schwager war so nett, ihr einen gebrauchten, recht günstigen Computer zu besorgen. Da sie sich das kleine Apartment mit zwei Kolumbianerinnen teilt, kann sie sich von ihrem Gehalt sogar eine Internet-Flatrate leisten, so dass sie nun immer online erreichbar sein kann, wenn sie will. Und da ertönt auch schon das vertraute Signal von ihrem Computer, mit dem sie benachrichtigt wird, wenn einer ihrer Kontakte sie im Instant Messenger* anspricht. Mariana unterbricht ihre Arbeit in der Küche und geht schnell ins Schlafzimmer, um ihren Sohn zu begrüßen. Ein kleines Konversationsfenster hat sich auf dem Bildschirm geöffnet, in dem sie allerdings nicht ihr Sohn, sondern ihre Freundin Anastasia aus dem Cibervalle-Forum begrüßt und ihr einen Link zu einem Tópico* aus dem Forum schickt. Mariana tippt eine kurze Antwort, fragt wie es der Freundin geht und klickt beiläufig auf den Link:

Tragödie im Supermarkt Ykua Bolaños

Um ca. 13h ist im Supermarkt Ykua Bolaños im Stadtteil Trinidad der Hauptstadt ein außergewöhnlich großes Feuer ausgebrochen.

Es ist bedauerlich, was da passiert. Einmal mehr wird uns deutlich, dass das Land nicht auf eine Tragödie solchen Ausmaßes vorbereitet ist.

Nick: gato_verde
E-Mail: g-ra-d----@h*tmail.com
IP: 200.85.34.*
Antworten: 7
Letzte Antwort: 01/08/2004

13:35 Tragödie im Supermarkt: Der Präsident der Republik, Nicanor Duarte zeigte sich am Ort des Brandes und kündigte an, dass das Rettungsflugzeug vorbereitet würde, um Schwerverletzte in Krankenhäuser im Ausland zu bringen.

11:47 Die Anzahl der Brandopfer ist noch immer unbekannt, aber mindestens fünfzig Verletzte werden zurzeit evakuiert und in verschiedene Krankenhäuser gebracht. Die Flammen konnten noch immer nicht unter Kontrolle gebracht werden.

11:38 Der Supermarkt Ycua Bolaños (zwischen Artigas und Santísima Trinidad) ist in Flammen. Das Feuer wurde durch eine Explosion im Parkhaus ausgelöst. Die Feuerwehrleute kämpfen, um das Feuer zu löschen.

Quelle: http//www.abc.com.py

gato_verde
IP: 200.85.34.*
01/08/2004

Man glaubt, es sind schon mehr als 100 Tote ... es ist Wahnsinn, was die Leute in Asunción durchmachen ... Gott stehe den Familien der Opfer bei ...

Anastasia
IP: 88.120.103.*
01/08/2004

Wie schrecklich! Was für eine schreckliche Nachricht ...

Iwashita
IP: 200.76.45.*
01/08/2004

wow..was für eine Tragödie..

Mister_Darkness
IP: 76.132.54.*
01/08/2004

Es ist eine Schande ... als das Feuer ausbrach, wurden die Türen des Supermarktes verschlossen, damit die Leute nicht rausgehen ... dann haben die Kunden die Glasscheiben zerschlagen ... es gab keine anständigen Notausgänge und wie es aussieht auch kein Brandschutzsystem

Anastasia
IP: 88.120.103.*
01/08/2004

MAN SAGT DER EIGENTÜMER HABE DIE TÜREN DES SUPERMARKTES VERSCHLOSSEN DAMIT DIE LEUTE NICHT KLAUEN!! IST DAS ZU GLAUBEN!! SCHEIßKERL DIESER EIGENTÜMER HURENSOHN!!!

CARLOS_FLORIDA
IP: 68.234.126.*
01/08/2004

Sie haben den Haupteingang des brennenden Supermarktes verschlossen, um Diebstähle zu verhindern, drinnen befinden sich ungefähr 1000 Personen, die versuchen irgendwie da raus zu kommen.

gato_verde
IP: 200.85.34.*
01/08/2004

Während sie die schrecklichen Nachrichten liest, versucht auch Mariana erfolglos, die Seite der Tageszeitung ABC-Color zu öffnen. Anastasia, die in der paraguayischen Grenzstadt Ciudad del Este lebt, erzählt ihr gleichzeitig im Instant Messenger*, dass die paraguayischen Fernsehstationen das reguläre Programm ausgesetzt hätten, um live über die andauernde Katastrophe zu berichten. Sie beschreibt der Freundin in Boston die schrecklichen Bilder, die sie im Fernsehen sieht: gerade träfen endlich die besser ausgestatteten Feuerwehreinheiten des Flughafens ein. Mariana denkt an ihren Ehemann, der bei der freiwilligen Feuerwehr arbeitet, greift zum Telefonhörer und wählt hastig seine Handynummer: keine Verbindung. Sie versucht es erneut und immer wieder, aber es ist kein Durchkommen. Schnell tippt sie in das Konversationsfenster, das sie mit Anastasia verbindet: „Weißt du, ob alle Feuerwehreinheiten vor Ort im Einsatz sind? Ich kann meinen Mann nicht erreichen." Sie kopiert einen Teil der Nachricht und fügt sie in das elektronische Formular, das am Ende des Tópicos* über den Brand dazu einlädt, einen Kommentar zur Diskussion beizutragen.

Weiß jemand, ob der generelle Notstand ausgerufen wurde? Sind alle Feuerwehreinheiten vor Ort im Einsatz?

Mariana
IP: 69.143.67.*
01/08/2004

Anastasia hat sich schnell vor Ort erkundigt und teilt ihrer Freundin mit, dass tatsächlich alle Feuerwehreinheiten im Einsatz sind. Mariana schickt Anastasia die Telefonnummer ihres Ehemannes über den Bildschirm in der Hoffnung, dass sie ihn erreichen kann. Als sie von ihrem Computer aufschaut, sieht sie ihre Mitbewohnerin Nelly in der Tür stehen. Sie hatte sie gar nicht bemerkt und offenbar auch nicht gehört, dass sie schon mehrmals gerufen wurde. Die beiden Frauen wollen endlich gehen und fragen sich, was Mariana schon wieder so lange am Computer macht. Als Nelly in Marianas bleiches Gesicht sieht, kommt sie näher und schaut auf den Bildschirm. Mariana erzählt kurz, was sie gerade erfahren hat, ohne jedoch die Konversation mit ihrer Freundin in Paraguay zu unterbrechen. Anastasia meldet gerade, dass sie zwar ein Freizeichen hört, Marianas Ehemann den Anruf aber nicht entgegennimmt. Nun nähert sich auch die andere Mitbewohnerin dem Computer und die beiden Frauen setzen sich an Marianas Seite, um gemeinsam mit Anastasia zu überlegen, auf welchem Weg ihr Mann am schnellsten zu erreichen wäre. Anastasia schlägt vor, Eduardo in Asunción anzurufen und ihn um Rat zu fragen. An Wochentagen ist Eduardo um diese Zeit immer über den

Instant Messenger* zu erreichen, weil er einen Internetzugang am Arbeitsplatz hat. Heute, am Sonntagnachmittag, erwischt Anastasia ihn telefonisch zu Hause. Auch er hat schon von der Tragödie erfahren und sitzt mit seiner Familie vor dem Fernseher. Anastasia schildert ihm kurz die Situation und er bietet spontan an, zum Unglücksort zu fahren, um Marianas Ehemann ausfindig zu machen. Während sie ungeduldig auf den Anruf von Eduardo warten, verlagern Mariana und Anastasia ihre Unterhaltung auf die Forumsdiskussion, zu der inzwischen mehr und mehr Teilnehmer/innen hinzugekommen sind:

Bei CNN sagen sie, es gäbe mehr als 130 Tote ... kann das möglich sein? ... :(

Mister_Darkness
IP: 76.132.54.*
01/08/2004

Mein Gott, damit werden sie nicht fertig!

Mariana
IP: 69.143.67.*
01/08/2004

Danke gato_verde und Anastasia dass ihr uns, die wir weit weg sind auf dem Laufenden haltet, denn es ist im Moment unmöglich, Zugang zu den Webseiten zu bekommen, alle Netze sind überlastet, die Seiten lassen sich nicht öffnen, vielleicht, weil viele Leute gleichzeitig darauf zugreifen, was da passiert ist wirklich ein Desaster. Ich bete für die Opfer und ihre Familien, sie werden untröstlich sein.

Villariqueña
IP: 215.653.206
01/08/2004

Ja Mister Darkness das ist die Zahl von der man im Moment ausgeht ... und man vermutet, dass es noch mehr werden ... Mariana ... der generelle Notstand wurde ausgerufen ... alle Feuerwehrleute sind dort und alle Krankenhäuser, wie das IPS, die Spezialklinik für Verbrennungen und das Militärhospital haben sich zur Verfügung gestellt

Anastasia
IP: 88.120.103.*
01/08/2004

Was für eine Schande, das mit dem Eigentümer, wie dumm, ein Grund mehr um endlich Vorsorge zu treffen und einen Notfallplan für den Brandschutz zu entwickeln, für alle Unternehmen, Schulen und Kindergärten des Landes.

Mariana
IP: 69.143.67.*
01/08/2004

Von wegen Dummheit, das ist Egoismus! Er hat nur an sich selbst gedacht, oder besser gesagt, an das was er zu verlieren hatte und nicht an die anderen.

Villariqueña
IP: 215.653.206
01/08/2004

Das ist Teil der Dummheit, villariqueña, aber was mich im Moment mehr interessiert ist zu wissen, wie es mit dem Feuer aussieht, Anastasia könntest du es mir bitte beschreiben?

Mariana
IP: 69.143.67.*
01/08/2004

Bitte nennt mehr Einzelheiten zum Brand; hier in Spanien erfahren wir überhaupt nichts, niemand berichtet etwas und die Webs sind kollabiert, vielen Dank

Jota
IP: 193.110.134.*
01/08/2004

Mariana ich glaube an einigen Stellen breitet es sich weiter aus und an anderen haben sie es unter Kontrolle ... denn man sieht immer noch schwarzen Rauch von drinnen aufsteigen ... und viele Personen sind an dem Rauch erstickt

Anastasia
IP: 88.120.103.*
01/08/2004

Danke für die Information! ... aber wie groß war der Schreck! Ich habe sofort in Asunción angerufen, um mich nach meinen Verwandten zu erkundigen, Gott sei Dank, alle sind wohlauf ...

... ich versuche auch die Internetradios aufzurufen, aber ich kriege keine Verbindung

... wie traurig ist das alles! ... von der Schweiz aus senden wir Gebete für die Familien der Betroffenen :(

Raquel
IP: 62.143.56.*
01/08/2004

Es ist eine Tragödie, die uns alle schmerzt, mein Gott und als wäre das nicht schon genug, taucht auch noch Nicanor auf, um sich mal wieder in Szene zu setzen!!!! Das ist das Furchtbarste!!

Diana
IP: 67.119.102.*
01/08/2004

Mariana, genau so ist es.

Über die Medien wurden Ärzte und Psychologen gebeten, freiwillig zu helfen. Außerdem wurde die Bevölkerung insgesamt zur freiwilligen Unterstützung aufgerufen.

Während im IPS nur die drei Ärzte zur Verfügung standen die gerade Bereitschaft hatten.

Im Moment wird darüber geredet, die Einkaufszentren und Supermärkte zu überprüfen, damit eine solche Tragödie nicht noch einmal passieren kann oder damit nicht noch einmal unschuldige Menschen eine solche Situation erleben müssen.

Die ersten Bilder, die über das Fernsehen verbreitet wurden, zeigten verbrannte Körper. Kinder, Jugendliche, Erwachsene, sogar ein ungefähr 6 Monate altes Baby.

Den Medien zufolge werden im Moment insgesamt 97 Leichen im gegenüberliegenden „Tropiclub" zur Identifizierung aufgebahrt.

gato_verde
IP: 200.85.34.*
01/08/2004

Jetzt berichten sie gerade in Television Espanhola über die Situation dort ... mein Gott wie traurig, solche Bilder aus meinem geliebten Land zu sehen ... :(

Raquel
IP: 62.143.56.*
01/08/2004

Ariel wendet sich vom Bildschirm des Computers ab, wo er die Diskussion über den andauernden Brand verfolgt hat. Erneut hebt er den Telefonhörer ab und wählt die Nummer seiner Kusine. Seine Schwester nutzt die Gelegenheit, um in den Besitz der Tastatur zu gelangen. Ariel beteiligt sich selten aktiv an den Diskussionen, er begnügt sich meist mit dem Lesen der Beiträge anderer Teilnehmer/innen. Larissa aber findet, in einer solchen Situation sei es ihre Pflicht, sich solidarisch zu zeigen und ihr Beileid zum Ausdruck bringen. Was sollten sonst die anderen von ihnen denken? Schnell tippt sie einen kurzen Text und schickt ihn ab, ohne noch einmal Korrektur zu lesen, bevor ihr Bruder sie wieder von der Tastatur jagt.

hier in Buenos Aires wird auf zwei Sendern live berichtet, so können wir uns informieren und ehrlich gesagt, es ist schrecklich, so weit weg zu sein und zu denken, es könnten auch Familienangehörige betroffen sein, aber es erfüllt mich mit Stolz zu sehen, dass so viele Krankenhäuser, Privatkliniken, und alle möglichen Menschen sich solidarisieren und helfen, hoffentlich werden die Gründe für den Brand aufgedeckt, und Gott tröste die Opfer ... aus der Entfernung begleiten wir sie in ihrem Schmerz

Larissa
IP: 168.229.12.*
01/08/2004

Dann hört sie wie Ariel sagt: „Gott sei Dank, endlich erreiche ich euch!" Sie dreht sich um und sieht in das erleichterte Gesicht ihres Bruders. Ihre Kusine lebt, alle sind wohlauf. Heute hatte der Gottesdienst etwas länger gedauert als sonst, berichtet er, nachdem er den Hörer aufgelegt hat. Auf dem gewohnten Weg zum Supermarkt Ycua Bolaños, wo die Familie zu Mittag essen wollte, hätten sie dann die schreckliche Nachricht im Radio gehört. Weil sie schon in der Nähe waren und der Verkehr umgeleitet wurde, seien sie gerade erst zur Tür hereingekommen, als das Telefon klingelte. Ariel setzt sich neben seine Schwester vor den Bildschirm und sieht, dass Iwashita ihm eine Nachricht über den Instant Messenger* geschickt hat. Er nimmt die Tastatur erneut in Besitz und beginnt eine Unterhaltung mit der Freundin, die in einem anderen Stadtteil von Buenos Aires wohnt. Beide leben seit ungefähr fünf Jahren in der Stadt, haben sich aber erst vor etwa einem Jahr während eines der Treffen kennen gelernt, die regelmäßig von der Gruppe der

Cibervaller@s in Buenos Aires veranstaltet werden. Während der zwanzigjährige Ariel die Schule in Buenos Aires beendet hat und nun beabsichtigt, Medizin zu studieren, lebte die fünf Jahre ältere Iwashita bis zum Ende ihrer Schullaufbahn in Paraguay bei ihrer Mutter und zog dann zum Studium zu ihrem Vater und den beiden Schwestern nach Buenos Aires. Im Gegensatz zu Paraguay ist das Studium an der staatlichen Universität nicht nur kostenlos, sondern auch qualitativ besser. Dennoch ist es für keinen der beiden leicht, das Studium zu realisieren, weil beide Familien auf jeden Peso angewiesen sind und deshalb von ihnen erwartet wird, dass sie etwas zum Unterhalt der Familie beitragen. Iwashitas Mutter pendelt zwischen Buenos Aires und dem Dorf in Paraguay, in dem sie selbst und auch ihre Kinder teilweise aufgewachsen sind. So kümmert sie sich abwechselnd um die drei Töchter und den einen in Paraguay verbliebenen Sohn. Glücklicherweise ist auch niemand von Iwashitas Verwandten von der Brandkatastrophe betroffen, erfährt Ariel soeben, als beide gleichzeitig sehen, wie der gemeinsame Freund Carlos sich in den Instant Messenger* einloggt. Iwashita lädt ihn zu ihrer Konversation mit Ariel ein. Carlos wurde eben telefonisch von den Vorfällen in Kenntnis gesetzt und hat sich sofort in das Internet-Café in der Nähe seines Schlafplatzes begeben, um nähere Informationen zu bekommen. Carlos und Ariel kommen beide aus Misiones, einer Region in Paraguay, die an Argentinien grenzt. Auch sie haben sich über Cibervalle kennengelernt. Carlos ist mit 18 Jahren einer der Jüngsten aus der Gruppe, er kam vor zwei Jahren alleine nach Buenos Aires, wo er seitdem als Hilfskraft auf wechselnden Baustellen arbeitet, auf denen er dann auch jeweils einen Schlafplatz findet. Ariel hatte Carlos zu einem Treffen der Cibervaller@s eingeladen, nachdem dieser sich neu im Forum vorgestellt hatte. Die Wochenenden verbringt Carlos nun meist bei Ariel zu Hause. Die beiden sind wie Brüder, und Carlos versteht sich auch mit dem Rest der Familie sehr gut. Nach einem kurzen Wortwechsel lädt Ariel die beiden zu sich nach Hause ein. Seine Tante, die vor ein paar Tagen zu Besuch war, um den kleinen Bruder abzuholen, habe frische Yuyos* aus Paraguay mitgebracht, damit würde er ihnen einen leckeren Tereré* zubereiten. Iwashita und Carlos versprechen, sich gleich auf den Weg zu machen und Ariel sieht, wie sie sich nacheinander aus dem Instant Messenger* ausloggen.

Asunción (Paraguay), Ortszeit ca. 14:30h: Schon von weitem sieht Eduardo die Rauchschwaden, die das Viertel rund um den Supermarkt in ein düsteres Licht tauchen. Er hat beinahe eine Stunde gebraucht, um auch nur in die Nähe des Unglücksortes zu kommen, bis er das Auto kurzerhand stehen ließ und sich nun zu Fuß auf das Gebäude zu bewegt. Der Qualm reizt seine Atemwege. Ihm brennen schon die Augen, bevor er den Supermarkt sehen kann. Auch wenn er die Bilder bereits im Fernsehen gesehen hatte, raubt ihm der Anblick jetzt schier den Atem: dunkle Rauchwolken, Menschenmassen, die durcheinander rennen, freiwillige Helfer, die sich, in Ermangelung von Atemschutzmasken, kurzerhand ihr T-Shirt über die Nase ziehen und sich, auf der Suche nach Überlebenden, todesmutig in die brennende Hölle begeben; eine nicht enden wollende Anzahl halbverkohlter Menschen, die aus dem Gebäude getragen werden; die ganze gespenstische Szenerie eingehüllt in einen Chor aus Schmerzensschreien und Klageliedern. Eduardo drängt sich seitlich am Geschehen vorbei, um zur Einsatzleitung der Feuerwehr zu gelangen, als ihm plötzlich ein ehemaliger Arbeitskollege begegnet, der offensichtlich zu den Einsatzkräften gehört. Hastig greift Eduardo seinen Arm und fragt nach Marianas Ehemann. Der völlig erschöpfte Mann zeigt auf den Wagen der Einsatzleitung und sagt mit tränenerstickter Stimme: „Das ist das Schlimmste, was ich je in meinem Leben gesehen habe." Die Einsatzleitung kann Eduardo auch nicht sagen, wo der Gesuchte sich im Moment aufhält. „Es läuft alles drunter und drüber" beklagt er sich, „wir haben nicht einmal Atemschutzmasken für unsere Männer, und schau dir nur die Schläuche an." Als Eduardo in die angewiesene Richtung sieht, bemerkt er, dass die Feuerwehrleute mit den Füßen auf den durchlöcherten Schläuchen stehen, damit möglichst wenig Wasser an den Seiten herausläuft. Plötzlich nähert sich eine junge Frau: „Sind Sie die Einsatzleitung? Haben Sie ein Megaphon?" Als der Mann in Uniform nickt, fährt sie fort: „Wir brauchen dringend Blut- und Plasmaspenden. Können Sie nicht die Leute, die hier herumstehen bitten, sich auf den Weg in die umliegenden Kliniken zu begeben und ihren Beitrag zu leisten, damit wir wenigstens die retten können, die lebend aus dem Inferno gekommen sind?" Der Angesprochene verspricht, der Bitte umgehend Folge zu leisten. Eduardo verabschiedet sich von ihm und macht sich sofort auf den Weg in das nächstgelegene Krankenhaus. Nachdem er seinen bescheidenen Beitrag geleistet hat, geht er zurück zum Unglücksort und sucht erneut die Einsatzleitung auf. Als der Mann ihn sieht, winkt er ihn zu sich: „Der Vermisste ist wieder aufgetaucht, er sitzt dort auf den Stufen und ruht sich ein wenig aus." Eduardo bedankt sich, läuft auf Marianas Ehemann zu und berichtet ihm, dass seine Frau bereits über die Vorfälle informiert und sehr besorgt sei, weil sie ihn telefonisch nicht erreichen könne. Sofort läuft der vor Erschöpfung wankende Mann auf den Wagen der Einsatzleitung zu, um sein Handy an sich zu nehmen, während Eduardo das nächstgelegene Internetcafé aufsucht, sich in den Instant Messenger* einloggt und Anastasia und Mariana die beruhigenden Neuigkeiten überbringt. Dann öffnet er die Forumsseite und tippt einen Kommentar in die Diskussion über den Brand.

Ich komme gerade vom städtischen Krankenhaus, bitte, wer irgendwie kann, soll zur Blutspende gehen, es werden dringend Blut- und Plasmaspenden gebraucht.

Eduardo
IP: 200.85.34.*
01/08/2004

Wie schön, dich zu lesen! Wie war es? Und wie geht es dir?

Mariana
IP: 69.143.67.*
01/08/2004

Gut.. aber es macht dich fertig, zu sehen was dort passiert ... ich schwöre dir, man kann die Leute nicht zählen so viele sind es, die auftauchen und nach ihren Angehörigen fragen..es ist eine gespenstische Szenerie

Eduardo
IP: 200.85.34.*
01/08/2004

Ich kann es mir vorstellen, mein Mann hat mir eben erzählt, dass er am Boden zerstört ist, ich habe gerade mit ihm gesprochen, es geht ihm soweit gut aber es hat ihn psychisch sehr angegriffen

Mariana
IP: 69.143.67.*
01/08/2004

„Ich gehe nach Hause zu meiner Familie, sie werden sich schon Sorgen machen. Wir sehen uns morgen" tippt Eduardo in das kleine Fenster, in dem er die private Unterhaltung mit Anastasia und Mariana führt. Er loggt sich aus dem Instant Messenger*, schließt die Forumsseite und den Browser und geht zur Kasse des Internetcafés. Die junge Frau an der Kasse wirkt zerstreut und traurig. „Ein schrecklicher Tag heute, nicht wahr?" Sie blickt ihn an, nickt und antwortet leise: „Mein Onkel liegt mit schweren Verbrennungen im Krankenhaus. Er arbeitet in der Bäckerei des Supermarktes. Ich will eigentlich schon längst hier zumachen und zu ihm gehen, aber es kommen immer wieder Leute, die ihre Angehörigen im Ausland anrufen wollen, um ihnen zu sagen, dass sie noch leben. Da kann ich ja nicht einfach gehen." Eduardo lächelt ihr noch einmal aufmunternd zu, als er ihr das Geld gibt und betritt die Straße. Die Luft ist noch immer von Rußpartikeln getränkt. Langsam läuft er die Straße entlang, denkt an seine Familie und an den morgigen Arbeitstag. Er teilt mit seiner Frau, der gemeinsamen fünfjährigen Tochter, seinem jüngeren Bruder und dessen Freundin ein kleines Haus in einem ruhigen Stadtteil Asuncións. Seine Mutter starb vor drei Jahren an Krebs, der Vater lebt zurückgezogen auf dem Land, etwa 50 Kilometer von Asunción entfernt. Eduardo arbeitet als Informatiker bei der Stadtverwaltung; ein sicherer und für paraguayische Verhältnisse gut bezahlter Job, der ihm darüber hinaus auch noch freien Zugang zum Internet ermöglicht. Während der Arbeitszeit ist er nahezu immer online, das heißt, er loggt sich in den Instant Messenger* ein, sobald er seinen Arbeitsplatz erreicht. Meist kommt er ein wenig früher, um zu sehen, was sich in der Zwischenzeit im Cibervalle-Forum getan hat. Er lässt dann für gewöhnlich den Tag über die Seite offen, und wenn er zwischendurch Zeit findet, wirft er einen kurzen Blick auf die aktuell diskutierten Themen. Meist findet er aber erst in der

Mittagspause genügend Ruhe, um sich aktiv an den Diskussionen zu beteiligen. Wenn es Streit im Forum gibt, ist oft er es, der vermittelnd und schlichtend eingreift. Er mag es nicht, wenn kindische Streitereien das Bild von Cibervalle prägen. Er sieht Cibervalle als eine Möglichkeit, Standpunkte und Erfahrungen zu interessanten Themen auszutauschen, voneinander zu lernen und sich in der Not solidarisch füreinander zu zeigen. Er weiß, dass Cibervalle vor allem für die Landsleute außerhalb Paraguays ein wichtiger Ort ist, an dem sie ihr Heimweh stillen und soziale Beziehungen pflegen können. Er bemüht sich nach Kräften, ihnen diesen Raum so interessant und angenehm wie möglich zu gestalten. Er hat viele interessante Leute kennen gelernt und Freunde auf der ganzen Welt gefunden, die nicht nur ihre Sorgen mit ihm teilen. Auch er könnte auf sie zählen, wenn er in Not wäre, das weiß er. Es gab schon mehrere Gelegenheiten für die Cibervaller@s, ihre Solidarität unter Beweis zu stellen. Die jährliche Spendenkampagne zum Beispiel, die er mit ein paar anderen Forumsteilnehmer/innen zu Weihnachten organisiert. In diesem Jahr werden sie Lebensmittel, Medikamente, Spiel- und Schulsachen für die Bewohner/innen eines Kinderheimes in Asunción sammeln. Die Einrichtung wird von einer Frau allein betrieben, die keine staatliche Unterstützung erhält. Sie hat einfach ihr Haus zur Verfügung gestellt und nimmt Kinder auf, die nicht länger auf der Straße leben wollen und keinen anderen Ort haben. Hoffentlich findet er morgen Zeit, sich über das Forum an der Koordination von Hilfsaktivitäten für die Opfer von Ycua Bolaños zu beteiligen. Mit diesem Gedanken verriegelt er die Tür seines Autos, als er sieht, wie seine kleine Tochter Marisol die Haustür öffnet und auf ihn zuläuft.

Mariana verabschiedet ihre beiden Mitbewohnerinnen, die nun doch noch kurz in den Park gehen wollen. Sie selbst bleibt zuhause am Computer, um mit ihren Freund/innen von Cibervalle das schreckliche Geschehen in ihrer Heimatstadt zu verfolgen. Sie ist nicht sicher, ob möglicherweise Bekannte oder Freund/innen von ihr betroffen sein könnten, und gerade werden die ersten Namenslisten der Toten und Verletzten im Forum bekannt gegeben. Immer wieder klickt sie den Refresh-Button ihres Browsers, um die Seite zu aktualisieren. Noch ist ihr keiner der Namen bekannt, die nacheinander auf dem Bildschirm erscheinen. Nun liest sie, der Eigentümer des Supermarktes, dem vorgeworfen wird, er habe angeordnet, die Türen zu verschließen, habe sich aus dem Staub gemacht. Mariana fühlt Wut in sich aufsteigen. Ihren nächsten Kommentar im Forum hämmert sie förmlich in die Tastatur.

ES WIRD SCHON SEINEN GRUND HABEN WARUM SIE DIESES MI ... STÜCK NICHT FINDEN

Mariana
IP: 69.143.67.*
01/08/04

Entschuldigt, es ist nur wenn man so weit weg ist fühlt man sich so ohnmächtig

Mariana
IP: 69.143.67.*
01/08/04

Langsam neigt sich der Tag seinem Ende zu. Das Feuer ist unter Kontrolle, der Eigentümer des Supermarktes konnte schließlich festgenommen werden, die Zahl der Verletzten und Toten steigt beständig, viele konnten noch immer nicht identifiziert werden. Auch im Forum melden sich immer wieder Personen, die ihre Angehörigen telefonisch nicht erreichen können und mit Hilfe der Forumsnutzer/innen vor Ort versuchen, ihre Leute zu lokalisieren oder herauszufinden, ob sie unter den Opfern sind. Aus den Nachbarländern gibt es erste Hilfslieferungen an Medikamenten sowie Rettungsflüge, mit denen Schwerverletzte in besser ausgestattete Kliniken nach Brasilien und Argentinien gebracht werden. Auch finanzielle Spenden werden von den Regierungen und Unternehmen der Nachbarländer in Aussicht gestellt. Mariana erwägt mit ihrer Freundin im Instant Messenger* die Organisation einer Spendensammlung, mit der insbesondere die in den USA ansässigen Landsleute angesprochen werden sollen. Anastasia würde sich um die Einrichtung eines Kontos kümmern während Mariana die Leute vor Ort mobilisiert. Mariana stellt den Vorschlag im Forum zur Diskussion und beginnt mit dem Verfassen einer E-Mail, die sie an all ihre Kontakte in den USA schicken will. Da klingelt das Telefon. Es ist ihre Schwester, die gerade von einem Familienausflug zurückkommt und Mariana zum Abendessen einladen will. Sie nimmt die Einladung dankend an. Auf die Frage der ahnungslosen Schwester, wie Mariana den Tag verbracht habe, antwortet sie müde: „Ich hatte einen furchtbaren Tag, aber ich erzähle dir alles später in Ruhe, ok?" Sie wirft noch einen kurzen Blick auf die laufende Diskussion im Forum, wo gerade über die mögliche Ursache für den Brand spekuliert wird, sogar ein terroristischer Anschlag wird in Erwägung gezogen. Ein anderer Teilnehmer, offenbar einer der aktiven Helfer, stellt gerade eine Liste mit Hilfsgütern zusammen, die in den Krankenhäusern dringend benötigt werden. Sie schließt die Seite, schickt die E-Mail ab, die sie eben verfasst hat, verabschiedet sich von Anastasia und wechselt dann ihren Anwesenheitsstatus im Instant Messenger* von „online" zu „bin bei Tante Ana" und gibt „bin so gegen 22h wieder zuhause, ich rufe euch später an und sage euch gute Nacht, ein dicker Kuss" als Antwort ein, die automatisch erscheint, sollten ihre Kinder oder ihr Mann sie heute noch einmal kontaktieren.

3. Die Herstellung von Globalität im medialen Alltag der Migration

Auf der Grundlage des empirischen Beispiels Cibervalle beschäftigt sich das vorliegende Buch mit den Praktiken der Herstellung von Globalität, die durch alltägliche Internetnutzung im Kontext transnationaler Migration entstehen. Dabei steht die Frage im Vordergrund, welche Eigenlogik Globalisierungsprozesse auf einer mikrostrukturellen Ebene entfalten und umgekehrt, wie durch die Struktureigenarten von computervermittelter Kommunikation Globalität hergestellt wird. Geht man davon aus, dass Migration einerseits und Mediennutzung andererseits Globalisierungsphänomene sind, die sich (auch) auf der Ebene der Interaktion abspielen und gewissermaßen Globalität im Alltag relevant werden lassen, und nimmt man darüber hinaus an, dass Mediennutzung in der Migration die Relevanz von Globalität im Alltag noch potenziert, liegt die Schlussfolgerung nahe, die Emergenz „globaler Mikrostrukturen" (Knorr-Cetina & Bruegger 2002) genau hier zu vermuten.

Schon die frühen Arbeiten der Chicagoer School, die sich mit Mediennutzung in Migrationskontexten beschäftigen, weisen darauf hin, dass Migration immer auch eine mediale Sozialisation impliziert. Robert E. Park, der die ethnische Presselandschaft der US-amerikanischen Großstädte zu Anfang des 20. Jahrhunderts untersucht, stellt zunächst fest:

> „our great cities, as we discover upon close examination, are mosaics of little language colonies, cultural enclaves, each maintaining its separate communal existence within a wider circle of the city's cosmopolitan life. Each one of these little communities is certain to have some sort of cooperative or mutual aid society, very likely a church, a school, possibly a theater, *but almost invariably a press*" (1970[1922]:6, *Hervorhebung H.G.*).

Der großen Anzahl an fremdsprachigen Zeitungen, Park hatte insgesamt 463 Zeitungen in 28 Sprachen gezählt, steht die paradoxe Beobachtung entgegen, dass die meisten ihrer Rezipient/innen vor der Migration gar nicht lesen konnten, geschweige denn Zeitung gelesen haben. Die ethnischen Printmedien gewinnen in der Migration stark an Bedeutung, so Parks Schlussfolgerung, weil sie die soziale Organisation in der Migration und die Anpassung an die neue Lebenssituation erleichtern.

> „One reason why immigrant peoples read more in America than they do at home is because there is more novelty and more news. News is a kind of urgent information that men use in making adjustments to a new environment, in changing old habits, and in forming new opinions" (Park 1970[1922]:9).

Gleichzeitig wachse mit der Migration das Nationalbewusstsein und das Bedürfnis, die Muttersprache sowie die Traditionen und Beziehungen zum Herkunftskontext zu pflegen. „Loneliness and an unfamiliar environment turn the wanderer's thoughts and affections back upon his native land. The strangeness of the new surroundings emphasizes his kinship with those he has left" (ebd.: 49). Nach Meinung des Autoren ist es daher auch kein Zufall, dass nationalistische Bewegungen so oft im Ausland entstehen oder von Exilant/innen, Flüchtlingen oder Migrant/innen unterstützt werden. Die Immigrant/innenpresse der 1920er Jahre fungiert aus dieser Perspektive gleichermaßen als Sprachorgan der nationalistischen Bewegungen wie auch als Medium zur Teilhabe am politischen Prozess im Heimatland.

Die Ergebnisse aus Parks Analyse sind denen der heutigen transnationalen Migrationsforschung erstaunlich ähnlich. So haben etwa Glick-Schiller und Fouron (2001) den Begriff „Long distance Nationalism" geprägt, der die grenzüberschreitenden politischen Aktivitäten bezeichnet, mit denen heutige Transmigrant/innen ihre Zugehörigkeit zur nationalen Gemeinschaft des Herkunftslandes praktizieren und gleichzeitig die ethnische bzw. nationale Gruppe im Migrationskontext rekonstruieren.

Die Studie „The Polish Peasant in Europe and America" von William I. Thomas und Florian Znaniecki (1918–1920), die wenige Jahre vor „The Immigrant Press and its Control" erschienen war, fokussiert nun vor allem die Praktiken der Fernkommunikation, mit denen Migrierende die Beziehungen zu ihren Familien im Migrationsprozess aufrecht erhalten. Die umfassende Untersuchung stützt sich insbesondere auf den Briefwechsel zwischen polnischen Migrant/innen in Chicago und deren Angehörigen in Polen. Die Kommunikation zwischen der jungen Auswanderergeneration und der in Polen verbliebenen Elterngeneration wurde von den Autoren als geeignete Quelle zur Beschreibung der alltäglichen – heute würde man sagen translokalen bzw. transnationalen – Lebenswelten der polnischen Migrationsfamilien angesehen.

Ähnlich wie Park machen auch Thomas und Znaniecki die Feststellung, dass die polnischen Bauern in der Migrationssituation das Briefeschreiben, im Vergleich zu vorher, exzessiv betreiben, obwohl ihnen das Lesen und Schreiben meist schwer fällt. Daneben identifizieren die Autoren einige Strukturmuster in den Briefen, die Aufschluss über ihre soziale Funktion geben. Die Briefe haben demzufolge die Funktion, die Aufrechterhaltung der familialen Solidarität trotz Trennung zu sichern: „every letter, in other words, whatever else it may be, is a bowing letter, a manifestation of solidarity" (1958:304). Die Typisierung der verschiedenen Briefarten, die von den Autoren vorgenommen wird, ist vor allem deshalb interessant, weil sie Hinweise auf Praktiken der Substitution bzw. der Simulation von Anwesenheit geben. Der zeremonielle Brief gilt etwa als Substitut für die physische Anwesenheit des migrierten Angehörigen, die bei Familienfesten normalerweise erwartet wird. Der literarische Brief hingegen substituiert nicht nur das gemeinsame Musizieren oder Rezitieren von Gedichten zu festlichen Anlässen oder informellen Treffen. Denn diese Briefe unterscheiden sich von den anderen insbesondere dadurch, dass sie zu den entsprechenden Gelegenheiten öffentlich verlesen werden, womit in gewisser Weise die Anwesenheit des geografisch entfernten Teils der Familie simuliert wird.

Für die soziale Organisation der Migrationsgruppen vor Ort scheint heute nach und nach das Internet die Rolle der ethnischen Printmedien zu übernehmen. Ähnlich wie die Immigrantenpresse der 1920er Jahre, verbinden heute sogenannte Migrantenportale (Androutsopoulos 2005) Informationen über das Herkunftsland mit Informationen über die soziale Lage der Migrationsgruppe im jeweiligen Aufenthaltsland. Sie bieten darüber hinaus die Möglichkeit der Vernetzung und des Austausches zwischen den Nutzer/innen.[6] Aufgrund seiner potentiellen Globalität und der Informationsfülle, die insbesondere das WWW bietet, stellt das Internet für viele Menschen in der Migration ohnehin oft die einzige Möglichkeit dar, regelmäßig aktuelle Informationen über die Herkunftsregion zu bekommen. Appadurai (1998) zufolge befördert neben Satelliten- und Kabelfernsehen vor allem das Internet in Verbindung mit der Zunahme an menschlicher Mobilität, etwa durch Migration, Flucht und Tourismus, den Prozess der „Deterritorialisierung" – besser gesagt der Globalisierung (imaginativer) Vergemeinschaftung. Bezieht sich der Begriff „Long distance Nationalism" (Glick-Schiller und Fouron 2001) auf die Praktiken, die in zwei konkreten nationalen Kontexten situiert sind – dem einen, in dem man aktuell lebt und dem anderen, dem man sich zugehörig fühlt – betont Appadurai mit dem Begriff der „Ethnoscapes", der Landschaften kollektiver Identitäten, vor allem die Problematik der Lokalisierung und der klaren Abgrenzung kultureller Produktion.

> „As groups migrate, regroup in new locations, reconstruct their histories, and re-
> configure their ethnic projects, the ethno is ethnography takes on a slippery, non-
> localized quality, to which the descriptive practices of anthropology will have to
> respond. The landscape of group identity – the ethnoscapes – around the world are
> no longer familiar anthropological objects, insofar as groups are no longer tightly
> territorialized, spatially bounded, historically unselfconscious, or culturally homo-
> geneous" (1998:48).[7]

Interessant sind an Appadurais Begriff der „Ethnoscapes" vor allem die wachsende Bedeutung der Imagination einerseits und das Streben nach Globalität andererseits, die der Autor als zentrale Elemente gegenwärtiger kollektiver Identitätskonstruktionen annimmt. So wie bei Anderson (1996) die Nationalgemeinschaft als kollektive Imaginationsleistung von den Printmedien getragen wird, spielen Appadurai zufolge die globalen elektronischen Medien eine Schlüsselrolle bei der Konstruktion kollektiver Identitäten und Weltbilder. Seiner Ansicht nach leben

---

[6] Siehe etwa das Forschungsprojekt „Die virtuelle zweite Generation" über *theinder.net*, „eine Internetplattform von und für junge ‚InderInnen der zweiten Generation', die ihre Lebensmitte im deutschsprachigen Raum haben" (Heft und Goel 2005).

[7] Das Problem, das sich mit Appadurais Beschreibung stellt, weil sie suggeriert, Kulturen oder Gruppenidentitäten seien zu einer früheren Zeit als abgegrenzte, in sich homogene, klar zu lokalisierenden Entitäten zu beschreiben gewesen, ist an dieser Stelle zu vernachlässigen. Die Diskussion darüber wird an späterer Stelle im Hinblick auf ihre methodologischen (vgl. B) und konzeptionellen (vgl. C) Implikationen geführt.

heute, in Zeiten von Satellitenfernsehen, Internet und global agierenden Medienkonzernen, viele Menschen nicht mehr in imaginierten Gemeinschaften, sondern in imaginierten Welten, wodurch eine Vielzahl von Weltbildern entstehe, die im Zusammenwirken von Medienproduktion, -rezeption und den vielfältigen Mobilitätspraktiken der Akteur/innen kreiert würden. „The multiple worlds that are constituted by the historically situated imaginations of persons and groups spread around the globe" (Appadurai 1998:33). Gleichwohl scheint „natio-ethno-kulturelle Zugehörigkeit"[8] eine Kategorie zu sein, die eher an Bedeutung gewinnt, als dass sie sich im globalen Rauschen verliert.

Karim (2003) untersucht das von Appadurai aufgeworfene Szenarium anhand verschiedener Fallstudien und bestätigt, dass die medialen Praktiken von „Diasporas" zu einer Ausdifferenzierung von Weltbildern in eine Vielzahl von kulturellen Landkarten führen, die nun nebeneinander existieren. Unter dem Stichwort „virtual diaspora" untersuchten auch unlängst eine Reihe von Fallstudien die Ethnisierung des Cyberspace. Das Internet wird hier als Instrument konzipiert, das die durch Migration geografisch verstreuten Angehörigen einer bestimmten Nation als imaginierte Gemeinschaft erneut zusammenführt. Dabei wird etwa nach spezifisch russischen Praktiken der Internetnutzung gefragt (Schmidt und Teubener 2007) oder die Effektivität von politischem Online-Aktivismus wird im Hinblick auf die tatsächliche politische Einflussnahme etwa in Haiti (Adams 2004) oder Malaysia (Uimonen 2003) auf den Prüfstand gestellt.

In Regionen, die stark von Emigration geprägt sind, scheint das Internet in besonderem Maße dazu geeignet, die durch geografische Entfernung zerrissenen sozialen Zusammenhänge zu reintegrieren. E-Mail und Chatkommunikation erlauben Eltern, am Alltag ihrer Kinder teilzuhaben, bei anstehenden Entscheidungen um Rat gefragt zu werden und so, jeglicher geografischer Entfernung zum Trotz, ihre Elternrolle auszuüben. Wo der telefonische Kontakt meist aus Kostengründen zeitlich eingeschränkt wird, erscheint die regelmäßige mehrstündige Chat-Konversation eher dazu geeignet, ein Gefühl von Zusammenleben zu vermitteln (Miller und Slater 2000). Mit anderen Worten: Das Internet unterstützt die Aufrechterhaltung von ehemals lokal gelebten Primärbeziehungen, Beziehungen also, die sich auf der Basis von Kopräsenz entwickelt haben und die nun gewissermaßen medial vermittelt weitergeführt werden.

---

[8] Statt von nationaler *oder* ethnischer *oder* kultureller Zugehörigkeit zu sprechen, bringt der Begriff natio-ethno-kulturelle Zugehörigkeit die Diffusität und das Ineinandergreifen der sozialen Zugehörigkeitskategorien Nation, Ethnie und Kultur zum Ausdruck und betont, „dass die sozialen Zugehörigkeitsordnungen, für die Phänomene der Migration bedeutsam sind, von einer unbestimmten und mehrwertigen ‚Wir'-Einheit strukturiert werden" (Mecheril 2004:22).

4. Eine globale Lebenswelt ‚à l@ paraguay@'

Das öffentlich zugängliche Diskussionsforum von Cibervalle bietet einen virtuellen Treffpunkt für Paraguayer/innen aus nahezu allen Teilen der Welt. Aufgrund der andauernden Verschlechterung der wirtschaftlichen Situation des Landes ist Paraguay seit geraumer Zeit von anhaltenden Migrationsbewegungen, insbesondere nach Argentinien, USA, Spanien und Japan betroffen. Für die in der Migration lebenden Nutzer/innen bietet nun das Forum eine Möglichkeit, mit ihrer imaginierten Heimat verbunden zu bleiben oder sich ihr erneut anzunähern. Über die Diskussionen innerhalb des Forums bekommt man tagesaktuelle Informationen aus der Herkunftsregion und kann sich mit Landsleuten in der vertrauten Sprache[9] über Themen austauschen, die aus einem gemeinsamen Erfahrungsschatz resultieren. Für viele der Nutzer/innen bedeutet die Migration, neben dem (zeitweiligen) Verlust sozialer Beziehungen, vertrauter Orte und Gewohnheiten auch einen Wechsel in prekäre Lebensverhältnisse. Die Migration erfolgt in vielen Fällen undokumentiert, das heißt, man ist von den Staatsbürgerschaftsrechten am Aufenthaltsort ausgeschlossen und in hohem Maße von Ausbeutung und Gewalt bedroht. In dieser von Umbrüchen, Isolation und Risiken geprägten Situation bietet das Diskussionsforum – oft bezeichnet als Fenster nach Paraguay – für seine Nutzer/innen kulturelle Kontinuität, soziale Gemeinschaft und gegenseitige Solidarität. Für die Nutzer/innen, die in Paraguay leben, hat das Forum die Funktion eines Fensters zur Welt, durch das sie Einblicke in fremde Lebenswelten bekommen, ihr Wissen und ihren Horizont erweitern, aber auch mögliche Migrationsvorhaben vorbereiten können.

Neben dem Blick durch das virtuelle Fenster nach bzw. aus Paraguay bietet das elektronische Netzwerk auch die Möglichkeit, Landsleute, die in der Nähe des eigenen Aufenthaltsortes leben, über das Forum zu lokalisieren und sie persönlich kennen zu lernen. Die Face-to-face-Kontakte, die mit Hilfe des Forums ermöglicht werden, ersetzen allerdings keineswegs die virtuellen Beziehungen. Vielmehr scheint es für diese soziale Form konstitutiv zu sein, die lokalen Beziehungen mit der virtuellen Ebene zu verknüpfen. Das heißt, in den jeweiligen Lebensorten der Nutzer/innen werden regelmäßige lokale Treffen veranstaltet, die zunächst über das Forum angekündigt werden und im Nachhinein mit Hilfe von Fotos wiederum über das Forum mit der globalen Gemeinschaft geteilt und als kollektive Erzählung neu inszeniert werden. Auf diese Weise hat sich das anonyme sozioelektronische Netzwerk im Laufe seines mehrjährigen Bestehens in eine globale Lebensgemeinschaft transformiert, die auf natio-ethno-kultureller Zugehörigkeit beruht, diese aber vom territorialen Aufenthaltsort ablöst.

---

[9] In Paraguay gilt neben Spanisch die indigene Sprache Guaraní als zweite Landessprache. Aus beiden Sprachen hat sich eine hybride Sprachform entwickelt, das Jopará, das üblicherweise im Alltag gesprochen wird.

Globale Formen des Zusammenlebens

Im empirischen Fall, der die Grundlage dieser Arbeit bildet, hat die Kombination migrationstypischer Praktiken der Internetnutzung zur Emergenz einer globalen Lebensgemeinschaft geführt. Das Überraschende an Cibervalle ist nicht nur, dass die meisten seiner Mitglieder sich nicht persönlich kannten, bevor sie sich im Cibervalle-Forum begegneten. Erstaunlich ist auch, dass die Nutzer/innen aus nahezu allen Teilen der Welt auf das elektronische Netzwerk zugreifen, nicht nur, um aktuelle Informationen aus der Heimat zu bekommen, ihr Migrationsvorhaben zu organisieren, politische, kulturelle oder soziale Anliegen zu diskutieren, sondern auch und vor allem, um ihren Alltag miteinander zu teilen. Anders als in der Studie von Miller und Slater (2000) geht es in diesem Fall also nicht nur um die Aufrechterhaltung von bereits physisch-lokal konstituierten Beziehungen. Vielmehr zeigt sich hier eine weitere, mit diesem Medium verbundene Dimension, die beinhaltet, dass sich auf der Grundlage von Anonymität und geografischer Ferne Lebensgemeinschaften entwickeln können.

Cibervalle unterscheidet sich aber auch von den Migrantenportalen, die Androutsopoulos (2005) untersucht hat, ebenso wie von den Internetplattformen der „virtual diasporas", die meist von Internetnutzer/innen in der Migration kreiert werden und vorwiegend politische oder ethnische Themen fokussieren. Das Cibervalle-Forum war nämlich zunächst nichts weiter als ein funktionaler Teil der interaktiven Kommunikationsumgebung eines kommerziellen paraguayischen Webportals. Es wurde von den Betreibern des Webportals ins WWW gestellt und dort seinem Schicksal überlassen. Eher zufällig wurde das bis dahin leblose Forum dann von den ersten (paraguayischen) Internetreisenden gefunden und besiedelt. Das Diskussionsforum von Cibervalle beherbergt heute eine Vielfalt von Themen und kommunikativen Praktiken, die eher an Alltagskonversationen erinnern, als an einen themenspezifischen Austausch von Sachargumenten. In Cibervalle wird zusammen gelacht, man erzählt sich von dem Film, den man am Vorabend im Fernsehen gesehen hat, tauscht Rezepte aus, erfindet Spiele, mit denen man sich die Zeit gemeinsam vertreibt, man streitet und versöhnt sich, man heult sich aus und lässt sich von den anderen trösten. Cibervalle ist Alltag und Gemeinschaft für seine Mitglieder. Anders gesagt, Cibervalle ist eine soziale Formation, die ihren Mitgliedern erlaubt, ungeachtet jeglicher geografischer Distanz, zusammen zu leben.

Wie aber ist es möglich, dass aus einem anonymen Kommunikationszusammenhang von Teilnehmer/innen, die sich zunächst unbekannt sind und die darüber hinaus auch noch über den Globus verstreut leben, eine Lebensgemeinschaft wird? Eine Gemeinschaft also, die auf gegenseitiger Solidarität und Hilfe beruht, ein hohes Maß an Emotionalität aufweist und ein gemeinsames Alltagsleben führt. Welche sozialen und technologischen Bedingungen begründen die Emergenz einer solchen Gemeinschaftsform, die offenbar weder auf lokale noch auf familiäre Bindungen angewiesen ist, die aber als imaginierte Gemeinschaft im Sinne Andersons

(1996) nicht angemessen beschrieben wäre, auch wenn die gemeinsame Zugehörigkeit zu (und Imagination von) einem nationalen geografischen Kontext eine fundamentale Rolle zu spielen scheint?

Die Ergebnisse meiner Forschung zeigen, dass eine Dimension von Globalität, die im Kontext alltäglicher Internetnutzung in Migrationskontexten emergiert, als Entwicklung *globaler Formen des Zusammenlebens* beschrieben werden kann. Wesentliche Modi sozialer Formierung, durch die sich Cibervalle in seinen unterschiedlichen Dimensionen reproduziert und zusammenhält, sind die gemeinsame natio-ethno-kulturelle Zugehörigkeit, Information und Solidarität. Die kommunikative Architektur des globalen Zusammenlebens in Cibervalle beruht auf dem komplexen Zusammenspiel medialer und kopräsenter Formen der Kommunikation sowie körperlicher und virtueller Mobilität. In einem Prozess wechselseitiger Beeinflussung zwischen Technologie und Praktiken der Aneignung werden Spielarten der Anwesenheit und Interaktion hervorgebracht, die nicht primär an den Körper gebunden sind. Dabei wird physische Kopräsenz keineswegs obsolet, aber durch die enge Verflechtung medialer und kopräsenter, physischer und virtueller Begegnungen, wie sie in Cibervalle praktiziert wird, verwischen die Grenzen zwischen An- und Abwesenheit bzw. zwischen Interaktion und Kommunikation zusehends.

Globalität als Ermöglichung reflexiver Selbstwahrnehmung in einem globalen Beobachtungshorizont

Das Internet ist aufgrund seiner technologischen Netzwerkstruktur schon auf Globalität angelegt. Für das öffentlich zugängliche Diskussions-Forum von Cibervalle kommt nun die Besonderheit hinzu, dass in den Kommunikationen reflexiv das Bewusstsein über ihre Öffentlichkeit eingebaut ist. Die Rolle des Publikums fungiert gewissermaßen als reflexives Bewusstsein der Akteur/innen und strukturiert ihr Handeln. Auf das Forum kann weltweit zugegriffen und die Aktivitäten können anonym beobachtet werden. Das heißt, die Öffentlichkeit in Cibervalle ist strukturell auf Weltöffentlichkeit angelegt. Trotz seiner potentiell globalen Zugänglichkeit ist die reale Reichweite des Cibervalle-Forums jedoch begrenzt. Nicht nur sind entsprechende Sprachkenntnisse erforderlich, um den Kommunikationen überhaupt folgen zu können. Zuallererst muss man das Cibervalle-Forum in den unendlichen Weiten des WWW überhaupt finden. Dazu muss man entweder über seine Existenz informiert sein oder man findet es zufällig, während man durch das WWW surft. Aufgrund der Verlinkungslogik des WWW ist die Wahrscheinlichkeit, auf das Cibervalle-Forum zu treffen, dann am größten, wenn man Informationen über Paraguay sucht. Nun gehört Paraguay zu den Regionen der Welt, die – abgesehen von der Fußballweltmeisterschaft – auf globaler Ebene keine Rolle spielen. Weder im politischen oder ökonomischen Sinne gehört Paraguay zu den *global playern*, noch gibt es eine nennenswerte Tourismusindustrie oder Kulturproduktionen, durch die so etwas wie ein natio-ethno-kulturelles Image global vermittelt würde. In den globalen Massenmedien kommt Paraguay so gut wie nie vor. Es stellt sich also die Frage, wer überhaupt im Internet nach Paraguay suchen und dabei möglicherweise auf das Cibervalle-Forum treffen könnte. Mit der Konstruktion einer Welt, in der sie nicht vorkommen, werden Paraguayer/innen allerdings erst dann konfrontiert, wenn sie ihre eigene marginale Position verändern. Das geschieht im Fall von Migration, aber auch durch virtuelle Reisen, auf denen sie in internationalen Chats oder Diskussionsforen auf Bewohner/innen geografisch entfernter Regionen treffen. Schließlich kann ein außergewöhnliches Ereignis einen Ort und die sich ihm zugehörig fühlenden Akteur/innen kurzfristig in das Scheinwerferlicht des globalen Interesses rücken und in dieser Ausnahmesituation den Normalzustand der Marginalität reflektieren.

Ein weiterer Schwerpunkt der Arbeit beschäftigt sich also mit der Frage nach Globalität im Sinne der Ermöglichung reflexiver Selbstwahrnehmung innerhalb eines globalen Beobachtungshorizontes. Wie die Analyse zeigt, ist eine differenzierte Betrachtung des Publikumsbegriffs hilfreich, um diese Dimension von Globalität und ihre Rückwirkungen auf das Handeln der Akteur/innen genauer zu bestimmen. Anhand der Adressierungen in den Forumskommunikationen lässt sich das imaginierte Cibervalle-Publikum in unbekannte Zuschauer/innen und bekannte Mitglieder sowie potentiell interessierte Mitglieder differenzieren. Die Analyse der Aktivitäten in Cibervalle, die im Zusammenhang mit dem Brand des Supermarktes Ycua Bolaños stehen, der Paraguay für kurze Zeit in den Blickpunkt der massenmedialen Weltöffentlichkeit gerückt hat, thematisiert schließlich das Verhältnis von potentieller und situativ realisierter Globalität. Im Mittelpunkt steht hier die Frage, wie die Angehörigen von Cibervalle auf das plötzliche globale Interesse an Paraguay sowie auf das Image reagierten, das im Zusammenhang mit dem Brand im Supermarkt von Ycua Bolaños von den Massenmedien produziert wurde. Anhand dieses Beispiels lässt sich demonstrieren, dass internetbasierte Öffentlichkeiten zwar potentiell global sind, aber multiple Globalitätsreferenzen aufweisen. In Cibervalle changieren die Globalitätsreferenzen zwischen der internen, die aktiven Mitglieder einschließenden Öffentlichkeit bis hin zu einer imaginierten Weltöffentlichkeit. Globalität im Sinne der Ermöglichung reflexiver Selbstwahrnehmung als Teil eines globalen sozialen Zusammenhangs ist also eine flexible Größe, die sich zwischen Potentialität und Imagination einerseits und situativer Realisierung und kommunikativer Bestätigung andererseits bewegt. In jedem Fall hat die öffentliche Rahmung der Kommunikation Auswirkungen auf die Selbstwahrnehmung und das Handeln der Akteur/innen. Die Alltagsbezogenheit der Aktivitäten, vor allem die Praktik der Treffen in den physisch-lokalen Sozialräumen der Cibervaller@s und deren virtuelle Neuerzeugung in einem globalen öffentlichen Kommunikationsraum erhöht ihre reflexive Selbstwahrnehmung. Gleichzeitig gerät ihr Alltagsleben zunehmend in einen potentiell globalen Beobachtungshorizont. Mit anderen Worten, die Bewohner/innen von Cibervalle werden bei der Pflege ihrer privaten Beziehungen und bei der Gestaltung ihres Alltags zu *global playern*.

5. Methodologische Herausforderungen und Buchstruktur

In den Sozialwissenschaften spiegelt sich das zunehmende Bewusstsein über Globalisierung nicht nur in zahlreichen empirischen und theoretischen Forschungsarbeiten über Globalisierungsphänomene, sondern auch in einer reflexiven Auseinandersetzung mit den eigenen Begriffen. Denn nicht nur der Nationalstaat, auch die Sozialwissenschaften sehen sich im Zuge weltweit zunehmender Mobilität, wirtschaftlicher Expansion und supranationaler Ordnungsbildung mit dem Problem konfrontiert, sich selbst und ihren gemeinsamen Deutungshorizont *Gesellschaft* zu legitimieren. Bauman (2000) sieht die Hauptaufgabe der Sozialwissenschaften in der Produktion von Begriffen, die zur Konstruktion einer bestimmten sozialen Wirklichkeit dienen und deren kollektive Wahrnehmung als objektive Wirklichkeit untermauern sollen. Die methodischen und konzeptionellen Probleme, die sich daraus ergeben, dass das Begriffsrepertoire der Sozialwissenschaften eng mit dem Gesellschaftsmodell des Nationalstaates verknüpft ist, werden unter dem Stichwort „Methodologischer Nationalismus" anhaltend diskutiert. Wimmer und Glick-Schiller (2002) beziehen den von Smith schon im Jahr 1979 eingeführten Begriff (vgl. Bommes 2002) vor allem auf die Praxis sozialwissenschaftlicher Migrationsforschung. Auf der Grundlage einer Vielzahl von empirischen Fallstudien, auf dem das wissenschaftliche Feld der transnationalen Migrationsforschung emergiert, kritisieren sie die theoretischen Grundannahmen und das analytische Vorgehen klassischer, dem Assimilationsparadigma verhafteter Migrationsforschung. Der Gesellschaftsbegriff, der hinter der Assimilationsidee steht, sei insofern von nationalstaatlichen Ideologien geprägt, als er zum einen die Existenz eines homogenen kulturellen Systems unterstelle und dieses im zweiten Schritt mit der analytischen Bezugsgröße der Gesellschaft gleichsetze. Soziologische Migrationsforschung unter dem Assimilationsparadigma sei folglich nicht in der Lage, eine analytische Distanz zu nationalstaatlichen Diskursen, Loyalitäten und Vorstellungen einzunehmen. Statt diese zum Gegenstand der Analyse zu machen, nehme eine assimilationistische Migrationsforschung selbst die Perspektive des Nationalstaats ein und setze dessen Ordnungsmechanismen als selbstverständlichen Rahmen zur Erklärung von Migrationsprozessen (Wimmer und Glick-Schiller 2002) voraus.[10]

---

[10] Die Bezeichnung „methodologischer Nationalismus" perpetuiert in gewisser Weise den Mangel an Unterscheidung zwischen Nationalstaat und Nation, der sich in der klassischen Migrationsforschung niederschlägt. Denn diese setzt nicht nur *Gesellschaft*, sondern auch *Nation* mit Nationalstaat gleich. Migrationsforscher/innen interessieren sich in der Regel nicht für Integrationsprobleme katalanischer Migranten in Andalusien oder für Anpassungsschwierigkeiten von Schwaben an die bayrische Kultur. Mit anderen Worten, selbst in Staaten, die multi-national bzw. multi-ethnisch konstituiert sind, in denen sich also die kulturelle Einheit Nation von der politisch verfassten Ordnungseinheit Nationalstaat unterscheidet, werden lediglich grenzüberschreitende, nicht aber innerstaatliche Migrationsprozesse im Hinblick auf mögliche kulturell oder sozial bedeutsame Folgen für die Gesellschaft thematisiert.

Wenn die Hauptaufgabe der Sozialwissenschaften in der Produktion von Begriffen besteht, die zur Objektivierung eines bestimmten Realitätsentwurfs beitragen sollen, dann liegt die zentrale Herausforderung der vorliegenden Arbeit in der folgenden Frage: Wie produziert man angemessene Begriffe zur Beschreibung einer Wirklichkeit, die sich von der Wirklichkeit unterscheidet, auf deren Beschreibung das Begriffsinstrumentarium der Sozialwissenschaften basiert? Wie distanziert man sich von überholten Begriffen? Wie lernt man, die Wahrnehmung für soziale Phänomene zu schärfen und ihrem Eigensinn auch noch in der sozialwissenschaftlichen Beschreibung angemessen Ausdruck zu verschaffen?

Die Tatsache, dass Park sowie Thomas und Znaniecki seinerzeit Phänomene beschreiben konnten, die im Allgemeinen von der Migrationsforschung übersehen und erst jüngst von Transnationalismusforscher/innen wiederentdeckt worden sind, zeigt nicht zuletzt den besonderen Wert des im Rahmen der Chicagoer School bevorzugten methodischen Vorgehens und der verwendeten Datentypen. Die Fragestellungen, die beide Studien verfolgten, zielten nämlich keineswegs auf das Aufspüren transnationaler Praktiken in der Migration ab. Sowohl Park als auch Thomas und Znaniecki waren in erster Linie daran interessiert, die sozialen Milieus US-amerikanischer Großstädte zu untersuchen. Angesichts sozialer und ethnischer Heterogenität sowie des sozialen Wandels, der sich mit Industrialisierung und Verstädterung vollzog, ging es ihnen vor allem um Fragen nach Integration. Dass es den Forschern dennoch gelang, über den nationalen Analysekontext hinaus auf die eigentlichen Phänomene zu blicken, hat vor allem methodologische Gründe:

> „das Besondere am Material der Chicagoer School ist ... der Verzicht auf durch Experimente oder durch Interviews elizitiertes Material und im Gegenzug die Bevorzugung von «undesigned records», wie Park jenes Material nennt, das frei von Beeinflussung von Forschungsdesigns entstand" (Ayaß 2006:51).

Reflexiv-methodologische Annäherung an eine techno-soziale Wirklichkeit

Konzeptionell und methodologisch knüpft die vorliegende Arbeit an die beiden hier vorgestellten Klassiker der Migrations- bzw. Medienforschung an; zum einen in dem Bemühen, zwei Forschungsbereiche miteinander in Verbindung zu bringen, die sich bislang eher getrennt voneinander entwickelt haben. Die konzeptionelle Entwicklung dieser Arbeit bezieht ihre Anregungen deshalb von empirischen Beiträgen sowohl der transnationalen Migrationsforschung wie auch der sozialwissenschaftlichen Internetforschung. Der zweite Anknüpfungspunkt liegt in der Verwendung von Daten, die vom Feld selbst hervorgebracht werden, mit Hilfe derer die Forscherin „may get an intimate glimpse into the smaller world of the immigrant" (Park 1922:113, zitiert nach Ayaß 2006:53).

Die besondere Beschaffenheit der sozialen Formation Cibervalle, die sich von virtuellen über eine Vielzahl von physisch-lokalen Sozialräumen erstreckt und trotz einer klaren geografischen Referenz der Zugehörigkeit in seiner Reichweite potentiell global ist, erweist sich als Herausforderung, sowohl für die Konstitution des Forschungsfeldes, als auch im Hinblick auf die Entwicklung geeigneter Methoden zur Datengenerierung und -auswertung. Die Methodengenese erfolgt deshalb in reflexiver Auseinandersetzung mit dem Forschungsgegenstand und eingebettet in eine breitere Diskussion verschiedener Ansätze der Ethnographie sowie ethnomethodologischer Verfahren der Kommunikationsanalyse. Indem sich diese Forschungsarbeit ihren Gegenstand methodologisch erschließt, versteht sie sich auch als Beitrag zur Entwicklung eines methodischen Instrumentariums zur Analyse globaler Mikrostrukturen.

Die vorliegende Arbeit verknüpft ethnomethodologische mit ethnographischen Aspekten des „becoming member" sowie registrierende mit rekonstruierenden Verfahren der Datengenerierung. Überdies werden die Wechselwirkungen zwischen Technologieentwicklung und ihrer Domestizierung durch die Akteur/innen in den Blick genommen, um die spezifischen techno-sozialen Praktiken zu untersuchen, mit denen globale Formen des Zusammenlebens ermöglicht werden. Reflexivität spielt folglich in der diese Forschung begleitenden methodologischen Auseinandersetzung eine entscheidende Rolle: Erstens im Hinblick auf die Beziehung zwischen Forscherin und Feld, zweitens in Bezug auf die Wechselwirkungen zwischen angewandten Methoden bzw. Forschungsinstrumenten und der Konstitution des Feldes und drittens mit Blick auf das Verhältnis zwischen Akteur/innen und Medien oder – abstrakter formuliert – zwischen Sozialität und Technologie.

Das empirische Material, auf das sich die Fallstudie stützt, setzt sich aus unterschiedlichen Datenformaten zusammen, die einerseits durch rekonstruierende und andererseits durch registrierende Verfahren generiert wurden. Bei dem Teil der Daten, die als digitale Aufzeichnungen der computervermittelten sozialen Wirklichkeit bezeichnet werden können, handelt es sich zudem um Kommunikationsformen, für die bislang kaum adäquate Analysetechniken entwickelt wurden. Eine vertiefende methodologische Auseinandersetzung zum Umgang mit diesen Daten wird deshalb den kommunikationsanalytischen Teil der Arbeit einleiten.

Überblick über die Buchstruktur

Das oben angesprochene Problem des methodologischen Nationalismus, der den Begriffshaushalt der Sozialwissenschaften auf das nationalstaatliche Gesellschaftsmodell einschränkt, wird in der Ethnographie insbesondere an der Beziehung zwischen Forscher/in und Beforschten, der Unterscheidung des Fremden vom Eigenen sowie an den für die Ethnographie zentralen Begriffen Kultur und Feld deutlich. Im folgenden Teil B des Buches wird zunächst die Krise der Ethnographie im Zusammenhang mit (post-)kolonialen Globalisierungsprozessen diskutiert. Die Anforderungen an eine ethnographische Praxis und Methodologie, die den Globalitätsphänomenen im Zusammenhang mit Migration und der alltäglichen Nutzung des Internets gerecht werden will, werden dann vor allem im Hinblick auf den Feldbegriff problematisiert. Die Besonderheiten und methodologischen Herausforderungen des Forschungsfeldes werden schließlich in der Genese des methodischen Konzeptes behandelt.

Der ethnographische Teil C beginnt mit der Darstellung und Analyse einer exemplarischen Migrationsgeschichte. Für die Analyse der Migrationsbiographie wird der Versuch unternommen, den systemtheoretischen Vorschlag eines globalen Analyserahmens mit dem empiriegeleiteten methodischen Vorgehen der transnationalen Migrationsforschung konstruktiv zu verknüpfen. Aus der methodologisch inspirierten Felddiskussion in Teil B leitet sich die in Teil C erfolgende konzeptionelle Reflexion des sozialwissenschaftlichen Raumbegriffs ab, mit der die ethnographische Beschreibung der sozialen Landschaften Cibervalles eröffnet wird. Anhand der Cibervalle gemeinsamen geografischen Referenz Paraguay wird zunächst der Zusammenhang von Migration und der Konstitution sozialer Räume untersucht. In einem zweiten Schritt wird dann Cibervalle aus den verschiedenen Perspektiven seiner Nutzer/innen vorgestellt.

Mit einer Diskussion ethnomethodologischer Analyseverfahren und deren Anwendbarkeit auf die Analyse internetbasierter Kommunikation wird der kommunikationsanalytische Teil D eingeleitet. Stehen im ethnographischen Teil der Studie die subjektiven Sinnbezüge der Akteur/innen im Vordergrund, wurde also nach der Bedeutung Cibervalles aus den jeweiligen Akteursperspektiven gefragt, geht es nun vor allem um die strukturellen Bedingungen der sozialen Organisation Cibervalles. Neben den Nutzer/innen tritt hier die Technologie als zusätzliche Akteurin auf. Nach einer reflexiv-methodologischen Annäherung an die spezifische Kommunikationsform und der ihr angemessenen Auswertungsverfahren wird im darauf folgenden Kapitel die kommunikative Architektur Cibervalles beschrieben. Konkret wird die Forumskommunikation in ihren strukturellen Eigenschaften und diese wiederum im Hinblick auf ihre soziale Einbettung untersucht. Um die Wechselwirkungen zwischen technologischer Entwicklung und Praktiken der Medienaneignung angemessen zu verstehen und um einige spezifische Modi der Herstellung von Globalität herauszuarbeiten, werden die Formatänderungen analysiert, die im Laufe der Jahre am Cibervalle-Forum vorgenommen worden sind. Anschließend werden dann, unter Rückgriff auf ethnographisch generierte Daten, die alltäglichen kommunikativen Praktiken der Akteur/innen untersucht, auf denen die globalen Formen des Zusammenlebens in Cibervalle beruhen. Im abschließenden Kapitel des kommunikationsanalytischen Teils geht es vor allem um die zweite Dimension der Herstellung von Globalität. Die strukturelle Kondition von Öffentlichkeit und potentiell globaler Reichweite der Kommunikation im Cibervalle-Forum wird im Hinblick auf ihre Bedeutung für das Handeln der Akteur/innen genauerer Betrachtung unterzogen.

B

Fremd ist der Fremde nur in der Fremde?
Über die Kunst ethnographischer Verortung in
einer globalisierten Welt

Die Protagonist/innen dieser Fallstudie, die Bewohner/innen von Cibervalle, sind nicht nur höchst mobile Akteur/innen, für die Reisen im Bus, im Flugzeug oder im Internet zum Alltag gehören. Die Lebenswelten der Cibervaller@s setzen sich aus physisch-lokalen und virtuellen Sozialräumen zusammen, die in ihrer Verknüpfung globale Ausmaße erreichen. Die ethnographische Forschung in einem solchen plurilokalen, mehrdimensionalen Feld stellt die Forscherin vor Probleme, die sorgsam reflektiert und für die kreative Lösungen gefunden werden wollen. Zunächst werden in diesem Kapitel deshalb neuere Ansätze der Ethnographie vorgestellt und auf ihre Eignung für den hier behandelten Forschungsgegenstand hin diskutiert. Die nachfolgende Darstellung und Reflexion der Genese des Methodenkonzepts erfolgt in der Absicht, die Erkenntnisse und methodischen Vorschläge, die aus dieser Forschung resultieren, für eine breitere Methodendiskussion in der Globalisierungs- und Weltgesellschaftsforschung fruchtbar zu machen.

6. Die Ethnographin und ihre Felder in der Weltgesellschaft

Der Auftrag eines Ethnographen, der nach dem Vorbild Malinowskis ein fremdes Volk studiert und dabei die Perspektive seiner Forschungssubjekte zum Ausgangspunkt seiner Studie macht, lässt sich folgendermaßen beschreiben: Man geht dahin, wo das fremde Volk zuhause ist, lässt sich dort für eine geraume Zeit nieder, sucht den Kontakt zu den Einheimischen, nimmt an deren Alltag teil, lernt ihre Sprache, ihre Praktiken und Rituale und versucht so sukzessive die Bedeutungsstrukturen, die kennzeichnend für die fremde Kultur sind, aus der Perspektive der Einheimischen zu verstehen. Während dieser Zeit schreibt man möglichst detailliert auf, was man gesehen und gehört hat und fragt nach, wenn man etwas nicht versteht. Nach einer Zeit beginnt man seine Aufzeichnungen zu ordnen und verdichtet sie zu thematischen Schwerpunkten, um dann seine Daten mit Hilfe von Memos in Beziehung zu Theoriekonzepten zu setzen und zu theoretischen Ergebnissen zu abstrahieren. Der Ethnograph hat seinen Auftrag erfüllt, wenn er seine Beobachtungen in einer plausiblen Art und Weise mit theoretischen Begriffen in Zusammenhang gebracht hat und in der Lage war, die fremde Kultur in einen, für die wissenschaftliche Gemeinde zuhause verständlichen Text zu übersetzen. Der Feldbegriff und mit ihm die Vorstellung von Kultur, die diesem Verständnis von Ethnographie zugrunde liegen, werden insbesondere in der sozial- und kulturanthropologischen Tradition zunächst mit einer geografisch entfernten und territorial begrenzten Untersuchungseinheit identifiziert. Die Ethnographin befindet sich in der privilegierten Situation diese weit entfernten Orte aufzusuchen; das „dort gewesen sein" verleiht ihren Berichten Authentizität und die Tatsache, dass weder die untersuchten Subjekte noch die Rezipient/innen ihre Darstellungen überprüfen können, verleiht der Ethnographin Autorität.

Vor dem Hintergrund der Emanzipationsbewegungen in den Ländern des Südens, deren Bewohner/innen bisher vorwiegend als „stille Objekte" anthropologischer Studien wahrgenommen wurden, wird die für die Feldforschung grundlegende „Spannung von Nähe – Distanz zwischen Ethnographen und Einheimischen" (Guber 2001:36 *Übersetzung H.G.*) neu bestimmt. Parallel dazu verursacht die Veröffentlichung der Tagebücher Malinowskis[11] eine innere Krise der Ethnographie, in deren Folge die Autorität des Ethnographen und die Authentizität seiner Darstellungen an Glaubwürdigkeit verlieren. Der traditionelle Beschreibungsmodus des „Ethnographischen Realismus" wird als wissenschaftliche Form in Frage gestellt, da er eine faktische Beschreibung sozialer oder kultureller Wirklichkeit suggeriert, während die Rolle des Ethnographen im Feld und die Bedeutung seiner eigenen Relevanzsysteme und Deutungsmuster als Grundlage seiner Beobachtungen und Interpretationen in dieser Tradition nicht reflektiert werden. In der Folge der Krise der ethnographischen Repräsentation wird Reflexivität zum zentralen Moment in der ethnographischen Praxis und Methodologie (Guber 2001, Bergmann 2006). Die Rolle der Ethnographin wird von nun an stärker in den Blick genommen, insbesondere ihre Anteile an der Konstruktion des Feldes sowie ihre Beziehung zu den Subjekten im Feld. Das Verfassen ethnographischer Berichte erscheint plötzlich in einem anderen Licht, indem die Interpretationsleistungen des Ethnographen einerseits und die Abstraktion kultureller Phänomene in Text andererseits reflektiert werden (vgl. Clifford und Marcus 1986, Berg und Fuchs 1993).

Bei genauerem Hinsehen wird deutlich, dass nicht nur Ethnographie im Sinne einer Forschungspraxis die Realitäten konstruiert, sondern auch deren spätere Dekonstruktion im Zuge der Krise der ethnographischen Repräsentation mit fortschreitenden Globalisierungsprozessen in Zusammenhang steht. Betrachtet man die von Europa ausgehende Kolonialisierung der übrigen Kontinente als Teil von Globalisierung, lässt sich Ethnographie als konstitutiver Bestandteil eines methodologischen Programms zur begrifflichen Aneignung der Welt beschreiben. Ein signifikanter Unterschied zwischen kolonialer und postkolonialer Gestalt von Globalisierung ergibt sich nun aus den veränderten Dynamiken von Mobilität und Kommunikation. In den vergangenen 500 Jahren, vor allem mit der Erfindung der elektrischen Telegrafie und der Dampfmaschine im 19. Jahrhundert, hat Mobilität und kommunikative Vernetzung stetig zugenommen und sich zu einem globalen Netz verdichtet. Dabei

---

[11] Nach dem Tod Malinowskis veröffentlichte dessen Frau die Tagebücher, die er während seines Aufenthaltes auf den Trobriand Inseln verfasst hatte. Die privaten Aufzeichnungen zeichnen ein Bild des Zusammenlebens mit den Trobriandern, das von den wissenschaftlich-objektivierten Darstellungen im Forschungsbericht abweicht. Im Gegensatz zu den zu wissenschaftlichen Zwecken angefertigten „objektiven" Beobachtungsprotokollen zeigen sie Malinowskis höchst subjektiv gefärbte Einstellung zum Feld, in dem er sich zum Teil sehr abwertend über die kulturellen Eigenschaften der Trobriander auslässt und seine persönlichen Verwicklungen und Probleme der Zusammenarbeit mit den Inselbewohner/innen beschreibt (Malinowski 1967).

gingen Richtung und Kontrolle von Transport- und Kommunikationstechnologien zunächst von Europa aus, insbesondere die im 19. Jahrhundert entstehenden transnationalen Medienkonglomerate stützten das Kolonialsystem, indem sie

„divided the world among themselves by operating a news cartel, which involved exclusive presence in the respective spheres of colonial influence. Transnational telegraph, telephone and transport links to colonies were constructed to serve the colonial metropolises. ... Media content in the form of news and entertainment materials flowed largely from North to South, further reinforcing Northern world views" (Karim 2003:7).

Im Zuge der Dekolonialisierung haben sich die Dynamiken der Globalisierung insofern verändert, als Angehörige der kolonialisierten Regionen der Welt in zunehmendem Maße Zugang zu globalen Transport- und Kommunikationstechnologien sowie zu (wissenschaftlichen) Diskursen bekommen haben und sich nun als sprechende und handelnde Subjekte eurozentristischen Realitätskonstruktionen sicht- und hörbar widersetzen.

Erst die postkoloniale Gestalt der Globalisierung führt also dazu, selbstverständliche Annahmen ethnographischer Praxis und Methodologie zu hinterfragen, was sich insbesondere in der Diskussion um den Feldbegriff ausdrückt. Geht man in den 1980er Jahren noch selbstverständlich davon aus, dass für einen Ethnologen und Gemeindeforscher die Definition und Abgrenzung des Forschungsfeldes relativ problemlos sei, „da er es mit einer Lokalität oder einem Territorium identifizieren kann" (Weidmann 1975:10), gerät die zeitliche und örtliche Fixierung – die „incarceration of non-Western people in time and space" (Abu-Lughod 1991:146) und der dieser Praxis eingeschriebene Kulturbegriff in den 1990er Jahren zunehmend unter Beschuss. Anthropologen, so Burawoy, „have awakened to a world in which outsider and insider, anthropologist and native, colonizer and colonist, center and periphery are no longer neat and water-tight categories" (Burawoy 2000:340). Nicht nur das anthropologische Feld ist also in Gefahr geraten, vielmehr scheinen gewohnte Praktiken der Grenzziehung und Positionierung fragwürdig geworden zu sein, die das Verhältnis zwischen Forscher/innen und Beforschten in ein dualistisches „Wir hier" vs. „die Anderen dort" bestimmt.

Abu-Lughod sieht gar den primordialen Charakter der Anthropologie im Zusammenhang mit dieser Unterscheidungspraxis und ihrer identitätsstiftenden Funktion und problematisiert den Kulturbegriff in der Anthropologie. „Culture is important to anthropology because the anthropological distinction between self and other rests on it. Culture is the essential tool for making other" (1991:143). Berg und Fuchs betonen den reflexiven Charakter ethnographischer Repräsentation, die nicht nur die Vorstellung vom Anderen, sondern immer auch die des Eigenen beinhalte (1993:11). Abu Lughod stellt des Weiteren fest, dass die Praxis der anthropologischen Feldforschung dazu neigt, kulturelle Formationen als kohärente und begrenzte Einheiten zu konstruieren.

> „Organic metaphors of wholeness and the methodology of holism that character-izes anthropology both favor coherence, which in turn contributes to the percep-tion of communities as bounded and discrete" (1991:146).

Sie hinterfragt also generell das anthropologische Konzept von Kultur und betont, dass angesichts globaler Verflechtungen die Behauptung isolierter und begrenzter Kulturformationen ad absurdum geführt werde (ebd.:149).

Wimmer und Glick-Schiller bringen die Ineinssetzung von Kultur und Territorium und die daraus folgende Feldforschungspraxis mit der weltweiten Durchsetzung des nationalstaatlichen Gesellschaftsmodells in Zusammenhang. Die sozialwissenschaft-liche Theorie und Methodologie sei entscheidend durch Nationalstaatsbildungspro-zesse beeinflusst worden. Begriffe und Methoden seien auf der selbstverständlichen Annahme entwickelt worden, „that the nation/state/society is the natural social and political form of the modern world" (2002:302). Die Vorstellung von Kultur, eth-nischer Gemeinschaft bzw. Gesellschaft als begrenzter Einheit; einem holistischem Ganzen, das sich durch spezifische kulturelle Praktiken und Gebräuche kennzeichnet sowie die begriffliche Gleichsetzung von Gesellschaft mit einem territorial gefassten Nationalstaat sind nach Wimmer und Glick-Schiller die Folgen einer sozialwissen-schaftlichen Praxis, die den Nationalstaat als quasi natürliche soziale Organisations-form voraussetzt und diese Grundannahme in der Begriffs- und Theoriebildung nicht weiter reflektiert. Wie sich der methodologische Nationalismus auf den Feld-begriff der Ethnographie auswirkt, beschreiben Gille und O Riain:

> „Ethnography tends to accept these categories – either, as in sociology, general-izing to the national society or, as in anthropology, taking the local as the site of culture, which is often analyzed in terms of its relationship to the world of nations" (2002:273).

Wenn es also keine Inselvölker (mehr) zu erkunden gibt und Globalisierung dazu führt, dass alles Soziale irgendwie global zusammenhängt, ist Ethnographie dann noch eine geeignete sozialwissenschaftliche Methodologie? Und welche Konse-quenzen hat Globalisierung für den Begriff des Feldes und für die Praxis der eth-nographischen Feldforschung?

Amann und Hirschauer (1997) zufolge birgt das Wesen der Ethnographie, ihre „Affinität zum Kuriosen" ein gerade für die Erforschung komplexer Gesellschaften nutzbares Potential. In der Folge von Migration und Urbanisierung, der Ausdif-ferenzierung von Lebensstilen sowie der Spezialisierung von Arbeitswelten und Funktionssystemen gehören Fremdheitserfahrungen in der modernen Gesellschaft zum Alltag. Das Fremde ist also weder geografisch fern, noch sind die Strukturen des Eigenen ausreichend erforscht. Die moderne Gesellschaft bietet deshalb eine

Vielzahl von Feldern, in denen es Fremdes zu entdecken und Vertrautes zu befremden gilt, vorausgesetzt, die Ethnographie sensibilisiert sich für das Fremde im vermeintlich Vertrauten. In dieser Interpretation von Ethnographie, die Amann und Hirschauer vollziehen, liegt eine starke Affinität zur ethnomethodologischen Forschungsmentalität. Indem sie das Interesse der Ethnographie an Unbekanntem, ihre Fähigkeit des Erstaunens angesichts für die Untersuchungsgruppe selbstverständlicher, kultureller Phänomene zur methodischen Befremdung von Vertrautem nutzt, ermöglicht ein ethnomethodologisch inspirierter ethnographischer Blick, „auch gewöhnlichste Ereignisse und Felder zu soziologischen Phänomenen zu machen ..." (1997:9).

Mit diesem programmatischen Vorschlag des „Othering des Eigenen" (1997:13) leisten die Autoren zwar einen wichtigen Beitrag zur Überwindung dualistischer und asymmetrischer Begriffskonstruktionen, die sich der Kolonialgeschichte der Anthropologie verdanken, die Frage des Feldbegriffs bleibt jedoch ausgespart. Amann und Hirschauer zeigen das Potential der Ethnographie zur Erforschung kultureller Formationen und sozialer Strukturen in der modernen Gesellschaft, konzipieren ihre Felder jedoch lokal. Auch wenn sie mit dem Begriff der erkenntnisleitenden Fiktion des Entdeckens (1997:9, Fußnote 3) implizit auf den Sachverhalt globaler Vernetzung hinweisen, infolgedessen es heute auf der Erde kaum mehr zu Entdeckungen im Sinne von kulturellen Erstkontakten kommen könne, lassen sie die Frage außer Acht, wie der Einfluss globaler Zusammenhänge auf die Produktion lokal situierter kultureller Formationen in den ethnographischen Blick zu bekommen ist. Besser gesagt, ihnen stellt sich die Frage gar nicht, weil es sich bei den ethnographischen Fallstudien, die in dem Band vorgestellt werden, nahezu ausschließlich um Felder handelt, die durch eine Einrichtung oder Institution (Schwimmbad, Schule, Verwaltungseinheiten) eindeutig lokalisiert und begrenzt werden.[12] Weniger als eine radikale Modernisierung der Ethnographie ist Amann und Hirschauers Beitrag zur Positionierung der Ethnographie in der modernen

---

[12] Lediglich in dem Aufsatz von Knoblauch im selben Band, einer ethnographischen Studie über die Transvestismus-Szene, kommt das Problem der Feldkonstruktion am Rande zur Sprache. Knoblauch verweist gewissermaßen implizit auf den translokalen Charakter der Szene, indem er betont, dass die Szene von Organisationen und massenmedialen Milieus getragen wird. In dem Zusammenhang spricht er dann auch kurz das Problem der Lokalisierung des Feldes an: „im Unterschied zur gängigen ethnologischen Feldforschung war ein Daueraufenthalt im Feld allein deswegen nicht möglich, weil der Travestismus lediglich an bestimmten Lokalitäten und zu bestimmten Zeiten in Erscheinung tritt" (1997:91), und fährt fort: „Als geradezu detektivisch erwies sich dagegen die Aufgabe, die entsprechenden Veranstaltungen, Szenen und Organisationen ausfindig zu machen" (ebd.). Vor einer methodologischen Reflexion des Feldbegriffs rettet sich Knoblauch dann leider mit dem Begriff der „Szene", der den „außerordentlich situativen Charakter" (ebd.) des Travestismus beschreiben soll. Die Datengenerierung erfolgt dann in unterschiedlichen Settings, wobei Einzelpersonen und Organisationen in Deutschland, USA und England miteinbezogen werden. Die Kriterien der Auswahl bzw. der Lokalisierung und Eingrenzung der Transvestismus-Szene werden allerdings – zumindest in dem Aufsatz – nicht methodologisch reflektiert.

Gesellschaft als Rückbesinnung auf ethnographische Traditionen zu verstehen, die bereits im Kontext der Chicagoer School entwickelt worden waren und die im Zuge der Durchsetzung des Strukturfunktionalismus ins Abseits geraten sind.

Die Gestalt der modernen Gesellschaft hängt aber eng mit Globalisierungsprozessen zusammen. Funktionale Differenzierung, Migration und Urbanisierung oder die Differenzierung von Lebensstilen sind nicht hinreichend zu verstehen, sieht man sie nicht in einem globalen Kontext. Die begrifflichen und methodischen Konsequenzen komplexer globaler Wechselwirkungen, in die soziales Leben und Kulturproduktion heute eingebettet sind, werden andernorts unter Stichwörtern wie „multi-sited Ethnography" (Marcus 1996) und „global Ethnography" (Burawoy 2000, Gille/O Riain 2002) diskutiert, die im Folgenden vorgestellt und im Hinblick auf die Möglichkeiten und Grenzen ihrer Anwendbarkeit auf den vorliegenden Forschungsgegenstand diskutiert werden. Dabei werden einerseits das Verhältnis von Lokalität und Feld sowie die Beziehungen zwischen lokalen und globalen Dimensionen des Feldes zu klären sein. Daran anknüpfend werden die Probleme expliziert, die mit den besonderen Eigenschaften des Forschungsgegenstandes einhergehen, um schließlich einen Vorschlag des methodischen Zugangs, der Feldkonstruktion sowie konkrete Möglichkeiten des *multi-sitings* vorzustellen, die im Forschungsprozess entwickelt und angewendet wurden.

7. „Multi-sited Ethnography": Ein Forschungsprogramm für die (mediatisierte) Weltgesellschaft?

Im Unterschied zur klassischen Ethnographie, die ihren Forschungsgegenstand als örtlich begrenzte und kulturell homogene Einheit konstruiert und diesen in einem fixen makrosoziologischen Rahmenkonzept, wie dem des kapitalistischen Weltsystems, kontextualisiert und interpretiert, fasst Marcus unter „multi-sited Ethnography" jene Verfahren zusammen, die ihren Forschungsgegenstand multi-dimensional konstruieren und in ihrer je spezifischen Dynamik wahrnehmen:

> „Ethnography moves from its conventional single-site location, contextualized by macro-constructions of a larger social order, such as the capitalist world system, to multiple sites of observation and participation that cross-cut dichotomies such as the 'local' and the 'global', the 'lifeworld' and the 'system'" (Marcus 1996:95).

Das Konzept der „multi-sited Ethnography" trägt der empirischen Beobachtung Rechnung, dass kulturelle Formationen sich nicht territorial fixiert und in Isolation zueinander entwickeln, sondern Ausdruck komplexer Verflechtungen und globaler Mobilität sind. Sie untersucht folglich die zirkuläre Veränderung kultureller Bedeutungen, Objekte und Identitäten und ist damit mobile Ethnographie, die den Menschen, Dingen, Symbolen, Narrativen, Biographien und/oder Konflikten folgt und so ihren Forschungsgegenstand in der Bewegung zwischen den verschiedenen *sites* konstruiert. In der weiteren Diskussion des von Marcus vorgeschlagenen Ansatzes wird *site* häufig verkürzt mit (physischem) Ort gleichgesetzt, und die Qualität ethnographischer Forschung unter Globalisierungsbedingungen gründet sich auch hier wieder einseitig auf das „dort gewesen sein". Daran knüpft sich die Auffassung, die Ethnographin könne ihren Forschungsgegenstand (nur) angemessen verstehen, wenn sie an all jenen Orten gewesen sei, mit denen die kulturelle Formation, die sie untersucht, in Beziehung steht. Hannerz (2003) spricht etwa von „multi-site Ethnography", wenn er auf die Grenzen des Machbaren hinweist und einwendet, dass ethnographische Forschung, will sie alle Lokalitäten berücksichtigen, die mit einem Forschungsgegenstand in Beziehung stehen, zur „art of the possible" wird. Mit dem Fokus auf die Bedeutung globaler Kommunikationsmedien betont Wittel (2000), dass die ethnographische Praxis der teilnehmenden Beobachtung über einen längeren Zeitraum in einem lokal begrenzten Kontext Bewegungen, mediatisierte Kommunikation und Konnektivität vernachlässige. In einer globalisierten Welt erreiche eine solche Praxis eher das Gegenteil des ursprünglich angestrebten, indem wesentliche Teile des Kontextes der Forschungssubjekte aus dem Blickfeld der Forscherin ausgeschlossen würden. Statt lokal begrenzter Felder solle eine zeitgemäße ethnographische Praxis eher Netzwerke beschreiben. Hier seien insbesondere die prozesshaften Dynamiken des „Dazwischens", also die Beziehungen zwischen Personen, Dingen, Handlungen und Bedeutungen zu fokussieren, durch die Kultur permanent neu hervorgebracht wird.

Die Entgrenzung des Feldkonzeptes hat Wittel zufolge insofern Konsequenzen für das Zeitmanagement der Ethnographin, als sie nun die ihr zur Verfügung stehende Zeit auf mehrere Lokalitäten aufteilen muss.

Sowohl Hannerz als auch Wittel benennen zwar die Probleme, die mit einer ortsgebundenen ethnographischen Praxis verbunden sind, schlagen aber keine befriedigende Lösung vor, weil sie sich weder von dem territorialen Feldbegriff noch von der Methodologie des Holismus konsequent lösen. So sehen sie die Probleme eher im Hinblick auf die Erfüllbarkeit einer holistischen, alle relevanten Orte berücksichtigenden Konstruktion des Feldes. Der von Marcus vorgeschlagene Begriff der „multi-sited Ethnography" weist allerdings in eine andere Richtung, denn er beinhaltet eine konzeptionelle Erweiterung des Feldbegriffs für die Anthropologie. Für Marcus zeichnet sich *multi-siting* nicht dadurch aus, überall gewesen zu sein, also seinen Forschungsgegenstand aus verschiedenen lokalen Perspektiven zu betrachten, sondern die komplexen Verflechtungen und die Multidimensionalität in den Blick zu bekommen, in die eingebettet eine kulturelle Formation zu verstehen ist. „Multi-sited Ethnography" bricht mit anderen Worten mit einer sozialwissenschaftlichen Tradition, die einerseits das Lokale in territorial begrenzten Lebenswelten gesucht und andererseits das Globale auf der Makroebene des Weltsystems verortet hat. Stattdessen schlägt Marcus vor, die lokal-globale Dichotomie zu durchbrechen und das Globale als die emergente Dimension der Auseinandersetzung mit den Beziehungen/Konnexionen zwischen den *sites* einer „multi-sited Ethnography" zu definieren. Diese Perspektive widersetzt sich der Idee des Globalen als makrostruktureller Kontext, indem das Lokale sich auf der Mikroebene manifestiert und zu interpretieren ist.

Marcus' Vorstellung zum Verhältnis von globalen und lokalen Dimensionen des Sozialen kommt Robertsons (1995) Begriff der Glokalisierung sehr nahe, den er alternativ zu der in der Globalisierungsforschung üblichen dualistischen Gegenüberstellung von lokal vs. global vorschlägt. Abgeleitet aus dem Japanischen meint Glokalisierung die bestimmte Ausprägung eines sehr allgemeinen Phänomens. Robertson zufolge gehören die üblicherweise als gegensätzliche Kräfte verstandenen Begriffe zusammen. Das Lokale ist demnach ein Aspekt von Globalisierung, die Robertson als Verknüpfung von Lokalitäten definiert. Die Entwicklung eines globalen Bewusstseins ermöglicht die Abstraktion vom Lokalen und damit ein reflexives Bewusstsein davon. Das Lokale wird also in einem globalen Vergleichshorizont, in dem viele Lokalitäten miteinander verknüpft sind, neu hervorgebracht.

Bei dem Versuch, die Ethnographie in einer Welt neu zu positionieren, die von sich selbst ein reflexives Bewusstsein hat, die also von den glokalen Verflechtungen weiß, in die ihre Lokalitäten, Lebenswelten, kulturellen Formationen, sozialen Praktiken etc. eingebettet sind und die annimmt, dass sich diese Verflechtungen durch zunehmende Mobilisierung und Medialisierung des sozialen Lebens weiter intensivieren werden, sind bislang viele Fragen aufgeworfen worden. Fragen, die auch in der vorliegenden Arbeit die Konzeption des Forschungsdesigns herausgefordert und zu einem experimentellen Umgang mit methodischen Prämissen gezwungen hat. Denn wie lassen sich, angesichts glokaler Dynamiken, die heute soziales Leben und kulturelle Formationen prägen, Forschungsfelder definieren und sinnvoll eingrenzen? Wie kann die Ethnographin relevante *sites* identifizieren und zueinander in Beziehung setzen? Wie Gille und O Riain treffend bemerken, gibt Marcus wenig Hilfestellung und kaum konkrete Anregungen für die Beantwortung dieser Fragen (2002:286). Um diese Fragen zu beantworten sind empirische Untersuchungen nötig, die – der Gefahr zum Trotz, sich im globalen Feld der Flüsse und Netzwerke, der Mehrdeutigkeiten und Diskontinuitäten, der Hybriden und Unreinen zu verlieren – die Herausforderung annehmen, die Ethnographie radikal zu reformieren.

Das vorliegende Forschungsprojekt beschäftigt sich mit einem „fremden Volk", das in einem „virtuellen" Raum zuhause ist, dessen soziale und technologische Eigenschaften die Herausforderungen auf die Spitze treiben, die zeitgenössische Formen sozialen und kulturellen Lebens an die Ethnographie stellen. Wir haben es hier mit einer Art nomadischem Feld zu tun, in dem die Akteur/innen in ständiger Bewegung sind, d. h. körperliche, imaginative und virtuelle Formen der Mobilität (Urry 2002) gehören zu ihrem Alltag. Das Forschungsfeld lässt sich nicht mit einer Lokalität identifizieren, vielmehr gehört Plurilokalität zu seinen wesentlichen Eigenschaften. Die computervermittelten Dimensionen des Feldes sind nicht geografisch fern angesiedelt, gleichwohl sind die lokalen Kontexte der Nutzer/innen über den Globus verstreut, Angehörige der untersuchten Gruppe können gar Nachbarn der Forscherin sein[13]. Wie also lassen sich in diesem Fall die relevanten Dimensionen und Lokalitäten des Feldes definieren, ohne dass wesentliche Teile des Kontextes der Forschungssubjekte unberücksichtigt bleiben? Im folgenden Abschnitt werden zunächst drei verschiedene ethnographische Zugänge zum Internet vorgestellt, die im Rahmen sozialwissenschaftlicher Internetforschung angewendet werden und auf die hier aufgeworfenen Fragen hin diskutiert.

---

[13] Während der Feldforschung in Paraguay lernte ich einen Nutzer Cibervalles kennen, der zu dieser Zeit in einem kleinen Ort in der Nähe meines Wohnortes Bielefeld lebte.

8. Per Mausklick ins Forschungsfeld? – Ethnographie in der Internetforschung

Zunächst sei betont, dass es *die* Internetforschung nicht gibt. Vielmehr hat sich im Zuge der weltweiten und massenhaften Verbreitung des Internets auch das sozialwissenschaftliche Interesse an seiner Bedeutung und Nutzung in verschiedenen Disziplinen unabhängig voneinander entwickelt und stetig gesteigert. Verfolgt man nun die Entwicklung zentraler methodologischer und erkenntnistheoretischer Fragestellungen, lässt sich gewissermaßen die Verbreitungs- und Nutzungsgeschichte der neuen Technologien an dieser Diskussion ablesen. Seit der Inbetriebnahme des ARPANET, eines dezentralen Netzwerkes, das im Auftrag der US-Luftwaffe entwickelt worden war, um auch im kriegsbedingten Ausfall verschiedener Knotenpunkte (militärische) Kommunikation zu ermöglichen, hat die weltweite Vernetzung von Computern zur elektronischen Kommunikation und zum Austausch von Information nicht nur die Arbeits- und Kommunikationspraktiken von Angehörigen wissenschaftlicher oder militärischer Einrichtungen verändert. Die Entwicklung des Internets, das aus dem ARPANET hervorging und zunächst zur kommunikativen Vernetzung wissenschaftlicher Einrichtungen diente und das Anfang der 1990er Jahre mit dem World Wide Web auch die kommerzielle und private Nutzung ermöglichte, beschleunigte die weltweite Verbreitung von Internetzugängen rapide und setzte einen noch immer anhaltenden Prozess in Gang, der das Internet für immer mehr Menschen auf dem gesamten Globus zu einem Instrument der Alltagsbewältigung werden lässt.

Verschiedene sozialwissenschaftliche Disziplinen haben in den 1990er Jahren das Internet als ethnographisches Forschungsfeld entdeckt. Das Hauptinteresse galt zunächst der Exploration des Cyberspace. In zahlreichen Einzelfallstudien wurden kulturelle Formationen, Gemeinschaftstypen, kommunikative Gattungen, Muster der Identitätsbildung etc. im Cyberspace untersucht. In dem Maße, wie sich das Internet als Alltags- und Massenmedium etablierte, veränderten sich auch die Forschungsinteressen, so dass nun die Praktiken der Aneignung der neuen Technologien und deren Integration in den Alltag der Nutzer/innen im Vordergrund standen. Schließlich verweist die Übernahme neuer Termini aus dem Internetjargon, wie etwa „social software" (Stegbauer & Jäckel 2008) oder „Web 2.0" (Reichert 2008) auf die stärkere Wahrnehmung der „Interaktivität" (Sutter 2008) internetbasierter Medien auch im sozialwissenschaftlichen Diskurs; das heißt auf das Bewusstsein, dass sowohl Produktion und Rezeption von Medientexten als auch technologische Entwicklung und praktische Aneignung der Medienformate untrennbar miteinander verwoben sind.

Alltag im Internet: Virtuelle Ethnographie

Die sozialwissenschaftliche Forscherin, deren Feld sich über das Internet konstituiert, muss sich – so scheint es auf den ersten Blick – über den Feldzugang keine Sorgen machen. Ohne ihren Schreibtisch zu verlassen, tut sie nichts weiter, als den Browser ihres Computers zu starten und schon kann sie bequem von ihrem Lehnstuhl aus fremde Welten erkunden. Zahllose öffentlich zugängliche Diskussionsforen, E-Mail-Listen, Personal Homepages, Weblogs[14], MUDs[15], Chats etc. eröffnen Einblicke in die schöne neue Welt des Cyberspace. Als Ethnographin kann sie, ohne ihren eigenen Einfluss auf das Feld reflektieren zu müssen, aus der sicheren Position des *Lurkers** Online-Communities nicht-teilnehmend dabei beobachten, wie sie politische Themen oder Fernsehserien diskutieren, Rezepte austauschen, ihr Familienleben oder Eindrücke aus dem letzten Urlaub darstellen, in virtuellen Welten phantastische Identitäten kreieren, sich in Selbsthilfegruppen gegenseitig Trost und Unterstützung anbieten und vieles mehr.

Tatsächlich war die erste Dekade der sozialwissenschaftlichen Internetforschung von der Vorstellung geleitet, mit dem Cyberspace eröffne sich eine zusätzliche Realitätsebene, die ungeachtet der lebensweltlichen Kontexte der Akteure eine Eigendynamik entfalten und sich zu einem Experimentierfeld für multiple Identitätsentwürfe sowie Gemeinschafts- und Kommunikationsformen entwickeln würde (Jones 1995, Turkle 1995). Mit dem Argument „that on-line communications can be analysed in their own terms for the forms of meaning, the shared values and the specific contextual ways of being which emerge in on-line environments" (Hine 2000) beschränkt sich die Online-Ethnographie folglich auf die Exploration des Cyberspaces als eigenständigem Kultur- bzw. Sozialraum. Das Problem der Feldkonstruktion wird hier in der Regel durch die Auswahl einzelner E-Mail-Listen, Chats oder Diskussionsforen gelöst. Die Feldforschung beschränkt sich dann entweder auf die anonyme Beobachtung und textanalytische Untersuchung der öffentlich zugänglichen Kommunikationsplattformen, oder die Forscherin erwirbt zeitweise die Mitgliedschaft im Forschungsfeld, nimmt dadurch eine Innenperspektive ein und vertieft ihr Wissen in der Interaktion mit den Internetakteur/innen und dadurch, dass sie selbst die Praktiken des Feldes erlernt.

---

[14] Eine Art digitales Journal bzw. Internettagebuch, das einzeln oder gemeinsam mit anderen genutzt werden kann, um persönliche Gedanken, Meinungen, Erlebnisse, etc. im WWW zu veröffentlichen.
[15] Abkürzung für „Multi-User-Dungeon", eine Bezeichnung für (meist textbasierte) interaktive Rollenspiele im Internet.

Internet im Alltag: Ethnographie der lebensweltlich kontextualisierten Internetnutzung

Anders als in der ersten Dekade der Internetforschung prognostiziert, hat das Internet weniger zur Entstehung von virtuellen Welten geführt, die – von den realen Lebenssituationen, Biographien und Körpern der Nutzer/innen unabhängige – Identitätsentwürfe und Lebensweisen hervorbringen. Vielmehr sind sowohl die Gestaltung des Cyberspace als auch seine sinnhafte Auslegung unvermeidlich mit der physischen, lebensweltlichen Situation der Einzelnen verknüpft, so wie auch die virtuellen Aktivitäten in ihren Alltag hineinwirken. Mit der Feststellung „people do not exist as ethereal creatures" lenken Boase et al. (2002:1) den Blick auf die physisch-kontextuellen Bezüge und Rahmungen der sozialen Aktivitäten im und mit dem Internet. Der Ort des Internetzugangs beeinflusst ihres Erachtens nicht nur das Nutzungsverhalten, „the place where people use the Internet also affects who will be online and with what sort of facilities" (ebd., S.1).

Die zweite Dekade der Internetforschung spiegelt denn auch den Prozess der Veralltäglichung des Internets wider. „Where the first age of the internet was a period of exploration, hope and uncertainty, the second age of the internet has been one of routinization, diffusion and development" (Wellman und Hogan 2004:5). Die zweite Dekade der Internetforschung wird also weniger von Hoffnungen, Fiktionen und Utopien bestimmt, die den Cyberspace als eine zusätzliche virtuelle Realitätsebene entwerfen, vielmehr wird vom Standort der Nutzer/innen danach gefragt, wie das Internet in deren Alltag integriert wird (Bakardjieva und Fraser 2001, Wellman und Haythornthwaite 2002). Kendall (1999) plädiert folglich für die Methode der teilnehmenden Beobachtung in der Internetforschung, die neben dem Geschehen im virtuellen Raum auch die Situation vor dem Computer bzw. den sozialen Kontext der Nutzung erfasst. Klemm und Graner fokussieren die sprachliche Aneignung der neuen Technologien und konzentrieren sich dabei auf das kommunikative Geschehen vor dem Bildschirm, denn auch das Sprechen über die technologischen Artefakte ist eine wichtige Quelle zur „Erforschung der sprachlich-kommunikativen Konstruktion des Mediums Computer aus der Perspektive des Alltags und aus der Perspektive der Nutzer(gruppen)" (2000:159).

Die Bedeutung des Internets für transnationale Populationen

Dieser lebensweltorientierte Zugang, der das sozialwissenschaftliche Verständnis des Internets als Alltagsmedium widerspiegelt, bleibt bisher weitgehend auf (kulturell und geografisch) westlich situierte Nutzergruppen beschränkt. Zwar wird auch in der transnationalen Migrationsforschung die Bedeutung des Internets zunehmend erkannt, im Vergleich zu westlich situierten, „sesshaften" Populationen werden die Internetakteur/innen in der transnationalen Forschung allerdings nur marginal als Alltagshandelnde wahrgenommen. Stattdessen richtet sich hier das

Forschungsinteresse bislang hauptsächlich auf politisch bzw. ethnisch relevante Themen. Wo das Internet für sesshafte Populationen als Alltagsmedium konzipiert wird, bleibt bei den transnationalen Studien der lebensweltliche Kontext der Nutzer/innen methodologisch ausgespart. Der Cyberspace wird hier zu einem Ort der Aushandlung ethnischer bzw. nationaler Identität (Adams 2004) oder zu einer Plattform zur politischen Einflussnahme im Heimatland (Uimonen 2004) auf der sich *virtuelle Diasporas* konstituieren (Karim 2003).

Dieser Zugang impliziert erstens, dass der Cyberspace abermals als eine vom realen Leben unabhängige – nun ethnisch strukturierte – Realitätsebene konzipiert wird. Zudem wird im Vergleich zu „sesshaften" Populationen ein verzerrtes Bild von migrationserfahrenen Akteur/innen konstruiert, das „Migrant/innen" in erster Linie als politisch Handelnde darstellt, deren Identitäten vor allem ethnisch bestimmt seien. Nun ist zu vermuten, dass der Alltag der meisten migrationserfahrenen Menschen, ebenso wie der Alltag anderer Menschen, weniger von politischem Aktivismus als von lebenspraktischen Fragen und der Pflege privater Beziehungen bestimmt ist. Diese erstrecken sich in transnationalen Populationen allerdings oft über weite geografische Entfernungen, weshalb die gesellschaftlichen Auswirkungen des alltäglichen Gebrauchs globaler Kommunikationstechnologien in Migrationskontexten sozialwissenschaftlich von höchster Relevanz sind, wenngleich sie bislang nur vereinzelt in den Blick genommen werden[16].

Von Trinidad zum Internet

Eine der wenigen Ausnahmen bildet die Studie von Miller und Slater, die sich der alltäglichen Bedeutung des Internets und des Cyberspace aus der Perspektive Trinidads nähern. In Abgrenzung zu der methodologischen Mystifizierung des Virtuellen empfehlen sie: „if you want to get to the Internet don't start from there" (2000:5). Virtualität sollte nach Ansicht der Autoren nicht als Eigenschaft des Internets vorausgesetzt werden. Die Beobachtung, dass internetbasierte soziale Beziehungen in bestimmten Situationen von den Akteur/innen selbst als eine zusätzliche, von der physisch begründeten Lebenswelt abgetrennte Realitätsebene interpretiert werden, wird deshalb von den Autoren zum Gegenstand der Forschung gemacht, statt sie als unhinterfragten Ausgangspunkt der Untersuchung hinzunehmen. Am empirischen Beispiel Trinidad untersuchen sie die vielfältigen Praktiken der Internetnutzung vor Ort und ihre Einbettung in den Alltag der Menschen sowie deren Rückwirkungen auf die soziale Situation Trinidads. Gleichzeitig nehmen sie aber auch die digitalen Appräsentationen in den Blick.

---

[16] So etwa in dem Workshop „Migration, Diasporas and ICTs" (Udine, November 2008), der sich im Rahmen der COST 298 Action „Participation in the Broadband Society" mit den kulturellen Bedeutungen von Informations- und Kommunikationstechnologien und dem Anteil von Nutzer/innen in Migrationskontexten an ihrer technologischen Weiterentwicklung beschäftigt.

Miller und Slater selbst problematisieren ihren – in anthropologischer Tradition auf eine Insel begrenzten – Begriff von Lokalität. Ihnen geht es darum zu verstehen, wie Internettechnologien in einem bestimmten örtlichen Kontext genutzt und integriert werden (2000:1). Sie räumen aber gleichzeitig ein, dass die Bedeutung des Lokalen in Trinidad weit über die Insel hinausreicht „because Trinidad stretches diasporically over much of the world" (ebd.). Tatsächlich ist die mediale Gestaltung transnationaler Beziehungen im Alltag der Trinidadians ein zentraler Aspekt der Studie, allerdings in erster Linie aus der Sicht derer, die auf der Insel verblieben sind. Hinsichtlich der Empfehlung der Autoren, man solle nicht im Internet beginnen, wenn man zum Internet gelangen wolle, kann man nun fragen, welche Implikationen ein Feldzugang über das Internet in diesem Fall gehabt hätte. Möglicherweise wären Miller und Slater zu dem Ergebnis gekommen, dass das Trinidad'sche Internet in weitaus stärkerem Maße von außerhalb der Insel geprägt wird. Diese Feststellung hätte womöglich dazu geführt, bei der Planung der Feldforschung weitere Lokalitäten mit einzubeziehen und sich die Bedeutung und Integration des Internets in den Alltag der Internetakteur/innen in der Migration anzusehen.

Bin ich drin? – Methodologische Reflexion der Zugänglichkeit computervermittelter Forschungsfelder

Die Probleme und Fragen, die aus den hier vorgestellten ethnographischen Zugängen zum Internet resultieren, enthalten für die Methodengenese der vorliegenden Arbeit wichtige Impulse und sollen an dieser Stelle reflektiert werden. In der virtuellen Ethnographie wird teilnehmende von nicht-teilnehmender Beobachtung unterschieden. Diese Unterscheidung erscheint mir ebenso problematisch wie die Entscheidung für oder gegen nur eine dieser Formen der Beobachtung. Ethnographische Forschung hat das Ziel, soziale Formationen aus der Perspektive der Akteur/innen selbst zu verstehen. Da das Lurken* eine etablierte soziale Praktik in öffentlich zugänglichen internetbasierten Kontexten ist, erlaubt die nicht-teilnehmende Beobachtung Zugang zu den Dimensionen des computervermittelten sozialen Lebens, die sich einem Lurker* eröffnen und die in gewisser Weise auch an ihn adressiert sind. Das heißt, lurken* ist eine Praktik des Feldes selbst, die deshalb auch von der Forscherin praktiziert werden kann. Allerdings stellt sich hier die Frage, ob man überhaupt von nicht-teilnehmender Beobachtung sprechen kann, wenn die Rolle der anonymen Beobachterin im Feld vorgesehen ist. Des Weiteren ist zu beachten, dass die Position des Lurkers* nur eine von vielen ist, aus denen sich ein soziales Feld im virtuellen öffentlichen Raum zusammensetzt. Wenn sich Ethnograph/innen nur auf diese eine Perspektive einlassen, wird ihr Verständnis der Bedeutungsstrukturen des von ihnen gewählten sozialen Zusammenhangs entsprechend begrenzt bleiben.

Was aber sieht und versteht man nicht, wenn man aus der Anonymität heraus die medialen Appräsentationen sozialer Aktivitäten auf dem Bildschirm verfolgt? Beaulieu betont in diesem Zusammenhang: „Like in more conventional fieldwork, knowledge comes from engagement and interaction, always both purposive and incidental" (2004:150). Auch Mann und Stewart problematisieren die Erkenntnisgrenzen des lurkens*, indem sie auf die „hidden areas" internetbasierter Kommunikationsräume verweisen, die nicht durch bloße passive Beobachtung zu erreichen sind. „It is only researchers who both ‚find' these secret places, and who then negogiate access, who begin to grasp the boundaries of the community" (2000:90). Es stellt sich also heraus, dass schon die virtuellen Dimensionen des Forschungsfeldes äußerst komplex sind und verschiedene Rollen und Grade an Involvierung beinhalten, die in einer ethnographischen Forschung berücksichtigt werden sollten. Verfolgt nun eine Ethnographie nicht nur das Ziel, die kulturellen Eigenarten eines virtuellen Sozialraums zu verstehen, ist sie vielmehr, wie im hier diskutierten Fall, auch an dessen Bedeutung aus den Akteursperspektiven interessiert und will sie darüber hinaus die spezifischen Praktiken der Aneignung und die Integration der Technologien in den Alltag der Akteur/innen ergründen, kommt die Forscherin nicht umhin, sich auch in die physisch-lokalen Kontexte der Nutzer/innen zu begeben.

Zusammenfassend lässt sich feststellen, dass die Ethnographie durchaus Möglichkeiten des Zugangs sowohl zu den kulturellen Eigenarten virtueller Sozialräume als auch zu den Deutungsmustern der Akteur/innen und den spezifischen Praktiken der Domestizierung neuer Technologien bietet, vorausgesetzt, sie lässt sich auf den „Eigensinn" der Phänomene ein, die sie untersuchen will, und passt ihr methodisches und konzeptionelles Vorgehen den Eigenarten des Feldes an. Bei dem Versuch, diese Herausforderung zu bewältigen, kann sich die Ethnographie von einigen ethnomethodologischen Prämissen und Prinzipien inspirieren lassen.

Exkurs: Ethnomethodologische Anmerkungen zur Ethnographie

Das „unique adequacy requirement"

Unter der Prämisse, dass man nur soviel über einen Forschungsgegenstand erfährt, wie die Methoden, die man anwendet, über ihn verraten, formuliert die Ethnomethodologie durch ihren Begründer Harold Garfinkel das radikale methodologische Postulat des unique adequacy requirements (Garfinkel und Wieder 1992). Um die Spezifik eines Forschungsgegenstandes erfassen zu können, müssen die Methoden und Begriffe, mit denen sich die Forscherin ihrem Gegenstand nähert, sich diesem in einzigartiger Weise anpassen. Statt sich im Vorhinein auf eine Methode festzulegen, die dann wie eine statische Form über den Forschungsgegenstand gestülpt wird, muss das Methodenkostüm also maßgeschneidert werden, um die individuelle Gestalt des zu untersuchenden Gegenstandes abbilden zu können (vgl. Bergmann 1993). Ähnliches gilt für den Umgang mit theoretischem Vorwissen. Auch hier ist die Forscherin zu Zurückhaltung bzw. einem heuristischen Umgang mit Begriffen aufgefordert. Will sie den Eigensinn der Phänomene zulassen, darf sie „einen beobachteten Sachverhalt nicht in vorgegebenen Konzepten beschreiben, sondern [muss] die Konzepte der Beschreibung aus der Beobachtung des Sachverhaltes selbst ... gewinnen" (Bergmann 2006:19). Nun wäre es naiv zu denken, man könne sein theoretisches und methodisches Vorwissen einfach eliminieren, es gewissermaßen wie einen Mantel am Eingang zu seinem Forschungsfeld ablegen. Ebenso falsch wäre, davon auszugehen, ethnomethodologische Sozialforscherinnen könnten auf Theorie- und Methodenausbildung gänzlich verzichten. Im Gegenteil: So wichtig eine breit angelegte Methodenausbildung zur Genese eines gegenstandsadäquaten Methodenkorpus ist, so unverzichtbar ist ein Repertoire an alltagstheoretischen und soziologischen Konzepten, um soziale Phänomene überhaupt begreifen und sinnvoll interpretieren zu können. Wie aber löst man dieses Paradoxon, dass sich einerseits soziale Phänomene nur über den eigenen kommunikativen Haushalt erschließen, andererseits der Eigensinn der Phänomene hinter den Begriffen des Forschers unsichtbar zu bleiben droht? Anders gefragt: Wie beschreibt man etwas und kommt dabei dem Neuen auf die Spur, ohne altbekannte Begriffe zu benutzen?

„Becoming member" als methodologisches Prinzip

Eine Möglichkeit, Zugang zu den Deutungsmustern und Praktiken der Akteur/innen zu bekommen, die sowohl in der Ethnographie als auch in der Ethnomethodologie genutzt werden, ist die der temporären Mitgliedschaft der Forscherin in dem von ihr untersuchten Feld. Für die Ethnographie, insbesondere im Rahmen der Lebensweltanalyse, ist das Erlernen der Praktiken des Feldes eine Möglichkeit, das grundsätzliche Dilemma zu kompensieren, dass das subjektive Wissen anderer nicht direkt zugänglich ist. Der Forscher selbst nimmt eine Innenperspektive ein und versucht „mit der zu erforschenden Welt hochgradig vertraut zu werden. ... die Welt gleichsam durch die Augen eines idealen Typs (irgend-)einer Normalität hindurchsehend zu rekonstruieren (Honer 2003:198). Die Ethnographie zielt also darauf ab, die subjektiven Sinnstrukturen der Akteur/innen zu rekonstruieren und empfiehlt der Forscherin, zu diesem Zweck die Praktiken des Untersuchungsfeldes zu lernen.

Schaut man sich nun die Forschungspraxis näher an, stellt man fest, dass meist rekonstruierende Verfahren der Datengenerierung und -analyse verwendet werden (Bergmann 1985). Die sozialwissenschaftliche Praxis unterscheidet sich insofern nicht von der Alltagspraxis, als sie sich soziale Wirklichkeit rekonstruierend aneignet, indem sie vergangenen Ereignissen nachträglich Kohärenz und Sinn verleiht. Das geschieht entweder in der Interaktion mit den Forschungssubjekten, etwa in Form von narrativen oder biographischen Interviews oder in Eigenregie des Forschers, beispielsweise durch die Anfertigung von Beobachtungs- oder Erinnerungsprotokollen. Um aber eine Biographie oder ein Ereignis rekonstruierend zu verstehen, ist die Forscherin zuallererst auf ihre eigenen alltagsweltlichen und wissenschaftlichen Deutungsmuster und Relevanzstrukturen angewiesen. Mit anderen Worten: Auch wenn die Forscherin sich intensiv auf ihr Feld einlässt und versucht, eine Innenperspektive einzunehmen, sind es letztlich doch ihre eigenen – wenngleich in der Interaktion mit dem Feld veränderten – Deutungsmuster und Relevanzstrukturen, mit denen sie die soziale Wirklichkeit ihres Forschungsfeldes begreift. Die angewandten Methoden und Begriffe, die Fragen, die gestellt werden, die Selektion und Beschreibung dessen, was beobachtet und als relevant erachtet wird oder die sinnhafte Rekonstruktion von Ereignissen, die während der Feldforschung miterlebt werden, tragen allesamt in entscheidendem Maße zur Konstruktion des Forschungsgegenstandes bei: „Der Forscher hat also an dem, was er als Daten vor sich hat, wesentlichen Anteil, mit der Folge, dass er sich in seinen Daten immer auch selbst begegnet" (Bergmann 2006:22f).

Aus ethnomethodologischer Perspektive hingegen ist das „becoming member" weniger auf die Rekonstruktion von subjektivem Sinn gerichtet, als vielmehr auf die Rekonstruktion der sozialen Ordnung, die für die jeweilige soziale Situation kennzeichnend ist. Anknüpfend an den Gedanken von Schütz, dass die soziale Welt sinnhaft strukturiert und geordnet sei, schlägt die Ethnomethodologie vor, das *Wie* der Herstellung sozialer Ordnung zu fokussieren, um Zugang zu den Eigenstrukturen des Forschungsgegenstandes zu bekommen. Dabei grenzt sie sich vom strukturfunktionalistischen Ansatz Parsons ab, der soziale Ordnung durch die Internalisierung eines, unabhängig von den einzelnen Mitgliedern einer Gesellschaft existierenden, kulturellen Wertesystems erklärt (Heritage 1984, Bergmann 1988). Die Ethnomethodologie hingegen setzt soziale Ordnung nicht als gegeben voraus und verlagert den Blick von der Makro- auf die Mikroebene der situativen Erzeugung sozialer Ordnung in der Interaktion der Akteur/innen. Kulturelle Werte und Normen, im Sinne einer intersubjektiv geteilten Deutungspraxis, können demnach nicht in ausreichendem Maße über Sozialisation vermittelt werden. Vielmehr ist hier die kommunikative Kompetenz der Akteur/innen gefragt, kulturelle Werte und Normen situationsadäquat zu interpretieren. Die Akteur/innen entscheiden interaktiv, wie die jeweilige Situation zu deuten ist und welche Handlungsoptionen ihr angemessen sind. Mit anderen Worten, ein soziales Ereignis wird erst im Handlungsvollzug definiert. Dabei verwenden die Akteur/innen alltagspraktische Verfahren, sogenannte *Ethno-Methoden*.

Das leitende Erkenntnisinteresse der Ethnomethodologie liegt folglich darin zu untersuchen, „wie die Welt als eine sinnhaft strukturierte, geordnete, in ihren Ereignisabläufen erwartbare, zugleich jedoch oftmals unwägbare Welt im alltäglichen Handeln erfahren, beschrieben, erklärt und sichtbar gemacht wird" (Bergmann

1988:21). Sie fokussiert also den interaktiven Prozess der Herstellung sozialer Wirklichkeit und versucht an ihm die immanenten Ordnungsmuster des jeweiligen Ausschnitts der Sozialwelt zu identifizieren. Dabei macht sie sich folgende Prämisse sozialer Interaktion zunutze:

> "Mutual intelligibility is only made possible in and through the enactment of recognizably recurrent local orders of shared enacted practices. ... If the individuals are to achieve mutual intelligibility in their endeavors they must produce practices that others recognize the meaning of" (Rawls 2002:25).

Wenn also als Voraussetzung einer gelingenden Interaktion gilt, dass die von den Akteur/innen benutzten Verfahren zur Definition eines sozialen Tatbestandes wechselseitig beobachtbar und erkennbar sein müssen, dann sind sie auch für die Forscherin beobachtbar und erkennbar. Die methodologischen Prinzipien „unique adequacy requirement" und „becoming member" sind hier eng verknüpft, weil das Erlernen der Ethnomethoden als eine wesentliche Voraussetzung gilt, die immanente soziale Ordnung überhaupt erkennen und in den Begriffen des Feldes beschreiben zu können. Gleichzeitig steckt im „becoming member" eine weitere Ressource, die sich die Ethnomethodologie zunutze macht. Wenn Außenseiter/innen das Feld betreten, wird die soziale Ordnung des Feldes gestört, weil diese die Regeln und Praktiken zu ihrer Aufrechterhaltung noch nicht kennen. Die für die kompetenten Mitglieder selbstverständlichen Ethnomethoden werden in einem solchen Fall expliziert, das neue Mitglied an sie herangeführt, und die soziale Ordnung wird wieder hergestellt. Dasselbe gilt für den Umgang mit Störenfrieden, also Mitgliedern, die sich den impliziten Regeln widersetzen und damit die soziale Ordnung bedrohen, was wiederum Anlass zur Explizierung der Regeln gibt. Der Eintritt ins Feld (Lindner 1981, Wolff 2003) und der Prozess des „becoming member" können somit als wichtige Datenquellen behandelt werden, um die soziale Ordnung des Feldes zu studieren, wobei weitere Krisensituationen, also der Umgang mit neuen Mitgliedern sowie mit Störenfrieden, herangezogen werden können, um die Ergebnisse zu validieren.

Das methodische Konzept, das im Folgenden vorgestellt wird, greift Anregungen sowohl der Multi-sited-Ethnography als auch der Ethnomethodologie auf. Es verknüpft ethnomethodologische mit ethnographischen Aspekten des „becoming member", um einerseits Zugang zu den Eigenstrukturen der Interaktionsfelder zu bekommen und andererseits die Bedeutung des untersuchten techno-sozialen Zusammenhangs aus den jeweiligen Akteursperspektiven, eingebettet in deren lebensweltlichen Kontexten, zu verstehen. Die aufgeworfenen Fragen zur Feldkonstruktion in einem plurilokalen und computervermittelten Feld aufgreifend, wird zudem eine Möglichkeit vorgeschlagen, die – frei nach Miller und Slater – mit der Empfehlung einhergeht: „If you want to get to the Internet start from there but don't stop there."

9. Die methodische Gestalt Cibervalles

Im vorliegenden Fall erfolgte eine erste Annäherung an das Feld zunächst online, das heißt durch systematische Beobachtung der kommunikativen Aktivitäten innerhalb des Forums. Da ich untersuchen wollte, welche sozialen Praktiken durch die alltägliche Nutzung des Internets in Migrationskontexten entstehen, ergab sich die Notwendigkeit, weitere mediale und physisch-lokale Kommunikationsräume in den ethnographischen Fokus einzubeziehen, schon aufgrund der Forschungsinteressen. Sie konkretisierte sich zudem anhand der im Forum beobachteten kommunikativen Praktiken. Denn schon im Zuge der Online-Beobachtung des Diskussionsforums stellte sich heraus, dass das soziale Leben in Cibervalle in besonderer Weise durch die Verknüpfung der divergenten lokalen, lebensweltlichen Kontexte der Nutzer/innen in einem geteilten globalen Kommunikationsraum geprägt ist.

Der ethnomethodologischen Prämisse des „unique adequacy requirement" folgend, erfolgte die Methodengenese dann sukzessive in Anpassung an die Praktiken und die soziale Ordnung im Feld. Dabei wurde das Konzept der „Multi-sited Ethnography" praktisch umgesetzt, um erstens das Forschungsfeld sinnvoll einzugrenzen und die relevanten Dimensionen, Lokalitäten, Akteur/innen und (medialen) Praktiken zu bestimmen. Zweitens wurden konkrete Möglichkeiten des *multi-sitings* angewendet, um die verschiedenen Dimensionen des Feldes miteinander in Beziehung zu setzen. Drittens greift das methodische Konzept eine die Beziehung zwischen internetbasierten Kommunikationsmedien und ihren Nutzer/innen kennzeichnende Eigenschaft auf, die in den letzten Jahren zunehmend in den sozialwissenschaftlichen Blick auf das Internet geraten ist und die in der Bezeichnung des Web 2.0 seine begriffliche Entsprechung findet. Die wechselseitige Anpassung von Medientechnologien und den Praktiken ihrer Nutzung wurde anhand der Evolution der für Cibervalle maßgeblichen Kommunikationsformate rekonstruiert. Die Eckpfeiler der methodischen Gestalt Cibervalles werden im Folgenden näher erläutert.

Fallzentrierte Konstruktion des Forschungsfeldes

Die Begrenzung des Feldes und die Identifizierung relevanter Dimensionen, sozialer Beziehungen und Rollen, Praktiken und Lokalitäten werden hier als fallzentrierte Konstruktion des Forschungsfeldes bezeichnet. Damit ist gemeint, dass ein bestimmtes Ereignis fokussiert und die Aktivitäten, die rund um dieses Ereignis stattfinden, systematisch beobachtet werden. Der Vorteil dieses Vorgehens liegt vor allem darin begründet, dass zeitliche, örtliche und soziale Relevanzen durch das Ereignis selbst produziert und nicht von mir als Forscherin willkürlich festgelegt werden. Bei dem Ereignis, das der Feldkonstruktion der Cibervalle-Studie zugrunde liegt, handelt es sich um den Supermarktbrand, der bereits in der Doku-Fiktion „Tragödie in Ycua Bolaños" beschrieben wurde. Dieser Brand, der in einem Supermarkt in der Hauptstadt Paraguays ausbrach, kostete mehr als 400 Menschen das

Leben. Bei Ausbruch des Feuers hatte der Besitzer des Supermarktes angeordnet, die Türen des Gebäudes zu verschließen, um zu verhindern, dass die Kund/innen das Gebäude verließen, ohne ihre Einkäufe zu bezahlen. Tatsächlich erreichte er mit diesem unfassbaren Verhalten, dass Paraguay für kurze Zeit im Interesse der globalen Öffentlichkeit stand. Dieser Brand ereignete sich während der ersten Phase der Online-Beobachtung im Cibervalle-Forum. Für etwa eine Woche waren die Forumsaktivitäten von der Katastrophe dominiert (vgl. Kap. 2, Teil A), danach verschwand das Thema beinahe so abrupt von der Tagesordnung, wie es erschienen war. Ich kopierte und archivierte alle Tópicos* im Cibervalle-Forum, die rund um das Ereignis produziert wurden. Mit Hilfe eines Programms zur Bearbeitung qualitativer Daten (Atlas.ti) ließen sich dann erste Kategorisierungen vornehmen und die weitere Feldforschung planen[17].

In diesem ersten Analyseschritt konnten relevante Orte, Beteiligungsstatus, soziale Positionen, Praktiken und Dimensionen sozialer Formierung identifiziert werden. Es wurde deutlich, dass sich die soziale Formation Cibervalle – je nach dem Grad der Involvierung der einzelnen Nutzer/innen – in einem Kontinuum zwischen globalem Netzwerk und globaler Lebensgemeinschaft bewegt. In seiner geografischen Reichweite potenziell global, hat Cibervalle dennoch eine klare geografische Zugehörigkeitsreferenz (Paraguay) und konstituiert sich zudem in lokalen Subgemeinschaften, insbesondere in Paraguay, Argentinien, USA und Europa. Die Formierung lokaler Subgemeinschaften und ihr Verhältnis zueinander schien wiederum in erster Linie auf den lokalen Treffen und ihrer nachträglichen Dokumentation im Cibervalle-Forum zu basieren. Schließlich stellte sich in der Analyse heraus, dass Öffentlichkeit als Strukturmerkmal das soziale Geschehen in Cibervalle entscheidend beeinflusst. Die Kommunikationsstruktur Cibervalles war folglich als Triade zu beschreiben, zu der neben den aktiv Kommunizierenden auch das Publikum gehört. In der weiteren Feldforschung sollten nun die physisch-lokalen Kontexte der Mitglieder und ihre kommunikativen Praktiken näher beleuchtet werden. Zu diesem Zweck wurde eine Forschungsreise mit Aufenthalten an einigen der Lebensorte in Paraguay, Argentinien und Kalifornien durchgeführt. Zentrale Bestandteile dieser Forschungsreise waren die Teilnahme an den Aktivitäten der lokalen Subgemeinschaften sowie die Begleitung des Alltags einzelner Mitglieder.

---

[17] Atlas.ti operiert auf der Basis der *Grounded Theory* (Glaser und Strauss 1967), das heißt es ermöglicht nicht nur systematisches Kodieren von Datenmaterial, sondern es können auch Relationen zwischen den verschiedenen Kodes hergestellt und Memos erstellt und mit den entsprechenden Stellen im Datenmaterial bzw. den entsprechenden Kodes und anderen Memos verknüpft werden. Auch wenn man nicht mit der *Grounded Theory* arbeitet, lässt sich Atlas.ti. daher sinnvoll einsetzen, um das Datenmaterial zu ordnen und erste Kategorisierungen vorzunehmen. Atlas.ti hat sich im ersten Analyseschritt der fallzentrierten Konstruktion des Forschungsfeldes, also bei der Organisation des Datenmaterials und der Analyse der Kommunikationen, die in Cibervalle im Kontext des Brandereignisses stattfanden, als arbeitserleichternde Unterstützung erwiesen.

Feldzugang in Etappen

Der Prozess des „becoming member" kann, wie gesagt, eine wichtige Datenquelle sein, weil der Eintritt ins Feld „Irritationen" verursacht, die gleichsam vom Feld durch die Explizierung der sozialen Ordnung beseitigt werden. Im Kontext der Cibervalle-Forschung kam es durch die Plurilokalität und Mehrdimensionalität des Feldes immer wieder zu Eintritten in neue Interaktionsfelder, die über je eigene soziale Ordnungen verfügen und über die geteilte globale Ebene des Online-Diskussionsforums miteinander in Verbindung stehen. Mitglied werden in einem so komplexen Feld bedeutet, dass ich als Forscherin verschiedene Dimensionen, soziale Positionen und Lokalitäten des Feldes durchlaufen habe und so die soziale Realität des Feldes aus unterschiedlichen Perspektiven betrachten konnte. Wie die meisten Angehörigen der Untersuchungsgruppe habe ich mich zunächst in die Position der anonymen Leserin des öffentlich zugänglichen Diskussionsforums begeben und mich so mit den Themen und kommunikativen Praktiken vertraut gemacht, bevor ich mich der Gruppe zu erkennen gab und mich als aktives, neues Mitglied registrierte. Als aktives Mitglied lernte ich dann eine weitere Dimension des sozialen Zusammenhangs kennen, dessen kommunikative Praktiken sich von der für die Öffentlichkeit zugänglichen Ebene unterscheiden. Im nächsten Schritt begab ich mich in die lokalen Ebenen des Feldes, das heißt, ich traf auf einige der lokalen Subgruppen, was neben erneuten Eintritten in weitere lokale Ausprägungen des Feldes die Möglichkeit mit sich brachte, die Praktiken der Verknüpfung von lokalen mit der globalen computervermittelten Dimension des Feldes zu erlernen. Die kontrollierte Selbstbeobachtung und der systematische Vergleich der „Eintrittsdaten" waren dabei wichtige Elemente des *multi-sitings*, mit deren Hilfe die verschiedenen Dimensionen des Feldes erschlossen und zueinander in Beziehung gesetzt werden konnten.

Follow the people: Die ethnographische Dackelmethode

Neben der Analyse der unterschiedlichen Interaktionsfelder, aus denen sich die soziale Formation Cibervalle zusammensetzt, wurden auch die darüber hinaus reichenden lebensweltlichen Kontexte seiner Angehörigen erschlossen, insbesondere derjenigen, die in der Migration leben. Wie bereits erwähnt, handelt es sich hier um höchst mobile Akteur/innen, deren Lebenswelten transnational bzw. transkulturell strukturiert sind und die in ihrem Alltag vielfältige Formen des virtuellen, imaginativen und physischen Reisens unternehmen. Um also die Bedeutung des techno-sozialen Zusammenhangs von Cibervalle für die Mitglieder in der Migration zu verstehen, habe ich einzelne Personen durch ihren transnationalen Alltag begleitet, der sich nicht nur *in* Buenos Aires zwischen argentinischen und paraguayischen (techno-)sozialen Räumen, sondern auch *zwischen* Paraguay und dem jeweiligen Migrationszielland[18] aufspannt und dabei gleichermaßen urbane wie rurale Lebenswelten umfasst. Des Weiteren habe ich einzelne Mitglieder auf ihren virtuellen Reisen begleitet und ihren alltäglichen Gebrauch des Internets teilnehmend beobachtet. Die so generierten Daten wurden dann durch die Erhebung von Sekundärdaten kontextualisiert, die einerseits Aufschluss über die Lebenssituation von paraguayischen Migrant/innen, insbesondere in Buenos Aires geben und andererseits die soziale, politische und ökonomische Situation Paraguays sowie den dortigen öffentlichen Diskurs über das Thema Migration erhellen.

Follow the technology: Formatsänderungen als techno-soziale Hybridisierung

Die soziale Wirklichkeit, mit deren Untersuchung sich die vorliegende Arbeit beschäftigt, ist eine zum großen Teil medial vermittelte. Das heißt, dass neben den menschlichen Akteur/innen ein weiterer gestalterischer Faktor an dem Prozess der Wirklichkeitskonstruktion beteiligt ist, nämlich die benutzten Medien, in diesem Fall Medien, die sich im Internet vereinen. Die Integration des Internets in den Alltag der Akteur/innen verläuft in einem dynamischen Prozess der gegenseitigen Anpassung von Technologie und sozialen Praktiken. Einerseits geschieht die Aneignung neuer Technologien immer auf der Grundlage des zur Verfügung stehenden kulturellen Bedeutungssystems und die Technologien werden möglichst in die vertrauten sozialen Praktiken der Akteur/innen integriert (vgl. Prasad 1997). Andererseits führt die Einbettung des Internets in alltägliche Handlungsabläufe zur Ausdifferenzierung in eine Vielzahl von Technologien, die wiederum an ältere Medienformate und -praktiken anschließen (Klemm und Graner 2000). Man kann also von einer Art Hybridisierung technologischer Artefakte und sozialer Praktiken ausgehen, die zu einer weiteren Ausdifferenzierung von Kommunikationsformen führt. Um Aufschluss über die spezifischen Formen der Domestizierung der Technologie (ebd.) und über die dabei entstehenden techno-sozialen Praktiken zu bekommen, habe ich die technologischen Änderungen, die über einen Zeitraum von mehreren Jahren an den hauptsächlich genutzten Kommunikationsformaten Online-Diskussionsforum und Instant Messenger* vorgenommen worden waren, rekonstruiert und im Zusammenhang mit den sozialen Praktiken der Nutzung analysiert. Formatsänderungen am Diskussionsforum Cibervalle sowie die permanente Weiterentwicklung des in Cibervalle benutzten Messengerprogramms gelten dabei als Lösungen kommunikativer Probleme, die wiederum Hinweise auf die zugrunde liegenden Probleme geben.

---

[18] Der Hauptteil meiner Feldforschung spielte sich in Buenos Aires und Paraguay ab. Kürzere Feldaufenthalte schließen Kalifornien und Deutschland mit ein.

Das Datenmaterial

Wie im vorigen Kapitel bereits erklärt wurde, stützt sich das methodische Konzept dieser Studie auf eigens für diesen Forschungsgegenstand entwickelte Methoden des *multi-sitings* sowie der Selbstbeobachtung während des Mitgliedwerdens im Feld. Eine Besonderheit des Feldes, die Plurilokalität, erfordert eine hohe Mobilitätsbereitschaft – sowohl von den Akteur/innen im Feld als auch von der Forscherin. Während meiner sechsmonatigen Forschungsreise habe ich dreizehn Mal den Schlafplatz gewechselt, Tausende von Kilometern zurückgelegt und mehr als einhundert Personen kennen gelernt, von denen mir mindestens die Hälfte nähere Einblicke in ihr Leben erlaubt, ihre Geschichte mit mir geteilt und mir gestattet haben, sie ein Stück durch ihren Alltag zu begleiten. Als neues Mitglied von Cibervalle wurde ich zu den lokalen Treffen eingeladen, als Fremde wurde mir in Buenos Aires, Paraguay und Kalifornien die Hilfsbereitschaft und Gastfreundschaft der Cibervaller@s zuteil. Diese kulturelle Eigenart Cibervalles, die Herzlichkeit und Offenheit, mit der Fremde in die Gemeinschaft aufgenommen werden, erleichterte mir nicht nur den Forschungsaufenthalt, sie ermöglichte mir darüber hinaus optimale Feldzugänge und profunde Einblicke in Lebensgeschichten und Lebensweisen.

Eine weitere Eigenart der Dimensionen des Feldes, die auf computervermittelter Kommunikation beruhen, besteht darin, dass sie selbst Daten hervorbringen. Neben den Daten, die durch rekonstruierende Verfahren durch die Forscherin generiert wurden, wie etwa Beobachtungsprotokolle und Memos, stützt sich diese Forschung deshalb vor allem auf eine Reihe von *undesigned data*, Daten also, die registrierend erhoben wurden. Das sind vor allem Logfiles der Tópicos* aus dem Cibervalle-Forum und den Instant-Messenger*-Konversationen der Mitglieder sowie Audioaufnahmen von Gesprächen mit den Mitgliedern, aber auch Zeitungsartikel, Berichte und Studien zur allgemeinen Situation Paraguays, zur Situation paraguayischer Migrant/innen in Argentinien und andere Sekundärdaten.

10. Ein- und Aussteigen in einem plurilokalen computervermittelten Forschungsfeld

What's going on here? – Annäherungen an Cibervalle

In der ersten Phase der nichtteilnehmenden Beobachtung des Online Forums www.cibervalle.com in der Zeit von September 2003 bis August 2004 versuchte ich mich den Themen und Praktiken des Cibervalle-Forums aus der Perspektive der anonymen Leserin anzunähern. Das Forum gliederte sich in neun thematische Sektionen, in denen permanent neue Tópicos* eröffnet und über Gott und die Welt diskutiert wurde. Wie ich später erfuhr, hatte Cibervalle zu dem Zeitpunkt etwa eintausend registrierte, mehr oder weniger aktive Mitglieder, die sich in verschiedenen Zeitzonen befanden. Es gab also kaum thematische oder zeitliche Beschränkungen, so dass im Forum ständig neue Textbeiträge produziert wurden. Zunächst las ich einmal täglich etwa zwei Stunden lang, doch die Fülle der täglichen Textbeiträge war so kaum zu bewältigen. Da mein Hauptinteresse der Internetnutzung in der Migration galt, konzentrierte ich mich dann auf die Sektion, die sich an Paraguayer/innen in der Migration richtet.

Im Juni 2004 nahm ich Kontakt zur Moderatorin des Forums auf, deren E-Mail-Adresse auf der Hauptseite des Forums angegeben war. Ich beschrieb ihr grob mein Forschungsvorhaben, verbunden mit der Bitte um Kooperation und Hilfe beim Feldzugang. Sie zeigte sich sehr offen und hilfsbereit und wie der Zufall es will, stellte sich heraus, dass ihre Familie in Deutschland lebt und ihre Schwester denselben Vornamen trägt wie ich. In der E-Mail-Kommunikation, die ich bis zu meiner Registrierung im September 2004 mit ihr führte, veränderten sich langsam meine Lesart und Perspektive auf das Forum. War ich etwa anfangs davon ausgegangen, dass die einzelnen Sektionen des Forums in sich geschlossene Gruppen seien, also dass die migrierten Paraguayer/innen in der für sie bestimmten Sektion kommunizierten und dass ich mich für die anderen nicht interessieren müsse, stellte ich dann fest, dass die Gruppenbildung über ganz andere Mechanismen verläuft. Die Moderatorin wies mich in ihrer Einführung bereits auf wesentliche Aspekte Cibervalles hin, wie ich rückblickend feststellte. Sie betonte, dass das Forum Cibervalle sich unabhängig von der Webseite Cibervalle entwickelt hat, bereitete mich auf die Alltäglichkeit des flamings* vor, machte mich auf die Praktik der lokalen Treffen und die Bedeutung der Fotos ebenso aufmerksam wie auf die Parallelkommunikation über den Instant Messenger*.

Positionswechsel vom Lurker* zum Member

Die Entscheidung, mich nach einer Zeit der anonymen Beobachtung als aktive Teilnehmerin in Cibervalle einzubringen, war mit einem gewissen Risiko verbunden und wollte wohl überlegt sein. Bisher war mein Feldzugang zwar begrenzt, aber potentiell für alle erlaubt, so dass ich mir bis dahin weder Gedanken über meine Rolle noch über meine Akzeptanz im Feld machen musste. Andererseits hatte ich schon Zeit und Arbeit in die Forschung investiert, die ich durch die Möglichkeit des Scheiterns beim Feldeintritt bzw. der Ablehnung durch die Angehörigen des Feldes bedroht sah. Selbst als die Kontaktaufnahme zur Moderatorin sich problemlos gestaltete und ich mir der Unterstützung der Gatekeeperin des Feldes sicher sein konnte, dauerte es doch eine geraume Zeit, bis ich mich zu dem Schritt entschließen konnte. Die Frage, wie ich mich vorstellen und wie viel ich von meinen wahren Absichten preisgeben sollte, ohne täuschen zu müssen, aber auch ohne das Feld unnötig aufzuschrecken, ließ mich zögern.

Lindner (1981) zufolge ist die Angst vor dem Eintritt ins Feld Ausdruck der Metaperspektive des Forschers, bei der dieser sich das Bild vorstellt, das sich sein Feld von ihm macht. Diese Angst verweist seiner Ansicht nach auf die wechselseitige Beobachtung und damit auf die Symmetrie der Beziehung zwischen Forscherin und „Beforschten". Lindner kritisiert dabei die in der Literatur empfohlene instrumentelle Übernahme einer sozialen Rolle des Feldes als Vorspiegelung von Symmetrie in einer als asymmetrisch gedachten und gehandhabten Situation. Die Instrumentalisierung der sozialen Rolle, der Kommunikation und der interaktiven Situation, um Zugang zum Feld und Informationen zu bekommen, „verweist auf die Logik der empirischen Sozialforschung, die soziale Rolle als bloßes Funktionsrequisit der wissenschaftlichen Rolle zu begreifen" (1981:56). Diese Erst-Dann-Logik verhindere aber gerade, dass sich Forschende auf den situationalen Kontext einlassen, den sie ja gerade verstehen wollen. Lindner empfiehlt stattdessen, die primären Einschätzungen des Forschers durch das Feld als Daten zu behandeln, da sich in ihnen soziale und kulturelle Erfahrungsgehalte ausdrücken.

Die Moderatorin des Forums, die ich in meine Überlegungen eingeweiht und um Rat gefragt hatte, empfahl mir nun, mich einfach als neue Teilnehmerin zu präsentieren, um dann Tópicos* zu eröffnen, in denen ich alle Fragen stellen könnte, die ich in Bezug auf meine Forschung habe, ohne dass ich mich als Forscherin zu erkennen geben müsse. Viele der Teilnehmer/innen würden in ihren Tópicos* Fragen stellen, ohne dass sie eine Forschung machten. Zudem sei das Forum öffentlich zugänglich und ich könne mit dem, was ich dort lese, im Prinzip tun, ich wollte. Die Gatekeeperin erwies sich also auch als hilfreiche „Ko-Forscherin"[19].

---

[19] Im Anhang der berühmten Studie „Die Street Corner Society", einer Ethnographie eines italienischen Viertels in Boston, die im Jahr 1943 erstmals veröffentlicht wurde, beschreibt Whyte ausführlich die Schwierigkeiten des Feldzugangs und die Bedeutung der Informant/innen im Feld. Whyte schildert, wie sich die Beziehung zu Doc, einem Bewohner des Viertels, im Laufe der Forschung änderte. „Anfangs war er einfach ein besonders wichtiger Informant – und auch mein Beschützer. Als wir mehr Zeit miteinander verbrachten, hörte ich auf, ihn als passiven Informanten zu behandeln. Ich diskutierte mit ihm ganz offen, was ich zu tun beabsichtigte, wo ich vor Schwierigkeiten stand und so weiter. Einen großen Teil unserer Zeit verbrachten wir mit solchen Diskussionen über Ideen und Beobachtungen, so daß Doc im ganz buchstäblichen Sinne ein

Mit ihrem Wissen über die soziale Ordnung im Feld half sie mir, eine Rolle und Position zu finden, die im Feld vorkommt und die mir gleichzeitig erlaubte, meine Forschungsinteressen zu verfolgen. Schließlich wählte ich eine Form der Neuvorstellung, die im Forum üblich ist: Ich eröffnete meinen Beitrag mit einem herzlichen Gruß an die gesamte Gemeinschaft, outete mich als Lurker*, klärte meine Beziehung zu Paraguay und erwähnte schließlich mein sozialwissenschaftliches Interesse an den Forumsdiskussionen, ohne aber konkret darauf einzugehen, dass das Forum Teil meines Forschungsfeldes war.

Forumskommunikation Beispiel 1: „Begrüßungstópico Mafalda"

Hola soy nueva

Hola gente buena de cibervalle. Hace rato que suelo leer sus charlas y ahora me gustaria participar. Soy Alemana con parientes paraguayos. Me dedico a las ciencias sociales, en particular me interesa el tema de migraciones. La verdad he aprendido mucho de todos ustedes, ya que en este foro los paraguayos viviendo en todo el mundo intercambian sus experiencias e ideas. Veo que gracias al internet la distancia ya no impide sentirse unidos. Espero compartir la buena onda* que son!"

Nick: mafalda
E-mail: m-_f-ld-_--@hotm**l.com
IP: 129.70.100.*
Respuestas: 70
Última respuesta: 14/09/2004

Hallo, ich bin neu

Hallo, liebe Leute von Cibervalle. Seit einiger Zeit lese ich eure Diskussionen und würde mich jetzt gerne beteiligen. Ich bin Deutsche mit paraguayischen Verwandten. Ich beschäftige mich mit Sozialwissenschaften, besonders interessiert mich das Thema Migration. Ehrlich gesagt, habe ich schon viel von euch gelernt, da in diesem Forum Paraguayer, die auf der ganzen Welt verstreut leben, ihre Erfahrungen und Ideen austauschen. Ich sehe, dass dank des Internets die Entfernung nicht mehr verhindert, sich vereint zu fühlen. Ich hoffe, die buena onda* hier mit euch zu teilen!

Nick: mafalda
E-mail: m-_f-ld-_--@hotm**l.com
IP: 129.70.100.*
Antworten: 70
Letzte Antwort: 14/09/2004

Mein erster Tópico* füllte sich schnell mit zahlreichen Antworten. Ich wurde überschwänglich begrüßt und von den älteren Mitgliedern in die soziale Ordnung Ci-

---

Mitarbeiter bei meinen Forschungen wurde" (1996:302). Während meiner Forschung habe ich immer wieder festgestellt, dass der Unterschied zwischen „Informant/in" und Ko-Forscher/in ein recht künstlicher ist. Ich habe oft hilfreiche Hinweise und Anregungen von meinen Gesprächspartner/innen bekommen, die meinen Blick geschärft haben, und hatte dabei oft den Eindruck, dass mein Forschungsinteresse bei den Cibervaller@s auf fruchtbaren Boden gefallen war, wo es sich an den lebensweltlichen Erfahrungen und Fragen meiner Gesprächspartner/innen nähren konnte. Vielleicht weil die virtuelle Sozialwelt Cibervalles noch relativ jung ist, haben auch ihre Bewohner/innen ein großes Interesse an ihrer Erkundung. Jedenfalls geben die zahlreichen Diskussionen über ihre Bedeutung, die nicht nur auf meine Initiative hin geführt wurden, Anlass zu dieser Vermutung.

bervalles eingeführt. Als Mitglied Cibervalles versuchte ich nun all das zu tun, was die übrigen Mitglieder auch taten: Ich eröffnete eigene Tópicos*, las die Tópicos* der anderen Teilnehmer/innen und beteiligte mich mit eigenen Beiträgen an laufenden Diskussionen. Ich benutzte dasselbe Messengerprogramm wie die anderen und unterhielt mich mit einzelnen Cibervaller@s über dies und das und vor allem über das aktuelle Geschehen im Cibervalle-Forum. Ich kündigte meinen Besuch in Buenos Aires und später in Paraguay an, nahm an lokalen Treffen teil, zu denen ich dort eingeladen wurde, und kommentierte die Fotos dieser Treffen, die danach im Forum veröffentlicht wurden.

Sowohl meine schriftlichen Beiträge als auch meine Teilnahme an den lokalen Treffen, sofern diese an die Forumsebene rückgebunden wurden, lieferten Informationen über mich, ohne dass ich direkt mit jemandem interagiert hätte. Durch meine rege Teilnahme an den lokalen Treffen unterschiedlicher Gruppen in Paraguay und Argentinien erhöhte sich kurzfristig mein Bekanntheitsgrad in der globalen Forumsgemeinschaft drastisch, was mir wiederum Vertrauen und einen leichteren Zugang zu den einzelnen Akteur/innen ermöglichte, selbst wenn sie mich nicht persönlich kannten. In Paraguay wurde ich gar an einem Busbahnhof von einem mir gänzlich unbekannten Mann mit den Worten: „Du bist Mafalda?" angesprochen. Dem in Texas lebenden Mann, der sich auf dem Weg zu seiner in Paraguay verbliebenen Familie befand, war ich aufgefallen, weil er mich von den Fotos der lokalen Treffen in Cibervalle kannte. Er selbst verfolgte zwar kontinuierlich die Aktivitäten im Forum, beteiligte sich aber selten aktiv daran und nahm nie an lokalen Treffen teil. Es gab daher keine Fotos von ihm im Forum, anhand derer ich ihn hätte erkennen können. Er war mir also völlig fremd, während er bereits einiges über mich wusste.

Lindner empfiehlt, die Reziprozität der Beobachtungssituation im Feld als Ausgangspunkt zur Reflexion der sozialen Beziehungen zu nehmen und folgert daraus als Norm der Feldforschung die gleichwertige und gegenseitige Kommunikation. Wie sich zeigt, ist die Beobachtungssituation in einem Feld wie dem hier vorgestellten weitaus komplexer als in physisch-lokalen, auf Kopräsenz basierenden Beobachtungsverhältnissen. Reziprozität bedeutet in einem öffentlich zugänglichen computervermittelten Kommunikationsraum nicht notwendigerweise wechselseitige Beobachtung, da man als Lurker* die aktiv Beteiligten an einer Forumsdiskussion beobachten kann, ohne beachtet oder gar bemerkt zu werden. Die Reziprozität der Beobachtungssituation bezieht sich vielmehr auf die Wechselseitigkeit einseitiger Beobachtungsverhältnisse. Das heißt, so wie die Forscherin ihr Feld beobachten kann, ohne von den Akteur/innen im Feld bemerkt zu werden, kann auch die Forscherin von ihnen beobachtet werden, ohne es zu wissen.

„Hier und dort sein" – „hier oder dort sein":
Wohin führt mobile Ethnographie?

Die Plurilokalität und Mehrdimensionalität des Forschungsfeldes bedingt, dass sich die gesamte Feldforschung in wiederholte Ein- und Austritte gliedert, sich annähern und distanzieren bedeutet. Die Vorstellung und Begrüßung im Cibervalle-Forum sowie die jeweils ersten Treffen mit den einzelnen Subgruppen vor Ort waren wichtige Datenquellen, um die je eigene soziale Ordnung zu eruieren und mögliche Gemeinsamkeiten und Unterschiede zwischen den verschiedenen Ebenen zu erfassen. Die systematische Reflexion dieser Art mobiler Ethnographie, der Positionswechsel im Feld und der teils irritierenden Beobachtungen, die ich in diesem Zusammenhang gemacht habe, trugen entscheidend dazu bei, die Eigenarten des Feldes zu verstehen.

Meine Lesart der Forumskommunikationen verdichtete sich zusehends, während ich die verschiedenen Dimensionen und Beteiligungsstatus durchlief, aus denen sich Cibervalle zusammensetzt. Ich lernte, dass viele Kommunikationen im Forum nur im Zusammenhang mit den parallel geführten Kommunikationen im Instant Messenger* bzw. den lokalen Face-to-face-Aktivitäten nachvollziehbar sind. Ich verstand plötzlich vieles von dem, was für mich als Lurkerin keinen Sinn ergeben hatte. War ich zu Beginn der Forschung Teil des *Informationsnetzwerkes* Cibervalle, auf das ich zugriff, um Einblicke in die Themen zu bekommen, die Paraguayer/innen in der Migration beschäftigten, wurde ich nun Teil der *Lebensgemeinschaft* Cibervalle, mit der ich einen wesentlichen Teil meines Alltags verbrachte. Bei meiner Teilnahme an den lokalen Treffen stellte ich fest, dass diese unter dem Einfluss ihrer nachträglichen Veröffentlichung im Forum standen. Es wurde ständig fotografiert und immer wieder wurde die Situation im Hinblick auf die antizipierten Reaktionen der nicht anwesenden Mitglieder kommentiert. Gleichwohl konnten sich die Deutungen der Fotos, die nachträglich im Forum veröffentlicht wurden, gravierend von der lokalen Situation unterscheiden. Ergab sich etwa bei der Online-Beobachtung der Eindruck, die lokalen Treffen in der paraguayischen Hauptstadt Asunción wären im Vergleich mit den Treffen in Buenos Aires besser organisiert, abwechslungsreicher und anregender gestaltet, kehrte sich dieser Eindruck durch die Teilnahme an den Treffen vor Ort nahezu in sein Gegenteil. Im Gegensatz zu ihren medialen Rekonstruktionen im Forum erschienen mir und den Besucher/innen, die ich dorthin begleitete, die Treffen in Asunción inhaltsleer, die Teilnehmer/innen erstaunlich beziehungslos und wenig aufeinander und auf den gemeinsamen Moment bezogen. Die Treffen in Buenos Aires waren im Gegenteil zu ihren medialen Rekonstruktionen sehr lebendig, kommunikativ und emotional sehr dicht und die Teilnehmer/innen schienen sehr stark aufeinander und auf den gemeinsamen Moment bezogen zu sein. Irritationen solcher Art dienten mir als wichtige Wegweiser in der Analyse. Durch die vergleichende Analyse der Daten, die an den verschiedenen Stationen der Feldforschung generiert worden waren, ließen sich die beschriebenen divergenten Eindrücke im Kontext der jeweiligen lebensweltlichen Situation der Akteur/innen interpretieren, wie an späterer Stelle zu sehen sein wird.

Auch die Möglichkeit, die Cibervaller@s an ihren verschiedenen Lebensorten besuchen und sie auf den Reisen dazwischen begleiten zu können, hat dazu beigetragen, die Lebensbedingungen in der Migration besser zu verstehen, vor allem im Hinblick auf ihre zum Teil paradoxen Dynamiken sozialstruktureller Positionierung und der Vielfalt an lebensweltlichen Bezügen, in denen die Akteur/innen sich verorten. Eine weitere paradoxe Entdeckung machte ich auf meiner Reise durch Paraguay. Der folgende Kommentar, den ich daraufhin im Cibervalle-Forum veröffentlichte, verdeutlicht die Herausforderungen, die computervermittelte transnationale Lebensformen an sozialwissenschaftliches Denken und Tun stellen. Kategorien wie Raum, Lokalität und Mobilität, deren Bedeutung und Verhältnis zueinander einst eindeutig zu sein schienen, werden angesichts der in diesem Kapitel aufgeworfenen Fragen und der hier beschriebenen forschungspraktischen Erfahrungen fragwürdig. Zu dem Problem, das „dort sein" in einem plurilokalen computervermittelten Feld zu bestimmen, gesellt sich nun noch eine weitere Frage: Ist es möglich gleichzeitig hier *und* dort zu sein?

Forumskommunikation Beispiel 2: „definir lo virtual"

les cuento algo que me parece muy curioso y que explica el por qué se me escaparon los ultimos posteos en mis tópicos y los dejé un poco abandonados. Lo que pasa es que cuando viajé a Paraguay casí ya no tenia acceso a la internet y por lo tanto no tenía forma de participar mucho en cibervalle. Es decir, estando físicamente en el centro de la comunidad cibervallera me sentí al mismo tiempo desconectada, fuera de la misma. Veo que lo mismo pasa a muchos integrantes: Cuando van a Paraguay para pasar las vacaciones con sus familias desaparecen del foro y no vuelven antes de haberse alejado del contexto físico que forma la base comun de la comunidad.

Curioso, no?

mafalda

Cantidad de posteos: 240

IP: 200.69.45.*

Origen:

24/02/2005

ich erzähle euch etwas, was mir sehr sonderbar vorkommt und was erklärt, warum ich die letzten Beiträge in meinen Tópicos* übersehen und sie ein wenig vernachlässigt habe. Es ist nämlich so, als ich nach Paraguay gereist bin, hatte ich fast keinen Zugang mehr zum Internet, und deshalb hatte ich auch keine Möglichkeit, mich an Cibervalle zu beteiligen. Das heißt, als ich mich physisch im Zentrum der Cibervalle-Gemeinschaft befand, habe ich mich gleichzeitig mit ihr unverbunden und außerhalb von ihr gefühlt. Ich sehe, dass vielen Mitgliedern dasselbe passiert: Wenn sie nach Paraguay fahren, um die Ferien mit ihren Familien zu verbringen, verschwinden sie aus dem Forum und kommen nicht zurück, bevor sie sich nicht von dem physischen Kontext entfernt haben, der die gemeinsame Basis dieser Gemeinschaft bildet.

Sonderbar, nicht?

mafalda

Anzahl der Beiträge: 240

IP: 200.69.45.*

Herkunft:

24/02/2005

„Eine traurige Nachricht über Mafalda" – Die Solidargemeinschaft braucht ihre Notfälle

Gegen Ende meiner Forschungsreise, etwa drei Wochen, bevor ich nach Deutschland zurückreisen musste, wurden mir in Buenos Aires Laptop, ein wichtiger Teil meiner Datensammlung (Logfiles von Instant Messenger*-Konversationen und von Tópicos* der lokalen Treffen, an denen ich teilgenommen hatte), Reisepass, Kreditkarte und Bargeld gestohlen. Meine Versuche, zumindest die Daten zurück zu bekommen, blieben erfolglos[20]. Ich erzählte einem der Mitglieder aus der Buenos Aires Gruppe davon, woraufhin dieser einen Tópico* im Forum eröffnete, in dem er die „traurige Nachricht über Mafalda" bekannt gab. Der Tópico* füllte sich schnell mit Antworten von Mitgliedern aus aller Welt, die ihr Mitgefühl ausdrückten und mir ihre Hilfe anboten. Über dieses, für meine Forschung ausgesprochen unglückliche Ereignis habe ich der Cibervalle-Gemeinschaft einen Notfall beschert, über den sie sich einmal mehr als Solidargemeinschaft reproduzieren konnte. Dabei wurde mir selbst deutlich, wie wichtig Notfälle für den Erhalt der Cibervalle-Gemeinschaft sind. Für meine Forschung hatte dies den positiven Effekt, dass ich Kontakt zu weiteren Mitgliedern bekam, die ich bisher nicht oder nur flüchtig kannte, die mich einluden und mir Einblicke in ihre privaten Lebensbereiche und in ihren Alltag in Cibervalle erlaubten. Der Datenverlust hatte also einen zusätzlichen Gewinn an Daten und vertiefenden Eindrücken zur Folge.

Migration im Cyberspace: Wenn statt der Forscherin das Feld aussteigt

Mit der Rückreise nach Deutschland endete nicht gleichzeitig der Feldforschungsaufenthalt. Zum einen, weil ich in Paraguay Cibervalle-Mitglieder kennen gelernt hatte, die in Deutschland in der Nähe meines Wohnortes lebten. Zum anderen, weil der medial vermittelte Teil des Feldes gewissermaßen immer nah war. Ich musste nur die entsprechende Seite im WWW laden oder mich in meinen Instant-Messenger* einloggen und schon ließen sich bequem vom Schreibtisch aus Nacherhebungen durchführen. Diese Zugriffsmöglichkeit auf mein Feld war bei der Analyse sehr hilfreich, etwa bei sprachlichen Verständnisproblemen, die aufgrund meiner mangelnden Joparákenntnisse immer wieder auftraten. Aber auch inhaltliche Unsicherheiten in Bezug auf die Analyseergebnisse ließen sich durch fokussierte Nacherhebungen leicht beheben. So konnte ich Strukturmuster der Kommunikation im Cibervalle-Forum anhand der Erhebung weiterer Logfiles von entsprechenden Tópicos* ebenso verdichten, wie ich den Zugang zu den Perspek-

---

[20] Ich hatte zu einem der jungen Männer per E-Mail Kontakt aufgenommen, die sich zuvor in dem Hostal ein Zimmer genommen hatten, um die anderen Gäste des Hostals ausrauben zu können. Kurioserweise antwortete mir der junge Mann tatsächlich und gab vor, mir – gegen eine entsprechende Summe Geld – meine Daten zurückgeben zu wollen. In einem mehrtägigen E-Mail-Wechsel versuchten wir dann Übergabemodalitäten auszuhandeln, die uns beiden sicher und risikoarm erschienen, was aber letztlich nicht möglich war.

tiven der nun persönlich bekannten Akteur/innen in Instant-Messenger*-Konversationen vertiefen konnte. Andererseits verführt der leichte Zugang zur endlosen Ausweitung der Erhebungsphase und birgt die Gefahr, eine Fülle von Datenmaterial zu generieren, die kaum mehr zu bewältigen ist. Des Weiteren muss die Forscherin, will sie die notwendige analytische Distanz zu ihrem Feld gewinnen, rechtzeitig Abschied nehmen von ihrer Rolle als Mitglied. Es hieß also, den richtigen Zeitpunkt zu wählen, um meinem Feld den Rücken zu kehren und mich gänzlich der Analyse meiner Daten zu widmen.

Hier kam mir zur rechten Zeit der Zufall zu Hilfe. Gerade als ich anfing, mich in meinem Feld zu langweilen, weil sich die Themen, die Praktiken, die Konflikte, etc. wiederholten, es also offenbar nichts Neues mehr zu beobachten gab, wurde das Forum einer umfassenden Formatsänderung unterzogen. Das hatte nicht nur zur Folge, dass das Forum einige Tage nicht benutzbar war, vielmehr mussten sich alle Nutzer/innen neu registrieren, wobei viele ihren alten Nicknamen aufgrund technischer Probleme bei der Registrierung verloren. Die von der Administration nicht angekündigten Formatsänderungen führten zu solchem Unmut unter den Cibervaller@s, dass eine recht große Gruppe von ihnen in ein neues Forum migrierte. Ich nutzte also die Gelegenheit, um meine Mitgliedschaft in Cibervalle zu beenden. Dies tat ich allerdings schweren Herzens, denn der interne Differenzierungsprozess erschien mir außerordentlich interessant und dessen Beobachtung lohnenswert. Nun, das wird möglicherweise der Ausgangspunkt für ein weiteres Forschungsprojekt.

C
Die sozialen Landschaften Cibervalles

Im vorherigen Abschnitt wurde deutlich, dass sich ethnographische Verortung angesichts globaler Verflechtungen nicht auf Orte fixieren kann, sondern die mobilen und medialen Praktiken der Gegenwart in ihr methodisches Vorgehen integrieren muss. Anhand des Feldbegriffs wurde bereits die enge Kopplung von Raumvorstellungen und dem nationalstaatlichen Gesellschaftsmodell erläutert. Nun haben Globalisierung und Globalisierungsforschung auch zu einer allgemeinen Revision des Raumbegriffs in den Sozialwissenschaften geführt. Die Vorstellung von Raum hat sich von einem absoluten, containergleichen Gebilde in eine relationale Bezugsgröße gewandelt. „In diesem Verständnis geht es weniger um die Gegenständlichkeit des Raumes, sondern um die Ordnungsleistung, die durch die Bezugnahme auf den Raum entsteht" (Ahrens 2001:200). Statt also einen Raum als gegeben vorauszusetzen, betont der relationale Ansatz dessen Konstruiertheit und die Kontextabhängigkeit seiner Bedeutung. Räumliches Denken wird nun zu einer Möglichkeit, die Welt zu ordnen.

Eine Ethnographie kommt schlecht ohne Orts-, besser gesagt, ohne Kontextbeschreibungen aus, denn die Praktiken der Akteur/innen sind immer situiert und nur im Zusammenhang mit ihrem Kontext sinnvoll zu interpretieren. Auf den folgenden Seiten werden deshalb die sozialen Landschaften Cibervalles und die Praktiken der Akteur/innen, die sie gestalten, ethnographisch skizziert. Dabei steht die Frage im Mittelpunkt, wie sich durch Migration einerseits und Mediennutzung in der Migration andererseits Räume konstituieren, auflösen, be- oder entgrenzen und verschiedene Sozialräume miteinander verbinden. Die Darstellung und Analyse einer paraguayischen Migrationsbiographie eröffnet diesen Abschnitt. Die im Anschluss erfolgende ethnographische Beschreibung Paraguays wird allerdings nicht, wie üblich, als bloße landeskundliche Information erfolgen. Vielmehr wird die gemeinsame geografische Referenz Cibervalles daraufhin untersucht, inwieweit die Nationalstaatsbildung durch globale Verflechtungs- und Grenzziehungsprozesse beeinflusst worden ist und welche Rolle Migration im Hinblick auf das Verhältnis von Flächen- und Sozialraum in Paraguay spielt. Schließlich wechselt der ethnographische Blick die Perspektive hin zu dem gemeinsam geteilten virtuellen Sozialraum Cibervalles. Hier wird zunächst die jeweilige lebensweltliche Einbettung der Bewohner/innen von Cibervalle thematisiert, um auf dieser Grundlage eine Annäherung an die Bedeutung Cibervalles aus der Perspektive der einzelnen Akteur/innen zu ermöglichen. Zum Abschluss dieses Teils der Arbeit wird die soziale Formation Cibervalles in ihren einzelnen Dimensionen beschrieben und auf die wesentlichen Modi ihrer Reproduktion hin befragt.

11. Paraguay: Eine Migrationsgeschichte

Paula und Jimena[21]

Paula ist in einer Kleinstadt in Paraguay geboren. Sie hat acht Geschwister, ihren Vater kennt sie nicht. Da ihre Mutter nicht alle Kinder alleine versorgen konnte, wuchs sie bei dem Bruder der Mutter und dessen Familie in derselben Stadt auf. Als sie 14 Jahre alt war, migrierte ihre Tante mit den anderen Kindern in die USA. Sie wollte Paula mitnehmen, was aber deren leibliche Mutter nicht zuließ. Auch dem Onkel sei es damals schwer gefallen, die Kinder gehen zu lassen, betont Paula, aber er habe eingesehen, dass ihre Zukunftsperspektiven in den USA besser seien. Paula zog nach Beendigung der Schule in die Hauptstadt Asunción, nahm dort ein Studium auf und teilte sich mit anderen Studentinnen eine Wohnung. Eines Tages machte sie sich dann, nur mit einer Telefonnummer einer Tante in der Tasche, auf in Richtung Buenos Aires. Sie fand dort eine Anstellung im Privathaushalt einer Familie, wo sie die Kinder ihrer berufstätigen Arbeitgeber/innen betreute und deren Haushalt organisierte. In Buenos Aires lernte sie ihren Ehemann kennen, der ebenfalls aus Paraguay migriert war. Sie lebten zehn Jahre lang in Buenos Aires und bekamen in dieser Zeit vier Kinder. Paula arbeitete während der gesamten Zeit als Hausangestellte, bis die Familie im Zuge der argentinischen Wirtschaftskrise zurück in Paulas Geburtsstadt zog. Von dort versuchte Paula schließlich nach Spanien zu gelangen. Sie lieh sich Geld und versuchte, mit einem Touristenvisum nach Spanien einzureisen, wurde aber schon am Flughafen festgehalten und wieder zurückgeschickt.

Als ich Paula kennen lernte, lebte und arbeitete sie wieder in Buenos Aires bei der Familie, bei der sie zuvor zehn Jahre lang beschäftigt war und die ihr dieses Mal auch ein Zimmer zur Verfügung stellte. Mit ihren Kindern, die sie in der Obhut ihrer Mutter zurückgelassen hatte, telefonierte sie dreimal wöchentlich. Sie beendete ihre Tätigkeit, nachdem sie die Schulden beglichen hatte, die ihr durch die misslungene Reise nach Spanien entstanden waren, und kehrte nach Paraguay zu ihren Kindern zurück. Als ich Paula einige Zeit später in Paraguay besuchte, hatte sie soeben einen Verkaufsstand auf dem lokalen Textilmarkt eröffnet, auf dem auch ihre Schwester Jimena arbeitete. Beide verkauften „ropa americana" [span.: amerikanische Kleidung], wie die gebrauchte Kleidung genannt wird, die aus europäischen oder US-amerikanischen Altkleidersammlungen stammt. In Paraguay ist die Einfuhr der „ropa americana" verboten, Paula und Jimena fuhren deshalb regelmäßig zum Großhandel nach Bolivien oder Brasilien, um neue Ware einzukaufen. Ihr Ehemann hatte währenddessen begonnen, einen Teil des Geldes, das Paula in Buenos Aires verdient hat, in die Landwirtschaft zu investieren. Auf einem kleinen Stück Land, etwa 30 km von der Stadt entfernt, baute er Sesam an, den er anschließend in Brasilien verkaufen wollte, wo er das Zehnfache des lokalen Marktpreises verlangen kann. Da sie das Saatgut selbst finanzieren konnten, waren sie nun an keinen Saatguthändler gebunden und konnten

---

[21] Ein herzliches Dankeschön an Paula und Jimena für das Vertrauen, die Fürsorge und Gastfreundschaft, mit der sie mich in Buenos Aires und ihrer Stadt in Paraguay aufgenommen, mir bei der Orientierung in ihren Alltagswelten geholfen und ihre Geschichten mit mir geteilt haben.

selbst entscheiden, an wen sie ihre Ernte verkaufen. Die beiden planten derweil, auf dem Grundstück ein kleines Haus zu bauen, damit die Familie zukünftig nicht mehr in dem viel zu kleinen Haus von Paulas Mutter leben müsse. Paula äußerte allerdings Bedenken in bezug auf die isolierte Lage des Grundstücks. Es gäbe keinen Arzt in der Nähe und die Kinder hätten einen weiten Weg zur Schule. Weder fließendes Wasser noch Strom sei verfügbar und mit dem Handy habe sie nur Empfang, wenn sie einen kleinen Hügel besteige, der auf dem Grundstück liegt.

Während meines Besuches erzählten Paula und Jimena, dass sie einen weiteren Versuch wagen wollten, um nach Spanien zu gelangen. Dabei wollten sie die Hilfe einer informellen Agentur in Anspruch nehmen, die sowohl die Reisekosten vorfinanziert, als auch bei der Organisation der Reise und der Beschaffung der erforderlichen Dokumente behilflich ist. Jimena hat eine zwölfjährige Tochter, der sie eine gute Ausbildung ermöglichen will. Außerdem fühlt sie sich, weil sie nur ein einziges Kind hat, in besonderem Maße auch für ihre Nichten und Neffen verantwortlich, die sie auch finanziell unterstützt. Ihr Geschäft auf dem lokalen Textilmarkt bringt aber nicht genügend Geld ein, außerdem ist das Arbeiten auf dem Markt anstrengend und mühsam. Sie wünscht sich ein eigenes Ladenlokal, wird aber auf dem Markt niemals soviel Geld verdienen können, um sich eine solche Investition zu leisten. „Hier" sagt sie, „kann man soviel arbeiten, wie man will, es reicht immer nur gerade so, nie bleibt etwas übrig, was man investieren könnte, um seine Zukunft zu verbessern." Jimena hatte sich über die Lebens- und Arbeitsbedingungen in Spanien informiert und erfuhr, dass sie als Kinderfrau ungefähr 500 Euro verdienen könne, wobei die Kosten für die Unterkunft bei etwa 300 Euro lägen. Nach dieser Rechnung würde also nicht besonders viel Geld übrig bleiben, weder für ein menschenwürdiges Leben dort noch für die Familie zuhause. Sie berichtet in dem Zusammenhang von zwei Freundinnen, die neun Monate zuvor nach Spanien gegangen waren und noch keinen Pfennig für sich verdient hatten, weil sie noch immer dabei waren, der Agentur die Reisekosten zurückzuzahlen. Andererseits sieht sie, dass viele Leute aus der Stadt nach Spanien gegangen sind und sich schon nach kurzer Zeit ein neues Haus gebaut haben. „Sie arbeiten oder prostituieren sich", erklärt sie, „und erreichen damit einigen Fortschritt für sich und ihre Familien."

Etwa ein Jahr nach Beendigung meiner Forschungsreise traf ich Paula im *Instant Messenger** und erfuhr, dass Jimena bereits in Spanien arbeitete und auch für sie einen Arbeitsplatz als Hausangestellte mit „cama adentro" [span.: „Bett drinnen", d. h. mit Wohnmöglichkeit am Arbeitsplatz] bei einer spanischen Familie gefunden hatte. Also ließ Paula abermals ihre Kinder bei der Großmutter und machte sich auf nach Madrid. Dort wurde sie allerdings schlecht behandelt. Sie musste rund um die Uhr einsatzbereit sein und meist 14 Stunden am Tag arbeiten. Zudem hatte sie keinen freien Tag und verdiente verhältnismäßig wenig. Nach einigen Monaten fand sie aber eine Stelle bei einer anderen Familie in derselben Kleinstadt in der Nähe Madrids, in der auch ihre Schwester Jimena lebt. Sie zog mit ihrer Schwester zusammen, verdiente nun mehr und wurde von den *patrones* [span.: Chefs bzw. Hausherren] besser behandelt. Mit den Familienangehörigen in Paraguay kommunizieren beide regelmäßig von einem Internetcafé aus. Sie verabreden sich zu festen Zeiten zur Videokonferenz*. Sowohl in Paulas Geburtsstadt als auch in der Nähe ihres aktuellen Wohnorts gibt es Internetcafés, die entsprechend ausgestattete Computer bereitstellen, so dass Paula problemlos mit den Kleinen kommunizieren kann, die noch nicht lesen und schreiben können. Jimena und Paula planen einstweilen den Nachzug von Jimenas zwölfjähriger Tochter.

Die empiriegeleitete transnationale Migrationsforschung (vgl. u. a. Basch et al. 1994, Smith und Guarnizo 1998, Vertovec 1999) zeichnet ein komplexes und widersprüchliches Bild von Migration, das den Beschreibungen in diesem Beispiel sehr ähnlich ist. Transnationale Migration bezeichnet demnach Beziehungen und Praktiken, die in familiärer, ökonomischer, politischer, rechtlicher, gesundheitlicher und symbolischer Hinsicht grenzüberschreitende soziale Strukturen schaffen. Das soziale Gefüge, der transnationale soziale Raum (Pries 1998) oder das transnationale soziale Feld (Glick-Schiller 2003), innerhalb welchem „Transmigrant/innen" (Basch et al. 1994) ihr Leben organisieren, spannt sich mindestens zwischen dem aktuellen Lebensort der migrierenden Person und deren Herkunftsort bzw. dem Ort der Zugehörigkeit auf, mit dem sie dauerhaft verbunden bleibt. Diese Art der Migration, diese mobile Lebensform, in der die Akteur/innen sich beständig in und zwischen mindestens zwei (nationalstaatlich gerahmten) Referenzsystemen orientieren, produziert paradoxe Dynamiken im Hinblick auf deren sozialstrukturelle Positionierung (vgl. Georg 2000). Während Migration im Zielland häufig mit einem Statusverlust für die migrierende Person verbunden ist, kann sie das Ansehen der Familie im Herkunftskontext steigern, indem beispielsweise der finanzielle Beitrag des migrierten Teils der Familie die örtliche Gemeindeentwicklung fördert (vgl. Smith 1998).

Paula und Jimena sind Teil eines Familiennetzwerks, in dem Migration über mehrere Generationen die familiale Organisation strukturiert und das Zusammenleben prägt. Die Tante, bei der Paula aufgewachsen war, migrierte seinerzeit in die USA, um ihren Söhnen eine bessere Zukunft zu ermöglichen, aber auch, um die Familie in Paraguay unterstützen zu können. Paulas Cousins pflegen weiterhin enge Beziehungen zu Familie und Herkunftsort, verbringen regelmäßig die Ferien dort und leisten finanzielle Unterstützung zur Entwicklung des Gemeinwesens. Auch Paula unterstützt während der Zeit, die sie in Buenos Aires verbringt, ihre Verwandten in Paraguay. Paulas Lebenswelt ist transnational und transkulturell strukturiert. Sie lebt nicht nur gleichzeitig in zwei Ländern, sondern auch in sehr unterschiedlichen, ländlich geprägten und großstädtischen Milieus. Transnationale Praktiken gehören für die Familie zum Alltag, vor allem um ökonomische Vorteile zu erzielen. Paula verkauft ihre Arbeitskraft zunächst in Buenos Aires und später in Spanien, weil sie dort mehr verdienen kann. Ihr Mann produziert Sesam für den Verkauf in Brasilien, wo er einen höheren Preis erzielt. Paula kann als Kinderfrau in Spanien ohne

Probleme an die Arbeits- und Lebenserfahrungen anknüpfen, die sie zuvor in Buenos Aires gemacht hat. Die Früchte ihrer Anstrengung zeigen sich für die Schwestern in den regelmäßigen Geldüberweisungen, mit der sie der Familie in Paraguay den Lebensunterhalt sichern, bei Bedarf eine adäquate medizinische Versorgung gewährleisten und den Kindern eine bessere Schulbildung ermöglichen.

Die beiden Schwestern haben ihre Reise nach Spanien auf der Basis detaillierter Informationen vorbereitet und hatten entsprechend realistische Vorstellungen vom Leben im fernen Europa. Die Informationen haben sie sowohl aus den Massenmedien, in denen regelmäßig über die Situation der Paraguayer/innen in Spanien berichtet wird, als auch von Nachbar/innen, Freund/innen oder Verwandten, die selbst oder deren Angehörige Migrationserfahrungen in Spanien gemacht haben. In den paraguayischen Massenmedien, aber auch von staatlicher Seite werden vor allem die Risiken betont, die mit diesem Typus undokumentierter Migration verbunden sind. Es wird davor gewarnt, den Erfolgsstories Glauben zu schenken, die sich für die Nachbarn im Herkunftsort in einem neu gebauten Haus oder einem neuen Auto manifestieren. Stattdessen werden die prekären Lebensbedingungen der Paraguayer/innen in Spanien und die Risiken hervorgehoben, die eine finanzielle Abhängigkeit von einer informellen Vermittlungsagentur mit sich bringe. Insbesondere junge Frauen werden vor Zwangsprostitution gewarnt.

> „Hier gibt es keine Arbeit, deshalb gehen die Leute, es bleibt ihnen keine andere Wahl. Aber viele werden hereingelegt, viele Frauen landen in der Prostitution, ... Die Lebenshaltungskosten dort sind sehr hoch, also reicht ihnen das Einkommen nicht und am Ende finden sie sich in derselben Situation wie hier wieder" (Mitarbeiterin des Einwohnermeldeamtes, Asunción, *Feldtagebuch, f-t-f-Gespräch*).

Die Aussage einer Mitarbeiterin der staatlichen Behörde in Paraguay, die für die Ausstellung der Reisepässe zuständig ist, reflektiert eine Sichtweise auf aktuelle Migrationspraktiken, die im öffentlichen, von den Massenmedien getragenen Diskurs häufig anzutreffen ist. Dieses Deutungsmuster deckt sich allerdings nicht mit den Sichtweisen derjenigen Personen, die ich während meiner Feldforschung kennen gelernt habe. Denn so wenig, wie sich die migrationserfahrene Paula und ihre Schwester Jimena von misslungenen Einreiseversuchen abschrecken lassen, hält die Gefahr, sich in Spanien möglicherweise prostituieren zu müssen, migrationswillige Frauen in Paraguay.

> In der Küche der Eigentumswohnung von der Cibervallera Esther erzählt mir deren Hausangestellte: „Ich will nach Spanien gehen und arbeiten. Wir sind arm, mein Vater ist krank und hier findet man keine Arbeit." Eine ihrer Freundinnen sei vor einem Monat gegangen. Es gehe ihr gut, sie arbeite vier Tage die Woche und verdiene 200 Euro wöchentlich. Sie kenne auch eine Frau, die einige Jahre in Spanien war und in einem Bordell gearbeitet habe. „Man weiß nicht genau, ob es stimmt, nicht wahr, aber sie kam zurück und baute sich eine sehr hübsche Villa." Auf meine

Frage, wie sie die Reise finanzieren werde, antwortet sie: „Wenn du Verwandte hast, die schon dort sind, dann schicken sie dir das Geld, damit du reisen kannst." Sie wisse auch um die Risiken und kenne auch jemanden, der am Flughafen zurückgeschickt worden sei. Nun ja und ein bisschen Angst davor, in der Prostitution zu enden, habe sie auch. Sie werde es dennoch versuchen, weil sie in Paraguay keine Perspektive für sich und ihre Familie sieht (Maria, Ciudad del Este, *Feldtagebuch*, *f-t-f-Gespräch*).

Sowohl die Berichterstattung in den Massenmedien als auch die mediale Kommunikation zwischen Angehörigen hier und dort trägt dazu bei, dass Paraguayer/innen im Detail über die Lebensbedingungen in der Migration informiert sind und dementsprechend die Risiken und Chancen für sich abwägen können. Sie wissen, dass sie das Risiko eingehen, trotz gültigen Visums schon am Flughafen wieder zurückgeschickt oder nach Ablauf der zeitlich befristeten Aufenthaltsgenehmigung als „Illegale" aufgegriffen und nach Paraguay deportiert zu werden. Es ist ebenfalls bekannt, dass sich in Madrid oder den touristischen Zentren Spaniens bis zu sechzehn Personen ein Apartment teilen, wenn die Migrant/innen an ihrem Arbeitsplatz, etwa auf der Baustelle oder im Haushalt der Familie, bei der sie beschäftigt sind, keine Schlafgelegenheit finden. Auch die Höhe des Verdienstes und die Art der Tätigkeiten – also dass die Männer meist als Saisonarbeiter in der Landwirtschaft arbeiten oder risikoreiche Arbeiten im Baugewerbe verrichten, während die Frauen mehrheitlich als Sexarbeiterinnen oder als Hausangestellte arbeiten – sind keine Geheimnisse in Paraguay und werden auch nicht unbedingt moralisierend thematisiert. Was zählt und wovon die moralische Integrität der Migrant/innen in erster Linie abhängt, ist der Grad an Verantwortungsbewusstsein gegenüber den in Paraguay verbliebenen Angehörigen, der sich an der Regelmäßigkeit und der Höhe der *Remesas*, wie die regelmäßigen Geldüberweisungen aus der Migration genannt werden, misst.

Im-*migration*, E-*migration* oder Trans-*migration*?
Eine Frage der Perspektive

In der Darstellung von Paulas und Jimenas Geschichte kommt die Komplexität von Migrationsbiographien deutlich zum Ausdruck. Ob man die vielfältigen lebensweltlichen Bezüge, ihre generations- und länderübergreifenden sozialen Verflechtungen und die eigenen Sinnhorizonte der Akteur/innen in den Blick bekommt, ist vor allem eine Frage der Perspektive, die wiederum eng mit dem methodischen Vorgehen einer Forschung zusammenhängt. Die transnationale Migrationsforschung hat einen entscheidenden Beitrag dazu geleistet, den Analyserahmen klassischer Migrationsforschung zu hinterfragen. Glick-Schiller (2003) betont hierbei die zentrale Bedeutung der Ethnographie. Ihr besonderer Nutzen bestehe in ihrem heuristischen Umgang mit Theoriebegriffen und der ihr eigenen Fähigkeit, sich auf die Perspektiven der Akteur/innen einzulassen, sich von ihrem

Handeln leiten zu lassen und anhand der gemachten Erfahrungen im Feld die eigenen theoretischen Vorannahmen zu revidieren.

Nun hat auch die Systemtheorie einen Gesellschaftsbegriff, der einen adäquaten Rahmen für die Analyse von Migrationsphänomenen bieten könnte. Luhmann definiert Gesellschaft als „das umfassende Sozialsystem aller kommunikativ füreinander erreichbaren Handlungen" (Luhmann 1997:11, zitiert nach Wobbe 2000). Aufgrund der Zunahme an globaler Kommunikation und transnationalen Verflechtungen gibt es nicht länger mehrere Gesellschaften, die in Isolation, das heißt ohne (potentielle) kommunikative Verbindungen nebeneinander existieren, vielmehr geht die Systemtheorie von einem einzigen globalen Sozialsystem aus, das alle Kommunikationen in sich einschließt und innerhalb dessen sich alle sozialen Prozesse abspielen. Auf der Grundlage des systemtheoretischen Gesellschaftsbegriffs diskutiert Stichweh den Zusammenhang zwischen Migration und Weltgesellschaft und kommt dabei zu überraschenden Ergebnissen. Stichweh zufolge ist Migration eine typische Ursache für Exklusionsrisiken, „weil Migranten wegen der relativen Kürze ihres Aufenthalts an einem neuen Ort noch nicht die pluralen Einbettungen in verschiedene Kontexte aufweisen, die einzelne Exklusionen aufzufangen erlauben" (2005:9).

Sieht man von der zweifelhaften Annahme ab, Exklusionsrisiken und soziale Benachteiligung migrationserfahrener Menschen würden sich mit der Zeit von selbst minimieren, bleibt hier immer noch die Frage zu klären, welchen Analysekontext eine solche Betrachtungsweise impliziert. Der Autor scheint die Frage nach Inklusions- und Exklusionsmechanismen im Zusammenhang mit Migration gänzlich auf den Handlungskontext des Aufenthaltsortes des „Migranten" zuzuschneiden, ganz so wie es die, dem Assimilationsparadigma verhaftete, ‚klassische' Migrationsforschung tut. Angesichts der vorangegangenen Darstellung der Migrationsbiographie von Paula und Jimena und wenn man, wie Stichweh, Gesellschaft als Weltgesellschaft konzipiert, in der neben Funktionssystemen und Organisationen auch Netzwerke nach Globalität streben, überrascht ein solch eingegrenzter Blick auf Migration und zeigt recht deutlich die Grenzen gänzlich theoriegeleiteter Forschung.

Den Nutzen und die Sinnhaftigkeit von Migrationsvorhaben, die unter solch riskanten Bedingungen realisiert werden, wie in dem geschilderten Beispiel der beiden Schwestern Paula und Jimena, lassen sich nicht aus der Perspektive einer im nationalstaatlichen Kontext der Migrationszielländer positionierten und dem Assimilationsparadigma verhafteten Migrationsforschung begreifen. Ebenso wenig sind sie vor dem Hintergrund der lebensweltlichen Erfahrungen von paraguayischen Journalist/innen, Verwaltungsangestellten oder Sozialwissenschaftler/innen zu verstehen, die in der Regel der (oberen) Mittelschicht angehören. Aus einer solchen Perspektive sieht man Menschen, die ausgebeutet werden, einen Statusverlust erleiden, ohne soziale Sicherheit und Schutz der Willkür und Gewalt des staatlich nicht kontrollierten informellen Sektors ausgeliefert sind, viel arbeiten für wenig Geld und die sich, statt sich in den nationalen Kontext ihres Aufenthaltsortes zu integrieren, in ethnisch strukturierte Netzwerke zurückziehen.

Aus der Perspektive der Akteur/innen stellt sich die Situation aber gänzlich anders dar. Ihre Lebens- und Arbeitssituation war auch vor der Migration prekär und sozial ungesichert (vgl. hierzu Lutz 2003). Sie sind möglicherweise denselben Tätigkeiten nachgegangen, haben allerdings dafür entweder kein oder weitaus weniger Geld verdient. Selbst wenn sich ihre persönliche Situation durch die Migration zunächst verschlechtern mag, können sie dazu beitragen, dass die familiäre Situation sich aktuell verbessert, indem sie deren Lebensunterhalt sichern. Zusätzlich können sie in ihre eigene Zukunft investieren und Geld sparen, um bei ihrer Rückkehr eine Geschäftsidee zu verwirklichen oder den Kindern oder Geschwistern eine gute Ausbildung zu ermöglichen, die ihnen Zukunftschancen eröffnet.

Anders gesagt, die Sinnhaftigkeit der Migration erschließt sich hier weniger aus der aktuellen *individuellen* Lebenssituation der Migrantin, vielmehr bezieht sich ihr Nutzen auf die Verbesserung der aktuellen *familiären* Situation oder der eigenen Zukunftsperspektive im Herkunftskontext. Hier handelt es sich in den wenigsten Fällen um individuelle Entscheidungen und Lebensplanungen. Die Migration wird vielmehr meist als kollektive Entscheidung zur Minderung wirtschaftlicher Risiken der Familie oder des Haushalts[22] getroffen und arrangiert. Mit anderen Worten, das aktuelle Leben in der Migration erhält seinen Sinn für die Akteur/innen im Hinblick auf eine kollektiv gelebte Gegenwart, von der die migrierte Akteur/in ein zeitweise körperlich abwesender Teil ist, oder aber im Hinblick auf die individuelle oder kollektive Zukunft im Herkunfts- bzw. Zugehörigkeitskontext.

Setzt man die Ergebnisse der ethnographischen Forschung nun in einen globalen Analyserahmen, lässt sich Migration vor allem als eine Chance zur Inklusion verstehen, die im doppelten Sinne durch globale Ungleichheiten motiviert wird: Einerseits als Versuch, regionaler Exklusion zu entgehen, die sich in der Zunahme von sozialen Risiken wie Gewalt, Armut und der Zerstörung von Lebensraum[23] niederschlägt; andererseits nutzen die Akteur/innen das globale Wohlstandsgefälle zu ihren Gunsten,

---

[22] Im Gegensatz zur Familie basiert die soziale Gruppe Haushalt nicht notwendigerweise auf Blutsverwandtschaft, sondern auf Koresidenz und reziproken Hilfen (Han 2003).

[23] Lebensraum bezeichnet einen geografischen Raum, der einer Population zum Leben zur Verfügung steht (Klima 1994). Wie noch genauer erläutert wird, führt die agroindustrielle Aneignung und Nutzung des Bodens in Paraguay im wörtlichen Sinne zur Zerstörung der Lebensgrundlage eines wachsenden Teils der Bevölkerung. Die transnationale Agroindustrie reduziert den Lebensraum der Landbevölkerung nicht nur im quantitativen Sinne, sondern auch in seiner Bedeutung. Für die Agroindustrie existiert das paraguayische Territorium gewissermaßen nur als Nutzfläche zur Produktion von Verkaufsgütern für den Weltmarkt. Der Begriff Lebensraum im Unterschied zur landwirtschaftlichen Nutzfläche macht diesen Kontrast anschaulich. Deshalb und in expliziter Abgrenzung zu seiner nationalsozialistischen Färbung wird er in diesem Text verwendet.

indem sie ihre Arbeitskraft an einem Ort verkaufen, an dem die Einkommensverhältnisse die an ihrem familiären Zugehörigkeitskontext deutlich übersteigen. Damit erhöhen sie die Chancen ihrer Familien auf Bildung, Gesundheit und Teilhabe an gesellschaftlichen Ressourcen und tragen zu deren Inklusion bei.

(Trans)national oder sozial? – Geografie-machen in der Migration

Der Beitrag der transnationalen Migrationsforschung liegt also vor allem darin begründet, dass sie dank ihrer empirischen Vorgehensweise den Analysekontext auf den Orientierungshorizont der Akteur/innen zuschneiden und dabei Phänomene entdecken konnte, für die die klassische Migrationsforschung, von den bereits benannten Ausnahmen (vgl. Teil A, Kap. 3) abgesehen, bislang blind war. Ihre Stärke liegt „vor allem in ihrem empirischen Irritations- und Auflösevermögen für eingefahrene Problemstellungen der Sozialwissenschaften" (Bommes 2002:92). Die anhaltende Begriffsdiskussion innerhalb der Transnationalismusforschung[24] macht allerdings deutlich, wie schwer den Sozialwissenschaften der Schritt von der Irritation und der Aufdeckung der Unangemessenheit ihres begrifflichen Instrumentariums hin zur Entwicklung alternativer Grundbegriffe fällt. Schon das Adjektiv *transnational* setzt ja den Nationalstaat als Kategorie erneut in den Mittelpunkt. Die Prominenz des Raumbegriffs in der Transnationalismusforschung führt Bommes nun zu der Schlussfolgerung, der Transnationalismusforschung fehle ein alternativer Gesellschaftsbegriff. Im Begriff des *transnationalen Raums*, unter dem alle möglichen Phänomene der grenzüberschreitenden, dauerhaften Strukturbildung zusammengefasst werden, so Bommes, „wird jedoch das Raumverständnis metaphorisch. Es tritt an die Stelle des verworfenen Gesellschaftsbegriffs, ohne ihn strukturtheoretisch ersetzen zu können" (2002:95).

Wie schon in der methodologischen Auseinandersetzung mit dem Feldbegriff in der Ethnographie begegnet uns hier erneut die Problematik des Raumbegriffs. Während der nationalstaatlich gefärbte Gesellschaftsbegriff auf der Ineinssetzung von Flächen- und Sozialraum beruht, der Raum gleichsam als eine Art Container konzipiert und Gesellschaft innerhalb seiner staatlich regulierten Grenzen situiert, geht die Transnationalismusforschung davon aus, dass sich im Zuge von Globalisierungsprozessen Sozialräume von Flächenräumen entkoppeln (Bommes 2002).

---

[24] Einen Überblick über den bisherigen Diskurs bietet der Sammelband von Khagram und Levitt (2008). Glick-Schiller und Çaglar problematisieren die gängige Praxis der Theorieentwicklung sowohl klassischer als auch der transnationalen Migrationsforschung (im US-amerikanischen Kontext). Den Autorinnen zufolge mangelt es hier an einer differenzierten Reflexion von Raumbezügen, da Ergebnisse lokal generierter Daten, die primär Aussagen über Migrationspopulationen einzelner Städte zulassen, genutzt würden, „to build general theories of migrant incorporation. These theories are then applied to migration processes in an entire country or even world wide" (2008:4). Sie plädieren daher für einen reflexiv-theoretisierenden Raumbezug, der vor allem „the synergy between the global processes that are restructuring cities and the incorporative processes linking migrants to localities" (ebd.: 6) in den Blick bekommt.

Aus einer weltgesellschaftstheoretischen Perspektive betrachtet scheint in der These der Entkopplung genau der methodologische Nationalismus durch, dessen Überwindung sich die Transnationalismusforschung zum Ziel gesetzt hatte. Die Idee der Entkopplung impliziert ja die Annahme, die Ablösung sozialer Strukturen von Nationalstaaten sei durch Globalisierung und eben auch durch transnationale Migration erst entstanden. „Globalisierung wird dann als Prozess der Entgrenzung verstanden, die Argumentation verläuft sozusagen „von ‚innen' nach ‚außen', d. h. der Ausgangspunkt sind lokale [bzw. nationale Anm. H.G.] Zusammenhänge" (Greve und Heintz 2005:32). Man geht also davon aus, dass weltweit zunehmende Migrationsbewegungen, die fortschreitende Entwicklung globaler Transport- und Kommunikationstechnologien sowie wirtschaftliche Expansion die sukzessive Ablösung gesellschaftlicher Prozesse von territorialen Grenzen und nationalstaatlicher Souveränität erst verursacht hätten und unterstellt implizit, die Welt habe vor der Globalisierung aus Nationalstaaten bestanden, die interne – also innerhalb determinierter territorialer Grenzen stattfindende – gesellschaftliche Prozesse souverän reguliert hätten. Hingegen argumentieren weltgesellschaftstheoretische Ansätze und hier insbesondere die Systemtheorie in umgekehrter Weise. Greve und Heintz zufolge wird die „Entstehung einer weltgesellschaftlichen Ordnungsebene nicht auf die Nationalstaaten zurückgeführt, sondern diese werden umgekehrt als Produkt der Weltgesellschaft aufgefasst" (2005:28). Die funktionale Ausdifferenzierung des weltpolitischen Systems in territorial verfasste Nationalstaaten ist demnach eine Zweitdifferenzierung des Funktionssystems Politik der Weltgesellschaft.

Paraguay ist ein gutes Beispiel, um die Entkopplungsthese der Transnationalismusforschung zu widerlegen, aber auch um zu zeigen, dass der Prozess der Nationalstaatsbildung in Südamerika nicht nur als Ausdifferenzierung des weltpolitischen Systems zu verstehen ist. Angefangen mit der spanischen und portugiesischen Kolonialisierung des südamerikanischen Kontinents, über den Versuch der Dekolonialisierung im Zuge der Nationalstaatsgründung und ihrer Verhinderung im Zusammenhang mit dem Krieg der *Triple Allianza* bis zur Aktualität lässt sich die Geschichte Paraguays als komplexen Prozess globaler Verflechtungen, der Ausbildung translokaler und transnationaler Beziehungen sowie interner sozialräumlicher Separierung beschreiben. Dabei ist Migration, auch wenn sie aus der nationalstaatlichen Logik als Abweichung konstruiert wird, für die Bildung des Nationalstaats Paraguays und für seine Erhaltung in der Aktualität von konstitutiver Bedeutung, wie im Folgenden zu sehen sein wird.

In einer kurzen Darstellung der historischen Entwicklung Paraguays soll verdeutlicht werden, warum sich – nach dem gescheiterten Versuch des ersten nationalen Regimes seit der Unabhängigkeitserklärung im Jahre 1811 – weder eine homogene Nationalkultur entwickeln noch ein Staatlichkeit ausbilden konnte, die allen Bürger/innen gleiche Rechte garantieren würde. Der geografische Raum Paraguays teilt sich vielmehr in Territorien, die von unterschiedlichen Gruppen oder Einzelpersonen kontrolliert, bewirtschaftet, verwaltet und/oder bevölkert werden. Der kurze Ausflug in die Geschichte Paraguays beginnt in der Zeit der europäischen *Konquista* des südamerikanischen Kontinents. Die Diskussion des Zusammenhangs von Migration und der Konstitution sozialer Räume und ihre Einbettung in eine historische Betrachtungsweise dienen dazu, die soziale Realität Paraguays – fernab von eurozentrischen Vorstellungen einer nationalstaatlichen Gesellschaftsordnung – zu erfassen und einzuordnen.

Die Entstehung Paraguays als geopolitischer Raum in der Weltgesellschaft

Asunción, die heutige Hauptstadt Paraguays, wurde 1537 als erste und wichtigste Siedlung spanischer Konquistadoren in der Region *La Plata* gegründet und galt als „Zentrum der Konquista und Wiege der Zivilisation des Plata" (González de Bosio 2000:183, *Übersetzung H.G.*). Das Verhältnis zwischen den europäischen Eroberern und den *Guaraní*, die bis zur Ankunft der Spanier die Region um Asunción bevölkert hatten, wurde durch das Prinzip der *Encomienda*[25] strukturiert, das den spanischen Siedlern erlaubte, die einheimische Bevölkerung zur Zwangsarbeit zu verpflichten.

Im Auftrag der spanischen Krone begannen Jesuiten zum Ende des 16. Jahrhunderts mit der Christianisierung der *Guaraní*. Es wurden sogenannte Reduktionen gegründet, also Siedlungen, in denen Angehörige des Ordens mit Angehörigen des autochtonen Volkes zusammenlebten. Im Gegensatz zu den Siedlern hatten die Jesuiten kein vorrangiges wirtschaftliches Interesse an den Guaraní, vielmehr verfolgten sie mit der Gründung der Siedlungen das alleinige Ziel, die indigene Bevölkerung zum christlichen Glauben zu bekehren. Die Reduktionen basierten auf Landwirtschaft, die nicht nur die Selbstversorgung ermöglichte, sondern darüber hinaus auch für den Handel mit Agrarprodukten ausreichte. Insbesondere die Kultivierung und der Handel mit *Yerba Mate** und die Einführung eines christlichen Sozialsystems, das auf Agrarkollektivismus und Gemeinschaftseigentum aufbaute, ermöglichte den Reduktionen ein gewisses Maß an Reichtum und Unabhängigkeit von der spanischen Krone. In der Zeit von 1610 bis 1767 wuchs das aufgrund der Emanzipation von der spanischen Kolonialmacht als *Jesuitenstaat* bezeichnete soziale System auf insgesamt dreißig Reduktionen an und bot mehr als 100 000 Guaraní Schutz vor den Übergriffen durch die europäischen Siedler.

---

[25] Die Encomienda war ein gängiges Prinzip, das von der spanischen Krone auch in anderen lateinamerikanischen Ländern eingesetzt wurde und Potthast-Juttkeit (1994) zufolge offiziell zwar beide Seiten zu gegenseitigen Leistungen verpflichtete, sich in der Realität aber meist als einseitige Ausbeutung der Arbeitskraft der Einheimischen durch die Einwanderer entpuppte.

Das Leben mit den Jesuiten brachte allerdings auch drastische Veränderungen der bisherigen Lebensstile und Glaubensgrundsätze der Guaraní mit sich. Zwar sollten die Guaraní zum christlichen Glauben bekehrt werden, ohne jedoch die spanische Sprache oder die europäischen Lebensgewohnheiten übernehmen zu müssen. Die jesuitischen *Padres* passten sich deshalb zunächst an die lokale Realität an und verknüpften die bisherigen Bildungs- und Lebensgewohnheiten der Guaraní mit christlichen Werten und Praktiken. Die Evangelisierung erfolgte ausschließlich in der Sprache des autochtonen Volkes[26], so wie auch heute noch in den meisten Pfarrkirchen auf dem Land die Predigten in Guaraní gehalten werden. Insbesondere durch die Weiterentwicklung des Guaraní als Schriftsprache haben die jesuitischen Reduktionen Lustig (1995) zufolge wesentlich dazu beigetragen, dass diese indigene Sprache die Kolonialisierung überlebt und sich bis heute als Umgangssprache im Alltag erhalten hat. Ihre nationale Bedeutung wird darüber hinaus seit 1992 verfassungsrechtlich abgesichert[27].

Durch seine geografische Lage inmitten der von den rivalisierenden Kolonialmächten Portugal und Spanien beanspruchten Regionen des heutigen Brasilien auf der einen Seite und Argentinien auf der anderen Seite erhielt die Provinz Paraguay eine Schlüsselrolle im Hinblick auf die Markierung der „militärischen Grenze zwischen den beiden Kronen der iberischen Halbinsel" (González de Bosio 2000:190, *Übersetzung H.G.*). Der Autorin zufolge wird Paraguay diese geopolitisch brisante Position im Zuge der hispanoamerikanischen Unabhängigkeit von der spanischen Krone insofern zum Verhängnis, als dass die neu gegründeten Nationalstaaten nun die Klärung ihrer territorialer Grenzen mit militärischen Mitteln fortsetzen und Paraguay dabei in zwei folgenschwere Kriege verwickelt wird.

Zunächst verfolgte die erste politische Führung Paraguays – das im Jahre 1811 seine Unabhängigkeit von der spanischen Krone erklärt – unter der diktatorischen Gewalt *José Gaspar Rodriguez de Francias* zwischen 1813 und 1840 eine radikale Politik der Dekolonialisierung. Mit dem Ziel, das Land tatsächlich aus der kolonialen Abhängigkeitsstruktur zu befreien und die Macht der europäischen Elite nachhaltig zu zerstören, wurden ehemalige Kolonialisatoren und die Kirche entmachtet und deren Vermögen konfisziert. Die indigene, besitzlose Bevölkerungsschicht profitierte von den staatlichen Zwangsmaßnahmen insofern, als ihr zur

---

[26] Das Beibehalten der indigenen Sprache als Umgangs- und Amtssprache begründet Lustig (1995) als Schutzmaßnahme gegenüber den spanischen und portugiesischen Siedlern, denen es durch die Sprachbarriere schwerer gemacht werden sollte, die Guaraní zu unterwerfen und als Arbeitskräfte zu missbrauchen.

[27] Im Jahre 1767 wurden die Jesuiten schließlich aus Paraguay vertrieben, weil die Siedler nun auch die in den Reduktionen lebenden Guaraní als Arbeitskräfte beanspruchten, die missionarischen Ziele der Jesuiten also mit den wirtschaftlichen Interessen der Siedler in Konflikt geraten waren und die spanische Krone schließlich ihre Kolonialisierungspolitik durch die Macht und den Eigenwillen der Jesuiten behindert sah (vgl. Krüger 1979, Potthast-Juttkeit 1994).

Selbstversorgung ausreichende Parzellen Land und Nutzvieh überlassen wurden. Bevölkerungspolitische Zwangsmaßnahmen zur Verhinderung von grenzüberschreitender Migration sowie zur Vermischung nativer mit spanischstämmiger Bevölkerung wurden ergriffen. Mit Ausnahme des staatlich kontrollierten Verkehrs einiger weniger Handelswaren mit den direkten Nachbarländern wurden internationale Handelsbeziehungen unterbunden. Gleichzeitig wurde die bis dahin monokulturell orientierte private Agrarwirtschaft diversifiziert und unter zentralstaatliche Steuerung gestellt. Desweiteren wurde die nationale Industrie in den Sektoren Schiffsbau und Textilproduktion angeregt. Mit dieser radikalen, staatssozialistischen Politik der Umverteilung und politischen Zentralisierung erfährt Paraguay innerhalb von nur drei Jahrzehnten einen enormen wirtschaftlichen Aufschwung, der nach dem Tod Francias von den beiden nachfolgenden politischen Führern durch die erneute Öffnung der Grenzen und Förderung der Handelsbeziehungen, insbesondere mit den Nachbarstaaten, noch gesteigert wird. So wird in der zweiten Hälfte des 18ten Jahrhunderts Paraguay zu einem der wirtschaftlich erfolgreichsten und mächtigsten Länder Lateinamerikas (vgl. Hanratty 2005).

Die Phase der Prosperität des jungen paraguayischen Staates nahm mit dem sogenannten Krieg der *Triple Allianza* (1865–1870), die sich aus Argentinien, Brasilien und Uruguay[28] zusammensetzte, ein jähes Ende. Die Gründe, die zu dem Krieg geführt haben, so wie auch die Schuldfrage werden anhaltend kontrovers diskutiert und fallen je nach lokaler Perspektive und ideologischer Rahmung unterschiedlich aus[29]. Betrachtet man die geopolitische Position und Funktion Paraguays im Zusammenhang mit der territorialen und begrifflichen Aneignung der Welt im Zuge der von Europa ausgehenden Kolonialisierung, ist der Triple-Allianza-Krieg sicherlich ein wegweisendes historisches Ereignis, das die weitere globale Entwick-

---

[28] Unter Beteiligung brasilianischer Truppen wurde in Uruguay ein Regierungswechsel erzwungen. Die neue Regierung Uruguays verbündete sich dann mit Argentinien und Brasilien im Krieg gegen Paraguay.
[29] Potthast-Juttkeit (1994) identifiziert vier verschiedene Erklärungsmodelle, die einerseits den Krieg mit der anhaltenden geopolitischen Aushandlung der Region und andererseits mit der Etablierung eines Weltwirtschaftssystems in Zusammenhang bringen. Paraguay wird vorgeworfen, Brasilien den Krieg erklärt zu haben, um sich einen Zugang zum Meer zu verschaffen. Aus der paraguayischen Perspektive hingegen war die militärische Unterstützung der von Brasilien bedrohten Regierung des Nachbarlandes Uruguays durch die Befürchtung gerechtfertigt, dass „durch die brasilianische Invasion in Uruguay das Gleichgewicht der Region gestört und Paraguay über kurz oder lang in seiner Existenz bedroht sei" (Potthast-Juttkeit 1994:260, Fußnote 3). Aus dem Kontext der Dependenz- und Imperialismustheorien stammt, nach Aussage der Autorin, eine weitere These, in der die Verantwortung für den Krieg gegen Paraguay in Europa, genauer gesagt in Großbritannien vermutet wird. Demnach hatte Großbritannien im Sinn, „das unverschuldete und für marktwirtschaftliche und freihändlerische Ideen wenig aufgeschlossene Paraguay seinem System anzugliedern und den dortigen Markt für das britische Kapital zu öffnen" (ebd.). Schließlich geht eine vierte These davon aus, dass Argentinien die kriegstreibende Kraft gewesen sein soll, weil der Erfolg des politischen und wirtschaftlichen Modells Paraguays (im Sinne einer Alternative zum argentinischen Modell) innenpolitisch für Unruhe sorgte und deshalb zerstört werden sollte.

lung in nicht unerheblicher Weise beeinflusst hat. Paraguay wird hierbei erneut zur Aushandlungsregion für die territorialen Ansprüche zwischen den Nachfolgestaaten der ehemaligen portugiesischen und spanischen Kolonien. Im Hinblick auf ein sich etablierendes Weltwirtschaftssystem, das in der Folge der „Entdeckung Amerikas" über europäische Grenzen hinweg expandiert und nicht nur neue Rohstoffe und Absatzmärkte erschließen muss, sondern ganz wesentlich auf die wirtschaftliche Abhängigkeit und politische Unterordnung der ehemaligen Kolonien angewiesen ist, kann die Zerstörung des paraguayischen Entwicklungsmodells und die Nivellierung der politischen und wirtschaftlichen Strukturen des Landes an die postkolonialen Strukturen der Nachbarländer sowohl für Europa als auch für die Eliten Brasiliens und Argentiniens nur von Vorteil gewesen sein.

Unbestritten ist, dass Paraguay innerhalb weniger Jahre nicht nur zwischen 60 und 80 %[30] seiner Bevölkerung verlor und die Hälfte seines Territoriums an Argentinien und Brasilien abtreten musste, sondern sich zudem der vollständigen und nachhaltigen Zerstörung eines sozial ausgewogenen, auf eigenen Ressourcen und Ernährungsautonomie aufbauenden Entwicklungsmodells gegenüber sah. Als Kriegsgewinner nutzten die Nachbarstaaten Argentinien und Brasilien ihre politische Macht zur Einflussnahme auf die Politik des Wiederaufbaus des paraguayischen Staates, die sich noch heute in seiner parteipolitischen Struktur reflektiert. Die bis heute wichtigste Partei in Paraguay, die bis 1904 ununterbrochen die Regierungen im Nachkriegsparaguay stellte – die *Asociación Nacional Republicana-Partido Colorado (Colorados)* – ging aus einer Gruppe politischer Aktivisten hervor, die von der brasilianischen Besatzungsmacht unterstützt wurde, während Argentinien eine zuvor im Exil in Argentinien lebende Gruppe von Rückkehrern als politische Gegenmacht aufbaute, aus der dann die *Partido Liberal Radical Autentico (Liberales)* als heute wichtigste Oppositionspartei in Paraguay entstand (vgl. Hanratty 2005).

Auf dem Hintergrund der These, der Krieg der Triple Allianza habe die Zerstörung des paraguayischen Entwicklungsmodells zum Ziel gehabt, lassen sich die ersten politischen Maßnahmen zum wirtschaftlichen Wiederaufbau, die von der neuen Regierung der Colorados erlassen, aber auch nach dem Regierungswechsel im Jahre 1904 von den Liberales weitergeführt wurden, als eine Art Neo-Kolonialisierung verstehen. So lässt sich der freie Verkauf von staatlichem Landeigentum nicht nur als Versuch deuten, schnell die leeren Staatskassen zu füllen. In Kombination mit anderen politischen Instrumenten führte diese Maßnahme vielmehr zur Wiederherstellung der Besitzverhältnisse kolonialer Zeiten. Der Teil der ein-

---

[30] Die Zahlen, die in der Literatur genannt werden, unterscheiden sich erheblich. Orué Pozzo (1999:40) zufolge schrumpfte die Bevölkerungszahl im Zeitraum von 1864 bis 1870 von 420.000 bis 450.000 auf 141.351 bis 166.350. Fischer et al. (1997) gehen von 1.300.000 Einwohner/innen vor Kriegsbeginn aus, von denen 300.000 den Krieg überlebt hätten.

heimischen Bevölkerung, die den Krieg überlebt hatte, sah sich finanziell meist nicht in der Lage, die zum Verkauf stehenden Ländereien zu erwerben, auf denen sie bislang zum Eigenbedarf angebaut hatten. Stattdessen wirkten die für damalige europäische Verhältnisse niedrigen, aber für die Einheimischen in Paraguay unerschwinglichen Preise und die Freiheit von staatlichen Auflagen anziehend auf ausländische Investoren (vgl. Hanratty 2005). Gleichzeitig wurde mit der Gründung einer nationalen Immigrationsbehörde eine Bevölkerungspolitik initiiert, die auf Immigration setzte und die mit der Verabschiedung entsprechender Gesetze Migrationswilligen aus Europa die Einwanderung erleichtern sollte (vgl. Fischer et al. 1997). Während die staatliche Immigrationsbehörde bestrebt war, das Land mit Europäer/innen zu besiedeln, wurde ein Teil der nativen Bevölkerung von dem Land vertrieben, das sie bislang für den Eigenbedarf bewirtschaftet hatten und das nun von Privateigentümern zur exportorientierten Landwirtschaft, vor allem für die Rinderzucht, genutzt wurde.

Anknüpfend an koloniale Verhältnissen legte diese Politik des Ausverkaufs von Land in Kombination mit einer auf Europa fixierten Einwanderungspolitik zum Ende des neunzehnten Jahrhunderts den Grundstein für eine soziale Struktur der Ungleichheit, die sich bis heute fortsetzt, indem sie auf der einen Seite einige wenige Großgrundbesitzer und auf der anderen Seite ein Heer von landlosen Bauern produziert.

> „Das Modell der Verteilung von Landbesitz in einem Land mit nahezu 50 % der Bevölkerung in ländlichen Gebieten reflektiert besagte Ungleichheiten. 66 % des Landbesitzes ... konzentriert sich in den Händen von 10 % der Bevölkerung, während 30 % der Bevölkerung lediglich 7 % Landbesitz ihr Eigen nennen und weitere 30 % der Bevölkerung sich durch landlose Bauern konstituieren" (Luna Nueva 2005:42, *Übersetzung H.G.*).

Die staatlich subventionierte Einwanderungspolitik hatte allerdings zunächst nicht den erwünschten Erfolg, „weil viele der Immigranten das Land wieder verließen" (Fischer et al. 1997:5, *Übersetzung H.G.*) bzw. die vom paraguayischen Staat offerierte kostenlose Anreisemöglichkeit aus Europa in die Region La Plata nutzten, um von Paraguay aus weiter in die Nachbarstaaten Argentinien, Uruguay oder Brasilien zu gelangen. Überdies führte sie zur Abwanderung der nativen Bevölkerung. Diese sah sich durch die Privatisierung öffentlichen Landeigentums ihrer Existenzgrundlage beraubt und ein Großteil migrierte in die angrenzenden argentinischen Regionen *Misiones* und *Formosa*. Wie sieht nun die soziale Realität Paraguays heute aus? Schauen wir uns zunächst einige Zahlen und „Fakten" zur aktuellen geografischen, wirtschaftlichen und sozialen Lage Paraguays an.

Paraguay statistisch und empirisch besehen

Der Binnenstaat Paraguay liegt geografisch im Zentrum Südamerikas und grenzt an Bolivien, Brasilien und Argentinien. Mit einer Fläche von insgesamt 406 752 km² ist Paraguay heute wenig kleiner als Kalifornien und mit geschätzten 6 017 000 Einwohner/innen eines der am dünnsten besiedelten Länder Lateinamerikas. Der gleichnamige Fluss teilt das Land in zwei ungleiche Teile. Die geografisch kleinere Region *Paranaeña*, zu der die beiden größten Städte des Landes Asunción und Ciudad del Este zählen, liegt östlich des Flusses und beherbergt 97,46 % der Bevölkerung. Die unwirtliche Region des *Gran Chaco* hingegen ist mit nur 2,54 % Anteil an der Gesamtbevölkerung bei einem territorialen Anteil von 61 % sehr dünn besiedelt[31].

Abbildung 1: Paraguay als flächenräumliche Konstruktion

Quelle: CIA World Factbook 2008

---

[31] Vom Chaco als dünn besiedeltem Gebiet zu sprechen ist eigentlich irreführend, da es die halbnomadische Lebensform der indigenen Bevölkerungsgruppen ignoriert, die aufgrund ihrer Lebens- und Wirtschaftsform einen im Vergleich zu Sesshaften größeren Lebensraum beanspruchen. Aus der Sicht der nativen Bewohner/innen war und ist der Chaco von daher keineswegs dünn besiedelt.

Paraguay ist offiziell bilingual. 90 % der Bevölkerung spricht die indigene Sprache Guaraní, die seit 1992 neben Spanisch als offizielle Amtssprache gilt und als Pflichtfach in der Schule gelehrt wird (González de Bosio 2000:181ff). Die nationale Wirtschaft basiert in erster Linie auf Agrarindustrie, insbesondere dem Export von Soja, Baumwolle, Rindfleisch, Leder und anderen Produkten. Des Weiteren betreibt Paraguay mit seinen beiden großen Nachbarn Brasilien und Argentinien zwei binationale Wasserkraftwerke und produziert jährlich rund 70 Milliarden kWh[32]. Der informelle Sektor ist der wichtigste Beschäftigungssektor in Paraguay. Für etwa die Hälfte der Einwohner und für mehr als zwei Drittel der Einwohnerinnen bietet er oftmals die einzige Einkommensquelle im Inland (Zarza 1996). Darunter lassen sich Mikrounternehmen, Straßenverkäufer/innen, Angestellte in privaten Haushalten, aber auch der Anbau bzw. Handel mit illegalen Drogen und anderen Gütern sowie Dienstleistungen im Bereich der Schattenwirtschaft subsumieren.

Abbildung 2: Paraguay als statistische Konstruktion

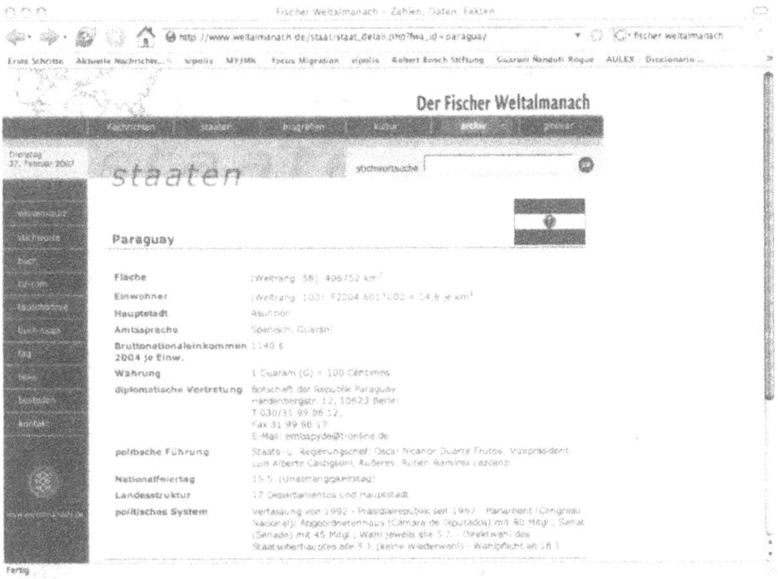

Quelle: Berié & Kober 2006

Soweit die standardisierbaren Aussagen über den Nationalstaat Paraguay, wie sie etwa im Fischer Weltalmanach (Berié & Kober 2006) oder im CIA World Factbook (2008) zu finden sind. Reist man nun durch Paraguay, trifft man auf Orte, in denen – je nachdem, in welcher Gegend man sich aufhält – vorwiegend por-

---

[32] Daten aus dem Jahr 2007 (vgl. CIA 2008).

tugiesisch oder plattdeutsch gesprochen wird. Das Spanisch, das man in Paraguay hört, ist selbst für Fremde mit Spanischkenntnissen nicht leicht zu verstehen. Fragt man nach, so ist zu erfahren, dass die meisten Paraguayer/innen zwar Spanisch und Guaraní in der Schule lernen, die gängige Sprache, die sie im Alltag sprechen, aber *Jopará* [guar. Mischung] nennen und damit ein sprachliches Hybrid bezeichnen, das sich aus der Vermischung des Guaraní und der spanischen Sprache entwickelt hat (vgl. Lustig 1995). In einigen Ortschaften im *Alto Paraná*, einem Verwaltungsbezirk in der Grenzregion zu Brasilien, wird nicht nur portugiesisch gesprochen, sondern sogar mit der brasilianischen Währung bezahlt. Es scheint also, als ob sich die empirisch beobachtbare Realität Paraguays stark von ihrer standardisierten Beschreibung als Nationalstaat unterscheidet.

Dieser Eindruck verstärkt sich, wenn man sich die Bevölkerungsprognosen des paraguayischen Amts für Statistik ansieht. Diese gehen von einer Nettomigrationsrate von −0,08 % aus und prognostizieren gleichzeitig ein jährliches Bevölkerungswachstum von 2,3 %. Andererseits wurden bei der letzten Volkszählung im Jahre 2002 statt 5.774.756 nur 5.163.198 Einwohner/innen gezählt, also nahezu 11 % weniger als erwartet (vgl. DGEEC 2002). Trotz dieser für die staatlichen Institutionen überraschenden Zahlen werden die Prognosen nicht revidiert, so dass der Fischer Weltalmanach – im guten Glauben an die Validität der Daten des paraguayischen Amts für Statistik – behaupten kann, im Jahr 2004 lebten 6.017.000 Menschen in Paraguay. Schaut man sich allerdings vor Ort um, liest die Tageszeitungen, schaut fern und unterhält sich mit den Menschen, die man im Supermarkt, auf der Straße oder im Bus trifft, kommen einem unweigerlich erhebliche Zweifel an der empirischen Gültigkeit statistischer Aussagen.

In der Logik nationalstaatlicher Ordnungsstrukturen wird Migration als Ausnahme bzw. als Problem behandelt, das der Kontrolle und Regulierung bedarf. Es überrascht daher nicht, dass die nationalstaatlichen Bürokratien sich alle Mühe geben, die Konstruktion des nationalstaatlichen Gesellschaftsmodells gegen die widerständigen Praktiken ihrer Bürger/innen zu verteidigen. Sowohl in Paraguay als auch in Argentinien gilt das *ius soli* [lat.: Recht des Bodens], das heißt, man erwirbt die Staatsbürgerschaft des Landes, in dem man geboren wurde, auch wenn man tatsächlich in beiden lebt. Darüber hinaus verlieren paraguayische Staatsbürger/innen mit der Migration faktisch ihr Recht auf politische Partizipation, weil das Wahlrecht verfassungsrechtlich an den Wohnsitz in Paraguay gebunden ist. Nicht nur in Paraguay produzieren die Bevölkerungsstatistiken empirisch fragwürdige Ergebnisse, weil sie stoisch über die Vielfalt an Migrationspraktiken hinwegsehen, die sich dem nationalstaatlichen Sinn für Ordnung widersetzen. Auch in Argentinien wird über die Reliabilität statistischer Messinstrumente und die Aussagekraft statistischer Daten rund um Migrationsphänomene kontrovers diskutiert[33]. Die Bundesämter für Statistik scheinen also keine geeigneten Quellen zu sein, um die soziale Realität Paraguays angemessen zu beschreiben.

„Lebende Grenzen" – Migration und die Konstitution sozialer Räume

Um die aktuelle Situation Paraguays im Kontext seiner historischen Entwicklung aus einer globalen Perspektive angemessen zu verstehen, könnte der Begriff der *frontera viva*, der „lebenden Grenze", hilfreich sein. Dieser Begriff wurde von der argentinischen Historikerin Hebe Clementi als Schlüsselkategorie zur Analyse der Geschichte, besser gesagt der Kolonialisierungsgeschichte des amerikanischen Kontinents eingeführt. Mit dem Konzept der „lebenden Grenze" fokussiert Clementi die Kolonialisierungsgeschichte als einen von Europa ausgehenden Prozess der Expansion und Grenzerweiterung. Aus dieser Perspektive konzentriert die Autorin ihre historische Analyse zunächst auf die unterschiedlichen Ebenen des Prozesses der Grenzziehungen und -überschreitungen, eingebettet in ein ungleiches Machtverhältnis zwischen Europa und dem amerikanischen Kontinent. In einem zweiten Schritt lenkt sie den Blick auf interne Grenzziehungen, die einerseits durch widerstreitende Interessen der Kolonialmächte geprägt, in der Phase der Bildung von Nationalstaaten aber zumindest formal als zwischenstaatliche Aushandlungen deklariert waren. Mit dem Begriff der „lebenden Grenze" will die Autorin den komplexen, interaktiven Charakter und die Prozesshaftigkeit der Konstruktion sozialer Räume in Amerika darstellen. Clementi versteht „lebende Grenze" als

> „grafische Bezeichnung, die in ihrer Semantik die sich wandelnde Mobilität des Lebens selbst enthält und die uns erlaubt, die amerikanische Geschichte in ihren zeitlichen und räumlichen Dimensionen zu untersuchen" (1987:14, *Übersetzung H.G.*).

---

[33] Über die genaue Anzahl der in Argentinien lebenden Paraguayer/innen waren zur Zeitpunkt der Feldforschung kaum verlässliche Daten zu finden. Die letzte Volkszählung des argentinischen Amtes für Statistik (INDEC) im Jahr 2001 kommt zu dem Ergebnis, dass Paraguayer/innen mit 21,3 % (322 962) die größte Migrationspopulation im Land darstellen, während der Anteil an Migrant/innen insgesamt in Relation zur Gesamtbevölkerung 4,2 % betrage (vgl. http://www.indec.gov.ar [19.08.2008]). Ein Bericht zur Situation der paraguayischen Bevölkerung in Argentinien, der zur Zeit meiner Feldforschung in Buenos Aires von der Regionalstelle der Internationalen Organisation für Migration (OIM) erstellt und mir als Arbeitspapier zur Verfügung gestellt wurde, äußert sich allerdings skeptisch zu den Daten des INDEC. Kritisiert wird vor allem der Mangel an Differenzierung im Hinblick auf die Definition von Migrant/innen. So würde die INDEC weder dokumentierte von undokumentierter Migration unterscheiden noch würde sie unterschiedliche Migrationspraktiken berücksichtigen. Da in Argentinien das *ius soli* gilt, erhalten alle in Argentinien geborenen Kinder automatisch die argentinische Staatsbürgerschaft. Daher würden auch die Migrationsfolgegenerationen nicht statistisch erfasst. Schließlich führe auch die übliche Praktik der Pendelmigration zu statistischen Verzerrungen, da die Personen, die regelmäßig ein- und ausreisen, gar nicht als Migrant/innen wahrgenommen werden. Bruno (2007a), der die geografische und sozio-ökonomische Mobilität paraguayischer Migrant/innen untersucht, geht wiederum, auf der Grundlage der Daten des INDEC, davon aus, dass die Verzerrungen, die durch Pendelmigration entstehen, statistisch nicht signifikant seien.

Clementis Begriff der „lebenden Grenzen" ist eng mit Migrationsprozessen verbunden, wobei allerdings die soziale Umwelt, also die kulturellen, sozialen und ökonomischen Bedingungen der Migrationspopulationen in Herkunfts- und Zielregion miteinander in Beziehung gesetzt werden. Grenze ist nach diesem Verständnis nicht notwendigerweise nationalstaatlich markiert und selbst wenn sie es ist, kann das Potential an demografischem, kulturellem, wirtschaftlichem und ideologischem Druck und Einfluss eines mächtigen Landes zu abweichenden, den nationalstaatlichen Grenzen zuwider laufenden Grenzziehungen führen.

> „Wenn die traditionellen Kriterien der Verteidigung sinnlos werden, angesichts von Feinden, die weniger evident, aber nicht weniger mächtig sind, verliert die anerkannte Grenze an realer Bedeutung und zwar in dem Maße, wie unkontrollierte Faktoren sie überschreiten und ungültig machen" (Clementi 1987:26, *Übersetzung H.G.*).

Inspiriert durch Clementis Begriff der „lebenden Grenzen" werden im Folgenden die Zusammenhänge von Migration und der Konstitution von Sozialräumen anhand einiger Beispiele rund um den Flächenraum Paraguay diskutiert.

Innere Grenzen: Mennonitische Gemeinden im Chaco

Mit der Ankunft der ersten Mennoniten, die sich Ende der 1920er Jahre im Chaco niederließen, sowie mit der Gründung der ersten japanischen Kolonien, die im Rahmen eines binationalen Wirtschaftsabkommens zwischen den Regierungen beider Länder ab 1936 entstehen, beginnt die staatliche Immigrationspolitik der paraguayischen Regierung ansatzweise zu greifen. Die ersten mennonitischen Gemeinden, die in der dünn besiedelten Region des Chaco entstehen und sich in erster Linie der Landwirtschaft widmen, handeln mit der paraguayischen Regierung besondere Bedingungen und Privilegien aus, die ihnen in weiten Teilen eine autonome, von nationalen Prinzipien abweichende, soziale Organisation ermöglichen. Im sogenannten *Privilegium* wird den Mennoniten u. a. das Recht zur freien Ausübung ihrer Religion garantiert, sie werden vom Wehrdienst befreit, dürfen ihr Schulwesen auf der Grundlage des *Plattdeutschen* und der religiösen Erziehung entwickeln und ein eigenes kommunitaristisches Wirtschafts- und Sozialversicherungsprinzip etablieren (vgl. Hack 1960, Johnstone 1994). Dittmer und Fullriede beschreiben am Beispiel der Stadt *Filadelfia*, die das Zentrum der Kolonie *Fernheim* bildet, die Auswirkungen, die eine autonome soziale Organisation auf das Zusammenleben in einer Region bis in die Gegenwart haben kann.

> „Die politischen Entscheidungs- und Machtbefugnisse liegen in Händen der Mennoniten. Die Kolonieführung ist rechtlich der nationalen Gesetzgebung unterworfen, die mennonitische Eigenverwaltung wird aber nach wie vor vom paraguayischen Staat akzeptiert und toleriert. Die ‚offizielle Amtssprache' der Stadt ist Deutsch, was den übrigen Gruppen von vornherein den Zugang zu höherer Bildung, höheren Positionen und Informationen versperrt. ... Die Indígenas in der

misión [einem Stadtteil von Filadelfia in dem die nicht-mennonitischen Arbeitskräfte leben, *Anm. H.G.*] sind in vielen Beziehungen von den Anweisungen und
Erlaubnissen der Mennoniten abhängig. Diese versuchen, den Zuzug zu begrenzen;
offiziell dürften nicht einmal Verwandte aufgenommen werden, was sich jedoch
nicht durchsetzen läßt" (1996:144).

Die ethnographische Beschreibung des Zusammenlebens zwischen Mennonit/in-
nen und den indigenen Gruppen in *Filadelfia* und die Probleme, die von den
Einwohner/innen genannt werden, erinnern sehr stark an das „Problem" Migration und ihre Regulierung im Nationalstaat (vgl. Bommes 2004). Im Unterschied
zu Migrationsdiskursen im Nationalstaat sind es allerdings die „Migrant/innen",
die den Anspruch erheben, darüber zu verfügen, wer sich in dem von ihnen markierten Territorium aufhalten und in welchem Maß an den gemeindeeigenen
Strukturen und Leistungen partizipieren darf. Die mennonitischen Gemeinden
verfügen über eine De-facto-Selbstverwaltungsstruktur[34]. Mit Hilfe eines eigenständigen Erziehungs- und Bildungssystem können ihre ethnischen und religiösen
Grundsätze auch an zukünftige Generationen vermittelt werden. Darüber hinaus
wird auch die Gesundheits- und Sozialfürsorge ihrer Mitglieder durch ein eigenes
Sozialversicherungssystem und entsprechende Einrichtungen vor Ort gewährleistet. Die Gemeindestrukturen und die Leistungen, die zur Verfügung gestellt werden, sind allerdings den Gemeindemitgliedern vorbehalten. Dabei ist vor allem
die ethnische und weniger die religiöse Zugehörigkeit ausschlaggebend,[35] um als
vollwertiges Mitglied anerkannt zu werden. Angehörige indigener Gruppen, die
in der Region lebten, als die Mennonit/innen sich dort niederließen, werden als
Arbeitskräfte gebraucht. Von der gleichberechtigten Partizipation am Bildungs-
und Gesundheitssystem sowie von der Gestaltung des gesellschaftlichen Lebens in
den Kolonien werden sie aber weitgehend ausgeschlossen. Die strukturelle Diskriminierung aller Nicht-Mennonit/innen wird nun offenbar auch in den Kolonien
‚selbstkritisch' diskutiert, so ist im Jahrbuch 2003 des „Vereins für Geschichte und
Kultur der Mennoniten in Paraguay" folgendes zu lesen:

> „Historisch gesehen steht fest, dass wir zu den Indianern kamen, bevor die Indianer
> zu uns kamen. Die Einheimischen waren und sind die Indianer und Lateinpara-
> guayer, während wir und die Deutschbrasilianer die Fremden sind, die sich hier nun
> immer mehr heimisch machen. Waren es ursprünglich nur einige Mennonitendör-

---

[34] Im Zuge der letzten Verwaltungsreform wurde der Autonomiestatus mennonitischer Gemeinden zumindest in politischer Hinsicht stark eingeschränkt. Seit 2007 ist Filadelfia eine Gemeinde,
der ein von *allen* Einwohner/innen gewählter Bürgermeister vorsteht (vgl. Weber 2008:28).
[35] Da die mennonitischen Glaubensgemeinschaften die Erwachsenentaufe praktizieren, steigt die
Zahl der ungetauften Nachkommen von Mennonit/innen in den Kolonien. Diese sind aber selbst
denjenigen Angehörigen einer indigenen ethnischen Gruppe gegenüber privilegiert, die zum mennonitischen Glauben konvertiert sind. „Ein ethnischer Mennonit wird eher akzeptiert, auch wenn
er nicht gläubig ist, als ein gläubiger Lateinparaguayer" (Klassen 2003:5).

fer, die nach und nach ihr Land einzäunten und bearbeiteten, so sind es jetzt riesige Landflächen, die von Mennoniten eingezäunt, gerodet und als Viehweide benutzt werden. Für die Indianer und Lateinparaguayer wird dadurch die Naturlandschaft, die ihnen früher kostenlos für Wohnung, Jagd und Sammeltätigkeit zur Verfügung stand, immer begrenzter. Hinzu kommt, dass durch die intensive wirtschaftliche Nutzung der bisher bestenfalls extensiv genutzten Landflächen diese kostenmäßig immer teurer für den Eigenerwerb werden. Je mehr Land die Mennoniten kaufen, desto mehr schreitet die Landspekulation fort, worunter vor allem die armen Lateinparaguayer und die Indianer zu leiden haben" (Warkentin 2003).

Die mennonitischen Kolonien sind im Laufe der Zeit zu wichtigen Wirtschaftszentren in Paraguay geworden, die auch überregional immer mehr Arbeitskräfte anziehen. Neben Angehörigen indigener Gruppen, die den Chaco bevölkern, gehören dazu auch sogenannte „Lateinparaguayer/innen"[36] und „Deutschbrasilianer/innen". Den andauernden Bevölkerungszuwachs vor Augen, fährt der Autor fort:

„Dieser Bevölkerungszuwachs hat besonders in den letzten Jahren dazu geführt, dass neue Wirtschafts- und Sozialmodelle gebraucht werden, um dieser Herausforderung gerecht zu werden. Die Frage des Wohnrechts, der Krankenversorgung, der Schulbildung und des politischen Mitspracherechts sind nur einige der Fragen, die sich immer dringlicher stellen und auf die eine für alle Seiten möglichst zufrieden stellende Antwort gefunden werden muss" (Warkentin 2003).

Auch wenn die Gründung und das Leben in mennonitischen Kolonien in gewisser Weise einen Rückzug aus der ‚Welt' symbolisieren und den Wunsch nach sozialer Distanz zu einer Gesellschaftsform ausdrücken, die mit den eigenen sozialen und religiösen Grundsätzen nicht vereinbar zu sein scheint, sind sowohl wirtschaftlicher Erfolg als auch die institutionelle Struktur nicht unwesentlich durch trans*nationale* Beziehungen, etwa zu Deutschland, beeinflusst. So wird, nach Auskunft einiger Angehöriger einer mennonitischen Gemeinde in der Nähe von Bielefeld, das mennonitische Bildungswesen in Paraguay durch Bundesmittel gefördert und auch die wirtschaftlichen Aktivitäten der mennonitischen Siedler/innen werden durch die Deutsche Industrie- und Handelskammer unterstützt. Weil Mennonit/innen oftmals direkte deutsche Vorfahren nachweisen können, ist es für sie kein Problem, nach Deutschland zu migrieren. Damit verbunden ist der Fortbestand trans*lokaler* bzw. trans*diakonischer* Beziehungen zwischen Familien und Gemeinden[37].

---

[36] Der Begriff „Lateinparaguayer" ist meines Erachtens eine interessante Wortschöpfung, die mir bisher ausschließlich im mennonitischen Diskurs begegnet ist. Interessant ist der Begriff deshalb, weil er darauf verweist, dass die Mennoniten in Paraguay eine ganz eigene ethnische Unterscheidung der paraguayischen Bevölkerung vornehmen. Sie definieren sich selbst als Paraguayer/innen, unterscheiden sich aber gleichzeitig von ‚nativen' Paraguayer/innen, weshalb sie für diese Gruppe einen neuen Begriff brauchen.

[37] In einer Gruppendiskussion mit Angehörigen einer mennonitischen Gemeinde in NRW, die zwischen 1963 und 1973 aus Paraguay migriert waren, wurde deutlich, wie eng die Beziehungen zwischen den Gemeinden sind. So wurden regelmäßig Briefe mit Geldsendungen von Deutsch-

Grenzverschiebungen: Enklaven für den Weltmarkt in der Grenzregion zu Brasilien

Unter der politischen Führung des Diktators *Alfredo Strössner* (1954–1989), der den Colorados angehörte – der Partei also, deren Gründung in der Nachkriegszeit von der brasilianischen Besatzungsmacht forciert worden war – wurden infrastrukturelle Bedingungen geschaffen, um die wirtschaftlichen Beziehungen zwischen Paraguay und Brasilien zu intensivieren. Mit der Gründung der Stadt *Ciudad del Este* im Drei-Länder-Eck an der Grenze zu Brasilien und Argentinien, dem Ausbau der Verkehrswege, die Brasilien mit der Hauptstadt Paraguays verbinden sollte, sowie dem Bau des binationalen Wasserkraftwerkes *Itaipú* nimmt in den 1960er und 70er Jahren die Immigration aus Brasilien zu (vgl. Fischer et al. 1997).

Grimson (2002) deutet den Bau des überdimensionalen binationalen Wasserkraftwerks als geopolitischen Schachzug Brasiliens, der den brasilianischen Einfluss auf Paraguay verstärken soll. Kurze Zeit später beschließen die paraguayische und die argentinische Regierung den gemeinsamen Bau des Wasserkraftwerks *Yacyreta*, das Lins Ribeiro zufolge eine „geopolitische Antwort auf den wachsenden brasilianischen Einfluss" (zitiert nach Grimson 2002:93, *Übersetzung H.G.*) in Paraguay war. Grimson ergänzt, „das Kraftwerk war zwar ein ökonomisch unsinniges Projekt, aber von zentraler Bedeutung für den regionalen Wettbewerb mit Brasilien" (2002:93, *Übersetzung H.G.*). Paraguay wird also erneut zum Spielball geopolitischer Interessen und zur Aushandlungsregion der konkurrierenden Hegemonieansprüche Brasiliens und Argentiniens. Tatsächlich lassen sich sowohl die für Paraguay nachteiligen Vertragsbedingungen zur Nutzung der erzeugten Energie (Molinier 2004) als auch die parallel sich abzeichnende „Brasilianisierung" der Grenzregion *Alto Paraná* (vgl. Fogel 2005) in dieser Hinsicht deuten. Denn zeitgleich zum Bau des Wasserkraftwerks befriedigt die paraguayische Regierung den Expansionsbedarf der brasilianischen Agroindustrie mit der Kommerzialisierung der Grenzregion Alto Paraná mit dem Ergebnis, dass brasilianische Großgrundbesitzer mehr als 1.600.000 ha Land in diesem Grenzgebiet erwerben. Der Bau des weltweit größten Wasserkraftwerkes Itaipú veranlasst indes, Salim (2006) zufolge, Tausende brasilianischer Kleinbauern zur Migration nach Paraguay, wo sie aber selten längere als Zweijahresverträge bekamen. Nach Ablauf der Verträge verloren diese Arbeitskräfte nicht nur ihre Einkommensquelle, sondern auch ihr Aufent-

---

land nach Paraguay geschickt. Bevor es Internet gab, so erzählte ein Teilnehmer der Diskussion, habe er eine Amateurfunkanlage auf seinem Dach installiert und darüber mit der Herkunftsgemeinde in Paraguay kommuniziert. Andere ließen sich die lokalen Zeitungen (Gemeindeblätter) aus der Herkunftsgemeinde schicken, um auf dem Laufenden zu bleiben. Heute wird vermehrt das Internet genutzt, vor allem zum Versenden von E-Mails und zum Empfang des gemeindeeigenen Radiosenders. Die Teilnehmer/innen erzählten außerdem, dass über die familiären Beziehungen hinaus auch zwischen den Gemeinden enge Verbindungen bestehen, etwa in der gemeinsamen Unterhaltung sozialer Projekte in Paraguay.

haltsrecht in Paraguay. Aber auch in Brasilien hatten sie, so der Autor, keinen Ort mehr, an den sie zurückkehren konnten. Weder von der brasilianischen noch von der paraguayischen Regierung gab es offenbar Bemühungen, den Arbeitern die Rückkehr oder Integration zu erleichtern. „Diese Arbeiter sind weder Paraguayer, weil sie sich nicht in die paraguayische Gesellschaft integrieren können, noch Brasilianer, weil sie dort ihre Rechte verloren haben" (Salim 2006, *Übersetzung H.G.*). Salim zufolge beschreibt der Begriff *Brasiguayos* die Situation genau dieser Menschen, deren Leben sich gewissermaßen in einem transnationalen Niemandsland abspielt.

Fogel (2005) beschreibt mit derselben Wortschöpfung allerdings die Praktiken der transnationalen Agroindustrie[38], die sich über nationale, rechtliche und politische Bestimmungen hinwegsetze und allein durch den Erwerb der Anbaugebiete in den Grenzregionen die geopolitischen Verhältnisse de facto verändere. So habe sich in den letzten zehn Jahren in Paraguay der großflächige monokulturelle Anbau von Soja durchgesetzt, womit Soja zum führenden Exportprodukt wurde. Im Jahr 2004 sei die Sojaproduktion auf 1,9 Mio. ha gewachsen. Das heißt, weit mehr als die Hälfte der landwirtschaftlich genutzten Anbaufläche in Paraguay wird für den Sojaanbau verwendet. Das entspricht 2 % der Sojaanbaufläche weltweit. Das kleine Land Paraguay wird so mit 4 Mio. Tonnen zum viertgrößten Sojaexporteur der Welt (Fogel 2005:2). Der Autor betont, diese Entwicklung würde entscheidend von Brasilien beeinflusst, denn von dort kämen „das Kapital, die Technologie und die Produzenten" (ebd.:4, *Übersetzung H.G.*). Riquelme (2004) betrachtet die politische Gestaltung des regionalen Integrationsprojektes MERCOSUR als Zeichen einer zunehmenden Asymmetrie in der Beziehung zwischen den beiden Nachbarstaaten:

> „Während die führenden Länder des MERCOSUR, insbesondere Brasilien, damit fortfahren, ihre Außenbeziehungen im Bereich Migrationspolitik und Grenzschutz auf der Basis des klassischen nationalstaatlichen Modells zu gestalten, ... hat Paraguay durch den Beitritt zum MERCOSUR staatliche Souveränität eingebüßt bzw. gegen eine Rhetorik der internationalen Zusammenarbeit eingetauscht, die allerdings im Rahmen einer zunehmend asymmetrischen Abhängigkeit steht" (Riquelme 2004:33, *Übersetzung H.G.*).

So habe beispielsweise Paraguay einseitig ein bilaterales Abkommen aufgelöst, nachdem Grundstücke innerhalb eines 150 km breiten Grenzstreifens nicht an Kaufinteressierte des Nachbarlandes verkauft werden dürfen. Dieses Abkommen diente ursprünglich dazu, eine solche De-facto-Grenzverschiebung zu verhindern.

---

[38] Fogel (2005) zufolge setzt sich die transnationale Agroindustrie im hier diskutierten Kontext aus mehreren Akteuren zusammen. Dazu gehören brasilianische Großgrundbesitzer und transnationale Unternehmen, wie *Monsanto*, die sowohl (gentechnisch verändertes) Saatgut als auch dazugehörige Dünge- und Schädlingsbekämpfungsmittel herstellen.

Die fortschreitende Aneignung von paraguayischem Territorium durch brasilianische Großgrundbesitzer, die im Rahmen der regionalen Integration des MERCOSUR politisch legitimiert wird, führt einen Grenzkonflikt fort, der älter ist, als die beiden Nationalstaaten Brasilien und Paraguay selbst, der aber gleichzeitig weit über die Beziehungen zwischen den beiden Ländern hinausgeht. Die „Brasilianisierung der Grenze" (Fogel 2005:8, *Übersetzung H.G.*) und die Kontrolle der landwirtschaftlichen Produktion durch brasilianische bzw. transnationale Unternehmen transformieren die betreffenden Regionen in Enklaven der exportorientierten Agroindustrie. Immer größere Teile des Lebensraums der lokalen Bevölkerung werden zu Soja-, Baumwoll- oder Weizenfeldern des Weltmarkts, je nachdem, welche landwirtschaftlichen Produkte gerade nachgefragt werden. Die expandierende transnationale Agroindustrie, die weniger auf Nachhaltigkeit als auf Gewinnmaximierung setzt, zerstört zudem in fataler Weise die Existenzgrundlage der Kleinbauern, die bislang Subsistenzwirtschaft betrieben hatten und damit die familiäre Grundsicherung gewährleisten konnten. Die negativen Folgen des agrarwirtschaftlichen Modells des Sojaanbaus, das mit extensiver Landnutzung bei gleichzeitigem intensiven Einsatz von *agroquímicos*[39] verknüpft ist, sind weithin sichtbar: Statt Arbeitsplätze zu schaffen, vertreibt diese Art der Landwirtschaft nicht nur die Landbevölkerung, sondern verursacht zudem erhebliche Umwelt- und Gesundheitsschäden (vgl. Palau 2007). Die Konzentration von Landbesitz und Einkommen in den Händen weniger Personen wird weiter gefördert (Fariña 2004:275) und der Einfluss mächtiger transnationaler Unternehmen auf die lokale Landwirtschaft „macht die Produzenten von den Multis abhängig, die entscheiden, was, wie und für wen produziert wird" (Fogel 2005:8, Übersetzung H. G.).

Neben den „Brasiguayos" sind auch Nachfahren japanischer Einwanderer an der Sojaproduktion in Paraguay beteiligt. Im Jahre 1936 wurde die erste japanische Kolonie *La Colmena* in Paraguay gegründet. Das privatwirtschaftliche Unternehmen *Colonización Brasileira A.G.* erwarb dazu ein 11.000 ha großes Grundstück und das Einverständnis der paraguayischen Regierung, bis zu einhundert japanische Familien auf diesem Territorium anzusiedeln. Bis zum Jahr 1941 siedelten sich 790 Personen in der Kolonie an, bevor die erste Einwanderungswelle durch den zweiten Weltkrieg unterbrochen wurde. Nach dem Krieg wuchs die Zahl der Japaner/innen, die sich in Paraguay niederlassen wollten, so dass wiederum das Unternehmen Colonización Brasileira A.G. Landflächen kaufte, um weitere japanische Kolonien zu gründen. Auffällig ist auch hier, dass sich alle Kolonien entlang der Grenze zu Brasilien befinden, die größte von ihnen mit 87.000 ha in Alto Paraná. Heute leben etwa 7000 Personen japanischer Herkunft verteilt auf mehrere Kolonien in Paraguay, die sich überwiegend der Landwirtschaft und hier insbesondere dem exportorientierten Sojaanbau widmen. Auch wenn die Anzahl

---

[39] Sammelbegriff für chemische Substanzen wie Düngemittel, Pestizide und Insektizide.

der Personen relativ zur Gesamtbevölkerungszahl verschwindend gering erscheint, darf die wirtschaftliche Macht, die sich in den Kolonien konzentriert, nicht unterschätzt werden. Gemäß der Selbstdarstellung der japanischen Botschaft haben die japanischen Kolonien nicht nur maßgeblich zur Expansion des Sojaanbaus beigetragen, sondern stellen 6 % der gesamten Sojaproduktion und sogar 19 % der Weizenproduktion im Land[40].

In dem Maße, wie die transnationale und exportorientierte Agroindustrie Lebensraum in Paraguay vernichtet, sieht sich, wie bereits angedeutet, die Landbevölkerung zur Migration gezwungen. Die im Folgenden beschriebene „Pendelmigration" (vgl. Morokvasic 1994) zwischen Paraguay und Argentinien hängt deshalb eng mit diesen landwirtschaftlichen Praktiken zusammen.

Grenzverkehr: Pendelmigration zwischen Paraguay und Argentinien

Die geografische Nähe und die in Relation zu Paraguays Lebenshaltungskosten guten Verdienstmöglichkeiten haben dazu beigetragen, dass Argentinien bis zur Wirtschaftskrise im Jahr 1999 das Hauptmigrationsziel der Paraguayer/innen war. Die Migrationsbewegungen in Richtung Argentinien nehmen laut Fischer et al. (1997) ihren Anfang mit dem Ende des Krieges der Triple Allianza, infolgedessen Paraguay einen beachtlichen Teil seines Territoriums verloren hatte und die Grenze zwischen Argentinien und Paraguay nun mit dem Fluss *Parana* neu gezogen wurde[41]. Auf der argentinischen Seite des Flusses entsteht die Stadt *Posadas* und wird schnell zu einem wirtschaftlichen Zentrum, das Händler/innen aus allen Teilen der Welt anzieht. Im Gegensatz dazu bleibt *Villa Encarnación,* wie die Siedlung am paraguayischen Ufer des Flusses zu dieser Zeit heißt, arm und unbedeutend. *Paseras paraguayas,* wie die fliegenden Händlerinnen aus Paraguay genannt werden, über-

---

[40] Diese Darstellung beruht auf Selbstbeschreibungen, die dem Webauftritt der japanischen Botschaft in Paraguay entnommen wurden (vgl. http://www.py.emb-japan.go.jp/japon-py-inmigracion. htm) [13.08.2006].

[41] Die Annahme Fischers et al. (1997), zunächst seien es mehrheitlich paraguayische Männer gewesen, die in die Grenzregionen des Nachbarlandes, vor allem nach *Misiones, Formosa* und den *Chaco*, migriert seien, um sich auf den *Yerba Mate** Plantagen zu verdingen, ist aus zwei Gründen unwahrscheinlich. Zum einen war der männliche Bevölkerungsanteil in Folge des Triple-Allianza-Krieges drastisch reduziert worden, das Geschlechterverhältnis lag in etwa bei 1:4, mancherorts gar bei 1:20 (Potthast 2006). Zum anderen wird allgemein in Paraguay eine Tendenz zur Matrifokalität beschrieben. Das heißt, in Paraguay findet man häufig einen „Typus sozialer Organisation (...), in der die Frau im Mittelpunkt steht (...) mit einem im Vergleich mit den Nachbarländern hohen Anteil an weiblichen Haushaltsvorständen und einem institutionalisierten Fehlen väterlicher Verantwortungsübernahme" (Luna Nueva 2005:39, *Übersetzung H.G.*). Die paraguayische Familienstruktur, die den Frauen neben der Erziehung und Haushaltsführung auch die Verantwortung für den ökonomischen Erhalt der Familie aufzwingt (ebd.), legt also nahe, in Paraguay von einer frühen „Feminisierung der Migration" (Gregorio Gil 1998) auszugehen. Fischers eingeschränkter Fokus auf männliche Migrierende zeigt einmal mehr die Folgen einer genderblinden Migrationsforschung, die aufgrund impliziter Geschlechtsrollenstereotypen Frauen nicht als eigenständig Migrierende wahrnehmen kann.

queren täglich den Fluss, um ihre landwirtschaftliche Produkte und Nahrungsmittel in der Nachbarstadt anzubieten. Grimson (2002) betont die prekäre Situation, in der sich die *Paseras* seither mit ihren Handelsaktivitäten befinden.

„Von dieser Zeit an bis in die Gegenwart versorgen die Paseras die Posadeños [Bewohner/innen von Posadas, *Anm. H.G.*] mit einer Vielfalt an Lebensmitteln, auch wenn ihre Präsenz in der Stadt immer konfliktträchtig gewesen ist, weil sie gleichzeitig als illegal und belästigend konstruiert wurde" (Grimson: 2002:85, *Übersetzung H.G.*).

Vieles spricht dafür anzunehmen, dass es sich im Falle der paraguayischen Migrant/innen meist um Pendelmigration handelt, die von der staatlichen Administration gar nicht als solche wahrgenommen wird, weil die betreffenden Personen mit einem Touristenvisum einreisen, das sie bei ihren regelmäßigen Aufenthalten in Paraguay wieder erneuern. Diese Praktik der Pendelmigration zwischen Paraguay und Argentinien mag mit den *Paseras paraguayas* ihren Anfang genommen haben, in jedem Fall hat sie sich im Zuge anhaltender Entwicklungen der Transport- und Kommunikationstechnologien bei gleichzeitiger ungleicher wirtschaftlicher Entwicklung der beiden Länder[42] geografisch ausgeweitet und gleichzeitig kommunikativ verdichtet. Nahezu alle Mitglieder der argentinischen Gruppe der Cibervaller@s, die ich im Laufe meiner Feldforschung kennenlernte, praktizieren Pendelmigration und betten ihr Familienleben in einen transnationalen Kontext, wie etwa in dem folgenden Beispiel.

Iwashita

Iwashita lebt zum Zeitpunkt der Feldforschung seit 6 Jahren in Buenos Aires. Die ersten vier Jahre hat sie bei ihrem Vater und den beiden Schwestern verbracht, danach ist sie in die Wohnung ihres argentinischen Freundes gezogen. Aufgewachsen ist sie in einer kleinen Stadt in Paraguay, in der ein Großteil der Familie mütterlicherseits ansässig ist. Dort hat sie bis zum Ende ihrer schulischen Ausbildung im Haus ihrer Mutter gelebt. Auf demselben Grundstück leben außerdem die Großmutter und zwei von Iwashitas Tanten. Die Familie pendelt seit Jahren zwischen Buenos Aires und der paraguayischen Kleinstadt hin und her. Der Vater, Sohn eines polnischen Immigranten und einer paraguayischen Guaraní, war selbst in Buenos Aires aufgewachsen und hatte dann eine zeitlang in Paraguay gelebt, wo er Iwashitas Mutter kennen lernte. Er zog dann wieder nach Buenos Aires, um das Familieneinkommen zu sichern. Zum Zeitpunkt der Forschung arbeitet er als Verwalter und Hausmeister in einer kleinen Fabrik und teilt mit den beiden Schwestern Iwashitas ein Haus, das zur Fabrik gehört. Das Haus war in sehr schlechtem Zustand, eigentlich unbewohnbar, als er dort eingezogen ist. Von der Firmenleitung bekam er die

---

[42] Die Auswirkungen dieser ungleichen Entwicklung kann man auch heute noch deutlich am Ufer des Flusses Paraná sehen. Auf der argentinischen Seite blickt man auf die moderne Großstadt Posadas, die paraguayische Seite jedoch zeigt ein verwildertes Ufer, Straßen aus rotem Sand und halbverfallene Häuser.

Erlaubnis, das Haus in Stand zu setzen und mit seiner Familie dort zu wohnen. Nachdem Iwashita die Schule beendet hatte, zog sie gemeinsam mit dem Bruder und der Mutter zum Rest der Familie. Eine Zeitlang hat die gesamte Familie gemeinsam in dem Haus in Buenos Aires gelebt. Die Mutter betrieb gemeinsam mit einer Nachbarin und den drei Töchtern eine kleine Nähwerkstatt, in der sie Bekleidung für den lokalen Markt produzierten. Als die Nachbarin aufhören wollte, mussten sie das Geschäft aufgeben. Die Mutter ist dann gemeinsam mit Iwashitas Bruder zurück nach Paraguay gezogen und pendelt nun zwischen dem Haushalt in Paraguay und dem in Buenos Aires hin und her. Mit dem Bus ist sie etwa 18 Stunden unterwegs. Meist fährt sie nachmittags los und kommt am nächsten Morgen am jeweils anderen Ort an. Durchschnittlich bleibt sie jeweils drei Monate an einem Ort.

Transnationale Familienformen überspannen heute eine Vielzahl paraguayischer und argentinischer Orte, wobei die Metropole Buenos Aires seit 1960 einer der Hauptanziehungspunkte für paraguayische Migrant/innen geworden ist (Fischer et al. 1997). Während die Volkszählung im Jahr 2001 lediglich rund 323.000 paraguayische Migrant/innen gezählt hat, schätzt die argentinische Regierung ihre Zahl auf rund eine Million, von denen nur etwa die Hälfte einen legalen Aufenthaltsstatus habe (Palau Viladesau 2004:164). Die in Buenos Aires lebenden Cibervaller@s gehen gar von der doppelten Anzahl von Paraguayer/innen und deren Nachkommen in Argentinien aus und verweisen auf Zahlen, die in der argentinischen Tageszeitung *El Clarin*[43] veröffentlicht worden seien[44]. Die deutliche Präsenz von Paraguayer/innen in Argentinien drückt sich auch im Stadtbild der Hauptstadt aus: Eine Vielzahl von paraguayischen Vereinen, die sich um die sozialen Belange der Landsleute kümmern oder sich der Pflege paraguayischer Kultur annehmen, Musik-Clubs, die sich auf paraguayische *Polka* oder *Cachaca* spezialisiert haben, paraguayische Bäckereien und Lebensmittelgeschäfte, in denen alle Zutaten für paraguayische Speisen zu bekommen sind, Straßenverkäufer, die den obligatorischen Korb auf dem Kopf tragen, in dem sie die in weiße Tücher eingeschlagene *Chipa* zum Verkauf anbieten, und ganze Viertel, in denen nahezu ausschließlich Paraguayer/innen leben.

In den zahlreichen Gesprächen mit Cibervaller@s in Buenos Aires ist wiederholt zu hören, es gäbe keinen großen Unterschied zwischen dem Leben in Paraguay

---

[43] Siehe www.elclarin.com.ar.
[44] Im Kontext bolivianischer Migrationspopulationen in Argentinien stellt Grimson eine ähnliche Diskrepanz zwischen „gezählter und gefühlter Präsenz" (vgl. Spiegel 2005:26) fest. Bruno (2007b) diskutiert das Phänomen „imaginierter Zahlen" weniger aus der Perspektive der Migrant/innen selbst als aus der Perspektive der Mehrheitsgesellschaft. Er geht davon aus, dass der Anteil der Migrant/innen aus den Nachbarländern Argentiniens seit 1869 konstant bei 2–3 % der argentinischen Gesamtbevölkerung liegt. Nichtsdestotrotz würden sowohl Massenmedien als auch Politik eine steigende Zahl von Migrant/innen aus den Anrainerstaaten behaupten und damit Migration als Bedrohung stilisieren.

und dem in Buenos Aires: „Es ist, als sei Buenos Aires eine weitere Provinz von Paraguay." Einer von ihnen machte mich während einer Messenger-Unterhaltung auf einen Artikel aufmerksam, der in der Tageszeitung *El Clarin* erschienen war. Besagter Artikel berichtet von einem paraguayischen Fußballturnier, das regelmäßig in einem Park in der *Villa Soldati,* einem Viertel im Süden von Buenos Aires, stattfindet. Das nach Meinung meines Gesprächspartners Bemerkenswerte an dem Artikel war die Aussage eines argentinischen Spielers, der erklärt, dass bei dem Turnier nur vier „Ausländer" pro Mannschaft zugelassen würden. Mit Ausländern waren hier allerdings Argentinier und andere Nicht-Paraguayer gemeint.

Auf den ersten Blick scheint die Präsenz paraguayischer Migrant/innen Buenos Aires in ähnlicher Weise zu beeinflussen wie die Präsenz von Brasilianer/innen die Grenzregion Paraguays. In einem Fall werden Teile des paraguayischen Territoriums „brasilianisiert", im anderen Fall werden Teile der argentinischen Metropole Buenos Aires zu einer „paraguayischen Provinz." Schaut man genauer hin, werden allerdings wesentliche Unterschiede sichtbar. Im Gegensatz zu den agroindustriellen Brasiguayos erwerben Paraguayer/innen in Buenos Aires in der Regel kein Landeigentum. Im Gegenteil, ihre Möglichkeiten der Aneignung von Lebensraum sind tendenziell prekär und temporär. Die Lebensbedingungen der Paraguayer/innen gleichen denen der bolivianischen Migrant/innen, die Spiegel (2005) eindrücklich beschrieben hat. Paraguayer/innen und Bolivianer/innen leben mehrheitlich in *Villas,* d. h. in illegalen Ansiedlungen, die sich im südlichen Teil der Stadt konzentrieren (vgl. Maffia 2002), in leer stehenden Häusern sowie auf den Baustellen oder in den Häusern ihrer Arbeitgeber/innen. Prekär ist ihre Wohnsituation vor allem deshalb, weil sie kaum einen rechtlich abgesicherten Besitzanspruch auf die von ihnen bewohnten Räume haben. Wenn die Stadtverwaltung beschließt, eine Villa oder ein besetztes Haus zu räumen, hat dies für die Bewohner/innen zur Folge, dass sie wohnungslos werden. Dasselbe trifft für eine Hausangestellte zu, die bei einer Familie nicht nur arbeitet, sondern auch wohnt, ebenso wie der Bauarbeiter sich eine neue Bleibe suchen muss, sobald sein Arbeitsverhältnis auf der jeweiligen Baustelle endet.

Auch die Möglichkeiten der Aneignung von Freizeiträumen sind in der Regel begrenzt. So werden meist die städtischen Grünflächen und Parkanlagen für gemeinsame Aktivitäten genutzt, die dann mit Hilfe kultureller Praktiken, wie der des gemeinsamen Tereré*-Trinkens zeitweise ethnisch markiert und zum Teil der eigenen Lebenswelt werden. In den Stadtvierteln, die eine starke paraguayische Präsenz aufweisen, finden sich allerdings auch permanente Räume. Diese werden etwa von paraguayischen Kultur- oder Sportvereinen genutzt, in ihnen werden Veranstaltungen angeboten, und sie können meist auch von Einzelpersonen oder Gruppen gemietet werden. Das ethno-kulturelle Leben der Paraguayer/innen wird jedoch nicht nur durch die oben beschriebenen prekären Lebensbedingungen eingeschränkt, sondern auch durch Auflagen des Verwaltungsapparats der Mehrheits-gesellschaft, wie das folgende Beispiel zeigt.

La Fiesta de San Juan [Das Fest des Heiligen Johannes]

In Paraguay werden jährlich am 24. Juni Feste zu Ehren des Heiligen Johannes [San Juan] gefeiert. Für die in Buenos Aires lebende Paraguayerin Iwashita hat dieses religiöse Fest eine identitätsstiftende Bedeutung, weil es in ihrer Erinnerung un-trennbar mit ihrer Kindheit im ländlichen Paraguay verknüpft ist. Als elementare Bestandteile dieses Festes nennt sie *Judas Kái* [brennender Judas], *Tata Py Ari Je Hasa* [über Feuer laufen] und *Yvyra sy* [glitschiger Stamm]. Während der *Judas Kái* durch eine überlebensgroße Puppe symbolisiert war, die mit allem ausgestopft wur-de, was gut brennt, um dann in einem spektakulären Akt in Flammen aufzugehen, stellten mutige Männer, seltener auch Frauen, die Reinheit ihrer Seele beim *Tata Py Ari Je* öffentlich auf die Probe: Man lief barfuss über ein Feuer. Blieb man da-bei unverletzt, war dies ein untrügliches Zeichen dafür, dass man als sündenfreier Mensch dem Schutz von San Juan unterstand. Ein weitere Höhepunkt des Festes war für Iwashita der Wettbewerb des *Yvyra sy*, bei dem ein sehr hoher Baumstamm sorgfältig glatt geschliffen und mit tierischem Fett eingerieben wurde. Der Stamm sollte möglichst glitschig sein, um sein Erklimmen zu erschweren. An seine Krone hängte man dann alle erdenklichen Delikatessen und stellte den so präparierten Baum auf. Nun konnte jeder, der den notwendigen Mut aufbrachte, versuchen, den glitschigen Stamm zu erklimmen, um die köstlichen Preise zu ergattern.

In Buenos Aires hat Iwashita ein einziges Mal an einer paraguayischen *Fiesta de San Juan* teilgenommen und wurde furchtbar enttäuscht. Das Fest habe in einer Kapelle stattgefunden, es gab weder einen brennenden Judas noch einen Baumstamm zu erklimmen und noch viel weniger Leute, die übers Feuer liefen. Das einzig „Para-guayische" an dem Fest sei das Essen gewesen. Auch in den ländlichen Gegenden der Provinz Gran Buenos Aires würde San Juan in dieser limitierten Version gefei-ert, die den Charakter des Festes eigentlich nicht mehr erkennen lassen. Iwashita erklärt, die staatlichen Autoritäten würden zur Vermeidung von Sicherheitsrisiken Auflagen erlassen, die die Pflege dieser paraguayischen Bräuche verhinderten.

Nach der Beschreibung Iwashitas erfährt die *Fiesta de San Juan* in der Migration eine Transformation, die durch Machtverhältnisse zwischen Mehrheitsgesellschaft und ethnischen Minderheiten bestimmt ist. Die Elemente und Praktiken, die das Fest im Wesentlichen ausmachen, werden durch die Auflagen der argentinischen Verwaltung verhindert, womit der Charakter des paraguayischen Festes bis zur Unkenntlichkeit verwässert wird. Weder die symbolische Hinrichtung des Verrä-ters Judas noch die Feuerprobe, die sündige von sündenfreien Gläubigen unter-scheiden hilft, kommen in der Migrationsversion des Festes vor. Stattdessen wird als Veranstaltungsort nun eine Kapelle gewählt, d. h. die religiösen Aspekte des Fes-tes werden auf den Ort der Veranstaltung reduziert. Auch die sozialen Aspekte des Festes, die u. a. im *Yvyra sy* ihren Ausdruck fanden, werden nun auf das gemeinsame Essen reduziert. Man könnte sogar sagen, die Repräsentation paraguayischer Kultur wird auf die Aspekte reduziert, die auch von der Mehrheitsgesellschaft konsumiert werden können. Das Fest, das ursprünglich auf die Bedürfnisse der ethnischen Minderheit ausgerichtet war, wird nun gleichsam zu einer touristischen Attraktion für die Mehrheitsgesellschaft, die das „Fremde" in kulinarische Formen gießt und genießbar macht. Panagakos kommt in ihrer Untersuchung der griechischen Diaspora in der kanadischen Stadt Calgary zu ähnlichen Ergebnissen: „Activities are focused on the celebratory aspects of Greek culture, such as food, entertainment and shopping, while education, politics, and history were nearly absent" (2003:206). Die Autorin kommt zu dem Schluss, dass die politische Realität des Multikulturalismus in Kanada weniger eine Politik der Anerkennung als vielmehr eine Politik der Konstruktion und Konsumption des kulturell Anderen sei und betont, dass „public displays of Greekness embodied in cultural festivals reinforce the Canadian ideals of ethnicity and not necessarily the self-identity of the community" (ebd.). Auf diesem Hintergrund verwundert schließlich die Beobachtung Iwashitas nicht, der Fiesta de San Juan hätten weitaus mehr Argentinier/innen als Paraguayer/innen beigewohnt.

„Proud American-USA" – Die translokale Gemeinde ‚Caraguatay'

Neben Argentinien sind auch die USA ein begehrtes Migrationsziel. Hier sind allerdings weitaus höhere Einreisehürden zu bewältigen, für die es finanzieller Mittel und entsprechender Bildungsvoraussetzungen bedarf, über die in Paraguay nur eine Minderheit verfügt. Das folgende Beispiel der translokalen Gemeinschaft von Caraguatay stellt insofern eine Ausnahme dar, als dass es sich hier in erster Linie um undokumentierte paraguayische Migrant/innen handelt, die als ungelernte Hilfskräfte auf Baustellen oder als Gärtner oder Angestellte in US-amerikanischen Privathaushalten arbeiten. Trotz geografischer und rechtlicher Einschränkungen der Mobilität haben sich hier im Laufe der Zeit translokale Beziehungen zwischen der kleinen paraguayischen Stadt Caraguatay und ihren fernen Angehörigen in Brooklyn etabliert, die das Leben in Caraguatay sichtbar beeinflussen.

La Republica Caraguatay

Die im Volksmund genannte *República Caraguatay*, eine kleine Stadt, die etwa 50 Kilometer von der Hauptstadt Asunción entfernt liegt, hat um die 7500 Einwohner/innen. Schätzungsweise 4500 von ihnen verbringen allerdings höchstens die Ferien in Caraguatay und leben die restliche Zeit des Jahres in den USA, genauer gesagt in Brooklyn/New York[45]. Caraguatay ist ein kleiner Ort mit auffällig vielen neu gebauten, prachtvollen Häusern und großen, auf Hochglanz polierten Autos. Auf den meisten der Autos sind Aufkleber in den Farben der US-amerikanischen Flagge mit der Aufschrift „Proud American-USA" angebracht. Eine große Kirche

---

[45] Vgl. auch Hoag 2000: http://www.latinamericanstudies.org/paraguay/greener.htm [24.11.2005]

bildet das Zentrum des Ortes, die Straßen und Grünanlagen sind auffällig gepflegt und sauber. An jeder Ecke findet man Schilder, auf denen entweder „Caraguatay" oder „Western Union" zu lesen ist. Das gelb-schwarze Logo des globalen Bargeldtransfer-Unternehmens ziert die Mülleimer des Kinderspielplatzes neben dem Kirchplatz und trohnt über den beiden Wechselstuben, in denen die Einwohner/innen die regelmäßigen Geldanweisungen ihrer abwesenden Angehörigen abholen. „In Caraguatay hat nahezu jeder Haushalt ein auswärtiges Mitglied. Die meisten sind in New York, aber es gibt auch einige in New Yersey und Colorado. Und jetzt im Moment gehen viele nach Spanien", erklärt der Administrator von *Radio Evolución*[46], einer lokalen Radiostation, die über das Internet ausgestrahlt wird und Paraguayer/innen in der Migration mit ihren Familien und ihrer Herkunftsgemeinde vernetzt[47]. Er selbst hat zwei Brüder in den USA, die er letztes Jahr zusammen mit seiner Frau besucht hat. Er findet die USA „ein wunderbares Land" und hebt besonders die materiellen Möglichkeiten hervor, die sich einem dort bieten. Im Unterschied zu Paraguay könne man in den USA selbst als Maurer, Gärtner oder Hausangestellte soviel Geld verdienen, dass man sich ein gutes Auto oder gar ein eigenes Haus leisten könne. Zu meinem Eindruck, dass Caraguatay wie ausgestorben wirkt, erläutert er, dass es in der Woche tagsüber sehr ruhig sei, aber am Wochenende, vor allem in der Weihnachtszeit, sei Caraguatay nicht wieder zu erkennen. Wenn die Verwandten aus den USA nach Hause kämen, würde Caraguatay lebendig und an jeder Ecke würde gefeiert.

Der transnationalen Migrationsforschung sind solche Beschreibungen nicht fremd. Smith (1998) etwa rekonstruiert die Entwicklung einer „transnationalen Gemeinschaft", die die lokale Bevölkerung *Ticuanis*, einem Dorf in Mexico, mit den nach New York migrierten Angehörigen dieses Gemeinwesens verbindet. Die migrierten Angehörigen Ticuanis haben sich demzufolge in New York organisiert, um aus der Ferne die Gemeinwesenentwicklung zu unterstützen. Die erfolgreiche Durchführung von gemeinwesenorientierten Projekten, etwa dem Bau von Schulen, hat dazu geführt, dass das *Ticuani-Commitee* in New York mehr Vertrauen in der lokalen Bevölkerung genießt als die lokale Gemeindeverwaltung, die in das nationale Verwaltungssystem eingebettet und durch eine lange Korruptionsgeschichte in Misskredit geraten ist. Über private Beziehungen hinaus kann also diese Form der Migration politische und soziale Effekte auf das Gemeinwesen haben, das sich mitunter stärker an einer translokalen zivilgesellschaftlichen Organisation von Migrant/innen orientiert als an dem nationalstaatlichen Gefüge, zu dem es formal

---

[46] Freundlicherweise hat sich der Administrator des Radios spontan für ein Gespräch zur Verfügung gestellt, obwohl unser Besuch nicht angekündigt war.

[47] Nach Auskunft des Administrators wird *Radio Evolución* von den in der Migration lebenden Paraguayer/innen genutzt, um paraguayische Musik und lokale Nachrichten zu hören. Darüber hinaus gibt es Sendungen, in denen sich Familienangehörige gegenseitig Grüße übermitteln können. Man kann sogar Sendezeit kaufen und diese, gefüllt mit Wunschmusik, einem Freund oder Verwandten schenken. Außerdem werden lokale kulturelle Ereignisse live übertragen, abwesenden Angehörigen werde so das Gefühl vermittelt, „dabei zu sein."

gehört. Im Falle der translokalen Gemeinde Caraguatays kann man an den prächtigen Häusern und Autos „guter Qualität" individuelle Migrationserfolge ablesen. Darüber hinaus gibt es aber auch zahlreiche Symbole, die den Einfluss der Migration auf das Gemeinwesen verdeutlichen: Ein neues Dach für die Kirche, eine Schule, deren Bau vom *Caraguatay Centro Social* in Brooklyn finanziert wurde, wie eine Tafel am Schulgebäude erläutert, und schließlich die „Proud-American-USA"-Aufkleber, die auf den Autofenstern und in den Bussen kleben und zu der Vermutung verleiten, dass sich die Caraguatay@s weniger der paraguayischen als der US-amerikanischen Nation zugehörig fühlen.

Zum Verhältnis von Flächen- und Sozialraum in Paraguay

Die Darstellung der Geschichte und sozialräumlichen Konfiguration Paraguays widerspricht eindeutig der in der Transnationalismusforschung vorherrschenden Annahme, die Ineinssetzung von Flächen- und Sozialraum sei für die letzten drei Jahrhunderte eine angemessene Beschreibung nationalstaatlich verfasster Gesellschaften gewesen und bedürfe erst nun, angesichts aktueller Globalisierungsphänomene, einer Revision. Vielmehr lässt sich Paraguay als ein Territorium beschreiben, das ein Konglomerat aus sozial-kulturellen Organisationsformen beherbergt mit historisch gewachsenen translokalen bzw. transnationalen Bindungen und Loyalitäten, die sich staatlichen Grenzziehungsversuchen widersetzen. Appadurai (1998) macht die Relationalität von Raum deutlich, wenn er schreibt: „locality is ephemeral unless hard and regular work is undertaken to produce and maintain its materiality" (180f). Pries (2006) versteht den sozialen Raum als eine dichte, dauerhafte Verflechtung von sozialen Praktiken, Symbolsystemen und Artefakten. Der relationale Raum existiert also nicht per se, sondern wird interaktiv hervorgebracht und erhalten, weshalb die Bedeutung des jeweiligen Raums nicht nur von den sozialen Praktiken, sondern auch von der Verfügbarkeit und den Anwendungsmöglichkeiten von Symbolsystemen und Artefakten abhängt.

Wie das Beispiel der Fiesta de San Juan in Buenos Aires zeigt, ist die interaktive Konstruktion des Lokalen in einer nationalstaatlich verfassten Gesellschaftsordnung in Machtstrukturen eingebettet, innerhalb derer die Teilhabemöglichkeiten von Migrant/innen an der Gestaltung der sozialen Textur einer Stadt stark eingeschränkt sind. Sowohl die Verfügung über architektonische Artefakte, die einen Raum als etwas dauerhaft Eigenes markieren können[48], als auch die Möglichkeiten der Anwendung eigener Symbolsysteme und die Ausübung der entsprechenden sozialen Praktiken, die in ihrer Gesamtheit den sozialen Raum erst hervorbringen und mit Bedeutung versehen, sind durch Privilegierung der Praktiken und Deutungsmuster der Mehrheitsgesellschaft restringiert.

---

[48] Die Kapelle, in der die Fiesta de San Juan stattfindet, gehört nicht permanent der paraguayischen Gemeinde, sondern wird lediglich zu bestimmten Anlässen von ihr genutzt.

Das Beispiel der mennonitischen Kolonien zeigt indes, wie sich auf dem Territorium eines Nationalstaates eine soziale Organisation entwickeln kann, die eine praktisch autonome, von staatlichen Strukturen abweichende Verwaltungsstruktur aufweist. Die Praktiken der transnationalen Agroindustrie in der Grenzregion Alto Paraná wiederum demonstrieren eindrücklich den Einfluss des globalen Wirtschaftssystems auf die lokalen Praktiken der Aneignung von Raum, der – entsprechend der Weltmarktnachfrage – vom Lebensraum in Anbaufläche für den Export transformiert wird. Das Beispiel der Gemeinde Caraguatay zeigt schließlich, wie sich durch Migration ein lokaler Zusammenhang auf der Ebene der Zugehörigkeitskategorien aus seinem nationalen Kontext herauslösen kann. Zwar bleibt Caraguatay geografisch in Paraguay, erfährt aber in Gestalt des Caraguatay Centro Social gleichsam eine Verdopplung im US-amerikanischen Brooklyn, das nunmehr den zentralen Referenzpunkt sowohl für die Lebensplanung der Caraguatay@s, als auch für die Entwicklung ihrer lokalen Gemeinde bildet.

Weder die Konstitution der mennonitischen Gemeinden oder der Gemeinde Caraguatay noch die „Brasilianisierung" der Region Alto Paraná oder die Praktiken paraguayischer Pendelmigration sind allerdings mit Begriffen wie transnationaler sozialer Raum oder Transnationalisierung angemessen beschrieben. Denn hier geht es nicht bloß um die Transzendierung nationalstaatlicher Grenzen durch grenzüberschreitende Beziehungen und Praktiken. Die Konstitution sozialer Räume ist vielmehr eingebettet in ein asymmetrisches Machtverhältnis, in dem der schwache Staat Paraguay unter dem demographischen, kulturellen, wirtschaftlichen und politischen Druck transnationaler Akteur/innen seine Souveränität einbüßt oder, besser gesagt, nie hat entwickeln können. Auch wenn Pries (2006) von einem relationalen Raumverständnis ausgeht, erscheint sein Begriff des transnationalen sozialen Raums, der eine dauerhafte und plurilokale, sich über mehrere Nationalgesellschaften „aufspannende" Konfiguration bezeichnet, für die Diversität und Prozessualität der beschriebenen Szenarien zu statisch, zu vereinfachend und noch immer zu stark am Ursprungsmythos der nationalstaatlichen Gesellschaft orientiert. Auch die Transnationalismusforschung setzt die Zentralität und Ursprünglichkeit des nationalstaatlichen Gesellschaftsmodells voraus und verfällt dabei demselben methodologischen Nationalismus, gegen den sie angetreten ist, wenn sie davon ausgeht, dass Globalisierung die Sozialintegrationskraft des Nationalstaats schwächt und Transnationalisierung eine Folge dessen sei.

Clementis Begriff der „lebenden Grenze" eignet sich nicht nur hervorragend dazu, die Entwicklung des nationalstaatlichen Gesellschaftsmodells (in Lateinamerika) in einer global-geschichtlichen Betrachtungsweise zu verstehen. Der semantische Gehalt des Begriffs legt auch seine interaktionstheoretische Weiterentwicklung nahe, weil in ihm das Spannungsverhältnis und die Dynamik der Grenze als Interaktionsraum zum Ausdruck kommt. Die Diversität der sozialen Organisationsformen und die Prozessualität von Grenzziehungen, die im Zusammenhang mit Migration entstehen können, sind damit gleichermaßen beschreibbar. Je nachdem, welchen Ausschnitt der regionalen Situation man mit der historisch-analytischen Linse Clementis also betrachtet, erscheint Paraguay als „lebende Grenze" zwischen den Territorien der beiden konkurrierenden (post)kolonialen Großmächte. Zoomt man einzelne lokale Situationen näher heran, wie in dem Beispiel der Fiesta de San Juan geschehen, lassen sich sowohl das Mobilitätspotential als auch die sozialen Praktiken der Herstellung/Auflösung/Veränderung/Verschiebung/Überlagerung von sozialen Räumen und ihren Grenzen als einer Art *Vollzugswirklichkeit* (Bergmann 1988) in den Blick bekommen. Migration spielt dabei in jedem Fall eine wichtige Rolle.

Paraguay gehört zu den Ländern der Welt, die dem standardisierten Format des Nationalstaats nur als statistische Konstruktion entsprechen. Auf den Weltkarten ist Paraguay als geografische Markierung zu finden, auch gibt es Landesvertreter/innen in globalen Organisationen, und selbst auf Weltausstellungen, Fußballweltmeisterschaften und Olympiaden ist Paraguay meist vertreten. Der empirischen Realität entsprechen aber weder die statistischen noch die geografischen Konstruktionen. Würde man eine Landkarte von Paraguay entwerfen, die der hier skizzierten sozialräumlichen Realität näher kommt, könnte sie in etwa so aussehen:

Abbildung 3: Paraguay als sozialräumliche Konstruktion

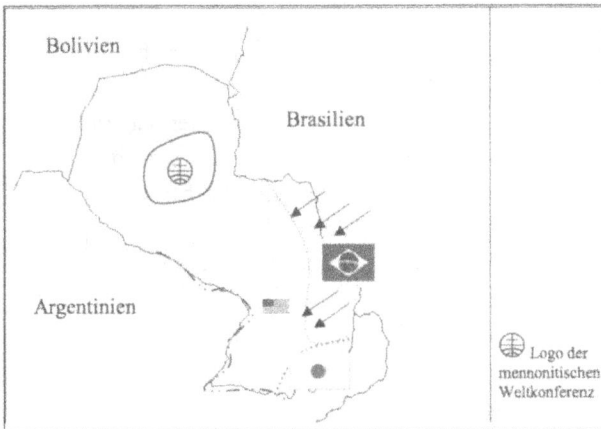

Migration und ‚Nationbuilding'

Betrachtet man die aktuelle Situation Paraguays im Kontext der historischen Entwicklungen in der Region, so lässt sich erklären, warum sich in Paraguay niemals das Modell des Nationalstaats entwickeln konnte, dessen Ideal Antony Smith als „a named community of history and culture, possessing a unified territory, economy, mass education system and common legal rights" (Smith 1996:106f, zitiert nach Mitchell 2003) definiert hat. Wie anhand verschiedener Beispiele veranschaulicht wurde, hat sich in Paraguay weder eine homogene nationale Kultur noch Staatlichkeit etabliert. Die geopolitische Rolle und Position Paraguays in der Region, die sich wie ein roter Faden durch die Geschichte zieht, erklärt sich im Wesentlichen aus der Konkurrenz zwischen Brasilien und Argentinien. „In diesem Komplex von Allianzen des Cono Sur hatten die sogenannten ‚schwachen' Staaten eine sehr wichtige Rolle als ‚ausgleichende Kraft' im subregionalen Machtgefüge" (Tini 2004:6, *Übersetzung H.G.*). Die staatliche Souveränität Paraguays war also von Beginn an durch die Konkurrenz und den Expansionswillen der beiden ehemaligen Kolonialmächte eingeschränkt. Sowohl die Kolonialgeschichte als auch die Neokolonialisierung des jungen Nationalstaates Paraguay infolge des verlorenen Krieges gegen die mächtigen Nachbarstaaten legten gewissermaßen den Grundstein für eine nachhaltige Marginalisierung, in deren Folge Paraguay nicht nur das Land mit der weltweit schlechtesten Landverteilung und einem der korruptesten Staaten (Bareiro 2004), sondern – trotz seiner multiplen transnationalen und translokalen Verflechtungen – interessanterweise auch zu einem der unbekanntesten Länder der Erde geworden ist.

Der Bericht über die Situation der Menschenrechte in Paraguay, der jährlich vom Dachverband der paraguayischen Menschenrechtsorganisationen CODEHUPY publiziert wird, beklagt, die Konsequenzen von Staatskorruption und der extrem ungleichen Verteilung von Ressourcen und Einkommen würden von Jahr zu Jahr deutlicher zu Tage treten. Tatsächlich führt im Jahr 2004 schon beinahe die Hälfte der Bevölkerung ein Leben unterhalb der Armutsgrenze, der Zugang zu Bildung und Gesundheit und die Teilhabe an gesellschaftlichen Ressourcen ist, insbesondere für die Bevölkerung auf dem Land, nach wie vor mangelhaft, während sich die Verfügungsgewalt über Ressourcen, wie Land, Rohstoffe und Einkommen, auf eine kleine Minderheit konzentriert (vgl. Molinier 2004). In der Analyse zur aktuellen sozialen und politischen Situation des Landes konstatiert die CODEHUPY einen Mangel an kollektiven Versuchen, um der profunden sozialen Krise zu begegnen. Gleichzeitig suchten aber immer mehr Menschen „salidas individuales" – also individuelle Auswege – aus der Krise. Damit wird auf die steigende Anzahl von Selbstmorden, aber eben auch auf steigende Migrationsraten angespielt (Bareiro 2004:14).

Der Zusammenhang von Armut, Perspektivlosigkeit und Migration ist auch im massenmedialen Diskurs und im Alltag in Paraguay äußerst präsent. Während meiner Feldforschung in Paraguay verging kaum ein Tag, an dem nicht in den Medien über die zahllosen Paraguayer/innen berichtet wurde, die sich neuerdings in die *madre patria*, die Mutter des Vaterlands, aufmachen, wie Spanien in Erinnerung an das koloniale Erbe in den Massenmedien genannt wird. Paraguays Hauptstadt entvölkert sich zusehends, hier sind es vor allem die Viertel der oberen Mittelschicht, in denen mehr und mehr Geschäfte schließen und Häuser zum Verkauf angeboten werden. Trotz der hohen Kosten, die eine Reise nach Spanien mit sich bringt, sind es aber nicht nur die ökonomisch Bessergestellten, die ihre Besitztümer verkaufen, um die Kosten für den Flug und die Ausstellung der notwendigen Papiere zu decken. Auch die Landbevölkerung, deren Hauptmigrationsziele vorwiegend im benachbarten Argentinien liegen, sah sich in der Folge der jüngsten argentinischen Wirtschaftskrise gezwungen, andere Horizonte zu suchen. Mit dem plötzlichen Währungsverfall im Zusammenhang mit der argentinischen Wirtschaftskrise im Jahr 1999 suchten auch zahlreiche Paraguayer/innen, die bisher ihr Leben in Paraguay mit ihrer Arbeit in Argentinien finanzierten, nach anderen Einkommensquellen, da sich ihr Verdienst von einem auf den anderen Tag auf ein Drittel reduzierte, wenn sie nicht ohnehin ihre Arbeit verloren. Der gleichzeitige Wirtschaftsaufschwung in Spanien und die massive Nachfrage nach billigen Arbeitskräften insbesondere im Baugewerbe, der Agrarwirtschaft, dem Gesundheitswesen und dem privaten Reproduktionsbereich motivierte die Menschen dazu, sich in das ferne Europa zu begeben. Die konstitutive Bedeutung gegenwärtiger Migrationspraktiken für die nationale Entwicklung Paraguays wird auf der Ebene der nationalen Politik und Administration bisher weitgehend ignoriert. In Anbetracht der verfassungsrechtlich abgesicherten systematischen Exklusion der Migrant/innen von der Teilhabe am politischen Prozess in Paraguay mag man sogar den Verdacht erwägen, es handele sich hier weniger um administrative Ignoranz als vielmehr um eine politische Strategie. Halpern weist in diesem Zusammenhang darauf hin, dass Paraguay der „einzige Staat der Welt ist, dessen Verfassung bestimmt, dass das Wahlrecht an den Wohnort gebunden ist (Artikel 120)" [49] (2002:40, *Übersetzung H.G.*). Alvarez Fleitas vermutet hinter dem verfassungsrechtlich fundierten Ausschluss eines immer größer werdenden Bevölkerungsteils von der politischen Partizipation in Paraguay gar die Interessen der Agroindustrie bzw. der Großgrundbesitzer, deren Praktiken die Landbevölkerung aus Paraguay vertreibt.

> „Paraguay ist ein Land, dessen Wirtschaft auf Großgrundbesitz basiert, die Mehrheit der Migrant/innen bildet die Landbevölkerung und der Art.120 der Verfassung Paraguays verhindert, dass wir aus dem Ausland wählen können, womit deutlich wird, dass die Verursachung von Migration dazu dient, die Ordnung zu stabilisieren, zumindest im paraguayischen Territorium" (2002:37, *Übersetzung H.G.*).

---

[49] Halpern zufolge wurde der Artikel 120 im Zuge der Verfassungsreform im Jahre 1992 mit der Begründung aufgenommen, die außerhalb Paraguays lebenden Staatsangehörigen hätten, aufgrund ihrer großen Anzahl, einen zu großen Einfluss auf den Ausgang der Wahlen im Inland (Halpern 2001, Fußnote 19).

Folgt man dieser Argumentation, so scheint es, als ob die Ordnung des paraguayischen Territoriums offenbar vor allem durch die Existenz der Landbevölkerung
und deren Reklamation von Lebensraum gestört wird. In dem Maße, wie das paraguayische Territorium in Anbaufläche für den Weltmarkt transformiert wird,
werden seine Bewohner/innen also zum Störfaktor, mag man schlussfolgern. Wird
also Paraguay womöglich zu einer nationalstaatlichen Verpackung ohne Inhalt?

Ein erneuter Blick auf die Migrationsgeschichte von Paula und Jimena soll helfen, einer Antwort auf diese Frage näher zu kommen. Auch wenn die Schwestern
sich geografisch weit entfernt von ihrer Familie befinden, so bleiben sie doch in
den familialen Zusammenhang integriert und in engem Austausch mit den Angehörigen. Ihre regelmäßigen Geldüberweisungen („Remesas") sichern die Existenz
der Familie und tragen sogar zu einem gewissen Wohlstand bei. Die Bedeutung
der *Remesas* wird in jüngster Zeit nicht mehr nur innerhalb der transnationalen
Migrationsforschung diskutiert (vgl. Guarnizo 2003), sondern hat – auf dem Hintergrund der Erkenntnis, dass die jährlichen Geldüberweisungen innerhalb von
Migrationsfamilien bzw. translokaler Gemeinden den Beitrag internationaler Ent-
wicklungshilfe bei Weitem übersteigen – unlängst Eingang in globale entwick-
lungspolitische Diskurse gefunden (vgl. GCIM 2005).

Durch die Zunahme an Migrationsbewegungen nach Spanien gerät die wirtschaftliche Bedeutung der Geldanweisungen aus der Migration für die nationale Entwicklung auch in den öffentlichen Diskursen in Paraguay stärker in den Blick. So
betont etwa die jüngste im Auftrag der Internationalen Organisation für Migration
durchgeführte Studie über Menschenhandel in Paraguay die Bedeutung der *Remesas* für die nationale Entwicklung als „wichtigstes nationales Einkommen nach dem
Sojaexport" und als „zweitwichtigste Einkommensquelle paraguayischer Familien"
(Luna Nueva 2005:45, *Übersetzung H.G.*). Einer Information der paraguayischen
Tageszeitung *Noticias* zufolge leben zum Ende des Jahres 2006 etwa 3,7 Millionen
Paraguayer/innen in der Migration[50], deren regelmäßige Geldüberweisungen an
ihre Familien in Paraguay im Jahr 2007 mit prognostizierten 340–700 Millionen
US$ die wichtigsten Devisenbringer für die nationale Wirtschaft sind[51]. Wenn

---

[50] Vgl. www.paraguayglobal.com [14.05.2006].
[51] Die interamerikanische Entwicklungsbank schätzt die Höhe der *Remesas* im Jahr 2007 auf 700
Mio. US$ (http://www.iadb.org/mif/remesas_map.cfm?language=English&parid=5) [21.11.2008].
Die Weltbank geht von der weitaus niedrigeren Summe von 341 Mio. Dollar aus, betont aber
dennoch die Bedeutung der Remesas als wichtigste Einnahmequelle aus dem Ausland. Aus ihrem
Bericht geht weiterhin hervor, dass die relative Armutsrate bis zum Jahr 2007 auf 35,6 % gesunken
ist, während der Bevölkerungsanteil, der in absoluter Armut lebt, allerdings auf 19,4 % angestie-
gen ist (http://go.worldbank.org/DSVOJMHDC0) [21.11.2008]. Relative Armut motiviert zur
Migration, wer jedoch in absoluter Armut lebt, verfügt i.d.R. nicht über die dafür erforderlichen
Ressourcen, sondern kämpft ums tägliche Überleben. Auch die Verschiebung innerhalb der Ar-
mutsanteile lässt daher einen Zusammenhang mit den *Remesas* vermuten.

diese Schätzungen zutreffen, hat also etwa die Hälfte der paraguayischen Bevölkerung ihren physischen Lebensmittelpunkt außerhalb Paraguays. Paradoxerweise trägt aber genau dieser Teil der Bevölkerung in entscheidendem Maße zum Erhalt der Nation bei.

Wie aber wird die dauerhafte Integration und Loyalität der abwesenden Angehörigen gesichert? Wie an anderer Stelle bereits allgemein erläutert wurde, spielen hierbei globale Kommunikationstechnologien eine wesentliche Rolle. Auch die beiden paraguayischen Schwestern nutzen ja das Internet, um regelmäßig mit ihren Kindern und anderen Familienmitgliedern in Paraguay zu kommunizieren. Die Kombination von privaten und öffentlichen Kommunikationsräumen, die das Internet bietet, ermöglicht Paraguayer/innen in der Migration über den Erhalt bereits bestehender Beziehungen auch die Kontaktaufnahme zu Landsleuten in und außerhalb Paraguays. Das Cibervalle-Forum ist nun eine Möglichkeit, trotz geografischer Entfernung am gesellschaftlichen Alltag Paraguays teilzuhaben. Virtuelle Räume wie das Cibervalle-Forum verweisen imaginativ an den Herkunftsort, binden die Akteur/innen an ihn und bringen die Nation gleichsam als virtuelle Konstruktion hervor. Die Nutzer/innen des Cibervalle-Forums leben in Paraguay, in Argentinien, in den USA, in Europa, in Japan und in anderen Teilen der Welt. Die sozialen Landschaften Cibervalles erstrecken sich deshalb über soziale Räume, die weit über Paraguay hinausreichen, zu denen sowohl die physisch-lokalen Lebenswelten der Nutzer/innen als auch gemeinsam geteilte virtuelle Kommunikationsräume gehören. Die Bedeutung Cibervalles unterscheidet sich je nach dem lebensweltlichen Kontext der Nutzer/innen. Aus diesem Grund wird Cibervalle im Folgenden aus den verschiedenen Perspektiven seiner Nutzer/innen beleuchtet, bevor im abschließenden Teil D des Buches seine sozio-technologische Struktur kommunikationsanalytisch, also gewissermaßen von innen, untersucht wird.

12. Wo und mit wem man Tereré* trinkt: Cibervalle ‚multi-sited'

Der virtuelle Sozialraum Cibervalle

Die gemeinsame geografische Referenz der sozialen Formation Cibervalles, also das Land, dem sich die Mitglieder Cibervalles zugehörig oder verbunden fühlen, wurde im vorangegangenen Kapitel vorgestellt. Das kommunikative Zentrum Cibervalles besteht nun aus einem Online-Diskussionsforum, das als Teil eines kommerziellen paraguayischen Webportals über das WWW öffentlich zugänglich und kostenlos nutzbar ist. Das Portal versteht sich als Internetführer für Paraguay und richtet sich mit seinem Angebot an Personen, die Kontaktadressen, aktuelle Nachrichten und andere Informationen rund um Paraguay suchen. Einer Information aus dem Cibervalle-Forum zufolge war www.cibervalle.com im September 2005 neben der Online-Version der paraguayischen Tageszeitung ABC-Color mit mehr als 25.000 Zugriffen täglich die mit Abstand meist besuchte paraguayische Seite im WWW[52].

Abbildung 4: Paraguay als virtuelle Konstruktion

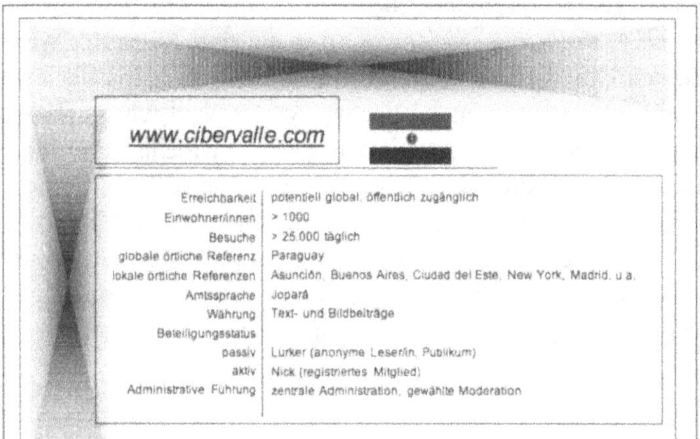

Das Diskussionsforum des Portals wird vor allem von Paraguayer/innen genutzt, von denen allerdings nur ein Teil in Paraguay lebt, ein Großteil der Nutzer/innen verteilt sich auf verschiedene Regionen der Welt. Im Juni 2004 hatte das Cibervalle-Forum laut Aussage seiner Moderatorin mehr als 1000 registrierte Nutzer/innen. Die Hauptsprache im Forum ist das Jopará, allerdings mit einem hohen Spanischanteil, so dass Spanischsprachige den meisten Diskussionen auch ohne Guaraní- bzw. Joparákenntnisse folgen können. Die Text- und Bildbeiträge, die in dem Forum ver-

---

[52] Diese Information wurde von einem Teilnehmer im Cibervalle-Forum veröffentlicht, als Quelle war die paraguayische Zeitschrift *Enfoque Económico* angegeben, die allerdings von mir nicht überprüft werden konnte.

öffentlicht werden, können gelesen werden, ohne dass dazu eine Registrierung als Mitglied erforderlich ist.

Zur aktiven Beteiligung bedarf es allerdings der Registrierung. Dazu ist eine gültige E-Mail-Adresse und die Auswahl eines Nicknamens notwendig, mit dem dann die eigenen Beiträge im Diskussionsforum signiert werden. Die technologische Plattform, auf der das Diskussionsforum läuft, wird von der Unternehmensleitung des Webportals zentral verwaltet und gesteuert, für inhaltliche Belange steht eine von den Nutzer/innen gewählte Moderation zur Verfügung.

Geografische Verteilung der Nutzer/innen und lokale Subgruppen

Angaben zur Nutzer/innenstruktur des Cibervalle-Forums, die etwa die genaue Anzahl der Nutzer/innen, deren geografische Verteilung oder das Geschlechterverhältnis in der Gruppe betreffen, sind schwer zu recherchieren. Auch wenn es mir möglich war, die Anzahl der registrierten Nicknamen (Nicks) zu erfahren, ist diese Zahl doch in mehrfacher Hinsicht irreführend. Zum einen erfasst sie nicht diejenigen Nutzer/innen, die zwar nicht als aktive Mitglieder registriert sind, aber dennoch zu dem sozialen Zusammenhang Cibervalles gehören, weil sie regelmäßig lesen, möglicherweise über andere Kommunikationsmedien mit den im Forum aktiven Cibervaller@s in Kontakt stehen und vielleicht sogar zu den lokalen Treffen gehen. Zum anderen mag es unter den registrierten Nicks eine unbestimmte Anzahl von „Karteileichen" geben, die sich möglicherweise einmal registriert und dann nie wieder die Seite geöffnet und auch sonst nicht in Kontakt mit den Mitgliedern getreten sind. Allgemein ist es sinnvoll, die virtuellen von den „leibhaftigen" Akteur/innen zu unterscheiden, da Mehrfachanmeldungen technisch möglich sind und auch vielfach genutzt werden. Zu den „Karteileichen" gehören auch diejenigen Nicks, die aufgrund von Regelverstößen zeitweise von der aktiven Partizipation am Forum ausgeschlossen wurden, wobei die betroffene Person diese Sanktion einfach unterlaufen kann, indem sie sich mit einem neuen Nick anmeldet. Der alte Nick wird dann möglicherweise selbst dann nicht mehr benutzt, wenn die Teilnahmesperre von der Moderation wieder aufgehoben wird. Auch gibt es Nicks, die zwar auf der virtuellen Ebene sehr aktiv sind, aber niemals bei den lokalen Treffen erscheinen. Die meisten dieser Teilnehmer/innen existieren tatsächlich nur auf der virtuellen Ebene. Es sind sogenannte Clons*, also zusätzliche *Persona*, die dadurch entstehen, dass sich eine Person unter verschiedenen Nicks mehrfach anmeldet und diese auch parallel verwendet.

Auch die geografische Verteilung ist nicht so einfach festzustellen. Gleichwohl scheint die Lokalisierung der Kommunikationspartner/innen augenscheinlich auch für die Nutzer/innen von großem Interesse zu sein, so dass diese Frage nahezu immer schon bei der Begrüßung eines neuen Cibervaller@s geklärt und auch im Zuge verschiedener Formatsänderungen an der Seite immer wieder aufgegriffen wird. Aus den genannten Gründen ist die folgende Beschreibung der Nutzer/innenstruktur als eine Annäherung an die Gestalt von Cibervalle zu verstehen, wie sie sich mir in der Zeit meiner Forschung dargestellt hat, wobei ich betonen möchte, dass die Zusammensetzung von Cibervalle beständigem Wandel unterliegt.

Als öffentlich zugängliche und – zum Zeitpunkt der Forschung – eine der wichtigsten paraguayischen Websites im WWW greifen Nutzer/innen aus nahezu allen Teilen der Welt auf das Cibervalle-Forum zu. Die aktivsten Nutzer/innen Cibervalles konzentrieren sich allerdings in Süd- und Nordamerika, Europa und Japan. Die geografische Verteilung der Cibervaller@s reflektiert damit die gegenwärtigen Migrationsbewegungen in Bezug auf Paraguay allgemein. Innerhalb Europas hat sich eine feste Gruppe aus Nutzer/innen formiert, die in Frankreich und der Schweiz leben und sowohl auf der virtuellen Ebene sehr aktiv sind als auch lokale Treffen untereinander organisieren. Zugriffe aus Spanien sind verhältnismäßig häufig, aber einer hohen Fluktuation unterworfen. Immer wieder lassen sich Initiativen beobachten, auch die Nutzer/innen in Spanien lokal zu vernetzen und lokale Treffen zu organisieren. Offenbar sind diese Versuche bisher aber erfolglos geblieben, zumindest lassen sich anhand der Forumsaktivitäten keine Hinweise auf regelmäßige Gruppenaktivitäten auf der physisch-lokalen Ebene finden. Möglicherweise spiegelt sich hier die Migrationssituation der Paraguayer/innen in Spanien wider, die mehrheitlich undokumentiert einreisen und den Anforderungen des informellen Arbeitsmarktes entsprechend extrem flexibel und mobil sein müssen, so dass sie häufigen Ortswechseln unterlegen sind und nicht die Möglichkeit haben, sich regelmäßig und intensiv an den virtuellen Aktivitäten zu beteiligen. Die Themen, die von den Nutzer/innen in Spanien eingebracht werden, konzentrieren sich meist auf existenzielle, die Risiken und prekären Bedingungen ihres Aufenthaltsstatus und ihrer Arbeitssituation betreffende Fragen.

Einige wenige Nutzer/innen aus Kanada beteiligen sich regelmäßig und individuell ausschließlich an den virtuellen Aktivitäten, d. h. es gibt hier keine im Forum sichtbare Transformation in physisch-lokale Beziehungen. Anders in den USA, hier hat sich eine lokale Gruppe formiert, die sich trotz geografischer Entfernung unter den Teilnehmer/innen mit zunehmender Regelmäßigkeit trifft und diese Treffen auch an die virtuelle Ebene rückkoppelt. Diese Gruppe ist mit zehn bis fünfzehn Personen zwar verhältnismäßig klein, wirkt aber auf der virtuellen Ebene größer, weil sich die einzelnen Nutzer/innen intensiv an den Diskussionen beteiligen und ihre virtuelle Präsenz durch die Verwendung von Clons* erhöhen. Die Gruppe der in Paraguay ansässigen Cibervaller@s nimmt insbesondere auf der virtuellen Ebene den größten Raum ein. Geht man allerdings von der Anzahl der Teilnehmer/innen an den lokalen Treffen aus, relativiert sich dieser Eindruck, denn auf der physisch-lokalen Ebene ist die Gruppengröße in etwa vergleichbar mit der Gruppe der Cibervaller@s in Argentinien. Die in Paraguay ansässigen Nutzer/innen teilen sich zudem nochmals in zwei lokale Gruppen. Eine davon organisiert ihre Treffen vorwiegend in der Hauptstadt Asunción, die andere in Ciudad del Este. Allerdings gibt es enge Beziehungen zwischen den beiden Gruppen und regelmäßige gemeinsame Treffen. Die argentinische Gruppe umfasste zum Zeitpunkt der Feldforschung in etwa 50 Personen, wobei sich auch hier im Laufe der Zeit interne Differenzierungen ergeben haben. Ihre Treffen finden in der Regel in Buenos Aires statt. Im Vergleich zu den Cibervaller@s in Paraguay sind die Mitglieder dieser Gruppe auf der physisch-lokalen Ebene aktiver, auf der virtuellen Ebene sind sie dafür weniger präsent.

Lebensweltliche Kontexte der Nutzer/innen und sozialstrukturelle Zusammensetzung Cibervalles

Wie lassen sich diese umgekehrten Diskrepanzen zwischen virtueller und lokaler Präsenz der beiden Gruppen erklären? Die Figuren, die in der ethnographischen Doku-Fiktion vorgestellt wurden, veranschaulichen die Verschiedenheit der lebensweltlichen Kontexte der Bewohner/innen von Cibervalle. Mariana beispielsweise lebt und arbeitet in den USA und leistet damit einen wesentlichen Beitrag zur Existenzsicherung ihrer Familie in Paraguay. Mariana hat zuhause einen Computer mit Internetzugang, den sie hauptsächlich in den Abendstunden und am Wochenende, also in ihrer Freizeit nutzt, um mit ihrer Familie und Freund/innen zu kommunizieren und um sich über die aktuellen Entwicklungen und Ereignisse in ihrem Heimatland zu informieren. Eduardo hingegen, der in Paraguay lebt und im Informatikbereich der öffentlichen Verwaltung arbeitet, ist an diesem Tag überhaupt nicht online, denn er hat zuhause keinen Internetzugang. Wie die meisten in Paraguay lebenden Cibervaller@s hat Eduardo regelmäßig Zugang zum Internet, wenn er sich an seinem Arbeitsplatz aufhält. Carlos hingegen, der als Hilfsarbeiter auf einer Baustelle in Buenos Aires arbeitet und keinen festen Wohnsitz hat, besucht ein Internetcafé in der Nähe seines Arbeitsplatzes, der ihm gleichzeitig als Schlafplatz dient, wenn er sich an den Cibervalle-Aktivitäten beteiligen und mit seinen Freund/innen kommunizieren will.

Der Ort des Zugangs beeinflusst also die Praktiken der Nutzung im Hinblick auf die Nutzungszeiten, die Intensität der Teilnahme und die Erreichbarkeit. Teilnehmer/innen wie Mariana, die ihren Internetzugang zuhause haben und über einen Pauschaltarif verfügen, können immer online sein. Sofern sie sich in ihrer Wohnung aufhalten, sind sie immer erreichbar, auch wenn sie gerade nicht vor dem Computer sitzen. Die Teilnahme derjenigen, die wie Eduardo an ihrem Arbeitsplatz Zugang zum Internet haben, beschränkt sich weitgehend auf die üblichen Arbeitszeiten und wird darüber hinaus mehr oder weniger stark durch die Arbeitsverpflichtung des Teilnehmers restringiert bzw. durch Vorgesetzte kontrolliert und eingeschränkt. Auch die visuelle Präsenz der Teilnehmer/innen kann durch die (befürchteten) Restriktionen durch die Arbeitgeberin beeinflusst werden. So verzichten manche Mitglieder auf die Teilnahme an den lokalen Treffen oder bemühen sich zumindest, nicht auf den Fotos zu erscheinen, um der Gefahr zu entgehen, später im Forum identifiziert zu werden. Darüber hinaus hängt die virtuelle Existenz der Arbeitsplatz-Nutzer/innen im Wesentlichen an ihrem Beschäftigungsverhältnis. Häufig wird das plötzliche Verschwinden eines Mitglieds in Paraguay damit begründet, dass die Person den Arbeitsplatz gewechselt hat.

Die Teilnehmer/innen, deren Zugang auf Internetcafés beschränkt ist, werden insbesondere in ökonomischer Hinsicht eingeschränkt, weil jede Minute online bezahlt werden muss. Um den virtuellen Raum Cibervalle betreten zu können, müssen sie darüber hinaus ihre physisch-lokale Position verändern. Sie müssen ein Internetcafé aufsuchen, das sie nach Beendigung der Kommunikation wieder verlassen. Anders gesagt, die virtuelle Kommunikation wird sozialräumlich separiert von der übrigen Lebenswelt der Nutzer/innen. Aufgrund der ökonomischen und sozialräumlichen Rahmung der Internetnutzung kann man vermuten, dass die Zeit am Computer bei den Nutzer/innen von Internetcafés tendenziell kürzer ist, die Nutzung folglich konzentrierter und weniger in die übrigen Alltagsroutinen integriert erfolgt als bei denjenigen, die zuhause oder am Arbeitsplatz auf das Internet zugreifen, während sie gleichzeitig neben der Internetnutzung andere alltägliche Dinge tun.

Vergleicht man nun die örtlichen Kontexte des Zugangs und lebensweltlichen Situationen der Nutzer/innen, werden gewisse sozio-kulturelle und sozialstrukturelle Unterschiede deutlich. In Paraguay ist das Internet (noch) ein Medium, dessen Nutzung tendenziell privilegierten Bevölkerungsschichten vorbehalten ist. Das hängt vor allem mit den in Relation zu den Lebenshaltungskosten und Einkommensverhältnissen extrem hohen Kosten für Telekommunikation zusammen. Es gibt ein staatlich kontrolliertes Monopol der Telekommunikation in Paraguay. Der Aktiengesellschaft „Compañia Paraguaya de Comunicaciones S. A." (Copaco), deren einziger Eigner der paraguayische Staat ist, obliegt bis heute die nationale Versorgung mit Festnetzanschlüssen und Internetzugängen. Zu Beginn der 1990er Jahre entstand in Paraguay ein zusätzlicher freier Markt für Mobilfunkkommunikation, der vor allem die Kommunikationsbedürfnisse in den ländlichen Gebieten Paraguays bedient, die bis dahin von der staatlichen Telekommunikationsgesellschaft vernachlässigt worden war (Orué Pozzo 1999:35). Aber auch in den urbanen Lebensräumen Paraguays hat sich die Mobilfunkkommunikation auffallend schnell verbreitet. Für eine große Anzahl von Haushalten, deren Festnetzanschlüsse gesperrt wurden, weil sie im Zuge von Wirtschaftskrisen und zunehmender Arbeitslosigkeit ihre Rechnungen nicht bezahlen konnten, bietet sie eine alternative Möglichkeit der Telekommunikation. In der Zeit zwischen 1998 bis 2004 sank der Anteil der Haushalte, die über einen Festnetzanschluss verfügen, von 23 %

auf 16,1 % (Lachi 2004:6). Dementsprechend noch geringer (1,8 %)[53] ist die Zahl der Haushalte, die über einen Internetzugang verfügen. Gleichwohl verbreitet sich auch in Paraguay das Internet, was sich etwa an der zwischen 1999 und 2001 rasant gestiegenen Zahl von *Cibercafés* beobachten lässt.[54] Die Zugangs- und Verbindungsqualität weist allerdings große Mängel auf, die in Verbindung mit weltweit wachsenden Datenmengen die Nutzung in Paraguay zunehmend erschweren. So klagen Verbraucher/innen nicht nur über zu hohe Preise, sondern auch über extrem langsame Verbindungen und häufige Netzausfälle[55]. In einer vergleichenden Studie über Verbreitung und Nutzungsformen des Internets in Lateinamerika kommen Herzog et al. zu folgendem Ergebnis:

> „In Lateinamerika stellt in jedem Fall das auf der Individualnutzung basierende Modell des Nordens auf absehbare Zeit lediglich für eine Minderheit eine Möglichkeit dar und sind kollektive Zugangsorte von zentraler Bedeutung" (2002:25).

Ähnlich wie in anderen lateinamerikanischen Ländern verbreitet sich das Internet auch in Paraguay weniger über Privathaushalte als über kollektive, hier meist kommerzielle Zugänge, die in *Cibercafés* gegen Entgelt zur Verfügung gestellt werden. Diese Form der Internetnutzung scheint aber nicht nur für Lateinamerika charakteristisch zu sein. Auch jüngere Studien, die sich mit den lokalen Praktiken der Internetnutzung in anderen Weltregionen, wie etwa Marokko (Braune 2008) oder den Phillipinen (Pertierra 2006) beschäftigen, betonen die zentrale Bedeutung kollektiv genutzter Internetzugänge. Während Chen, Boase und Wellman (2002) weltweit starke Ähnlichkeiten in den Praktiken der Internetnutzung konstatieren und sich zu der Prognose hinreißen lassen, „Internet use worldwide will follow the North American developmental path. In part, this is an outgrowth of North American cultural domination (2002:109)[56], weisen die Entwicklungen außerhalb Nordamerikas eher darauf hin, dass das Modell der Individualnutzung – weltweit betrachtet – eine Ausnahme darstellt.

Hohe Zugangs- und Nutzungskosten der Internettechnologien stellen nach Herzog et al. in Lateinamerika „in allen untersuchten Ländern eine entscheidende Bar-

---

[53] ABC-Color, *Maletín Macroeconómico*, Printversion vom 30.01.2005.
[54] Die Anzahl der Internetnutzer/innen stieg zwischen 2000 und 2007 in Paraguay von 20.000 (0,4 % der Bevölkerung) auf 260.000 (4,5 %) (vgl. http://www.internetworldstats.com [21.11.2008]).
[55] Die neue Regierung unter Fernando Lugo scheint sich nun dem Problem anzunehmen und strebt in diesem Zusammenhang an, die von Verbraucherorganisationen geforderte Liberalisierung des nationalen Telekommikationsmarktes voranzutreiben (vgl. http://www.abc.com.py/especiales/internetlibre [19.01.2009]).
[56] Die Ergebnisse basieren auf der Auswertung statistischer Daten, die im Rahmen einer Online-Befragung von National Geographic aus dem Jahre 2000 durchgeführt wurde. Nach Angaben der Autoren wurden die Antworten von 20.282 Befragten aus 178 Staaten ausgewertet, von denen allerdings 80 % aus Nordamerika kamen. Aus einem so begrenzten Datensatz eine so weitreichende These zu entwickeln, erscheint mir nicht nur borniert, sondern auch in methodischer und forschungsethischer Hinsicht fragwürdig.

riere ihrer Verbreitung dar" (2002:26). Dabei betonen die Autoren, dass auch die Qualität des Zugangs den Preis beeinflusst, tendenziell langsamere Verbindungen und höhere Störanfälligkeit die Nutzung zusätzlich verteuern. Was Herzog et al. hier allgemein für Lateinamerika feststellen, gilt in besonderem Maße für Paraguay. Hier konzentrieren sich die qualitativ guten Internetzugänge in den *Shopping-Centers* der urbanen Zentren Asunción und Ciudad del Este, die sich mit ihrem Angebot vorwiegend an die oberen Einkommensklassen richten. Gleichwohl findet sich auch in den ländlichen Gebieten in jedem größeren Ort ein Cibercafé. Die Preise sind gemessen an den Lebenshaltungskosten und Einkommensverhältnissen der Paraguayer/innen allerdings sehr hoch[57]. Der beste Ort, um sich ohne zeitlichen Druck und regelmäßig an den Aktivitäten in Cibervalle zu beteiligen, scheint für die in Paraguay ansässigen Teilnehmer/innen der Arbeitsplatz zu sein, wenn sie nicht zu der verschwindend geringen Minderheit gehören, die einen Internetzugang zuhause haben. Einen mit Computer und Internetzugang ausgestatteten Arbeitsplatz haben nun vor allem höhere Angestellte in den Berufsgruppen Informatik, öffentliche Verwaltung und Wirtschaft, ein Personenkreis also, der über höhere Bildungsabschlüsse verfügt und im Vergleich zur Restbevölkerung ökonomisch besser gestellt ist.

In den Hauptzielorten paraguayischer Migrant/innen, d.h. in den verschiedenen Regionen in den USA, Japan und Europa sowie in der argentinischen Metropole Buenos Aires sind die Einrichtungs- und Verbindungskosten, gemessen am Verdienst und den Lebenshaltungskosten, weitaus niedriger, die Verbreitung und Qualifizierung von Internetzugängen außerdem weiter fortgeschritten. In der Folge findet man nicht nur an nahezu jeder Straßenecke ein Internetcafé mit erschwinglichen Preisen, auch die Installation eines eigenen Internetanschlusses zuhause ist in der Migration leichter möglich, vorausgesetzt man hat einen festen Wohnsitz.

Die Lebensbedingungen der Paraguayer/innen in der Migration unterscheiden sich allerdings erheblich von denen der in Paraguay ansässigen Cibervaller@s. Wie weiter oben bereits erläutert wurde, hat die Migration oftmals paradoxe Auswirkungen auf den sozialen Status der Akteur/innen. Dies betrifft insbesondere die wirtschaftliche Situation, die Bildungschancen und das Ansehen der Familie einerseits und der migrierenden Angehörigen andererseits. Betrisey (2000) zeigt beispielsweise, wie im öffentlichen Diskurs in Argentinien die Migration aus den Nachbarländern als Problem und die Migrierenden als kulturell Andere konstruiert werden, die den gesellschaftlichen Wertekonsens in Gefahr bringen. Argentinien ist zwar seinem

---

[57] Der gesetzliche Mindestlohn Paraguays liegt im Januar 2005 bei 972.413 Guaraníes (Gs.), das entspricht in etwa 136,– Euro. Die Lebenshaltungskosten sind gemessen am Durchschnittseinkommen sehr hoch. Ein Liter Milch kostet zur selben Zeit etwa 2500,– Gs. (0,35 Euro) Die Kosten für die Internetnutzung in einem Cibercafé liegen je nach Qualität der Verbindung bei 2500 bis 5000 Gs. pro Stunde.

Selbstverständnis nach ein Einwanderungsland, seine nationale Identität wird aber vor allem auf der Grundlage importierter kultureller Werte und Praktiken europäischer Einwanderer/innen konstruiert. Die Diskriminierung paraguayischer, bolivianischer oder peruanischer Migrant/innen erfolgt deshalb auf der Basis einer rassistischen Abgrenzung zwischen Europäischstämmigen und Nachkommen nativer Südamerikaner/innen[58]. Diskriminierungserfahrungen und die Konstruktion ethnischer Differenz zwischen Argentinier/innen und den verschiedenen Migrationsgruppen werden folglich hauptsächlich durch ethnische Marker wie Hautfarbe und Akzent hergestellt und immer wieder reproduziert, wie Spiegel (2005) in einer ethnographischen Studie über die Lebenssituation bolivianischer junger Frauen in Buenos Aires sehr anschaulich darstellt.

Auch die Lebenssituation der meisten Cibervaller@s in Buenos Aires ist durch Diskriminierungserfahrungen und erschwerte Bedingungen geprägt. Die meisten arbeiten in Niedriglohnsektoren als Verkäufer/in, Reinigungskraft, Hausangestellte, Krankenpfleger/in oder Hilfsarbeiter auf Baustellen. Sie haben oft keinen formalen Arbeitsvertrag, sind nicht versichert und weitgehend der Willkür ihrer Arbeitgeber/innen ausgesetzt, weil für sie – zumal ohne gültige Aufenthaltserlaubnis – kaum die Möglichkeit besteht, ihre Rechte einzuklagen. Gleichzeitig versuchen viele, sofern ihr Aufenthaltsstatus dies zulässt, das qualitativ höherwertige Bildungssystem und die kostenlose Möglichkeit eines weiterführenden Studiums zu nutzen. In der Realität zeigt sich allerdings, dass die Lebens- und Arbeitsbedingungen in der Migration den erfolgreichen Abschluss eines Studiums enorm erschweren. Schule und Universität sind in Argentinien institutionelle Orte, an denen Migrant/innen als Abweichung von der Norm konstruiert und stigmatisiert werden (vgl. Spiegel 2005).

Wie ein Großteil der paraguayischen Bevölkerung in Buenos Aires fühlen sich auch die meisten der Cibervaller@s den ländlichen Gebieten, vor allem *Misiones* und *Itapúa,* zugehörig. Auch wenn der Zugang für Migrant/innen tendenziell beschränkt ist, werden die infrastrukturellen Bedingungen, die soziale und medizinische Versorgung sowie die Bildungs- und Verdienstmöglichkeiten in der argentinischen Metropole als weitaus besser beschrieben als am Lebensort in Paraguay. Während sie als paraguayische Migrant/innen in Buenos Aires wenig soziale Anerkennung genießen, können die Cibervaller@s den Unterschied im Einkommen und den Lebenshaltungskosten hier und dort nutzen und dazu beitragen, ihr Ansehen und das der Familie zu erhöhen. Diese paradoxe Dynamik spiegelt sich nun in den Zu-

---

[58] Diese spiegelt sich auch in den Migrationsstatistiken des argentinischen Amts für Statistik (INDEC) wider. Hier werden zwei Kategorien benutzt („migrantes limítrofes y del Peru"/ „migrantes no-limítrofes"), um Migrant/innen aus den Nachbarländern von denen zu unterscheiden, die nicht aus den Nachbarländern kommen, wobei bezeichnenderweise Peruaner/innen der ersten Kategorie zugeordnet werden, obwohl Peru nicht zu Argentiniens Nachbarländern zählt.

gangs- und Nutzungschancen des Internets und führt zu interessanten sozialstrukturellen Modifikationen in der virtuellen Kommunikation. In Cibervalle begegnen sich plötzlich Angehörige unterschiedlicher sozialer Klassen und Lebensstile als Kommunikationspartner/innen, die im physisch-sozialen Raum Paraguays entweder in voneinander getrennten Milieus leben oder deren Beziehungen zueinander dort tendenziell hierarchisch strukturiert sind.

„Ein Fenster nach Paraguay" – Die Bedeutung Cibervalles in der Migration

Von den in der Migration lebenden Forumsnutzer/innen wird das Cibervalle-Forum häufig als Fenster nach Paraguay bezeichnet, das ihnen eine Möglichkeit bietet, trotz physischer Abwesenheit im Alltag des Herkunftslandes integriert zu bleiben. Das Forum ist für sie eine Möglichkeit, ihre Sprache zu sprechen, das Heimweh zu lindern, an aktuellen gesellschaftlichen Veränderungen Anteil zu nehmen, aber auch um Erfahrungen mit Landsleuten auszutauschen, die sich in einer ähnlichen Situation befinden. Je nach individuellem Hintergrund der Nutzer/in wird die Beteiligung an Cibervalle etwa mit spontanen, unregelmäßigen Besuchen in einer Kneipe verglichen, in der man Bekannte treffen, sich unterhalten und die Zeit vertreiben kann. Die Begegnungen in Cibervalle unterscheiden sich von einem Besuch in einer Kneipe am Lebensort in der Migration vor allem im Hinblick auf Sprache, Gesprächsthemen, Interessen und Musikgeschmack, wobei betont wird, dass der oder die Nutzer/in die Möglichkeit hat, zwischen den sozialen Beziehungen am Lebensort und den medial vermittelten Beziehungen zu wählen, die imaginativ an den Herkunftsort verweisen. Cibervalle kann allerdings auch zum Zentrum der eigenen Lebenswelt werden, wo der Großteil der sozialen Beziehungen gelebt und physisch-lokal situierte Beziehungen und Praktiken zum Teil substituiert werden.

> „Ich fühle mich besser wenn ich hier sitze und mich mit dir unterhalte, als wenn ich zum Beispiel durch NYC schlendern und mir Schaufenster anschauen würde ... es mag Leute geben, die sagen, das sei Sich in seinem eigenen Zimmer einschließen, aber ich sehe das nicht so ... wenn etwas von unserer Unterhaltung bleibt, nachdem wir uns nach ein paar Stunden ausgeloggt haben, wird es für mich keine verlorene Zeit gewesen sein ... im Gegenteil, dann habe ich etwas gelernt und das ist das, was zählt.. und wenn du auch etwas gelernt hast, umso besser" (Condor, New York, *IM-Konversation*).

Condor lebt und arbeitet seit mehreren Jahren ohne formale Aufenthaltserlaubnis in New York. Er interpretiert sein aktuelles Sozialleben, das sich überwiegend im Virtuellen abspielt, im Kontext seiner biographischen Erfahrungen. Er habe schon immer etwas zurückgezogen gelebt, auch als er seinen physischen Lebensmittelpunkt noch in Paraguay hatte. Gleichwohl scheut Condor weder Kosten noch Mühen, um sich regelmäßig mit anderen Cibervaller@s zu treffen, die mehrere hundert Kilometer von ihm entfernt in den angrenzenden US-amerikanischen

Bundesstaaten leben. Darüber hinaus ist Condor nahezu immer online. Er steht morgens auf und vor allem anderen fährt er als erstes seinen Computer hoch und loggt sich in seinen Instant Messenger* ein. Gemessen am Grad seiner kommunikativen Vernetzung erscheint die Selbstbeschreibung seines Soziallebens widersprüchlich. Condor lebt nicht zurückgezogen. Die soziale Isolation am physisch-lokalen Lebensort kompensiert er mit computervermittelten Beziehungen und der Teilnahme an den lokalen Treffen mit anderen Cibervaller@s.

Oft wird von den außerhalb Paraguays lebenden Nutzer/innen betont, dass sie ohne das Cibervalle-Forum kaum die Möglichkeit hätten, mit Landsleuten in Kontakt zu kommen, ihre Sprache zu sprechen und ihre Herkunftsgeschichte zu pflegen. Wie die Schilderungen weiter oben zeigen, scheint diese Bedingung für Paraguayer/innen in Buenos Aires jedoch nicht zuzutreffen. Dennoch begründen auch die Mitglieder der lokalen Gruppe, die ich während der Feldforschung in Buenos Aires kennen gelernt habe, die besondere Bedeutung Cibervalles mit der Möglichkeit, Landsleute zu treffen und Freundschaften zu schließen. Entweder sie haben, bevor sie das Cibervalle-Forum entdeckten, sehr isoliert gelebt und hatten so gut wie kein soziales Leben oder aber sie waren bisher vorwiegend mit Argentinier/innen befreundet. In jedem Fall hat erst Cibervalle sie in Kontakt mit anderen Paraguayer/innen gebracht, erläutern meine Gesprächspartner/innen übereinstimmend. Wie lässt sich das erklären, angesichts der beschriebenen Präsenz paraguayischen Lebens in Buenos Aires, die ja auch von den Cibervaller@s selbst wahrgenommen und mitunter ironisiert wird? („Buenos Aires ist eine paraguayische Provinz.")

In der Zeit meiner Feldforschung fand in Buenos Aires ein für die ‚colectividad paraguaya' [Gesamtheit der Paraguayer/innen] offenbar sehr wichtiges Ereignis statt. Die Ankunft der *Jungfrau von Caacupé*[59] wurde gefeiert, die jährlich per Schiff von Paraguay nach Buenos Aires gebracht wird und dort von Kapelle zu Kapelle wandert, um in jeder eine geraume Zeit zu verweilen, bevor sie wieder in ihre Heimatkirche in Paraguay zurück gebracht wird. Am Tag der Ankunft organisierten die Cibervaller@s in Buenos Aires ein Treffen in einer der städtischen Parkanlagen. Das Treffen hatte keinerlei Bezug zu dem paraguayischen ‚Feiertag'. Es gab auch auf Seiten der Mitglieder keinen Einspruch wegen des gewählten Termins, niemand hatte offenbar das Bedürfnis, die Jungfrau von Caacupé in Empfang zu nehmen. Wie kommt es, dass die Cibervaller@s kein Interesse an einem Ereignis haben, das für die ‚colectividad paraguaya' von zentraler Bedeutung ist? Warum nutzen sie nicht ein solches Ereignis oder eine der zahlreichen paraguayischen Vereine, um in Kontakt mit Landsleuten zu kommen?

---

[59] Die Jungfrau von Caacupé ist die Schutzheilige von Paraguay, die in einer jährlich am 8. Dezember (Mariä Empfängnis) stattfindenden Prozession durch Caacupé getragen wird. Die religiösen Feierlichkeiten rund um diesen Tag ziehen jedes Jahr unzählige Pilgernde aus dem ganzen Land an.

Wie weiter oben geschildert wurde, war der Besuch der ‚Fiesta de San Juan' in Buenos Aires für Iwashita ein enttäuschendes Erlebnis. Ihre Enttäuschung hing mit den Restriktionen zusammen, die von den Institutionen der Mehrheitsgesellschaft auferlegt werden und paraguayische Migrant/innen in der Ausübung kultureller Praktiken und der Aneignung von sozialem Raum einschränken. In den Gesprächen, die ich mit Iwashita geführt habe, grenzte sie sich immer wieder deutlich vom paraguayischen Leben in Buenos Aires ab: Sie teilt den Musikgeschmack der Paraguayer/innen nicht und kritisiert die Art des Umgangs miteinander, insbesondere zwischen den Geschlechtern. Sie verachtet den paraguayischen *Machismo* ebenso wie die Kultur des „*callarte*" [halt den Mund], die sie mit den Erfahrungen der Paraguayer/innen mit der Strössner-Diktatur in Zusammenhang bringt. Sie hat sich in der ersten Zeit ihres Lebens in Buenos Aires bewusst von den paraguayisch markierten Orten und Aktivitäten ferngehalten, weil sie ihr schmutzig, beschämend und demütigend erscheinen. Sie studiert an der staatlichen Universität Erziehungswissenschaft, identifiziert sich mit der jugendlichen Techno-Szene in Buenos Aires, über die sie ihren Freund kennengelernt hat, mit dem sie zum Zeitpunkt der Forschung zusammenlebt. Gemeinsam engagieren sich beide in einem Gesundheitsprojekt in ihrem Wohnbezirk.

Über ihre Beteiligung an den Diskussionen im Cibervalle-Forum wurde sie dann auf die Aktivitäten der Gruppe in Buenos Aires aufmerksam und ging zu einem Treffen, „weil ich neugierig war zu erfahren, welche Personen hinter den Nicks stecken." Dabei ging sie davon aus, dass auch die anderen sich von dem paraguayischen Leben abgrenzen würden, das sie in Buenos Aires bewusst gemieden hat. „Ich dachte, nun sie haben Internet, vielleicht sind sie etwas weltoffener und progressiver als der Rest." So wie Iwashita erzählen auch die anderen Mitglieder von dem einen oder anderen Versuch, in Buenos Aires in Kontakt mit Paraguayer/innen zu kommen, nur um sich wieder abzuwenden angesichts der Misere, die sie in den Villas vorfinden, in denen die Mehrzahl der Paraguayer/innen lebt. Carlos, für den die Cibervalle-Gruppe den Stellenwert einer Familie hat, besuchte kurz nach seiner Ankunft in Buenos Aires seine Tante, die in einer der Villas im Süden der Stadt lebt. Danach sei er nie wieder dorthin gefahren, ihm habe das „Ambiente" nicht gefallen, zu viele Drogen und zu viel Gewalt.

Das anfängliche Interesse, mit dem sich die Neuankömmlinge den paraguayischen Vereinen und Lokalitäten in Buenos Aires zunächst nähern, wandelt sich angesichts der sozialen und kulturellen Misere, die sie vorfinden, in Scham und Abscheu. Wenn sich die Cibervaller@s in Buenos Aires also bewusst von dem abgrenzen, was dort gemeinhin als Leben und Kultur der ‚colectividad paraguaya' angesehen wird, warum betonen sie dann trotzdem den Wert des Cibervalle-Forums als Möglichkeit der Kontaktaufnahme mit Landsleuten? Anders gefragt, warum ist es überhaupt wichtig, sich mit Landsleuten zu vergemeinschaften, wenn, wie in Buenos Aires, sprachliche Verständigung mit der sich als einheimisch definierenden Bevölkerung kein Problem ist?

Der in Buenos Aires lebende Cibervallero Ariel schickte mir in einer Messenger*-Konversation den Link zu einem Artikel, der jüngst in der argentinischen Tageszeitung *El Clarín* erschienen war. Dieser Artikel fasst die Ergebnisse einer sozialwissenschaftlichen Untersuchung über Praktiken der Diskriminierung von Migrant/innen in Argentinien zusammen und hebt hervor, dass *Paragua* [span. Regenschirm] und *Bolita* [span. Kügelchen][60] zu den prominentesten Schimpfwörtern gehören, die Kinder und Jugendliche in den Armenvierteln Argentiniens benutzen. Ariel, der seit seinem 14. Lebensjahr in Buenos Aires lebt und auch dort die Schule beendet hat, setzt die Ergebnisse der Studie mit seinen persönlichen Erfahrungen in Beziehung und erläutert:

> „Die Argentinier diskriminieren sehr viel, wenn du nur schon etwas dunklere Haut hast oder so. Es stimmt, was sie sagen, dasselbe ist mir auch passiert als ich hier her kam. Ich hatte keinen Namen, sondern ich war *Paragua*, so hieß ich für sie. Und überall sagen sie *Paragua* zu dir oder *Bolita*, wenn du Bolivianer bist. Außerdem behandeln sie dich als *mal hablados* [Schlechtsprecher, *Anmerkung H.G.*], wenn du einen anderen Akzent hast. Und nur weil du einen Akzent hast, der sich von ihrem unterscheidet, heißt das doch nicht, dass du schlecht sprichst. Es stimmt auch, was in dem Bericht steht, dass die Argentinier glauben, sie hätten weniger Arbeit, weil es so viele Migranten hier gibt. Sie sagen, ,*Diese Scheiß Paraguas nehmen uns die Arbeit weg.*‘ Dabei gibt es auch viele Argentinier in Paraguay, aber das sehen sie nicht. Ich finde das sehr ungerecht. In der Schule habe ich einen gesucht, der genauso spricht wie ich, aber es gab keinen. Zumindest in meiner Klasse gab es keinen. Und ich hatte nur einen einzigen Freund. Denn wenn du so bist, dann wollen sie manchmal gar nicht mit dir zusammen sein. Es war sehr schwer für mich am Anfang. Es war wirklich nicht leicht" (Ariel, Buenos Aires, *IM-Konversation*).

Fragt man nach den individuellen, sozialen und gesellschaftlichen Bedingungen, unter denen „Individuen sich selbst als einem Kontext zugehörig verstehen, erkennen und achten können" (Mecheril & Hoffarth 2004:229), ist die Fähigkeit, die jeweilige National- oder Verkehrssprache zu sprechen, eine in Integrationsdiskursen gern genannte Voraussetzung, die auf den ersten Blick plausibel erscheint. In Ariels Erfahrungsbericht wird allerdings deutlich, dass die Fähigkeit zur sprachlichen Verständigung keinesfalls ausreicht, um als gleichwertiger Kommunikationspartner anerkannt zu werden. Sowohl Paraguayer/innen als auch Argentinier/innen sprechen Spanisch. Man könnte also folgern, dass paraguayische Migrant/innen in sprachlicher Hinsicht die Voraussetzungen erfüllen, die zur Mitgliedschaft im natio-ethno-kulturellen Zugehörigkeitskontext Argentinien befähigen. Die legi-

---

[60] Wortspiele, die auf der Ähnlichkeit zwischen *Paraguay* und *Paragua* [Regenschirm] bzw. *Bolivian* und *Bolita* [Kügelchen] gründen.

time Sprechweise in Argentinien ist aber nicht Spanisch, sondern argentinisches Spanisch. Die paraguayische Variante des Spanischen wird nun nicht nur als Abweichung wahrgenommen, sondern als Sprachinkompetenz („Schlechtsprecher") herabgewürdigt.

> „Natio-ethno-kulturelle Mitgliedschaft wird (...) phänotypisch und para-phänotypisch erkannt. Die dem Erkennen zugrunde liegende symbolische Ordnung kann als *physiognomischer Code* bezeichnet werden" (Mecheril 2003:154).

In Buenos Aires sind die „etwas dunklere Haut" und der abweichende Akzent Signale, die Paraguayer/innen „erkennbar" machen. Mit der Klassifizierung als „Paragua" und „Schlechtsprecher" werden sie nicht nur auf ihre Herkunftskultur zurückgeworfen und zu „natio-ethno-kulturellen Anderen" (ebd.) stilisiert. Diese natio-ethno-kulturelle Identität, auf die sie festgelegt werden, wird zudem in Relation zum ‚Argentinischsein' als minderwertig eingestuft. Die rassistische Diskriminierung im Alltag in Kombination mit den exemplarisch beschriebenen Restriktionen bei der Ausübung kultureller Praktiken und der Teilhabe an gesellschaftlichen Ressourcen prägen das Leben der Paraguayer/innen in Buenos Aires. Die beschämende Gestalt, in der ‚Paraguayischsein' im Migrationskontext Buenos Aires wahrgenommen wird, reflektiert also weniger natio-ethno-kulturelle Idiosynkrasien einer Herkunftskultur als vielmehr die sozialen Auswirkungen struktureller Diskriminierung und Prekarisierung von Lebensbedingungen in der Migration.

Trotz ihrer Abgrenzungsversuche werden auch die Cibervaller@s im Alltag wegen ihrer Art zu sprechen oder ihres Aussehens immer wieder als Andere konstruiert und auf ihre paraguayische Herkunft zurückgeworfen, wie das Beispiel Ariels zeigt. Cibervalle wird in dieser von Diskriminierung und sozialer Exklusion geprägten Lebenssituation zur Möglichkeit, alternative, auf der Imagination und Aufwertung einer gemeinsamen Herkunftskultur basierende Zugehörigkeitskontexte zu schaffen.

> „Zugehörigkeitskontexte sind empirische Annäherungen an idealtypische Zusammenhänge, in denen sich Individuen als Gleiche unter Gleichen erfahren (Dimension: Mitgliedschaft), in denen sie Handlungsmächtigkeit entwickeln und einbringen (Dimension: Wirksamkeit) und denen sie schließlich verbunden sein können (Dimension: Verbundenheit)" (Mecheril & Hoffarth 2004:234).

Die lokalen Treffen der Cibervaller@s in Buenos Aires finden meist in allgemein öffentlichen Räumen statt, beispielsweise in Parkanlagen, oder aber in ethnisierten semi-öffentlichen Räumen wie der *Casa Paraguaya*, einem paraguayischen Kulturzentrum. Sie werden genutzt, um neue Mitglieder herzlich zu empfangen und um die virtuell geknüpften Beziehungen zwischen den Mitgliedern zu intensivieren und zu verstetigen. Man verbringt schöne Stunden mit „Seinesgleichen" und schätzt die Möglichkeit, in Buenos Aires paraguayisch sein zu können, also beispielsweise Jopará zu sprechen und Tereré* zu trinken, ohne dabei dem *othering* der Mehrheitsgesellschaft ausgesetzt zu sein[61]. Es wird viel miteinander gesprochen, man erzählt sich Persönliches über die eigene Biographie und Migrationsgeschichte. Man teilt die Sorgen, sowohl im Hinblick auf die aktuelle persönliche Situation als Migrant/in als auch auf die politische und soziale Situation Paraguays. In den Selbstbeschreibungen der Gruppeneigenschaften werden häufig die gemeinsame regionale Zugehörigkeit in Bezug auf den paraguayischen Lebensort sowie die Identifizierung mit der ländlichen Kultur hervorgehoben. Die ländliche Kultur wird mit dem Bild des einfachen Bauern assoziiert: Der Arme, der niemals seine Tür verschließt, der mit anderen teilt, auch wenn er nichts hat, und Fremde mit offenen Armen empfängt. Diese Grundhaltung spiegelt sich sehr deutlich in der Gruppenidentität und drückt sich unter anderem in der betont herzlichen und offenen Stimmung bei den lokalen Treffen aus. Jeder Neuankömmling wird von den älteren Mitgliedern umworben, mit Interesse an seiner Person und seiner Geschichte empfangen und in die Gruppe aufgenommen.

In Anbetracht der Lebenssituation in der Migration scheint das explizite und wiederholte Praktizieren der Begrüßung und Integration von Neuankömmlingen, die betont warmherzige Zuwendung und das Umeinanderbemühtsein, wie es auf der lokalen Ebene der Cibervaller@-Gruppe in Buenos Aires zu beobachten ist, vor allem in Zusammenhang mit den alltäglichen Diskriminierungserfahrungen als Migrant/innen Sinn zu ergeben, die an der gleichberechtigten Teilhabe an Ressourcen behindert werden und denen im Alltag mit Argwohn und Ablehnung begegnet wird. Die gemeinsame Herkunftsgeschichte und Zugehörigkeit, geteilte kulturelle Praktiken, die sich allerdings von dem vorherrschenden Bild der *colectividad paraguaya* unterscheiden, sowie die gemeinsame aktuelle Situation als Migrant/innen sind also die wesentlichen Merkmale, die die Gruppe der Cibervaller@s in Buenos Aires kennzeichnen. Während den Cibervaller@s in der Migration die Zugehörigkeit zum natio-ethno-kulturellen Kontext ihres Migrationsziellandes verwehrt wird, finden sie im Cibervalle-Forum ein Instrument zur Schaffung lokaler Zugehörigkeitskontexte, die auf der Imagination einer gemeinsamen Herkunftsgeschichte und -kultur beruhen.

Das Cibervalle-Forum hat allerdings auch für die Nutzer/innen in Buenos Aires keine bloße transitorische Funktion der Lokalisierung und Vergemeinschaftung vor Ort. Zum einen werden die lokalen Ereignisse im Bewusstsein ihrer nachträglichen medialen Transformation geprägt. So kann etwa der Ort, an dem das lokale Treffen stattfindet, zugunsten des virtuellen Ortes, an dem das Treffen später nach-

---

[61] Hier handelt es sich gewissermaßen um Praktiken des *self-othering*, die mit einer Aufwertung auf die – dem *othering* der Mehrheitsgesellschaft inhärente – Abwertung der Migrant/innenkultur reagieren.

erzählt wird, an Bedeutung verlieren. Zum anderen bieten die virtuellen Nachspielungen den Akteur/innen gewissermaßen die Möglichkeit, Korrekturen am Ereignis vorzunehmen. So werden etwa in der späteren Erzählung im Cibervalle-Forum die positiven Aspekte des gemeinsam Erlebten besonders hervorgehoben, während eher unerfreuliche Begebenheiten verschwiegen werden können. In dieser Hinsicht hat die Praktik der virtuellen Erzählung eines lokalen Treffens Ähnlichkeiten mit einer Diavorführung im privaten Kreis, bei der man seinen Bekannten Fotos des Familienurlaubs zeigt und kommentiert.

Darüber hinaus hat das Forum, trotz geografischer Nähe, Pendelmigration und der unübersehbaren paraguayischen Präsenz in Buenos Aires, auch für die Nutzer/innen in Argentinien die Bedeutung eines Fensters nach Paraguay. Es bietet den Nutzer/innen eine Möglichkeit mit dem Herkunftsland in Verbindung zu bleiben, die mitunter sogar den lokalen Aktivitäten vorgezogen wird, weil sie mehr Distanz erlaubt und den Akteur/innen ermöglicht, ihr Herkunftsland ihren Vorstellungen entsprechend als Imagination zu entwerfen. Iwashitas Hoffnung, in der Cibervalle-Gruppe in Buenos Aires ihr Bedürfnis nach ethnischer Gemeinschaft leben zu können, ohne auf die Elemente paraguayischer Kultur zu treffen, die ihr verleidet sind, hat sich nicht erfüllt. Enttäuscht kehrt sie der lokalen Gruppe den Rücken und wendet sich wieder intensiver dem Computer zu.

> „Paraguay ist hier im Computer, in Cibervalle. Für mich ist das Paraguay wegen der Sprache und den Nachrichten, die sie uns immer erzählen. (...) Deshalb ist das, was mich nah an Paraguay hält, was für mich Paraguay repräsentiert, Cibervalle punkt com und nicht diese Gemeinschaft, die hier ist und die diese Idiosynkrasie mitgebracht hat, vor der ich aus Paraguay geflohen bin. Ich habe in einem solchen mittelmäßigen Ort gelebt, mit dieser Ideologie des „Halt den Mund", aber ich mag nicht den Mund halten, ich mochte nie den Mund halten. Dasselbe habe ich den Jungs in Ciudad del Este gesagt. Ich hatte immer Probleme in der Schule, weil ich die Probleme und die Dinge, die mich gestört haben, ausgesprochen habe. Ich schlucke nicht das Märchen der Diktatur des ‚Über bestimmte Dinge besser nicht zu reden.' Meiner Ansicht nach soll man sprechen, vor allem wenn es sich um ein Thema handelt, das schlechte Gefühle macht. Wenn es mir ein Gefühl von Beklemmung oder Angst verursacht, ja umso mehr Grund habe ich darüber zu sprechen. Warum sollte ich den Mund halten und damit alleine bleiben? Nein! Nun ich bin ich, diese Scheinheiligkeit gefällt mir nicht. Deshalb mag ich diese Seite Paraguays nicht, sie gefällt mir nicht, deshalb habe ich Buenos Aires gewählt und bleibe hier in der Hauptstadt. Und meine Kontakte bleiben diese hier [*zeigt auf den Bildschirm*]" (Iwashita, Buenos Aires, *Aufzeichnung f-t-f-Gespräch*)[62].

---

[62] Dieses Zitat stammt aus einem der zahlreichen Gespräche, die ich im Laufe meiner Feldforschung mit Iwashita geführt habe, während ich sie durch ihren Alltag in Buenos Aires und ihrem Lebensort in Paraguay begleiten durfte. Iwashita und ihr Familie haben mir Zutritt in ihre privaten Lebensräume gewährt und meine neugierigen Blicke und Fragen mit ebenso viel Offenheit wie Geduld ertragen. Dafür möchte ich mich an dieser Stelle noch einmal herzlich bedanken.

Für die Gruppe in Buenos Aires ist Cibervalle also erstens eine Möglichkeit der ethnischen Vergemeinschaftung vor Ort, in Abgrenzung zu dem negativen Image, das paraguayischem Leben und Kultur in Buenos Aires anhaftet. Gleichzeitig bietet Cibervalle auch die Möglichkeit der distanzierten, imaginativen Annäherung an den geografischen Kontext, dem man sich zugehörig fühlt. Cibervalle ermöglicht also nicht nur die Schaffung *lokaler Zugehörigkeitskontexte*, sondern stellt für die Mitglieder in der Migration selbst einen *virtuellen Zugehörigkeitskontext* dar. Spiegel zufolge sind die Lebenswelten der bolivianischen Migrantin in Argentinien durch die konstante Spannung gekennzeichnet, „imaginär an den Ort zu gehören, an dem sie nicht lebt und auch nicht leben will" (2005:114). Das Internet bietet eine Möglichkeit, diese Spannung zu mildern. Man kann sich dem Ort imaginativ nähern und an seiner Konstruktion beteiligt sein, so oft und so lange man will, man kann sich aber auch jederzeit abwenden, indem man einfach die Seite schließt.

Für die weiter entfernt lebenden Nutzer/innen, die sich an Orten befinden, an denen paraguayisches Leben nicht so präsent ist wie in Buenos Aires, ebenso wie für die Nutzer/innen, denen das paraguayische Leben vor Ort zu prekär erscheint, ist Cibervalle gleichermaßen ein Fenster nach Paraguay, durch das sie jederzeit schauen und ein Stück paraguayischen Alltag leben und einen mehr oder weniger großen Teil ihrer sozialen Beziehungen organisieren können. Für die Nutzer/innen in Paraguay stehen hingegen andere Bedürfnisse im Vordergrund, auch wenn sich die Bedürfnisse ihrer geografisch entfernten Kommunikationspartner/innen in ihren Praktiken zu spiegeln scheinen.

„Ein Fenster zur Welt" – Die Bedeutung Cibervalles für die Nutzer/innen in Paraguay

Für die in Paraguay ansässigen Cibervaller@s ist das Forum erklärtermaßen eine Möglichkeit zur Erweiterung ihrer Realität. Im Sinne eines virtuellen Experimentierfeldes dient das Forum einigen seiner Nutzer/innen dem spielerischen Ausprobieren von Persönlichkeiten und Verhaltensweisen. Der virtuelle Charakter Cibervalles entspricht einem Nutzer zufolge einer

> „imaginierten Welt, die in unseren Köpfen entsteht und in der jeder Nick eine weitere Rolle in diesem Szenarium darstellt. Die wirklichen Personen, die hinter den Nicks stehen, sind Drehbuchautoren oder Regisseure" (Juanes, Asunción, *Cibervalle-Forum*).

Für andere Nutzer/innen stehen die Aspekte im Vordergrund, die sie mit der Möglichkeit des Zugangs zu globalen Kommunikationszusammenhängen verbinden. Nicht nur im Hinblick auf die Vorbereitung möglicher Migrationsvorhaben ist das Forum ein hilfreiches Netzwerk. Auch allgemein erweist sich das Internet als Chance zur Erweiterung des eigenen Horizonts, der Aneignung von Wissen, als

Zugang zu anderen Lebenswelten, Erfahrungen, Meinungen oder Kulturen, wenn körperliche Formen der Mobilität aus Kostengründen eingeschränkt sind. Während Urlaubsreisen in geografisch weit entfernte Regionen für Paraguayer/innen kaum erschwinglich sind, ermöglicht ihnen das Cibervalle-Forum (bzw. der Zugang zum Internet allgemein) virtuelle Reisen um die Welt. So beschreibt ein Nutzer den Wert des Cibervalle-Forums etwa in der

> „Möglichkeit andere Personen kennenzulernen, die ich aufgrund der Entfernung in meinem Umfeld nicht hätte kennenlernen können (ich bin noch nicht einmal bis nach *Clorinda*[63] gekommen, hehe). Durch andere Personen aus anderen Städten, Ländern, Kontinenten etc. habe ich andere Denkweisen, andere Wirklichkeiten, andere Visionen kennengelernt"(Eduardo, Asunción, *Cibervalle-Forum*).

Obwohl er sein „Alltagsleben körperlich ausschließlich in einem lokalen Kontext" (Werlen 1996:99) verbringt, globalisiert sich also Eduardos Lebenswelt durch die Beteiligung an Cibervalle, weil sie gleichermaßen „in globale Prozesse eingebettet" (ebd.) ist. Die Mitgliedschaft in Cibervalle erweitert seine Möglichkeiten, „die Welt auf sich zu beziehen" und „seine (soziale und räumliche) Position in der Welt" (ebd.:110) zu erwerben. Auch sein Selektionshorizont, der den Rahmen für lokale Entscheidungen bildet, wird durch die Mitgliedschaft in Cibervalle global. In einem persönlichen Gespräch erzählt Eduardo, er habe durch Cibervalle Leute in aller Welt kennengelernt und theoretisch habe er überall Orte, an denen er bleiben könnte und Menschen, die ihn bei der Migration unterstützen würden. Eine Bekannte in Kanada habe ihm sogar schon die Formulare geschickt, um die Einreise- und Arbeitserlaubnis zu beantragen, aber er wolle nicht woanders leben. Diese Entscheidung, nicht woanders leben zu wollen, trifft Eduardo auf der Grundlage eines globalen Selektionshorizontes, also eines Auswahlbereiches, „der sich dadurch auszeichnet, daß die berücksichtigten Alternativen weltweite Möglichkeitsräume ausschöpfen" (Stichweh 2005:17).

Im Hinblick auf das Verhältnis von virtuellen und physisch-lokalen Ebenen Cibervalles lassen sich im Vergleich der Gruppe in Buenos Aires mit der in Asunción unterschiedliche Tendenzen erkennen. Während die Teilnehmer/innen in Buenos Aires die Treffen nutzen, um die virtuell geknüpften Beziehungen zu intensivieren und in ihre physisch-lokale Lebenswelt zu integrieren, lässt sich bei der Gruppe in Asunción eine umgekehrte Tendenz beobachten. Die Teilnehmer/innen in Buenos Aires sprechen sich bei den Treffen mit ihren richtigen Namen an, verwenden die Nicknamen aber weiterhin in den virtuellen Kommunikationen. Bei den Treffen sind häufig auch die Lebenspartner/innen und Kinder der Cibervaller@s anwesend, die auf der virtuellen Ebene nicht aktiv sind. In der Gruppe in Asunción kennen sich die meisten hingegen nur mit dem Nicknamen, bei den Treffen sind

---

[63] Clorinda ist eine paraguayische Stadt, die an Argentinien grenzt.

in der Regel nur diejenigen anwesend, die auch auf virtueller Ebene aktiv sind. Die persönlichen Hintergründe der Einzelnen bleiben den Teilnehmer/innen meist fremd und aus dem virtuellen Bereich des Lebens ausgespart.

Während die Gruppe in Buenos Aires in erster Linie auf sich selbst bezogen zu sein scheint und die Bedeutung der lokalen Treffen für die Teilnehmer/innen vor allem darin begründet liegt, eine schöne Zeit miteinander zu verbringen, lässt sich bei der Gruppe in Asunción eine starke Orientierung zu den geografisch fernen Teilnehmer/innen in den USA, Europa und Japan beobachten. So werden in Asunción Treffen zur Begrüßung für diejenigen veranstaltet, die ihren Aufenthalt in Paraguay vorher ankündigen. Des Weiteren können auch lokale Treffen einem körperlich abwesenden Mitglied gewidmet sein, wie das folgende Beispiel zeigt.

Noras virtueller Geburtstag

Sandra informiert mich über ein Treffen, das im Diskussionsforum angekündigt worden war und am selben Abend in einem Shopping Center in *Villa Mora*, einem wohlhabenden Stadtteil Asuncións stattfinden sollte. Anlass des Treffens war der Geburtstag von Nora, einer Cibervallera, die in den USA lebt. Die Organisation der Geburtstagsfeier erfolgt in Absprache mit Nora und wird von Juanes und Carolina vor Ort umgesetzt: Nora hat in einer Konditorei in Asunción eine Torte in Auftrag gegeben, die von ihr bezahlt und von Carolina abgeholt wird. Juanes übernimmt die Einladung der Cibervaller@s. Dazu hatte er einen Tópico* eröffnet, in dem er Ort, Uhrzeit und Anlass des Treffens bekannt gegeben und die Mitglieder um Bestätigung ihrer Teilnahme gebeten hatte. Ich begleite Sandra und Eduardo zu dem Treffen.

Als wir ankommen, treffen wir auf eine Gruppe von 9 Personen, die im *patio de comidas*, dem offenen Restaurantbereich des Shopping Centers, um einen Tisch herum sitzen. Wir werden von Juanes begrüßt, zwei der Anwesenden kenne ich noch nicht persönlich, hatte aber schon über das Forum mit ihnen kommuniziert. Wir stellen uns vor und knüpfen dabei an Situationen an, die wir im Forum gemeinsam erlebt haben. Eduardo unterhält sich, nachdem er Sandra und mich mit Essen und Getränken versorgt hat, mit Noras Cousin, der heute zum ersten Mal an einem Treffen teilnimmt. Die meisten der übrigen Anwesenden machen auf mich, ähnlich wie beim ersten Treffen in Asunción, an dem ich teilgenommen hatte, einen gelangweilten, uninteressierten, beinahe ungeduldigen Eindruck. Unruhig umherschweifende Blicke, zappelnde Beine, Hände, die mit Gegenständen spielen, wenig wechselseitige Aufmerksamkeit zwischen den Anwesenden, kaum Unterhaltungen. Juanes bewegt sich ständig um den Tisch herum, macht Fotos mit seiner Digitalkamera oder bittet andere, Fotos von ihm und jeder/jedem der Anwesenden zu machen. Dann kommt noch ein Mitglied und bringt die *bandera* mit. Dabei handelt es sich um ein etwa 1m x 1m großes weißes Tuch, auf dem in der Mitte das Cibervalle-Logo aufgedruckt ist. Um das Logo gruppieren sich handgeschriebene Signaturen der einzelnen Nicknamen, inklusive der geografisch entfernt lebenden

Mitglieder. Es werden Gruppenfotos mit *bandera* gemacht. Um Mitternacht ruft Nora auf dem Handy ihres Cousins an. Er spricht zuerst mit ihr und reicht dann das Handy weiter, das einmal um den Tisch wandert, so dass am Ende alle kurz mit Nora gesprochen haben („Herzlichen Glückwunsch", „ich bin Nick sowieso", „rate wer ich bin", „feierst du auch schön?"). Juanes und Eduardo halten diese Szenen mit der Digitalkamera fest, so wie auch den Moment, als Carolina mit der Torte auftaucht: die Torte ist beeindruckend groß und trägt den Namen Nora in ihrer Mitte, üppig verziert mit Rosetten aus Eischnee in Rosa. Die Torte wird angeschnitten und an alle verteilt, gegessen und das Ereignis sequentiell auf digitale Fotos gebannt. Dann löst sich die Gruppe auf. Wie beim letzten Mal verabschiedet man sich mit Worten wie „nos seguimos leyendo" oder „nos leemos en cualquier momento" [„wir lesen uns", im auf die schriftbasierte Interaktion übertragenen Sinne von „wir sehen uns" bzw. „Auf Wiederlesen"].

Am nächsten Tag ist ein neuer Tópico* von Juanes im Cibervalle-Forum zu sehen. Dort wird Nora erneut zu ihrem Geburtstag beglückwünscht. Die Teilnehmer/innen berichten von dem Treffen, kommentieren die Fotos, die Juanes im Tópico* veröffentlicht hat, Nora bedankt sich für das schöne Fest und andere, bei dem Treffen nicht anwesende Cibervaller@s schließen sich den Glückwünschen an und kommentieren ebenfalls die Fotos. Im Vergleich zu dem eigentlichen Treffen wirkt die virtuelle Erzählung kurzweilig und ereignisreich. Die Teilnehmer/innen kommunizieren auf der virtuellen Ebene weitaus mehr miteinander als in der Face-to-face-Situation.

So wie bei Noras Geburtstagsfeier entsteht bei den lokalen Aktivitäten der Gruppe in Asunción oftmals der Eindruck, dass die Aufmerksamkeit der Teilnehmer/innen weniger auf den Moment und auf die lokale Gruppe bezogen als vielmehr in einer Art performativem Akt denjenigen gewidmet ist, die nicht körperlich an dem Ort sein können, dem sie sich zugehörig fühlen. Die soziale Bedeutung des Treffens erschließt sich weniger aus der Face-to-face-Situation als aus seiner medialen Vorbereitung und der nachträglichen virtuellen Erzählung, an der dann auch diejenigen gleichermaßen beteiligt sein können, die am lokalen Ereignis nicht teilhaben konnten.

Diese Beobachtungen erinnern an die literarischen Briefe der migrierten polnischen Bauern an ihre Familien, die zur passenden Gelegenheit öffentlich vor den Angehörigen verlesen wurden. Im Vergleich mit der hier beschriebenen virtuellen Geburtstagsfeier wird deutlich, dass ein zentraler Aspekt der Mediennutzung in der Migration in der permanenten Weiterentwicklung von Praktiken der *Substitution von Anwesenheit* liegt. Sowohl die polnischen Briefeverleser als auch die paraguayischen Geburtstagsgäste leihen dem abwesenden Teil der Gemeinschaft ihre Körper, um deren Anwesenheit zu substituieren. Abgesehen davon, dass die Kommunikation im Fall der Cibervalle-Gemeinschaft durch zeitliche Kompression, visuelle Elemente und kombinierte Mediennutzung ungleich dichter und komplexer ist, liegt der wesentliche Unterschied zwischen beiden empirischen Beispielen im Verhältnis zwischen lokalem Ereignis und seiner medialen Rahmung. Während die Zusammenkünfte in Polen vermutlich mit dem Verlesen des Briefes enden, das lokale Ereignis also im Mittelpunkt steht, werden die Treffen in Paraguay durch ihre mediale Rahmung erst erzeugt. Das oben beschriebene Treffen hätte ja ohne die Möglichkeit seiner medialen Vor- und Nachbereitung gar keinen Sinn gehabt.

Die Verschiedenheit der lebensweltlichen Kontexte der Cibervalle-Nutzer/innen spiegelt sich also in der Pluralität von Bedeutungen, die Cibervalle für seine Bewohner/innen hat. Im Folgenden soll nun Cibervalle in seinen verschiedenen Dimensionen beschrieben werden. Dabei steht die Frage im Mittelpunkt, wie eine soziale Formation zusammengehalten wird, die mit einer – im wörtlichen Sinne – weit reichenden Pluralität von kontextuellen Bezügen zurechtkommen muss.

Globales Netzwerk oder nationale Gemeinschaft? – Dimensionen sozialer Formierung in Cibervalle

Wie im obigen Abschnitt gezeigt wurde, reicht die soziale Formation Cibervalle weit über das Diskussionsforum hinaus, vernetzt Personen miteinander, die über den Globus verstreut leben, und verbindet verschiedene physisch-lokale mit virtuellen Sozialräumen. In welchen Begriffen lässt sich nun diese eigentümliche soziale Formation beschreiben? In der sozialwissenschaftlichen Internetforschung wird anhaltend über die Möglichkeiten der Beschreibung internetbasierter Beziehungsformen diskutiert. Dabei werden sozio-elektronische Netzwerke (Wellman 2000) von virtuellen Gruppen (Thiedecke 2000) und diese wiederum von virtuellen Gemeinschaften (Rheingold 1994) unterschieden, je nach der Anzahl der Teilnehmer/innen, dem Grad der Zugehörigkeit, der Bindung zwischen den Teilnehmer/innen; je nachdem ob die Kommunikation aufgaben- oder beziehungsorientiert, bi- oder multilateral ist, ob es formale Mitgliedschaftsregeln gibt, ob die Kommunikation zeitliche Stabilität und Regelmäßigkeit aufweist oder ob es sich um eher spontane und kurzlebige Begegnungen im Netz handelt. Heintz zufolge lässt sich die Sozialwelt des Internets allerdings kaum angemessen beschreiben, versucht man sie starren soziologischen Kategorien unterzuordnen. Die Ergebnisse einer empirischen Forschung[64] führen die Autorin zu einer Revision des soziologischen Gemeinschaftsbegriffs.

> „Anstatt Gemeinschaft als spezifische Lebensform aufzufassen, die durch Zusammengehörigkeit und eine enge Mitgliederbindung charakterisiert ist, begreife ich Gemeinschaft als ein Kontinuum, das von lockeren Netzwerken bis zu gruppenförmig organisierten Beziehungen reicht" (2000:189).

---

[64] „Zur Sozialwelt des Internets", http://www.socio5.ch/ii/virt_d.html [02.06.2007]

Auch die soziale Formation Cibervalle weist unterschiedliche Dimensionen auf, die einen flexiblen Gemeinschaftsbegriff zu ihrer Beschreibung erfordern. Cibervalle hat die Eigenschaften eines globalen Netzwerks, weil es sowohl schwache Bindungen als auch enorme Reichweiten zulässt. Gleichzeitig lässt sich die Ausdifferenzierung in Subgruppen beobachten, die über örtliche (vgl. C, Kapitel 2.1) oder zeitliche (vgl. D, Kapitel 3.1) Synchronisierung gebildet werden. Für die Mitglieder, deren Beteiligung in Cibervalle zum selbstverständlichen Teil des Alltags geworden ist und die einen wesentlichen Teil ihrer sozialen Beziehungen über das sozio-elektronische Netzwerk organisieren, ist Cibervalle gleichbedeutend mit einer Lebensgemeinschaft. Wie aber reproduziert sich Cibervalle in seinen verschiedenen Dimensionen und was hält diese soziale Formation zusammen?

Neben der Bezugnahme auf die gemeinsame geografische Referenz Paraguay sind vor allem *Information* und *Solidarität* wesentliche, die soziale Formierung Cibervalles strukturierende Elemente. Die erste Dimension, die sich einem erschließt, wenn man die Forumsseiten öffnet, könnte man entsprechend als *globales sozio-elektronisches Netzwerk für paraguayische Anliegen* beschreiben. Dieses Informations- und Kontaktnetzwerk ist grundsätzlich offen und zugänglich für jede/n, der oder die über die erforderlichen Ressourcen und Kompetenzen verfügt. Allerdings gibt es einen thematischen Bias hin zu Themen, die mit Paraguay zusammenhängen. Das Netzwerk wird von Paraguayer/innen in der Migration genutzt, um über geografische Distanzen hinweg in Kontakt mit dem Herkunftsland zu bleiben und um tagesaktuelle Informationen zu bekommen. Darüber hinaus bietet ihnen das Forum die Möglichkeit, Landsleute in der Nähe des derzeitigen Aufenthaltsortes zu lokalisieren. In seiner Funktion als Informations- und Kontaktnetzwerk wird das Forum auch von Personen in Anspruch genommen, die zwar noch in Paraguay leben, aber planen, ihr Land zu verlassen, oder am Austausch mit Landsleuten interessiert sind. Hier bietet das Forum die Möglichkeit, die eigenen Vorstellungen über mögliche Migrationsziele und -verläufe mit den tatsächlichen Erfahrungen bereits migrierter Landsleute abzustimmen sowie vorab Kontakte zu Personen am Migrationszielort zu knüpfen.

Forumskommunikation Beispiel 3: „Voy a España"

Yo voy a España y vos? te vas también?	Ich gehe nach Spanien und du? Gehst du auch?
Yo me quiero ir y me gustaría saber que onda* con el laburo allá, no tengo problemas en trabajar en lo que sea. Si alguien me puede orientar.	Ich will gehen und würde gerne wissen wie es so ist (que onda*) mit der Arbeit dort, ich habe keine Probleme zu arbeiten, was auch immer es sei. Wenn mich jemand beraten könnte.

Neben dieser recht unverbindlichen Beziehungsebene des Forums lässt sich eine weitere Dimension identifizieren, die bereits angesprochen wurde und in der sich Cibervalle als *virtueller Zugehörigkeitskontext* darstellt. Natio-ethno-kulturelle

(Nicht)Zugehörigkeit wird in der Forumskommunikation sprachlich markiert, etwa durch die Verwendung des Jopará und der „richtigen", das heißt spanische Zeichen berücksichtigenden Tastaturbelegung. Im Vergleich der Fotos, die während der lokalen Treffen gemacht und anschließend im Forum veröffentlicht werden, fällt auf, dass die geografisch in weiter Entfernung lebenden Cibervaller@s den sozialen Kontext ‚paraguayisieren'. So sieht man auf den Fotos der lokalen Treffen üblicherweise nationale Symbole, wie etwa eine Fahne Paraguays, vor der sich die Anwesenden als Gruppe positionieren. Auch die Darstellung der Zubereitung und des anschließenden gemeinsamen Genusses typischer Speisen hat meist einen zentralen Stellenwert bei den Fotos. Auf den Fotos der lokalen Treffen in Paraguay hingegen findet man keine nationalen Symbole, denn der Kontext der lokalen Treffen in Paraguay ist selbstverständlich und dauerhaft paraguayisch.

Im Cibervalle-Forum findet man zahlreiche Tópicos*, die zu gemeinsamen imaginativen Reisen in die Vergangenheit einladen und in denen migrierte Mitglieder kollektiv die Erinnerung an Gewohnheiten, Orte, Musik und Literatur pflegen, die sie mit früheren Stationen der eigenen Biographie verbinden.

Forumskommunikation Beispiel 4: „La navidad de flor de coco"

que delicia por lo menos imaginar la navidad de flor de coco ... los vecinos con sus pesebres ... y degustaciones de clerico ... que delicia de recuerdos ... chipa guazu.. sopa paraguaya ... bombitas y estrellitas y la famlia reunida hablando hasta muiy tarde o muy temprano como se quiera!! un beso mi PARAGUAY!	Welch ein Genuss, die Weihnacht der Kokosblüte wenigstens zu imaginieren ... die Nachbarn mit ihren Krippen und dem Probieren des *Clerico*[64] ... welch ein Genuss an Erinnerungen ... *chipa guazu.. sopa paraguaya*[65] ... Knaller und Raketen und die Familie unterhält sich vereint bis spät in der Nacht oder in der Früh wie man will!! Ein Kuss mein PARAGUAY!
Nick: laura **E-mail:** 6--8 @T*L*S*RF.COM.PY **IP:** 80.77.23.* **Respuestas:** **Última respuesta:** 07/01/2004	**Nick:** laura **E-mail:** 6--8 @T*L*S*RF.COM.PY **IP:** 80.77.23.* **Antoworten:** 21 **Letzte Antwort:** 07/01/2004

Mecheril bezeichnet das „Erinnern von Handlungen und Erfahrungen" (2003:249) als zentrales Moment der Biographisierung, die wiederum als konstitutives Element bei der Herstellung von Zugehörigkeit gilt.

> „Menschen sind einem Zugehörigkeitskontext fraglos zugehörig, sobald sie – als selbstwirksames Mitglied des Kontextes – aufgrund inhaltlicher Bezüge ihre eigene

---

[65] *Clerico* ist eine Art Bowle, die aus vielen verschiedenen sehr klein geschnittenen Früchten besteht, die mit Limonade und Sekt aufgesetzt werden. An Weihnachten besuchen sich üblicherweise die Nachbarn gegenseitig, um sich zu beglückwünschen und den Clerico der anderen zu probieren.
[66] *Chipa guasu* und *sopa paraguaya* sind typische Speisen in Paraguay.

Geschichte als affirmierbar eingebunden in den Kontext verstehen können" (Mecheril 2003:247).

Die Orte, Landschaften und Gewohnheiten, an die man sich erinnert, verweben die eigene Geschichte mit dem Kontext und schaffen Verbundenheit zu ihm. Die Bestätigung der anderen Teilnehmer/innen auf Beiträge wie den von Laura, die in ihren Antworten an die Erfahrungen anknüpfen, sie mit weiteren Details anreichern oder bestätigen, dass sie genau wissen, wovon der Andere spricht, denen etwa der Geruch von Kokosblüten und der Geschmack von *Clerico* ebenso vertraut ist wie die langen Weihnachtsnächte im Kreise der Familie, macht die individuelle Erfahrung zur kollektiven Geschichte.

Ana aus Buenos Aires erklärt, dass die Sektion Musik, Literatur und Kultur im Cibervalle-Forum für sie besonders wichtig sei, weil sie sich dort mit anderen über die Rockmusik der 1980er Jahre unterhalten kann, die sie in ihrer Jugend in Paraguay gehört hat. Die Musik, die in Argentinien zu der damaligen Zeit gehört wurde, sei ihr hingegen fremd, da könne sie nicht mitreden. Ana fehlen die biographischen Erfahrungen, die nötig sind, um sich gemeinsam an die argentinische Musik „von damals" zu erinnern und sich mit der 1980er-Generation Argentiniens zu identifizieren. Im Cibervalle-Forum im Austausch über die damalige paraguayische Rockmusik findet sie indes „ihre" 1980er-Generation. In Cibervalle ist man als Paraguayer/in die Norm, während die Beteiligung an Cibervalle als Nicht-Paraguayer/in erklärungsbedürftig wird. Hier ‚spricht' man Jopará und jede/r weiß, wie und wann man Tereré* trinkt. Hier lässt sich die eigene biographische Erfahrung als kollektive Geschichte mit anderen teilen.

Allerdings kann auch in Cibervalle die Zugehörigkeit der körperlich Abwesenden fraglich werden. In Gesprächen mit Cibervaller@s in Paraguay war wiederholt der Vorwurf an die migrierten Landsleute zu hören, erst würden sie ihr Land verlassen und dann auch noch schlecht über Paraguay reden. Als mir Esther ihren alltäglichen Gebrauch des Internets und ihre Art der Beteiligung an Cibervalle demonstriert, erklärt sie, warum sie so gut wie nie die Sektion der Cibervaller@s im Ausland besucht:

> „Weil sie zu viel mit uns schimpfen. ... Wenn man weg ist, in besseren Bedingungen lebt, ist es sehr leicht zu kritisieren. Warum tragen sie nicht Ideen, Vorschläge bei oder engagieren sich, damit die Situation besser wird?" (Esther, Ciudad del Este, *Feldtagebuch, f-t-f-Gespräch*)[67]

---

[67] Das Gespräch fand im Rahmen eines mehrtägigen Besuchs im Haus von Esther statt. Sie hatte mich eingeladen, bei ihr zu wohnen, nachdem sie von meinem Aufenthalt in ihrer Stadt erfuhr. An dieser Stelle nochmals ein herzliches Dankeschön an Esther, ihre Angehörigen und Mitarbeiter/innen, die sich nicht nur um mein persönliches Wohlbefinden gesorgt, sondern mir auch von ihren Migrationsabsichten, ihren Wünschen und Sorgen erzählt und mich daran teilhaben lassen, wie sie leben.

Ähnliche Reaktionen liest man auch im Forum auf kritische Äußerungen in Bezug auf die soziale und politische Situation des Landes. In der Forderung nach Loyalität und konstruktiven Beiträgen, die meist mit der Zurückweisung der Kritik gekoppelt wird, finden die Migrierten eine Möglichkeit, ihre Zugehörigkeit unter Beweis zu stellen.

Solidarität wird so zu einer Form *praktizierter Zugehörigkeit*. Es werden regelmäßig Spendensammlungen über das Forum initiiert, die karitativen Einrichtungen in Paraguay zugute kommen. In der Zeit meines Feldforschungsaufenthaltes in Paraguay hatte ich Gelegenheit, die Organisation einer weihnachtlichen Spendenaktion zugunsten einer Zufluchtsstätte für Straßenkinder in Asunción zu begleiten. Das Forum diente dabei als Plattform, die den Organisator/innen vor Ort ebenso wie den geografisch entfernt lebenden Cibervaller@s die Möglichkeit der aktiven Teilnahme an der Spendenkampagne bot. So wurden gemeinsam Vorschläge gesammelt und diskutiert und schließlich über die Auswahl der begünstigten Einrichtung abgestimmt. Die Organisator/innen vor Ort besuchten vorab die Einrichtung, sammelten Informationen über deren Arbeitsweise und den konkreten Bedarf, machten Fotos und stellten diese dann den anderen im Diskussionsforum zur Verfügung. Die Sammlung der Sach- und Geldspenden wurde dann über das Forum koordiniert und der aktuelle Spendenstand regelmäßig bekannt gegeben. Am 6. Januar [*día de los reyes*], dem Tag, an dem die Kinder in Paraguay gewöhnlich ihre Weihnachtsgeschenke bekommen, fand die Spendenübergabe in der Einrichtung statt. Die Fotos, die den feierlichen Akt dokumentierten, wurden dann zeitnah im Forum veröffentlicht und von den Beteiligten kommentiert.

Solidarität ist allerdings nicht nur in Bezug auf den gemeinsamen nationalen Zugehörigkeitskontext ein entscheidendes Merkmal der Cibervalle-Formation. Das folgende Beispiel ist Teil eines Tópicos*, der die Geschichte Cibervalles aus der subjektiven Perspektive einer langjährigen Nutzerin erzählt.

Forumskommunikation Beispiel 5: „Milagros"

Aqui hay bautismos ...   Hier gibt es Taufen ...

Nacio Milagritos M. y decidí salir del anonimato e ir a conocer a los padres, quien diría hoy Mario es mi compadre* REAL y Eduardo quien para mi era un escritor de novelas pasó a ser el puntal en las campañas que se hicieron para la bb de cibervalle y aquí estamos ...

Milagritos M. kam zur Welt und ich entschied aus der Anonymität hervorzutreten und die Eltern kennen zu lernen, von denen ich heute sagen würde, Mario ist mein realer compadre* und Eduardo, der für mich ein Romanautor war, entwickelte sich zum Träger der Kampagnen, die für das Cibervalle-Baby gemacht wurden, und hier sind wir ...

Esther beschreibt in ihrer Erzählung den Transformationsprozess Cibervalles von einem anonymen virtuellen Kommunikationszusammenhang in eine „reale" Gemeinschaft. Die Aktivitäten rund um die Geburt von „Milagros" [Wunder] werden von der ersten Generation der Cibervaller@s übereinstimmend als Schlüsselereignis für diesen Transformationsprozess benannt. Milagros, die Tochter eines in Asunción lebenden Nutzers des Cibervalle-Forums war als Frühgeburt zur Welt gekommen. Sie benötigte kostenintensive medizinische Hilfe, für die ihre Eltern alleine nicht aufkommen konnten. Als die übrigen Forumsnutzer/innen von der Notlage erfuhren, initiierten sie Spendenkampagnen, an denen sich auch diejenigen beteiligten, die außerhalb Paraguays lebten, um gemeinsam das nötige Geld für die Behandlung und den Aufenthalt im Krankenhaus aufzubringen. Im Rahmen der Organisation der Spendensammlungen lernten sich einige der Teilnehmer/innen dann persönlich kennen. Mit der Taufe Milagros realisierte sich schließlich das erste lokale Treffen der Cibervaller@s in Paraguay. Die Verbundenheit und gegenseitige Solidarität, die sich im Kontext der Notfallhilfe für Milagros spontan entwickelte, wurde durch die Übernahme von Patenschaften aus dem Kreis der Forums-Nutzer/innen institutionalisiert. Die Tochter eines anonymen Gesprächspartners wurde so zum „Cibervalle-Baby", dessen Hilfsbedürftigkeit den Grundstein legte für die Materialisierung eines virtuellen Kommunikationszusammenhang und für dessen Selbstverständnis als Solidargemeinschaft. Insbesondere die Verwendung Verwandtschaft indizierender Bezeichnungen, aber auch die Übernahme von Patenschaften für neugeborene Kinder der Mitglieder, die Organisation von Geldsammlungen zur Abwendung einer akuten Notlage eines Cibervaller@s oder die

Blutspende im Fall einer anstehenden Operation sind wiederkehrende Aktivitäten, deren symbolischer Charakter kaum zu übersehen ist. Mit Hilfe dieser Aktivitäten konstruiert sich Cibervalle als *familienähnliche Gemeinschaft*.

Ob auf den gemeinsamen geografischen Bezugspunkt Paraguay oder auf die Beziehung zwischen den Mitgliedern bezogen, Solidarität erhält in jedem Fall seine besondere Bedeutung als Instrument der Verknüpfung. Solidarität überführt Kommunikation und Handlung ineinander, verknüpft virtuelle und physisch-lokale Ebenen des sozialen Gefüges von Cibervalle, bindet die geografisch verstreut lebenden Mitglieder an die Cibervalle-Gemeinschaft und an die gemeinsame örtliche Zugehörigkeitsreferenz Paraguay. Cibervalle kann insofern als Kontext natio-ethno-kultureller Zugehörigkeit bezeichnet werden, als dass kollektive Akte der Solidarität praktiziert werden, die auf den nationalen Kontext bezogen sind, mit dem sich die Teilnehmer/innen identifizieren. In Cibervalle begegnen sich die Teilnehmer/innen auf der imaginierten gemeinsamen ethno-natio-kulturellen Zugehörigkeit, besser gesagt: sie konstruieren sich kommunikativ als nationale Wir-Gemeinschaft. Die Nation Paraguay, die sich – empirisch betrachtet – als bürokratische und mit sozialwissenschaftlichen Begriffen untermauerte Fiktion entpuppt, wird nun im virtuellen Format von den Akteur/innen selbst hervorgebracht. Natio-ethno-kulturelle Zugehörigkeit wird somit zu einem elementaren Modus für die Herstellung und Reproduktion von Gemeinschaft in Cibervalle. Die Cibervalle-Gemeinschaft ist in ihrer Reichweite global, verweist aber imaginativ und durch praktizierte Solidarität an den Flächenraum Paraguay. Das empirische Beispiel Cibervalles verweist auf einen paradox anmutenden Prozess, der durch Mediennutzung in der Migration befördert wird. Während der Nationalstaat seine integrative Kraft verliert oder – wie im Fall Paraguays – real nie hat entwickeln können, wird im globalen virtuellen Raum nationale Identität zur tragenden Gemeinsamkeit, die zu Loyalität verpflichtet und gegenseitige Solidarität ermöglicht.

D

Die kommunikative Architektur Cibervalles

Auf den folgenden Seiten wird die kommunikative Architektur Cibervalles auf die Frage hin untersucht, wie globales Zusammenleben technologisch und praktisch möglich ist. Nach einer methodologisch-reflexiven Auseinandersetzung mit der zu untersuchenden Kommunikationsform wird zunächst die kommunikative Organisation Cibervalles in ihrer evolutionären Entwicklung beschrieben. Im nächsten Schritt werden dann die genuinen Praktiken der Mediennutzung diskutiert, die sich in Cibervalle entwickelt haben und die den sozio-technologischen Rahmen bilden, in dem sich globales Zusammenleben abspielt. Abschließend wird die Kommunikation im Cibervalle-Forum auf eine weitere Dimension von Globalität hin untersucht, die im Zusammenhang mit der potentiell globalen Erreichbarkeit und öffentlichen Zugänglichkeit des Cibervalle-Forums steht.

13. Analyse von internetbasierter Kommunikation

Wie an anderer Stelle bereits ausführlicher dargestellt, folgt die Methodengenese in dieser Arbeit dem Prinzip des „unique adequacy requirements" der Ethnomethodologie. Im Wesentlichen basiert diese Forderung nach einem, dem Gegenstand angemessenen, methodischen Konzept auf der Annahme, dass zwischen Forschungsgegenstand und den Instrumenten seiner wissenschaftlichen Betrachtung ein reflexives Verhältnis besteht. Forschungsgegenstand und Methode konstituieren sich also gegenseitig. Anders ausgedrückt: Wie ich einen wissenschaftlich interessanten Sachverhalt wahrnehme, hängt im Wesentlichen von der Beschaffenheit der methodischen Brille ab, mit der ich ihn betrachte. Der Teil der Analyse, mit dem sich der vorangegangene Teil der Arbeit beschäftigt, basiert vorwiegend auf rekonstruierenden Daten, die durch ethnographische Methoden gewonnen wurden. Das Konzept und die Reflexion des ethnographischen Vorgehens wurden zuvor ausführlich diskutiert.

Der folgende Teil der Analyse beschäftigt sich nun außerdem mit einem anderen Datentypus, der zunächst einmal näherer Bestimmung bedarf. Das Datenmaterial, das die Grundlage für den folgenden Teil der Analyse bildet, setzt sich aus archivierten Webseiten und vor allem aus *Logfiles* zusammen, die den Ablauf schriftbasierter Kommunikation zwischen Nutzer/innen des Online-Diskussionsforums Cibervalle konservieren. Sowohl die Kommunikationsform als auch der Datentypus, den sie gewissermaßen selbst hervorbringt, sind noch relativ neu; die Diskussion um angemessene Analyseverfahren entsprechend jung. Was an anderer Stelle bereits am Beispiel der Ethnographie diskutiert wurde, gilt auch für den Umgang mit anderen Methoden in der qualitativen Internetforschung: Meist werden herkömmliche Verfahren auf das Internet übertragen, so dass etwa das Interview zum Online-Interview, die Gruppendiskussion zur Online-Gruppendiskussion (vgl. Mann und Stewart 1999) und die Textanalyse zur Hypertextanalyse

(Moes 2000) wird. Die Besonderheiten der Erhebungssituation, wie etwa Anonymität, sowie die strukturellen Eigenschaften des Datenformats, wie die Hypertextstruktur, können dann in der Anwendung reflektiert werden, um die Besonderheit des Forschungsgegenstands herauszuarbeiten und die Methode entsprechend dem Forschungsgegenstand anzupassen.

Ein erster Blick auf das vorliegende Datenmaterial könnte zu der Annahme verleiten, die Konversationsanalyse sei hervorragend geeignet, um die Logfiles der Forumskommunikation zu bearbeiten. Erstens haben wir es hier mit Konversationen zu tun, wenn auch mit schriftbasierten[68]. Zweitens haben die Daten registrativen Charakter, d. h. sie bilden kommunikative Abläufe ab, die sich genauso vollzogen haben und sich auch ohne das Interesse der Forscherin gleichermaßen vollzogen hätten. Man könnte also schlussfolgern, Logfiles seien eine Art natürliche Transkripte, die nicht nur der Forscherin die lästige Transkriptionsarbeit ersparen, sondern auch den Datenreichtum konservieren, von dem im Verlaufe der Transkription von Audio- oder Videoaufnahmen zwangsläufig ein Teil verloren geht[69]. Aber handelt es sich hier wirklich um natürliche Transkripte? Schauen wir uns zunächst an, nach welchen Prämissen die Konversationsanalyse operiert, um im nächsten Schritt zu prüfen, inwieweit eine Methode, die für die Analyse von Audiodaten entwickelt wurde, auf den hier vorliegenden Datentypus anwendbar ist.

Konversationsanalyse und Internetkommunikation

Die Konversationsanalyse arbeitet mit registrativen Daten, genauer gesagt mit audio(visuellen) Aufzeichnungen realer Interaktionen, „die insofern als ‚natürlich' gelten können, als sie in ihrem originären Habitat belassen werden und auch ohne den Sozialforscher und sein Aufzeichnungsgerät abgelaufen wären" (Bergmann 2003a:531). Lange Zeit stützte sich diese Analyseform nahezu ausschließlich auf Audioaufzeichnungen von Gesprächen und deren Transkription. Bei der Erstellung der Transkripte gilt, dass möglichst alle sprachlichen und parasprachlichen Elemente berücksichtigt werden sollen, auch wenn – oder besser gesagt gerade weil – sich deren Sinn für den Forschenden nicht sofort erschließt. Die Konversationsanalyse folgt damit dem Prinzip des „order at all points" (Sacks 1984), das Selektionsleistungen bei der Transkription verbietet, weshalb im Transkript weder Versprecher korrigiert noch phonetische Elemente oder Pausen unterschlagen werden. Das „order-at-all-points"-Prinzip besagt, dass sprachliche Interaktionen einer inneren Ordnung und Regelhaftigkeit folgen, an der sich die Interaktions-

---

[68] Für die Kommunikationsform des Chats benutzt Beisswenger (2002) die Bezeichnung „getippte Gespräche" und verweist damit auf den hybriden Charakter des Chattens, der gewissermaßem eine Kreuzung der konzeptionellen Eigenschaften von Mündlichkeit (phonisch) und Schriftlichkeit (graphisch) darstellt.
[69] So geübt man auch im Lesen von Transkripten sein mag, es ist niemals dasselbe, ob man ein Transkript nur liest oder ob man das Audiomaterial dazu hört.

partner/innen orientieren und die sie gleichsam im Vollzug kommunikativ herstellen. Sacks, Schegloff und Jefferson (1974) haben ein elementares System der Gesprächsorganisation erarbeitet, das im Wesentlichen folgende Funktionsmechanismen identifiziert. Die Grundeinheit eines Gesprächs ist der Redezug („turn"), ein Gespräch verfügt über eine sequentielle, also eine zeitliche Abfolgeordnung, wobei die Redezugverteilung („turn-taking") u. a. durch die spezifische Verkopplung von Äußerungen geregelt wird. Die Paarsequenz ist eine der wichtigsten Organisationselemente im Gespräch und bezeichnet paarweise aneinander gekoppelte, von zwei verschiedenen Sprechenden produzierte Äußerungen. Typische Paarsequenzen sind etwa Gruß/Gegengruß oder Frage/Antwort. Die Realisierung der ersten, gestalteröffnenden Äußerung impliziert dabei eine normative Erwartung für die nachfolgende, gestaltschließende Äußerung. Das heißt, wenn eine Person an eine andere Person einen Gruß adressiert, wird das Ausbleiben des Gegengrußes ebenso als Störung empfunden, wie wenn jemand auf eine Frage mit einem Gruß reagiert. Der erste Teil einer Paarsequenz macht also den zweiten Teil nicht nur konditional relevant, sondern bestimmt ihn auch inhaltlich vor (vgl. Bergmann 1988). Die Konversationsanalyse sieht nun ihre Aufgabe darin, die sprachliche Interaktionseinheit in ihrer sequentiellen Ordnung zu erfassen und Sequenz für Sequenz zu analysieren, um die für diese Gesprächsform typischen Funktionsmechanismen zu identifizieren.

Die starke Gesprächsorientierung und die Präferenz für Audio-Aufnahmen führt allerdings dazu, dass kontextuelle Bezüge und Elemente der Kommunikation, die nicht sprachlich vermittelt werden, wie Blickrichtung, Gestik, Mimik etc., weitgehend unberücksichtigt bleiben. Deshalb eignet sich die Konversationsanalyse von Audiodaten zwar hervorragend zur Analyse von Telefongesprächen (Bergmann 1993), stößt aber schon bald an ihre Grenzen, wenn es um die Analyse von Fernsehsendungen (Ayaß 1997) oder – wie in den „studies of work" – um die Analyse von Arbeitswelten geht, in der die alltäglichen Praktiken untersucht werden, die ein Arbeitsfeld konstituieren (vgl. Bergmann 2003b:129ff). Ebenso problematisch gestaltet sich die ausschließliche Konzentration auf Audiomaterial, wenn die Praktiken des Umgangs mit Computersystemen bzw. allgemein die Mensch-Maschine-Interaktion zum Gegenstand der Untersuchung werden. In all diesen Feldern werden gezielt Videoaufnahmen eingesetzt, die neben den sprachlichen auch nicht-sprachliche Elemente der Kommunikation sowie Kontextinformation erfassen[70]. Auch ethnographische Methoden können in diesen Forschungsbereichen eingesetzt und sinnvoll mit konversationsanalytischen Verfahren kombiniert werden (vgl. Goll 2002).

---

[70] Allerdings hat Goodwin schon in den 1970er Jahren begonnen, Videodaten konversationsanalytisch zu bearbeiten. Für einen Überblick über Geschichte und Anwendungsfelder der Videoanalyse siehe Knoblauch et al. (Hrsg.) 2006.

Trotz der Unterschiede in Bezug auf die Datendichte von Audio- bzw. Videoaufnahmen bleibt das Analyseprinzip bei beiden Registrierungsverfahren im Wesentlichen gleich. Der minutiösen und systematischen Transkription der Daten folgt die sequentielle Analyse der Transkripte. Schon die systematische Erstellung von Transkripten ist Teil des Analyseverfahrens, weil es durch die Abstrahierung des Rohmaterials in Text und Schriftsymbole leichter fällt, wiederkehrende Muster und Ordnungsstrukturen im Material zu identifizieren. Das sequentielle Vorgehen dient dazu, die Prozesshaftigkeit, also das, was Garfinkel den „Vollzugscharakter" sozialer Wirklichkeit nennt, nachzuzeichnen. Auch wenn, anders als in der tatsächlichen Interaktionssituation, die Forscherin nun die Möglichkeit der zeitlichen Manipulation hat, also im Text hin- und herspringen bzw. eine bestimmte Stelle wiederholt oder in Zeitlupe ansehen kann, soll sie zunächst in der Analyse davon Abstand nehmen, um den Prozess der Ordnungsgenerierung der Akteur/innen nachvollziehen zu können. Eine Aussage unter Rückgriff auf später im Text auftauchende Passagen zu erklären, ist für die Akteur/innen selbst nicht möglich und deshalb analytisch fragwürdig. Bergmann (1985) warnt in diesem Zusammenhang davor, einem naiven Realismus zu verfallen, indem man seine registrierten Daten als Abbild der Wirklichkeit betrachte. Gerade die Flüchtigkeit sei ja das entscheidende Merkmal sozialer Wirklichkeit und diese werde im Moment ihrer Fixierung eliminiert.

Logfiles von Diskussionen im Online-Forum und Chat-Konversationen als natürliche Transkripte?

Die besondere Eignung der Konversationsanalyse für die Bearbeitung von Telefongesprächen begründet Bergmann (1993) mit der im Vergleich mit Face-to-face-Gesprächen geringeren Dichte dieser Kommunikationsform. In einer Art natürlicher Datenreduktion würde das telefonische Verständigungsgespräch per se von mimisch-gestischen Aktivitäten befreit, so dass sich auch der Analyseprozess auf das gesprochene Wort konzentrieren kann. Internetbasierte schriftliche Kommunikationsformen wie E-Mail, Forums- oder Chatkommunikation erscheinen auf den ersten Blick als in noch radikalerer Form natürlich reduzierte Daten. Weder mimisch-gestische noch phonetische Elemente, wie etwa Lautstärke, Pausen und Intonation, die Konversationsanalytiker/innen typischerweise transkribieren und in Zeichen übersetzen, werden übertragen. Im Gegenteil, bei der Chatkommunikation handelt es sich um eine hybride Sprachform zwischen Schriftlichkeit und Mündlichkeit[71]. Sie zeichnet sich u. a. dadurch aus, dass die Akteur/innen selbst gewissermaßen Transkriptionen vornehmen, indem sie mimische, gestische und phonetische Elemente der Kommunikation wie auch Kontextinformationen, die für ihr virtuelles Gegenüber unsichtbar sind, die sie aber als relevant erachten, in

---

[71] Das gilt im vorliegenden Fall auch für die Forumskommunikation, wie sich noch zeigen wird.

Zeichen abstrahieren und einander vermitteln. Bis hierhin scheint sich die Annahme zu bestätigen, die Konversationsanalyse eigne sich hervorragend zur Untersuchung von Logfiles internetbasierter Kommunikation. Doch werfen wir zunächst noch einen Blick auf die Ordnungsstrukturen internetbasierter Kommunikation.

Im Gegensatz zu Face-to-face- oder telefonischen Gesprächen, die über eine sequentielle Ordnung verfügen, an der sich alle Gesprächsteilnehmer/innen gleichermaßen orientieren und die deshalb konversationsanalytisch rekonstruiert werden kann, wird die sequentielle Ordnung bei internetbasierten Kommunikationsformen durch verschiedene Strukturmerkmale gebrochen. Für die Chat-Kommunikation stellt Orthmann die Eignung der Konversationsanalyse in Frage, weil diese nur bedingt dazu geeignet sei, „die gesprächsorganisatorischen sozialen Prinzipien und Verfahren zu bestimmen, mittels derer die Chatter ihre Interaktion strukturieren" (2004:158). Anhand der Untersuchung der Logfiles eines Webchats für Kinder und Jugendliche stellt sie fest, dass sich Chatkommunikation in wesentlichen Punkten von gesprochenen Konversationen unterscheidet. Die Annahmen in Bezug auf die sequentielle Ordnung der Kommunikation, der Sprecherwechselorganisation, der Bedeutung von paralinguistischen Elementen, Pausen, Überlappungen, selbstinitiierter Reparaturen eigener Äußerungen etc. und das auf diesen Annahmen begründete methodische Vorgehen der Konversationsanalyse lassen sich demnach nicht ohne Weiteres auf die Chat-Kommunikation anwenden. Hier betont sie insbesondere den Einfluss des Mediums auf die sequentielle Ordnung des Chats.

> „Aufeinanderfolgende Turns stehen aufgrund des technisch bedingten ‚Verteilungssystems' der Nachrichten nur selten in inhaltlichem Zusammenhang. Kohärenz läßt sich so im Gegensatz zur gesprochenen Sprache kaum anhand der sequentiellen Ordnung festmachen" (Orthmann 2004:153).

Für die Chat-Kommunikation kommt Orthmann zu dem Schluss, dass sich die Kommunikationspartner/innen tendenziell eher an der Aktualität der Beiträge orientieren als an der Sequentialität der Kommunikation, so dass Beiträge häufig einfach unbeantwortet blieben, weil sie in der Fülle potentieller Anschlussmöglichkeiten untergehen, die durch gleichzeitig gesendete Nachrichten der verschiedenen Teilnehmer/innen geschaffen werden.

Für das Kommunikationsformat Online-Diskussionsforum kommt nun erstens hinzu, dass es sich hier um eine asynchrone Form der Kommunikation handelt und die soziale Wirklichkeit, die hier Gegenstand der Untersuchung ist, gewissermaßen von den Kommunizierenden selbst fixiert wird. Zweitens legen Hypertextstruktur und Multimedialität des Mediums sowie die medialen Praktiken, die spezifisch für eine bestimmte Nutzer/innenkultur sind, eine Vielfalt an Deutungsmuster und Lesarten nahe, was – wie im folgenden Kapitel zu sehen sein wird – die Herstellung einer sequentiellen Ordnung, an der sich alle Teilnehmer/innen orientieren können, zusätzlich erschwert. Für die Analyse der Daten stellt sich außerdem die Frage, inwieweit die jeweilige Verlinkungslogik bzw. die visuellen Elemente der Kommunikation berücksichtigt werden sollten (vgl. Bergmann und Meier 2003:432, Moes 2000). Mit anderen Worten, dem durch die Autotranskriptionsleistungen des Feldes bedingten Vorgang natürlicher Datenreduktion stehen eine Vielfalt an Kontextbezügen und sequentiellen Ordnungsentwürfen sowie Hypertextualität und Multimedialität des Kommunikationsformates entgegen, die sowohl die Nutzer/innen eines Online-Diskussionsforums als auch die Forscherin bewältigen müssen. Im Fall von Cibervalle lässt sich überdies beobachten, dass neben der schriftlichen Kommunikation der Einsatz von Fotos eine zentrale Rolle spielt, die in der Analyse berücksichtigt werden müssen.

Seit einiger Zeit werden für die Analyse von Internetkommunikation gattungsanalytische Verfahren angewendet. Anders als die Konversationsanalyse, deren Interesse sich auf die Binnenstruktur einer Gesprächssituation konzentriert, betrachtet die Gattungsanalyse eine einzelne Gesprächssituation in ihrer Beziehung zwischen situativer Verwirklichung und sozialstruktureller sowie kontextueller Einbettung. Die Gattungsanalyse bietet also den Vorteil, dass sie die verschiedenen Strukturebenen miteinander in Verbindung bringt, die eine Gesprächssituation ausmachen. Im Fall von medial vermittelter Kommunikation können deshalb auch die strukturellen Eigenschaften des Mediums berücksichtigt werden. Was aber ist überhaupt eine kommunikative Gattung und wie lassen sich gattungsanalytische Verfahren auf den hier vorliegenden Forschungsgegenstand anwenden?

Gattungsanalyse und Internetkommunikation

Kommunikative Gattungen bezeichnen eine Ebene sozialer Kommunikation, die sich intermediär zwischen der sozialen Vermittlung von Wissen („linguistic, code-related level") und ihrer Institutionalisierung in historisch spezifischen sozialen Strukturen („institutional, social structure-related level") ansiedelt (Bergmann und Luckmann 1995). Sie sind Lösungen spezifischer kommunikativer Probleme und unterstützen die Aufrechterhaltung der sozialen Ordnung einer kulturellen Formation. Verschiedene Gesellschaftstypen verfügen über ein je unterschiedliches Repertoire an kommunikativen Gattungen. Kulturell und historisch vergleichende Forschungen zeigen allerdings „the universality of communicative genres as an organizational principle of social communication but also remarkable similarities in many of their specific historical forms" (ebd:291). Man kann also das jeweilige Repertoire an kommunikativen Gattungen und anderen, schwächer verfassten kommunikativen Mustern als die „sinnstiftende und handlungsorientierende Innenarchitektur einer Gesellschaft" (Knoblauch und Luckmann 2003:546) oder einer kulturellen Formation bezeichnen, deren Analyse einen induktiven Zugang zu ihren Sinn- und Ordnungsstrukturen bietet.

Die Gattungsanalyse schlägt zunächst vor, die Kommunikation analytisch in zwei, respektive drei Ebenen zu unterteilen. Die *Außenstruktur* umfasst alle Merkmale, die sich aus der Beziehung zwischen kommunikativem Handeln und der jeweiligen Sozialstruktur ergeben. Hier werden die Unterschiede im jeweilig zur Verfügung stehenden kommunikativen Haushalt sowie Konventionen zur (Nicht)Verwendung bestimmter kommunikativer Gattungen fokussiert und deren Relation zu sozialem Umfeld, kulturellen, ethnischen, institutionellen oder geschlechtsbezogenen Merkmalen analysiert. Bei medial vermittelter Kommunikation werden außerdem die Eigenschaften des Mediums als außenstrukturelle Bedingungen berücksichtigt. Zur *Binnenstruktur* zählen sprachliche Phänomene, prosodische und verbale, mimische und gestische Elemente, die für die jeweilige kommunikative Gattung konstitutiv sind. Die dritte von Knoblauch vorgeschlagene Strukturebene, die *situative Realisierungsebene*, bezieht sich auf Merkmale des interaktiven Prozesses der Kommunikation, wie die Organisation des Sprecherwechsels, Paarsequenzen, Sozialbeziehung der Interagierenden und räumlich-zeitliche Aspekte (vgl. Knoblauch und Luckmann 2003).

Gattungsanalytische Verfahren werden, wie gesagt, seit einiger Zeit auch zur Untersuchung internetbasierter Kommunikationsformen angewendet. Dabei entstehen allerdings Probleme, von denen im Folgenden einige diskutiert werden. Diese Diskussion dient der näheren Bestimmung des Forschungsgegenstands der vorliegenden Arbeit und seiner methodischen Erfassung. Deshalb werden schon hier punktuell die Besonderheiten der sozialen Formation Cibervalles angesprochen, bevor im nachfolgenden Kapitel die kommunikative Organisation Cibervalles ausführlicher behandelt wird.

Das Online-Forum als kommunikative Gattung?

Eine häufig anzutreffende Form der Anwendung gattungsanalytischer Verfahren zur Untersuchung von Internetkommunikation definiert die Kommunikationsformate selbst als Gattungen. Dabei werden dann die Struktureigenschaften eines Chats (Schmidt 2000), einer persönlichen Home Page (Dillon und Gushrowski 2000) oder eines Blogs[72] (Miller und Shephard 2004) herausgearbeitet und deren Spezifika auf das Kommunikationsfomat zurückgeführt. Angesichts der zunehmenden Ausdifferenzierungen von Kommunikationstechnologien und -stilen im Internet kritisiert Androutsopoulos (2003) dieses Vorgehen und betont, dass sich innerhalb der Kommunikationsformate, die das Internet hervorbringt, unterschiedliche Stile und nutzerspezifische Kulturen herausbilden, die beispielsweise den moderierten Politikerchat stark vom psychosozialen Beratungschat oder etwa

---

[72] Blogs oder Weblogs sind eine Art Online-Tagebücher, in denen so genannte Blogger ihren Alltag erzählen bzw. ihre Meinung zu aktuellen Themen veröffentlichen.

vom Rollenspielchat unterscheiden. Man muss also, dem Autor zufolge, zwischen Kommunikationsformat und kommunikativer Gattung unterscheiden.

Im Fall von Cibervalle findet sich tatsächlich eine breite Variation kommunikativer Muster, die neben themenzentrierten Diskussionen – im Sinne einer Many-to-many-Kommunikation, in der es in erster Linie um den Austausch von Sachargumenten geht – auch Elemente des Chattens und des Bloggings umfasst. Wie noch zu sehen sein wird, hat sich außerdem in Cibervalle eine spezifische Nutzer/innenkultur entwickelt, die verschiedene Medien und Kommunikationsformen miteinander kombiniert. Die Praktiken der Verknüpfung verschiedener Kommunikationsformate bilden hier also eher die Grundlage für die Verfestigung von kommunikativen Mustern oder Gattungen als die Kommunikationsformate selbst.

Die Unterscheidung der Strukturebenen, insbesondere im Hinblick auf die Typisierung bestimmter Akteursgruppen und ihrer sozialen Kontexte, erweist sich im Fall von Internetkommunikation als Problem. Die Kommunikationspartner/innen in einem Chat oder einem Diskussionsforum sehen sich nicht und befinden sich meist in unterschiedlichen, oftmals gegenseitig unbekannten räumlichen und sozialen Umgebungen. Soziale Kontextinformationen sind also weder für die Forscherin noch für die Interagierenden selbst einfach zu bestimmen und können deshalb nicht per se als relevant vorausgesetzt werden. Andererseits kann man Informationen, die das Geschlecht, den sozialen Status oder Ähnliches betreffen, auch nicht per se als irrelevant betrachten. Denn anders als die Visionen der ersten Dekade der Internetforschung (vgl. Turkle 1995, Poster 1997) nahelegten, scheint Virtualität, im Sinne einer Befreiung der Kommunikation von körperlichen und sozialstrukturellen Attributen, kein Garant für egalitäre Beziehungen und selbstbestimmte Identitätsentwürfe zu sein. Statt die grundsätzliche Relevanz oder Irrelevanz sozialer Kontextinformation vorauszusetzen, erscheint es mir sinnvoller, die Kommunikation daraufhin zu untersuchen, in welchen Situationen, wie und mit welchen Wirkungen die Individuen selbst Kontextinformationen in die Kommunikation einbringen und sozialstrukturelle, geschlechtsbezogene oder ethnische Unterschiede bzw. Gemeinsamkeiten markieren. Für eine vertiefende gattungsanalytische Untersuchung von Online-Foren, die sich wie Cibervalle über eine gemeinsame geografische Referenz definieren, könnte beispielsweise die Frage interessant sein, wie natio-ethno-kulturelle (Nicht)Zugehörigkeit kommunikativ organisiert wird. Im Fall von Cibervalle bringt die transnationale Lebensform der Teilnehmer/innen interessante sozialstrukturelle Modifikationen hervor. Wie im ethnographischen Teil der Arbeit bereits deutlich wurde, ist transnationale Migration nicht nur mit zum Teil paradoxen Veränderungen des sozialen Status verbunden, sondern führt auch meist zu einem erleichterten Zugang zum Internet. Im Gegensatz zu den geografischen Migrationszielen der meisten Cibervaller@s ist der

Zugang zum Internet in Paraguay noch verhältnismäßig teuer und deshalb weitgehend auf privilegierte Bevölkerungsgruppen beschränkt. In der Migration lebende Paraguayer/innen, die aufgrund ihrer finanziellen und lebensweltlichen Situation in Paraguay kaum Zugang zum Internet hatten, finden nun beispielsweise in Madrid oder Buenos Aires nahezu an jeder Ecke ein Internetcafé, das sie zu erschwinglichen Preisen nutzen können. Selbst ein eigener Computer mit Internetzugang und einem Flatrate-Tarif ist nun denkbar, so dass die Kommunikation mit den Angehörigen von zuhause aus stattfinden und die Beteiligung an den Cibervalle-Aktivitäten stärker in den Alltag integriert werden kann. Cibervalle wird durch seine transnationale Struktur zu einem sozialen Raum, in dem sich Angehörige unterschiedlicher sozialer Klassen und Lebensstile als Kommunikationspartner/innen begegnen, die im physisch-sozialen Raum Paraguays meist in voneinander getrennten Milieus leben oder deren Beziehungen zueinander hierarchisch strukturiert sind. Im Rahmen einer weiterführenden gattungsanalytischen Annäherung an den kulturellen Haushalt Cibervalles wäre nun die Frage interessant, ob und wie sich die durch Migration bedingten sozialstrukturellen Modifikationen in der Forumskommunikation niederschlagen[73].

Schließlich lassen sich die technologischen Kommunikationsbedingungen schlecht von den kommunikativen Praktiken ihrer Anwendung trennen. So werden Elemente der situativen Realisierungsebene und der Binnenstruktur durch das jeweilige Medium modifiziert und können daher nicht von der Außenstruktur getrennt betrachtet werden. Der räumliche und zeitliche Kontext etwa, den Schmidt (2000) in ihrer Untersuchung der Kommunikationsform Chat der situativen Realisierungsebene zuordnet, wird in der elektronischen Kommunikation sehr stark durch technologische Bedingungen der Übertragung bestimmt. Baym (1995) schlägt deshalb eine Möglichkeit der Unterscheidung vor, die stärker die Einflüsse des Mediums auf die sozialen Formen seiner Aneignung in den Blick nimmt. In ihrer Studie des Usenet-Diskussionsforum r.a.t.s. untersucht sie am Beispiel der Fangemeinde einer Soap-Opera die sozialen Dimensionen computervermittelter Gemeinschaftsbildung. Als medienspezifische Ebenen nennt sie Systeminfrastruktur und Zeitstruktur. Die Ebene der Systeminfrastruktur sei deshalb zu berücksichtigen, weil

---

[73] Verschiedene Beobachtungen geben Anlass zu der Vermutung, dass sozialstrukturelle Unterschiede, die etwa in Zusammenhang mit Bildung stehen, kommunikativ markiert werden. So werden immer wieder Rechtschreibfehler bzw. die im lexikalischen Sinne falsche Verwendung von Fremdwörtern von anderen Teilnehmer/innen beklagt bzw. korrigiert. Das Korrigieren vermeintlicher Fehler hat sogar einen institutionalisierten Status in Form einer dafür kreierten Persona mit der Selbstbezeichnung „Diccionario" [Wörterbuch/Lexikon] erreicht, die nichts anderes tut, als Beiträge anderer Teilnehmer/innen zu korrigieren. Die teilnehmende Beobachtung der Online-Aktivitäten einzelner Teilnehmer/innen in Buenos Aires hat überdies gezeigt, dass manche Teilnehmer/innen bei der Produktion eigener Beiträge sowie bei der Rezeption fremder Kommentare routinemäßig Online-Wörterbücher konsultieren, um sich der Bedeutung oder korrekten Schreibweise eines Wortes zu versichern.

sowohl die Hard- und Softwareausstattung, die den einzelnen Teilnehmer/innen zur Verfügung stehen, als auch die serverabhängige Übertragungsgeschwindigkeit die Kommunikation beeinflussen. Auf der Ebene der medial bedingten Zeitstruktur unterscheidet Baym synchrone von asynchronen Formen der computervermittelten Kommunikation.

Im Fall von Cibervalle lassen sich hier wiederum interessante Zusammenhänge zwischen Systeminfrastruktur und Sozialstruktur beobachten, die auf globaler Ebene als Spiegelbild ungleich verteilter Teilhabechancen am Internet wirken. So müssen Cibervaller@s in Paraguay tendenziell mit einer längeren Übertragungsgeschwindigkeit und höherer Störanfälligkeit rechnen als etwa ihre Kommunikationspartner/innen in den USA. Das liegt zum einen daran, dass die Website auf einem US-amerikanischen Server liegt, hängt aber auch mit der individuellen Ausstattung des Rechners, wie Rechenkapazitäten oder Systemkonfiguration, und mit der Leistungsfähigkeit des jeweiligen Netzes zusammen. Globale soziale Ungleichheitsstrukturen wirken sich also nicht nur auf die ungleiche Verteilung von technologischen Ressourcen aus, sondern beeinflussen darüber hinaus auch die Teilhabechancen an der Gestaltung der Kommunikation.

Die Unterscheidung von synchronen und asynchronen Formen der Kommunikation ist auch in Cibervalle insofern eine sinnvolle Art der Differenzierung, als dass sie Aussagen über die unterschiedlichen Praktiken der Nutzung und Deutungsmuster der Teilnehmer/innen zulässt. Allerdings lässt sich auch hier feststellen, dass nicht allein das Medium bestimmt, ob es sich um asynchrone oder synchrone Kommunikation handelt. Vielmehr haben die spezifischen Praktiken der Aneignung der Kommunikationsform entscheidenden Anteil an deren Definition. „Rather than being constrained by the computer, the members of these groups creatively exploit the systems' features so as to play with new forms of expressive communication", so Baym (1995:159). Im Hinblick auf die Fragestellung der vorliegenden Arbeit sind deshalb die Wechselwirkungen zwischen technologischen Bedingungen und den Praktiken ihrer Aneignung von besonderem Interesse, weil sich aus ihnen wichtige Erkenntnisse in Bezug auf die Beziehungs-, Gemeinschafts- und Lebensformen ableiten lassen, die sich durch den alltäglichen Gebrauch des Internets in transnationalen Migrationskontexten entwickeln können.

Ansatz zur Analyse der kommunikativen Architektur Cibervalles

Die Analyse der kommunikativen Organisation und der sozialen Ordnung des gemeinsam geteilten virtuellen Raumes von Cibervalle hat das Ziel, die Eigenlogik sozialer Prozesse zu verstehen, die sich im Zusammenhang mit Migration und der Nutzung globaler Kommunikationstechnologien abspielen. Sie kann deshalb nur eingebettet und rückbezüglich der ethnographischen Beschreibung der sozialen Räume und des Alltags der Bewohner/innen von Cibervalle verstanden werden. Im Mittelpunkt des Interesses stehen dabei die wechselseitigen Einflüsse technologischer und sozialer Bedingungen der Kommunikation. Die Konversationsanalyse, die ihr Augenmerk in erster Linie auf „die unscheinbar kleinen, mikroskopisch-molekularen Formen der Vergesellschaftung" (Bergmann 2003a:536) richtet, kann wohl den analytischen Blick auf das hier behandelte Forschungsfeld inspirieren und schärfen. Um eine so komplexe Formation wie Cibervalle in ihrer Gesamtheit zu beschreiben, bedarf es jedoch einer Analyseform, die darüber hinaus ihre Aufmerksamkeit auf die Verbindungen zwischen kommunikativen, sozialstrukturellen, medialen und kontextuellen Elementen der Konstruktion sozialer Wirklichkeit richtet. Versteht man kommunikative Gattungen als „historisch und kulturell spezifische, gesellschaftlich verfestigte und formalisierte Lösungen kommunikativer Probleme ... deren ... Funktion in der Bewältigung, Vermittlung und Tradierung intersubjektiver Erfahrungen der Lebenswelt besteht" (Günthner und Knoblauch 1997:282), bietet die Gattungsanalyse trotz der hier diskutierten Probleme einige Vorzüge, um die spezifische Kultur eines computervermittelten sozialen Zusammenhangs zu untersuchen.

Im nächsten Kapitel wird nun die kommunikative Architektur untersucht, die den Bewohner/innen Cibervalles trotz geografischer Distanz erlaubt, zusammenzuleben. Unter Berücksichtigung der hier diskutierten Probleme bei der Anwendung gattungsanalytischer Verfahren werden zunächst Aufbau und Eigenschaften der Forumskommunikation sowie des Instant Messenger* beschrieben. In einem analytischen Zwischenschritt wird dann die Evolution des Kommunikationsformats Cibervalle-Forum untersucht, um daran die Wechselwirkungen zwischen technologischen Eigenschaften und Bedingungen der Kommunikation einerseits und ihrer praktischen Aneignung durch die Akteur/innen andererseits herauszuarbeiten. Unter Einbezug der ethnographisch generierten Daten werden dann die spezifischen medialen Praktiken und die genuinen, techno-sozialen Formen näher bestimmt, auf denen globales Zusammenleben in Cibervalle beruht.

14. Aufbau und techno-soziale Evolution des Cibervalle-Forums

Die kommunikative Organisation Cibervalles basiert im Wesentlichen auf der Kombination von drei Kommunikationsformaten[74]. Neben dem öffentlich zugänglichen Online-Diskussionsforum wird ein Instant-Messenger-Programm* zur privaten Kommunikation zwischen zwei oder mehr Teilnehmer/innen benutzt. Des Weiteren finden in den jeweiligen Lebensorten der Forumsnutzer/innen regelmäßig lokale Treffen statt, die wiederum an die globale öffentliche Ebene der Forumskommunikation zurückgebunden werden. Die soziale Formation Cibervalle beruht also auf einem komplexen Zusammenspiel verschiedener medialer und kopräsenter Formen der Kommunikation, Interaktion und Mobilität, die im Folgenden vorgestellt und unter Berücksichtigung der Wechselwirkungen zwischen technologischen Eigenschaften und deren sozialer Aneignung analysiert werden.

Die Forumskommunikation

Äußerer Kontext und Einbettung des Forums

Das Diskussionsforum ist Teil der Kommunikationsumgebung eines kommerziellen paraguayischen Webportals, das über das WWW global zugänglich ist. Das Portal bietet unterschiedliche Online-Dienste, die alle auf Paraguay bezogen sind und zu denen eine Suchmaschine, ein Personensuchdienst[75] und die Bereitstellung aktueller nationaler und internationaler Nachrichten, landeskundlicher Informationen sowie wichtiger nationaler Adressen gehören. Diese Informations- und Dienstleitungsangebote verbinden sich mit Werbeanzeigen paraguayischer Unternehmen. Die interaktive Kommunikationsumgebung beschränkte sich zu Beginn der Forschung auf ein Diskussionsforum und einen Chat, die beide mit dem Webportal verlinkt waren. Im Zuge umfangreicher Renovationen des Webportals umfassten die kostenlosen Dienste, die Cibervalle.com anbietet, zum Ende der Datenerhebung außerdem die Möglichkeit der Einrichtung eines eigenen E-Mail-Accounts sowie von persönlichen Blogs. Links zu den Webseiten paraguayischer Mobilfunkanbieter, die das kostenlose Versenden von SMS-Nachrichten nach Paraguay ermöglichen, wurden ebenfalls wieder eingerichtet.

---

[74] Das heißt nicht, dass die Kommunikation auf die drei benannten Formate beschränkt ist. Die Akteur/innen telefonieren auch miteinander, senden SMS und E-Mails. In der Analyse können diese Kommunikationsformen allerdings nur am Rande berücksichtigt werden.

[75] Ein mittlerweile kostenpflichtiger Dienst, der ähnlich funktioniert wie Online-Partnervermittlungen, allerdings mit dem Fokus auf die gemeinsame nationale bzw. lokale Zugehörigkeit. Da man neben Alter und Geschlecht auch den gewünschten Herkunftsort angeben kann, ermöglicht dieser Dienst auch die Kontaktaufnahme zu ehemaligen Bekannten, die man im Zuge der Migration aus den Augen verloren haben mag und von denen man hofft, dass sie sich in der Nähe des eigenen aktuellen Lebensorts aufhalten.

Erforderliche Ressourcen zur Teilnahme

Das Cibervalle Forum ist öffentlich und potentiell global zugänglich, jeder kann also die dort geführten Diskussionen lesen, ohne sich dafür registrieren zu müssen. Der Zugang ist jedoch auf verschiedenen Ebenen faktisch eingeschränkt, das heißt, man muss über spezifische Ressourcen, Informationen und Kenntnisse verfügen, um tatsächlich Zugang zu dem Forum zu haben. Um das Diskussionsforum nutzen zu können, benötigt man zunächst einen Internetzugang und einen entsprechend ausgestatteten Computer. Des Weiteren sind Kenntnisse im Umgang mit Computer und Internet sowie des Lesens und Schreibens erforderlich. Um die Kommunikation im Forum sinnvoll deuten zu können, sind außerdem Kenntnisse der spanischen Sprachen, wenn auch keine ausreichende, so doch eine unabdingbare Voraussetzung, um Zugang zu dem kulturspezifischen kommunikativen Haushalt von Cibervalle zu bekommen. Spanisch ist die Hauptsprache im Forum, die allerdings stark durchsetzt ist mit der in Paraguay gesprochenen hybriden Sprachform des Jopará. Englisch, Deutsch und Französisch tauchen hin und wieder auf, entweder in einzelnen Begriffen oder in Ausnahmefällen auch in ganzen Konversationen, vor allem zwischen Teilnehmer/innen in USA, Australien, Deutschland bzw. Frankreich. Meist wird dann aber, wie im folgenden Beispiel, nach kurzer Zeit von anderen Teilnehmer/innen die Abweichung von der impliziten Regel kritisiert und Spanisch, besser gesagt: Jopará als die Sprache eingefordert, die von allen verstanden wird.

Forumskommunikation Beispiel 6 „Begrüßungstópico Mafalda"

He! Das Volk wie wir will wissen, was sie ist, darüber sprechend. Irgendwie,
Samuel, Herr-Liebe
jejejeje, aulen na un poko en el idioma de los pobres, jejejejej
[*hehehehe, jault mal ein bisschen in der Sprache der Armen, hehehehehe*]

Luis
IP: 200.85.34
10/09/2004

Der Kommentar stammt aus dem Begrüßungstópico*, mit dem ich mich in Cibervalle als neue Teilnehmerin „Mafalda" präsentiert hatte. Infolge meiner geografischen Selbstverortung wurde ich von einem anderen Teilnehmer auf Deutsch begrüßt, woraufhin ich ihm wiederum auf Deutsch antwortete. Der kurze Wortwechsel in deutscher Sprache wurde schließlich von Luis' Beitrag unterbrochen. Der erste Redezug[76] enthält zunächst eine doppelte Botschaft des Autors. Einerseits gibt er zu verstehen, dass auch er über Deutschkenntnisse verfügt. Gleichzeitig macht er deutlich, dass der fremdsprachige Wortwechsel nicht von der Gemeinschaft verstanden wird,

---

[76] Eine der Autotranskriptionsleistungen in der Forumskommunikation besteht darin, dass die Teilnehmer/innen das Ende eines Redezugs häufig mit einem Absatz markieren.

gleichwohl es einen Anspruch auf (sprachliches) Verstehen gibt. Damit begründet er im anschließenden Turn seine Aufforderung, die Kommunikation „in der Sprache der Armen", respektive des Volkes, also in Spanisch (Jopará) weiterzuführen. Diese Aufforderung wird im weiteren Kommunikationsverlauf auch befolgt.

Nicht zuletzt muss man das Forum in den unendlichen Weiten des WWW erst einmal finden. Entweder muss man über dessen Existenz informiert sein und seine URL oder wenigstens seinen Namen kennen, so dass die Seite über eine Suchmaschine aufgerufen werden kann, oder man trifft zufällig auf die Seite. Aufgrund der Verlinkungslogik des WWW ist die Wahrscheinlichkeit, das Cibervalle-Forum zu entdecken, dann am größten, wenn man auf der Suche nach Informationen über Paraguay das WWW durchsucht. Das heißt, neben sprachlichen und medienspezifischen Kompetenzen ist eine gewisse Affinität zu Paraguay oder ein Interesse an Themen, die mit Paraguay in Zusammenhang stehen, ein weiterer Aspekt, der den Zugang zum Cibervalle-Forum strukturiert.

Beteiligungsstatus und Modi der Teilnahme

Die Beteiligungsstatus, aus denen sich Cibervalle konstituiert, lassen sich zum einen nach Adressendichte der Teilnehmenden, zum anderen in Bezug auf deren Eingriffsrechte in den kommunikativen Ablauf im Forum unterscheiden. Mit Adressendichte ist gemeint, inwieweit ein/e Teilnehmer/in von den anderen adressierbar ist. Wer seine Teilnahme auf anonymes Lesen beschränkt, ist für die anderen nicht direkt wahrnehmbar und folglich auch nicht als Kommunikationspartner/in adressierbar, sondern nur als unbestimmter Teil eines diffusen, imaginierten Publikums[77]. Wer sich registrieren will, muss einen Namen (Nick) angeben, mit dem er oder sie sich den übrigen Teilnehmer/innen präsentiert. Weiterhin ist eine E-Mail-Adresse erforderlich, die zumindest den Moderator/innen und Administrator/innen des Forums bekannt ist. Wahrnehmbar wird man aber auch als registriertes Mitglied nur, wenn man Tópicos* eröffnet oder Beiträge schreibt. Die Adressendichte wird also auf der Ebene der Forumskommunikation umso höher, je mehr Präsenz die Teilnehmer/innen zeigen. Über die Forumsebene hinaus gibt es die Möglichkeit, einige persönliche Informationen wie Alter, Geburtsdatum, Sternzeichen, Wohnort und E-Mail-Adresse sowie Fotos in einem Album zu veröffentlichen. Bei der Registrierung wird meist die Einrichtung eines speziellen E-Mail-Accounts empfohlen, mit dem das Instant-Messenger*-Programm genutzt

---

[77] Welche Bedeutung das Publikum für die Kommunikation in Cibervalle hat, wird an späterer Stelle noch ausführlich diskutiert. Neben dem Publikum, das sich zwar den aktiv Kommunizierenden nicht zu erkennen gibt, aber deren Aktivitäten direkt beobachtet, lässt sich eine weitere Position in Cibervalle identifizieren: Personen aus dem sozialen Umfeld der Cibervaller@s, die selbst keinen Internetzugang haben oder aus anderen Gründen die Online-Aktivitäten nicht regelmäßig verfolgen können, aber durch die aktiven Mitglieder über das Geschehen in Cibervalle auf dem Laufenden gehalten werden.

werden kann, das von den meisten Mitgliedern verwendet wird. Häufig fragen sich die Teilnehmer/innen in den Tópicos* auch gegenseitig nach ihren E-Mail-Adressen, um die Möglichkeit zu haben, die Kommunikation auf den Instant Messenger* auszuweiten. Wie nachfolgend näher erläutert wird, ist die öffentliche Forumskommunikation mit der privaten Kommunikation über den Messenger eng verknüpft. Eine weitere Möglichkeit, die Adressendichte zu erhöhen, ergibt sich durch die Teilnahme an den regelmäßigen, in den jeweiligen Lebensorten der Teilnehmer/innen stattfindenden lokalen Treffen.

Im Hinblick auf die Eingriffsrechte unterscheidet sich die Position der Teilnehmenden von der Rolle der Moderatorin bzw. des Administratoren insofern, als sowohl Moderation als auch Administration die Möglichkeit haben, einzelne Beiträge oder ganze Tópicos* zu löschen sowie einzelne Nicks an der aktiven Teilnahme zu hindern. Die Administrator/innen haben darüber hinaus das alleinige Recht, Formatsänderungen am Forum vorzunehmen. Wie eingangs angedeutet, ist das Online-Diskussionsforum Teil eines kommerziellen Webportals. Auf dem Hintergrund der beschriebenen Statusunterschiede in Bezug auf die Eingriffsrechte erscheint mir die kommerzielle Ausrichtung des Unternehmens im Gegensatz zu den vornehmlich sozialen Interessen der Forumsgemeinschaft erwähnenswert. Die Konstruktion dieses Gegensatzes – oder besser gesagt: der eigenen Identität – einer Gemeinschaft in Distanz zur Unternehmensführung wird anhand der Evolution der Regeln im Forum an späterer Stelle diskutiert.

*Der Tópico**

Um einen neuen Tópico* zu eröffnen, wird die entsprechende thematische Kategorie ausgewählt, wo am Ende der Liste der Tópicos* ein elektronisches Formular zu finden ist, in dem Titel und Eröffnungstext des Tópicos* eingetragen werden können.

Abbildung 5: „Neuer Tópico*"

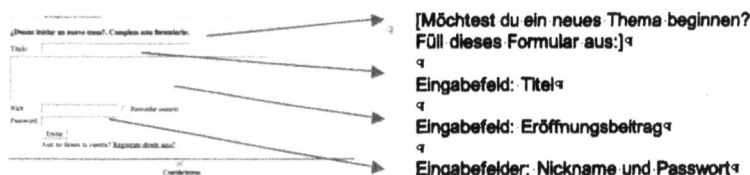

Je nach technologischer Ausstattung des verwendeten Computers und abhängig vom Providerstandort bzw. der Servergeschwindigkeit kann es mehrere Minuten dauern, bis der Tópico* geladen wird und sein Titel in der Liste der aktuell diskutierten Themen erscheint. Klickt man nun den Titel an, öffnet sich die Seite der

Diskussion und man kann den Einführungstext lesen, der mit weiteren Informationen über seinen Autor versehen ist.

Forumskommunikation Beispiel 7: „Alguien por Alemania"

Alguien por Alemania	Jemand in Deutschland
Lo hago por una hermana que vive alla, no conoce a nadie y acaba de volver de Paraguay donde estuvo de vacaciones, es mas para los interesados que quieren comunicarse con una compatriota que llevo Yerba, coquitos, rosquitas, chipitas para compartir.(jijijiji)	Ich mache das für eine Schwester die dort lebt, sie kennt niemanden und sie ist gerade aus Paraguay zurückgekommen, wo sie die Ferien verbracht hat, es richtet sich an alle Interessierten, die Kontakt zu einer Landsfrau möchten, die Yerba[78], coquitos, rosquitas, chipitas[79] mitgebracht hat, um sie zu teilen. (hihihihihi)
Nick: David	**Nick:** David
E-mail: d-vi-sm-r-c-@hotm**l.com	**E-mail:** d-vi-sm-r-c-@hotm**l.com
IP: 138.82.28.*	**IP:** 138.82.28.*
Respuestas: 23	**Antworten:** 23
Última Respuesta: 28/01/2004	**Letzte Antwort:** 28/01/2004

Neben dem Namen des Autors und seiner verschlüsselten E-Mail-Adresse kann man anhand der verschlüsselten IP-Adresse auf seinen Aufenthaltsort, besser gesagt auf den Providerstandort, schließen[80]. Des Weiteren informiert schon die Eröffnungssequenz über die Anzahl der Antworten und über die Aktualität der Diskussion, das heißt, man erfährt, an welchem Tag der letzte Beitrag geleistet wurde. Die Antworten erscheinen in chronologischer Folge unter dem Eröffnungsbeitrag, so dass der letzte Beitrag ganz unten auf der Seite erscheint. Um sich an einer laufenden Diskussion zu beteiligen, muss man sich bis ans Ende der Seite scrollen, wo ein elektronisches Formular zu finden ist, das dazu auffordert, einen Kommentar einzutragen.

Forumskommunikation Beispiel 8: „Alguien por Alemania"

Yo estoy en Alemania hace mas de un anho. Es dificil al comienzo, por donde esta tu hermana? Cualquier ayuda, consejo que necesite a las ordenes	Ich bin seit mehr als einem Jahr in Deutschland. Am Anfang ist es schwer, wo genau ist deine Schwester? Für jedwede Hilfe, Ratschläge, die sie brauchen sollte, stehe ich zur Verfügung
Jóse	**Jóse**
IP: 134.111.342.*	**IP:** 134.111.342.*
26/01/2004 (#136489)	26/01/2004 (#136489)

---

[78] Yerba [span.]: Kraut, bezieht sich hier auf Yerba Mate, das die Grundlage für das paraguayische Nationalgetränk bildet.

[79] Typische paraguayische Speisen.

[80] Im Zuge verschiedener Veränderungen am Format des Online-Diskussionsforums, die vom Betreiber der Seite durchgeführt wurden, enthält die Signatur des Tópicautors nun zusätzlich eine visualisierte Information über seinen Aufenthalts- bzw. Providerstandort in Form eines Symbols in den jeweiligen Landesfarben sowie die Anzahl der Beiträge, die einem Nick insgesamt durch seine bisherige Teilnahme zuzurechnen sind. Die praktische Bedeutung dieser Informationen wird an späterer Stelle diskutiert.

Anders als bei der Eröffnung eines Tópicos* besteht bei den Antworten keine Möglichkeit, einen Titel bzw. Betreff anzugeben. Es wird auch nicht die E-Mail-Adresse des Antwortenden angezeigt, sondern lediglich die IP-Adresse, das Datum des Beitrags sowie eine weitere Zahl, die angibt, wie viele Beiträge das Forum insgesamt zu diesem Zeitpunkt hat.

Zeitstrukturen

Synchronität und Asynchronität. Anders als andere internetbasierte Kommunikationsformen wie Chat oder E-Mail, die entweder synchrone oder asynchrone Kommunikationsmodi vorsehen, ermöglicht die Forumskommunikation beides. Dadurch, dass die Beiträge nahezu in Echtzeit übertragen werden, können Teilnehmer/innen, die gleichzeitig online sind, sofort auf die Beiträge ihrer geografisch entfernten Konversationspartner/innen antworten. Tatsächlich finden sich in Cibervalle viele Forumskonversationen, die einem Alltagsgespräch ähnlicher sind als einer Diskussion, verstanden im Sinne eines themenzentrierten Austauschs sachlicher Argumente. In diesen Tópicos* sind Inhalt und Textstruktur denen der synchronen Kommunikationsform Chat sehr ähnlich, wie das folgende Beispiel zeigt[81]:

Forumskommunikation Beispiel 9: „Dinosaurio"

Hola buenas tardes como estan Alguien vio a mi Dinosaurio en patin por hay	Hallo, guten Tag, wie geht es euch Hat jemand meinen skateboardfahrenden Dinosaurier hier irgendwo gesehen
Chaot IP: 65.198.43.* 23/04/2004	**Chaot** IP: 65.198.43.* 23/04/2004
recien pasó, iba de bajada, creo que hacia al puerto este es?	Er kam eben vorbei, er war auf dem Weg nach unten, ich glaube in Richtung Hafen. Ist es der?
sandra IP: 200.85.34 23/04/2004	**sandra** IP: 200.85.34 23/04/2004

Chaot markiert seine plötzliche Präsenz im Tópico* mit einem Grußwort und bietet mit einer Frage, die nicht an eine bestimmte Person adressiert ist, kommunikative Anschlussmöglichkeiten für alle Teilnehmer/innen. Ähnlich wie in einem öffentlichen Chatraum versucht er so, sich in eine bereits laufende Konversation zu integrieren. Sandra, die zur selben Zeit online ist und die den Tópico* eröffnet

---

[81] Neben der Ähnlichkeit zur Kommunikationsform Chat demonstriert das Beispiel anschaulich den ironisierenden Umgang mit dem Problem der Nichtmaterialität des virtuellen Raumes, der sich in der Forumskommunikation immer wieder zeigt. Die Bedeutung von Ironie im Umgang mit der Virtualität wird an späterer Stelle in Zusammenhang mit den lokalen Treffen und ihren virtuellen (Re)Konstruktionen näher behandelt.

hat, fängt den in die Menge geworfenen Ball auf und beantwortet die Frage. So entspinnt sich ein kurzer, synchroner Wortwechsel zwischen den beiden, bevor die Beiträge anderer Teilnehmer/innen die Zweierkommunikation unterbrechen und die Konversation auch thematisch in eine andere Richtung lenken.

Allgemeine Begrüßungen, schnelle Wechsel von Themen und Sprecherkonstellationen, kurze Beiträge und Wortwechsel zwischen einzelnen Teilnehmer/innen sind typisch für diese synchrone Form der Nutzung, die dem Cibervalle-Forum den Charakter eines Chatraums (vgl. Schmidt 2000) verleihen. Im Gegensatz zum Chat werden allerdings alle Beiträge einer Diskussion gespeichert und der Diskussionsverlauf kann in chronologischer Anordnung nachgelesen werden, solange die Diskussion andauert bzw. – zum Zeitpunkt der Forschung – maximal zehn Tage nach dem letzten Textbeitrag zum entsprechenden Tópico*. Für Teilnehmer/innen, deren Aktivitäten im Forum zeitlicher (oder finanzieller) Beschränkung unterliegen oder die nicht zur selben Zeit online sein können, ist es daher auch später noch möglich, die laufenden Diskussionen zu rekonstruieren und sinnvoll daran anzuschließen oder sich an deren Rezeption zu erfreuen.

Sequentialität: Flüchtigkeit und Fixierung sozialer Wirklichkeit. Die technologischen Bedingungen rahmen also nicht nur die Kommunikation und die soziale Organisation in Cibervalle, sie wirken auch in sie hinein. Im Hinblick auf die Sequentialität der Kommunikation führen, ähnlich wie bei der Chatkommunikation, nicht nur das Fehlen non-verbaler Mittel zur Rederechtsverteilung in einer „many-to-many"-Kommunikationsstruktur, sondern auch das Medium selbst und seine technologische Einbettung zu sequentieller Unordnung. Denn nicht nur die Tatsache, dass man seine virtuellen Konversationspartner/innen nicht sieht, also weder einschätzen kann, wie viele sich gerade an der Diskussion beteiligen, noch, wer gerade dabei ist, einen Beitrag vorzubereiten, auch die technologisch bedingte unterschiedliche Geschwindigkeit des Erscheinens von Beiträgen führt dazu, dass Beiträge nicht inhaltlich sinnvoll aneinander anknüpfen. Wie sich die einzelnen Beiträge aufeinander beziehen, lässt sich also nicht anhand des sequentiellen Verlaufs der Kommunikation rekonstruieren.

Eine wichtige Eigenschaft der Forumskommunikation, die sich aus ihrer Zeitstruktur ergibt und die sowohl methodologische als auch soziale Konsequenzen mit sich bringt, ist ihr Grad an Flüchtigkeit. Im Vergleich zur Face-to-face-Kommunikation und auch im Vergleich mit Chat-Kommunikationen ist das soziale Leben, das sich im Forum abspielt, weniger flüchtig, weil alle Beiträge einer Diskussion auf dem Bildschirm zu sehen sind, solange die Diskussion andauert. In Face-to-face-Gesprächen bedingt deren Grad an Flüchtigkeit, dass später Hinzukommende kaum die Möglichkeit haben, den bisherigen Verlauf der Konversation eigenständig nachzuvollziehen. Um sinnvoll anzuschließen, ist man darauf angewiesen, dass

die Gesprächsteilnehmer/innen der neu hinzukommenden Person den Gesprächszusammenhang rekonstruierend vermitteln. Dies geschieht üblicherweise als kollektive Rekonstruktionsleistung. Dabei einigen sich die bisherigen Gesprächspart-
ner/innen auf eine gemeinsam geteilte Interpretation, womit sie sich wiederum
vergewissern, worüber sie eigentlich reden. Die Forumskommunikation hingegen
sieht, gewissermaßen als Strukturmerkmal, die Möglichkeit vor, sich selbst zu informieren, weil man den bisherigen Verlauf der Diskussion nachlesen kann. Anders ausgedrückt, das Medium bietet die Möglichkeit, dass die Akteur/innen selbst
Verfahren zur registrierenden Konservierung der von ihnen hervorgebrachten
Wirklichkeit anwenden. Im Gegensatz zu Face-to-face-Gesprächen wird von den
Teilnehmer/innen an den Forumsdiskussionen offenbar erwartet, dass sie den bisherigen Verlauf der Kommunikation selbstständig rekonstruieren. Weder lässt sich
beobachten, dass Teilnehmer/innen in laufende Diskussionen einsteigen, indem
sie fragen, worum es in der Diskussion geht, noch dass sie mit einer Einführung
in den Gesprächszusammenhang begrüßt werden, was für Face-to-face-Gespräche
keineswegs ungewöhnlich ist. Diese Möglichkeit der gegenseitigen Absicherung
des „what's going on here" als eine Möglichkeit der Herstellung von Kohärenz ent-
fällt augenscheinlich in der fixierten sozialen Realität der Online-Diskussionen.

Die Forumsdiskussion kann allerdings nicht exakt in ihrer zeitlichen Abfolge von
später Hinzukommenden rekonstruiert werden, da etwa zeitliche Brüche oder längere Pausen nicht nachzuvollziehen sind[82]. Technisch bedingte Pausen lassen sich
zudem nur schwer von sozialen Pausen unterscheiden. Die zeitliche Entwicklung
des Interaktionsgeschehens stellt sich also – je nach Position der Beteiligten – unterschiedlich dar. Kommuniziert man synchron, erlebt man einerseits zeitliche
Verzögerungen und Pausen mit[83], kennt aber den Fortgang der Kommunikation
nicht. Liest man eine Diskussion im Nachhinein, rekonstruiert man beim Lesen in
der Regel nicht den tatsächlichen zeitlichen Ablauf, sondern liest den Tópico* so,
als wären die Beiträge nacheinander und ohne Pause entstanden. Außerdem muss
man sich beim nachträglichen Lesen nicht an die sequentielle Ordnung des Textes
halten, sondern kann im Text hin und her springen und selektiv lesen. Das heißt,
die Akteur/innen werden zunächst in einem hohen Maß auf ihre individuellen Interpretationsleistungen zurückgeworfen. Je nach lebensweltlichem und zeitlichem
Kontext der Rezeption können sich dabei sehr unterschiedliche Lesarten ergeben.
Inwieweit die Akteur/innen trotz sequentieller Unordnung und der strukturell
bedingten Vielfalt an individuellen Sinnkonstruktionen Kohärenz herstellen oder
zumindest dafür sorgen, dass die Kommunikation weitergeht, wird nachfolgend
zu sehen sein.

---

[82] Im Zuge der letzten Formatsänderung am Cibervalle-Forum, die nach Beendigung der Datenerhebung erfolgte, wird nun auch die genaue Uhrzeit des jeweiligen Beitrags angezeigt.
[83] In diesem Fall spielt, wie oben erläutert, der Ort des Zugangs eine Rolle.

Im Vergleich zu nicht-elektronischen Textgattungen ist die Forumskommunikation weitaus flüchtiger, durch ihre Hypertextstruktur komplexer und daher auch für die Analyse komplizierter aufzubereiten. Wenn ein Tópico* länger als zehn Tage keine neuen Beiträge erhält, wird er gelöscht. Das heißt, der Tópico* ist nicht mehr über die Website des Diskussionsforums zugänglich, kann aber womöglich über eine Suchmaschine im WWW gefunden werden. In manchen Fällen entscheidet die Administration bzw. die Moderation aus anderen Gründen, einen Tópico* zu löschen, auch wenn die Diskussion noch nicht beendet ist. Insbesondere auf Drängen einzelner Teilnehmer/innen werden Beiträge gelöscht, wenn diese sich persönlich oder als Cibervalle-Gemeinschaft beleidigt oder verletzt fühlen. An dieser Stelle deutet sich bereits die, durch öffentliche Zugänglichkeit des Formus bedingte, triadische Kommunikationsstruktur an, die das soziale Leben auf der Forumsebene entscheidend prägt. Das Löschen eines Beitrags macht ja die Beleidigung nicht ungeschehen, die den Anlass zu seiner Eliminierung gab. Da es sich aber um eine Beleidigung vor potentiellen Anderen handelt, also das imaginierte anonyme Publikum in der Kommunikation immer mitgedacht wird, ergibt sich die Notwendigkeit, solche Beiträge zu löschen, um ihre Verbreitung möglichst gering zu halten. Wir kommen später darauf zurück.

Charakteristisch für dieses Kommunikationsformat ist in jedem Fall, dass es zwar strukturell eine Eröffnungssequenz, jedoch keine gestaltschließende Äußerung vorsieht, die anzeigen würde, wann das Ende der Diskussion erreicht ist. Für die Archivierung und Analyse der online generierten Daten hat dies zur Folge, dass eine Diskussion, die man längere Zeit beobachtet, aber noch nicht gespeichert hat, plötzlich verschwinden und man den Zeitpunkt ihrer Archivierung nicht genau bestimmen kann. Durch das Fehlen einer Sequenz, die das Ende der Diskussion anzeigt, erwecken die Texte bei der nachträglichen Analyse den Eindruck, nicht fertig zu sein; so als hätte die Diskussion plötzlich und ohne ersichtlichen Grund einfach aufgehört oder man hätte sie zu früh archiviert und das Ende nicht abgewartet.

Sowohl der Grad der Flüchtigkeit, das Fehlen eines „closing turns", als auch die Hypertextstruktur des Forumsformats erfordern von der Forscherin, „jeweils die Frage miteinzubeziehen, wo ein Text anfängt und wo er aufhört" (Moes 2000:7). Um eine sinnvolle Abgrenzung des Textes und Reihenfolge seiner Bearbeitung zu gewährleisten, schlägt Moes deshalb vor, dass bei der Analyse von Webseiten die Struktur der Seite selbst Gegenstand der Analyse sein sollte. Im Fall von Cibervalle ist dabei zu beachten, dass die äußere Struktur der Webseite von den Designern bzw. der Administration der Seite bestimmt wird, die in diesem Fall nicht die Nutzer/innen selbst sind. Es erscheint mir daher sinnvoller, die Beziehung zwischen innerer und äußerer Struktur des Forumsformates in den Blick zu nehmen. Die tatsächlichen Lesarten der Nutzer/innen lassen sich nur bedingt anhand des

Kommunikationsverlaufs rekonstruieren. Ob ein/e Nutzer/in tatsächlich den gesamten Diskussionsverlauf gelesen hat, bevor er oder sie sich dazu äußert, ob die Person über einen anderen kommunikativen Kanal über den Stand der Diskussion informiert wurde oder ob es einfach Zufall ist, dass ihr Beitrag sich sinnvoll in die Diskussion einreiht, lässt sich schwer beurteilen. Auch die Frage der Orientierung in der Hypertextstruktur der Seite ist über die Analyse der Webseite allein schwer zu ermitteln. Ob die Links mit der Aufforderung, sich eine Seite anzusehen, die von anderen Teilnehmer/innen in einem Tópico* platziert werden, befolgt werden oder nicht, lässt sich nur insoweit nachvollziehen, wie der Inhalt der betreffenden Seite in irgendeiner Weise in der Diskussion thematisiert wird.

Im Rahmen einer ethnographischen Forschung, in der die lokalen Perspektiven und Nutzungspraktiken der Akteur/innen berücksichtigt und die Selbsterfahrungen als Mitglied als zusätzliche Ressource genutzt werden, können verschiedene Lesarten rekonstruiert und in ihren Konsequenzen für den kommunikativen Ablauf im Forum analysiert werden. Die Frage ist also weniger, wie sich ein Hypertext abgrenzen und in eine sinnvolle Reihenfolge bringen lässt. Hier wird vielmehr danach gefragt, wie sich die Kommunizierenden selbst in der Hypertextstruktur orientieren und wie sie trotz einer Vielzahl möglicher Lesarten für Kohärenz oder wenigstens für kommunikative Anschlüsse sorgen und so den Fortgang der Kommunikation sichern. Anhand der Evolution der Forumskommunikation lässt sich nun rekonstruieren, wie den technologischen Eigenschaften der Kommunikationsumgebung, die für sequentielle Unordnung sorgen und die Nutzer/innen weitgehend auf ihre individuellen Sinnkonstruktionen zurückwerfen, durch die Entwicklung spezifischer kommunikativer Praktiken begegnet wird und wie diese Praktiken wiederum in die technologische Umgebung integriert werden.

„Es war einmal ..." – Die Evolution der Forumskommunikation

Forumskommunikation Beispiel 10: „Erase una vez"

Erase un vez ...	Es war einmal...
Un foro más, donde muchos Nicks entraban a leer, opinar, divagar, hacer catarsis, enviar poemas, aprender tags*, contar chistes, pelearse, escribir novelas, relatos, dar clases de sexo, en fin ... yo también quise formar parte de ese grupo, los leí como 3 meses y empecé a hacer-me una idea de como era realmente cada uno de ellos ... en aquel tiempo no había album de yagua, y nadie manejaba casi el html y mucho menos subir una foto en el foro ... o sea era algo tan impersonal ...	Ein Forum mehr, in das viele Nicks eintraten, um zu lesen, ihre Meinung zu äußern, dummes Zeug zu faseln, sich abzureagieren, Gedichte zu schicken, Tags* zu lernen, Witze zu erzählen, sich zu streiten, Romane und Geschichten zu schreiben, Sexualkunde zu unterrichten, kurz ... ich wollte auch Teil dieser Gruppe sein, ich las ungefähr drei Monate lang und begann mir eine Vorstellung davon zu machen, wie jeder der Teilnehmer in Wirklichkeit ist, ... in jener Zeit gab es kein Fotoalbum, keine Persönlichkeitsprofile und kaum jemand beherrschte html; noch viel weniger wussten wir, wie man ein Foto lädt ... will sagen, es war alles so unpersönlich ...

Postear dirigiendote a alguien era como un tiro en la oscuridad, porque no sabías si como te respondería o si lo haría.	Sich mit einem *post* an jemand Bestimmtes zu wenden, war wie einen Schuss in die Dunkelheit abzufeuern, weil du nie wusstest, wie der andere dir antworten würde oder ob er überhaupt antworten würde.
Imaginarse entonces, su sonrisa o su voz, o su rostro era una utopía. Y saber sus puntos fuertes y débiles ni soñar.	Sich sein Lächeln, seine Stimme oder sein Gesicht vorzustellen, war eine Utopie. Und seine Stärken und Schwächen zu kennen, nicht mal träumen konnte man davon

Dieses Zitat stammt aus dem Cibervalle-Forum und bildet die Eröffnungssequenz eines Tópicos*, in dem die Autorin Esther die Geschichte Cibervalles aus ihrer subjektiven Perspektive erzählt. Esther ist eines der langjährigen Mitglieder. Sie hat nicht nur den Transformationsprozess Cibervalles von einem anonymen virtuellen Kommunikationszusammenhang in eine globale Solidargemeinschaft mitgestaltet. Sie hatte auch aktiven Anteil an der evolutionären Weiterentwicklung der Forumskommunikation und konnte verschiedene Formatsänderungen miterleben. Ihre Beschreibung betont nicht nur die für Online-Diskussionsforen unübliche Vielfalt der kommunikativen Inhalte und Praktiken der Cibervalle-Gemeinschaft, sondern verweist darüber hinaus auf die Zusammenhänge zwischen kommunikativen Ausdrucksmöglichkeiten, Adressendichte der Kommunikationspartner/innen und der Qualität ihrer sozialen Beziehungen.

Im Rahmen der Recherche mit Hilfe einer sogenannten „way back machine"[84], einer Suchmachine, die ältere Versionen von gespeicherten Webseiten auffindet und damit eine Art Webarchiv zur freien Verfügung stellt, konnte ich die Formatsänderungen rekonstruieren, die das Diskussionsforum von Cibervalle im Laufe seines Bestehens vollzogen hat. Mit Hilfe der ethnographisch generierten Daten war es so möglich, diejenigen Veränderungen vertiefend zu analysieren, die zwischen 2004 und 2005 zu beobachten waren.

In den archivierten Seiten des Cibervalle-Webportals taucht das Forum zum ersten Mal im Jahr 2002 auf, nachdem das Webportal bereits seit vier Jahren existiert. Zuvor beschränkte sich die interaktive Kommunikationsumgebung auf einen Chat (ab Ende 1999) und der Möglichkeit, kostenlos SMS auf Mobiltelefone eines paraguayischen Mobilfunkanbieters zu senden (ab 2001). Nach Aussage eines der ersten registrierten Mitglieder wurde das Forum von den Designern der Website eingerichtet, ins WWW gestellt und dort zunächst seinem Schicksal überlassen:

> „Als ich das erste Mal das Forum betrat, gab es nur 5 Nutzer, ich habe die Nummer 6, haha, es war niemand da, nichts passierte. Ich begann Massen-E-Mails an meine Bekannten zu schicken und so kamen nach und nach mehr Leute." (Manuela, Asunción, *E-Mail-Kommunikation*)

---

[84] Siehe: http://www.archive.org/web/web.php [20.07.2006]

Nach und nach wurde das bis dahin relativ leblose Forum von Nutzer/innen aus aller Welt besiedelt, die sich – weitgehend unbeachtet von der damaligen Administration des Webportals – dort einrichteten, mit den zur Verfügung stehenden Kommunikationsmöglichkeiten experimentierten, diese nach Möglichkeit erweiterten oder ihre kommunikativen Praktiken an die technologischen Bedingungen anpassten.

Das Verhältnis von Asynchronität und Synchronität

Die evolutionäre Entwicklung, die das Cibervalle-Forum in der Zeit von 2002 bis 2005 erlebte, lässt sich durch den Vergleich der archivierten Eingangsseiten aus den jeweiligen Jahren anhand verschiedener Formatsänderungen belegen. Wie die Abbildung 6[85] zeigt, war die Eingangsseite des Diskussionsforums im Jahr 2002 noch relativ einfach gestaltet.

Abbildung 6: Cibervalle-Forum 2002

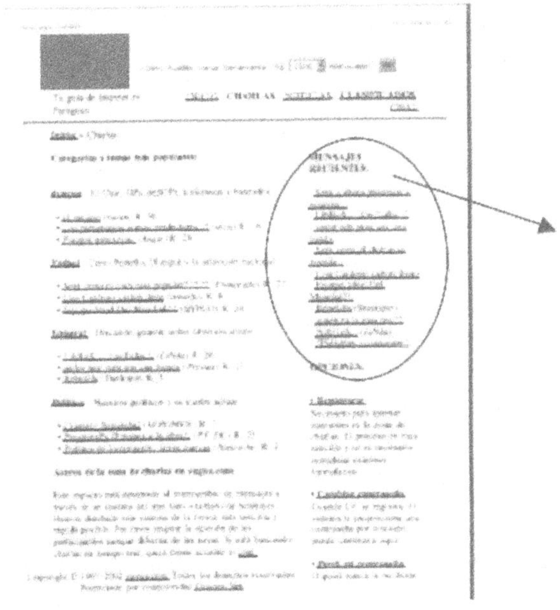

Neueste·Mitteilungen·
[Recientes]¶

Die Kopfzeile zeigt auf der linken Seite das Logo des Webportals und rechts daneben ein Werbebanner, unter dem eine Navigationsleiste mit Links zu allen übrigen Diensten der Website platziert ist. Unter dem Logo befindet sich die Gliederungsleiste, an der man erkennt, auf welcher Ebene der Website man sich gerade befindet. Darunter sind die einzelnen Rubriken des Forums mit den Links der drei aktuellsten Tópicos* aufgelistet. Neben dem Titel des Tópicos* wird der Name

---

[85] Zur Anonymisierung wurde das Logo in den Abbildungen geschwärzt und die Seiten kleiner kopiert, damit die Namen der Teilnehmer/innen nicht zu lesen sind.

des Autors und die Anzahl der Antworten angezeigt. Thematisch gliedert sich das Forum in vier Rubriken, die durch einen Titel und eine kurze Beschreibung definiert sind:

1. *Cibervalle:* Laut Beschreibung ist diese Rubrik als kommunikative Verbindung zum Chat gedacht, in dem Vorkommnisse des Chats diskutiert werden und denjenigen die Möglichkeit des Sprechens gegeben werden sollte, die aus dem Chat zeitweise ausgeschlossen waren. 2. *Fußball:* Diese Rubrik dient erklärtermaßen der Diskussion paraguayischen Fußballs. 3. *Allgemein:* Hier sind keine inhaltlichen Beschränkungen vorgesehen. 4. *Politik:* Diese Rubrik ist als Forum zur öffentlichen Diskussion aktueller politischer Themen bzw. der Kommentierung des Handelns der politischen Vertreter/innen gedacht.

Unter den thematisch geordneten Links zu den einzelnen Tópicos* findet sich ein Textfeld, in dem das Kommunikationsformat erklärt wird. Die Erklärung enthält eine explizite Abgrenzung von der synchronen Form der Chat-Kommunikation sowie einen Link, der direkt zum Cibervalle-Chat führt: „Wenn Sie Diskussionen in Echtzeit suchen, möchten Sie vielleicht den Chat aufsuchen." [Si está buscando charlas en tiempo real quizá desee acceder al chat.] In dem Textfeld wird weiterhin darum gebeten, die Meinungen der Teilnehmer/innen zu respektieren, auch wenn sie nicht der eigenen entsprechen. Auf der rechten Seite der Eingangsseite findet sich unter der Navigationsleiste die Rubrik „Neueste Mitteilungen" [Recientes], in der die aktuell diskutierten Tópicos*, ungeachtet ihrer thematischen Zugehörigkeit, aufgelistet sind. Hier wird lediglich der Titel und abhängig von dessen Länge eventuell noch der Name der Autorin angezeigt. Unter dieser Rubrik finden sich drei weitere Links, die zur Registrierung als aktives Mitglied einladen und für Änderungen des Passworts genutzt werden können.

Im Vergleich der Eingangsseiten aus den folgenden Jahren fällt vor allem eines auf: Schon im Jahr 2003 hat die Rubrik Recientes doppelt soviel Raum und zeigt neben dem Titel des Tópicos* nun auch den Namen seines Autors oder seiner Autorin an sowie die Anzahl der Antworten, die der Tópico* bisher erhalten hat. Im nächsten Jahr wird eine Regel hinzugefügt, die besagt, dass Tópicos*, die innerhalb von zehn Tagen keine Antwort erhalten, gelöscht werden. Im Jahr 2005 hat sich die Rubrik Recientes schließlich nochmals erweitert. Nun bleiben Tópicos* solange mit einem entsprechenden Vermerk markiert, wie sie keine Antwort erhalten haben. Außerdem wird nun zwischen „Antworten" [Respuestas] und „Besuchen" [Visitas] auf der Seite eines Tópicos* unterschieden. Anhand eines kleinen rechteckigen Symbols in den jeweiligen Landesfarben lassen sich außerdem die Autor/innen der Tópicos* einem bestimmten Land zuordnen, das gewöhnlich dem nationalen Kontext entspricht, von dem aus ein/e Cibervaller@ Zugang zum Forum hat. Zusammengefasst erfahren die Teilnehmer/innen nun mit einem Blick auf die Eingangsseite, welche Tópicos* aktuell von wem (Nick) und von wo aus (Herkunft) beigetragen werden und wie viel Aufmerksamkeit der jeweilige Tópico* bisher erfahren hat (Anzahl der Besuche)[86]. Außerdem lässt sich an der Anzahl der Antworten ablesen, wie aktiv das Thema diskutiert wird bzw. in welcher Phase sich die Diskussion gerade befindet.

Abbildung 7: Cibervalle Forum 2005

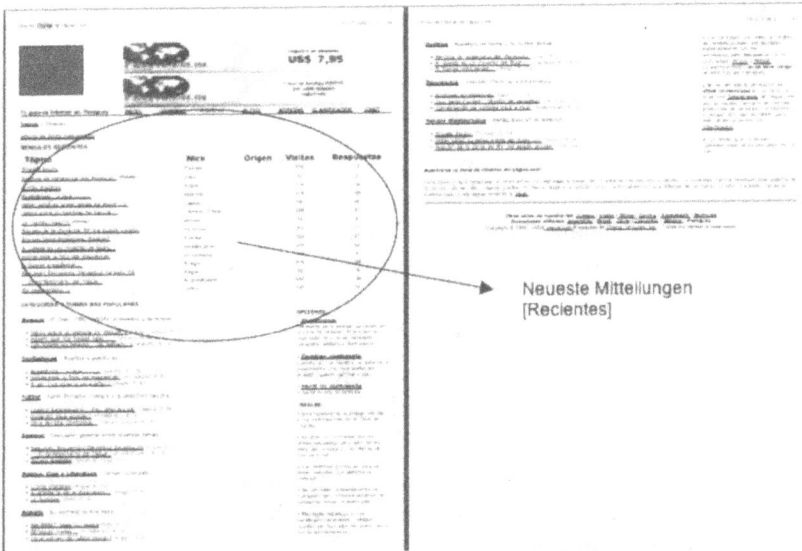

Neueste Mitteilungen
[Recientes]

Mehr noch als an den Inhalten orientieren sich die Teilnehmer/innen also an der Aktualität der Diskussionen: „Was ist gerade los in Cibervalle?" scheint die primäre Frage zu sein. Dementsprechend lassen sich auch die Praktiken der Nutzung bzw. des Zugriffs auf das Forum interpretieren. Vor allem für die Nutzer/innen, die zeitlich unbegrenzten Zugang zum Internet haben, lässt sich die Beteiligung an den Forumsaktivitäten im Sinne der Eröffnung eines techno-sozialen Zusatzraumes beschreiben. In einer Online-Befragung im Forum wurden die Cibervaller@s von mir gefragt, wie viel Zeit sie täglich mit dem Forum verbringen würden. Bei der Formulierung dieser Frage ging ich von einer bestimmten Art der Beteiligung aus, bei der die Nutzer/innen gezielt die Seite öffnen, um darin zu lesen oder zu schreiben und sie danach wieder zu schließen. Dementsprechend überraschend waren

---

[86] Im Hinblick auf die Bedeutung der öffentlichen Rahmung Cibervalles ist diese Formatsänderung sehr aufschlussreich, denn sie zeigt und verstärkt die Orientierung der aktiven Mitglieder auf das Publikum. Durch die Formatsänderung hinterlässt man nun als anonyme Leser/in durch das bloße Öffnen eines Tópicos* eine Spur, weil sich die angezeigte Anzahl der Besuche erhöht. Das Publikum wird also gewissermaßen aus der Passivität herausgelöst. Ihm wird eine aktive Rolle in der Kommunikationsstruktur zugewiesen. Damit wird es sichtbarer und einschätzbarer.

die Antworten, in denen mehrheitlich eine ganz andere Form der Beteiligung be-schrieben wurde. Den Befragten fiel es äußerst schwer, genaue zeitliche Angaben zu machen. Stattdessen beschrieben sie ihre Praktiken der Nutzung als „ich gehe rein und raus" [entro y salgo], oder „ich habe die Seite geöffnet, aber ohne zu le-sen" [tengo la pagina abierta pero estoy sin leer]. Viele der Nutzer/innen haben die Forumsseite als Startseite in ihrem Browser. Sobald sie ihren Computer einschal-ten, mit dem Internet verbinden und ihren Browser starten, wird also als erstes die Forumsseite angezeigt. Ob die Nutzer/innen am Computer arbeiten oder ob sie den Computer verlassen, um sich anderen Tätigkeiten zuzuwenden, die Forums-seite bleibt entweder geöffnet oder wird im Laufe des Tages immer mal wieder angeklickt, um die aktuellen Entwicklungen zu verfolgen.

Dabei orientieren sich die Nutzer/innen hauptsächlich an den *Recientes*, also der Liste mit den Links der aktuell diskutierten Tópicos*, wie etwa Eduardo aus Asun-ción beschreibt: „So oft ich kann, aktualisiere ich die top ten, um die Neuigkeiten zu sehen" [cada vez que pueda le doy un refresh a los top ten para ver las nove-dades]. Bei der Auswahl der Tópicos*, denen sich die Cibervaller@s aktiv zuwen-den, orientieren sie sich dann an den Daten, die aus der Liste hervorgehen. Dabei kann der Titel eines Tópicos* Interesse wecken, eine hohe Anzahl von Antworten kann aber die Rezipientin davon abhalten, sich näher damit zu befassen. Ebenso kann es eine Präferenz für oder gegen die Beiträge bestimmter Nicks oder aus bestimmten geografischen Kontexten geben. In jedem Fall aber sind die *Recientes* der Ort, an dem die Bewegungen im Forum sichtbar sind und verfolgt werden können. An den *Recientes* kann man also das Eigenleben Cibervalles ablesen, das sich parallel zu der physischen Alltagswelt der Akteur/innen und unabhängig von der Aktivität des oder der Einzelnen vollzieht.

Das Fehlen eines „closing turns", der das Ende einer Diskussion anzeigen würde, verstärkt den Eindruck andauernder sozialer Aktivitäten. In diesem Zusammen-hang sei eine Formatsänderung erwähnt, die dazu führte, dass die Beitragsbegren-zung aufgehoben wurde, die bis dahin durch das System selbst erfolgte. Zunächst waren nämlich die Tópicos* auf die Anzahl von je 72 Beiträgen begrenzt und wurden dann automatisch geschlossen mit dem Vermerk „Diskussion aufgrund zu vieler Beiträge geschlossen" [charla cerrada por exceso de mensajes]. Statt diesen automatisierten, durch das System produzierten „closing turn" durch inhaltlich sinnvollere Äußerungen von den Teilnehmer/innen selbst zu ersetzen, bleiben die Tópicos* nun einfach offen. Im Laufe eines Tages verändern sie langsam ihre Po-sition und bewegen sich von den *Recientes* hinunter in die Tiefen des kollektiven Kurzzeitgedächtnisses von Cibervalle. Von dort aus können sie jederzeit von jedem aktiven Mitglied aktualisiert und erneut zur Diskussion gestellt werden, bis sie irgendwann ganz von der Bildfläche verschwinden. Die Kommunikation in Ci-bervalle wurde aber inzwischen an anderer Stelle, in anderen Tópicos* fortgesetzt.

Wenn ein Tópico* seinen Weg von den *Recientes* in die unteren Plätze der Top Ten antritt, wurde höchstens das Thema gewechselt oder das Rederecht neu verteilt, aber niemals die Kommunikation beendet.

Erweiterung der Ausdrucksmöglichkeiten

Wie Esther in ihrer Geschichte Cibervalles beschreibt, waren die Ausdrucksmöglichkeiten im Forum zunächst sehr eingeschränkt. Man konnte ausschließlich reinen, unformatierten Text produzieren und die Angaben über die Nutzer/innen waren auf den Nick des Autors, seine verschlüsselte E-Mail- und IP-Adresse und das Datum des Beitrags beschränkt. Im Selbststudium und durch den virtuellen Austausch mit Nutzer/innen, die über entsprechende Kenntnisse verfügten, lernten die Cibervaller@s die Anwendung von Tags*, die es ihnen nun ermöglichten, den eigenen Text zu formatieren, also unterschiedliche Schrifttypen, -farben und -größen zu verwenden. Mit Hilfe der Tags* ließen sich außerdem auch Fotos und andere visuelle, später auch auditive Elemente in die Tópicos* integrieren sowie Links zu anderen Webseiten einstellen. Die Nutzer/innen veränderten so die innere Struktur der Forumskommunikation erheblich, was wiederum zu einer Veränderung der äußeren Struktur führte. Zunächst wurde „Technologie" als eine zusätzliche Rubrik in das Diskussionsforum aufgenommen, in der neuen oder fachlich unkundigen Mitgliedern HTML-Kenntnisse und die Benutzung von Tags* vermittelt wurden. In der darauf folgenden Formatsänderung – die von der neuen Unternehmensführung durchgeführt wurde, nachdem das Web-Portal seinen Besitzer gewechselt hatte – wurde schließlich die Anwendung von Tags* durch eine benutzerfreundliche Oberfläche überflüssig. Eine Funktionsleiste, die über dem Texteingabefeld angebracht wurde, erleichterte von nun an die Formatierung des Textes, die Integration von visuellen Elementen und die Verlinkung mit anderen Websites. Mit anderen Worten, die von den Nutzer/innen selbst entwickelten Möglichkeiten zur Komplexitätserweiterung wurden als feste Bestandteile in die Kommunikationsumgebung integriert.

Was aber drücken die Cibervaller@s mit der Verwendung unterschiedlicher Farben, Schrifttypen oder dem Einsatz von Bildern aus? Wie im nächsten Abschnitt dargestellt wird, können unterschiedliche Schriftgrößen und -farben zur Koordination eingesetzt werden, beispielsweise um den Adressaten eines Beitrages hervorzuheben. Häufig werden unterschiedliche Schriftformate aber auch zur Simulation von Intonation benutzt. So lässt sich mit Großbuchstaben, entsprechend größerem Schrifttyp und „schreienden" Farben dem schriftlichen Kommentar Nachdruck verleihen, was im gesprochenen Wort damit erreicht werden kann, dass man seine Stimme erhebt.

Forumskommunikation Beispiel 11: „Cumpleaños Ana"

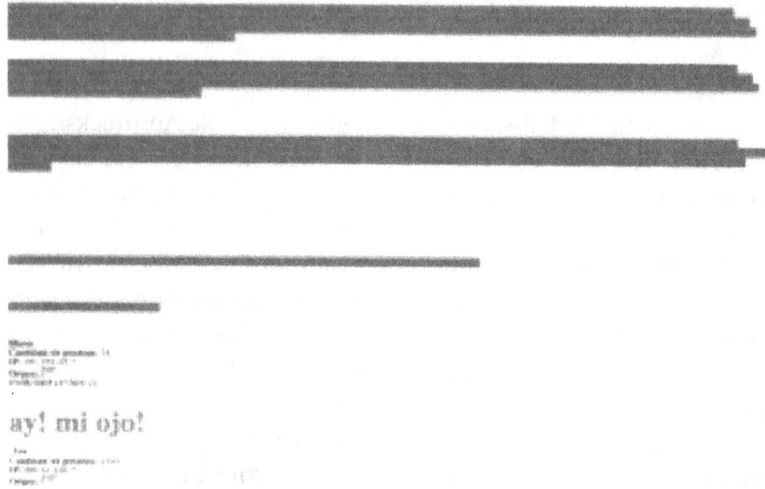

ay! mi ojo!

Das Beispiel zeigt einen Ausschnitt aus einer Diskussion, in der Iwashita, die Urheberin des Tópicos, einen Konflikt anspricht, den sie mit der Cibervallera Ana während deren Geburtstagsfest erlebt hatte und den sie nun auf diesem Weg mit ihr bereinigen möchte. Der blau unterlegte Kommentar stammt von Anas Freundin Lisa. Sie war ebenfalls bei dem Fest anwesend und bezichtigt nun Iwashita für ihre Darstellung dessen, wie es zu dem Konflikt gekommen sei, der Lüge. Sie kritisiert sie überdies dafür, dass sie das Problem nicht mit Ana persönlich bespricht, sondern dafür das öffentliche Forum benutzt.

Lisa benutzt für ihren Beitrag Großbuchstaben und hinterlegt den Text mit grellem Blau. Auch inhaltlich sind ihre Worte recht aggressiv. In der Folge melden sich andere Mitglieder zu Wort, die sich aber in erster Linie gegen die gewählte Form und weniger gegen den Inhalt richten. Irén wählt für ihren Beitrag ein ähnliches Format und drückt gleichzeitig mit den Worten „ay! mi ojo!"[Au! Mein Auge!] aus, dass sie diese Ausdrucksweise als gewaltsam empfindet. Einige Sequenzen später konkretisiert sie ihre Deutung von Lisas Kommentar und sagt: „Fast wäre ich durch Lisa blind geworden" [casi me dejo ciega Lisa]. Ein anderer Beitrag fordert Lisa auf, dieselben Worte zu wiederholen, aber kleinere, unaufdringlichere Schriftzeichen zu benutzen und unterstreicht damit noch einmal, dass sich die Kritik nicht gegen den Inhalt, sondern gegen die gewählte Form richtet.

Hier scheint der geschriebene Text gleichsam als Kontext für die Deutung der gewählten expressiven Mittel zu dienen. Denn nicht immer werden grelle Farben und große Schriftzeichen als Ausdruck von Aggressivität gedeutet und von den Kommunikationspartner/innen beanstandet. Noch im selben Tópico* erscheint ein weiterer Beitrag in ähnlichem Format, der aber inhaltlich dazu aufruft, dass sich die Gruppe versöhnt und der Streit ein Ende haben soll. Im Gegensatz zu Lisas Beitrag erhält dieser Kommentar ausnahmslos auf den Inhalt gerichtete Antworten. Ähnlich wie durch die Multimodalität des Sprechens in Face-to-face-Situationen das gesprochene Wort und seine stimmliche, mimische und gestische Rahmung sich wechselseitig als Interpretationskontext dienen, hängt also auch bei schriftbasierter Kommunikation die Sinnkonstruktion vom Zusammenspiel verbaler und visueller Ausdrucksmodalitäten ab.

Der Einsatz von visuellen Elementen wird von den Cibervaller@s auch dazu genutzt, ihr eigenes Profil zu schärfen, indem sie beispielsweise Avatare entwickeln, die sie in ihre Signatur einfügen. Das kann ein eigenes Foto sein, das Bild einer Comicfigur oder ein persönlicher Schriftzug als Unterschrift[87]. Des Weiteren werden virtuelle Grußkarten eingesetzt, die im WWW ausgesucht und in den jeweiligen Tópico* integriert werden. Die Veröffentlichung von Fotos aus den physischen Sozialräumen der Nutzer/innen ist ebenfalls weit verbreitet und ist insbesondere im Zusammenhang mit der Praktik der lokalen Treffen von zentraler Bedeutung.

Die Erweiterung der Ausdrucksmöglichkeiten in der Forumskommunikation wird nicht ausnahmslos von den Teilnehmer/innen begrüßt. Für die in Paraguay ansässigen Cibervaller@s bringt diese Formatsänderung meist langsamere Übertragungszeiten mit sich, da sich die Zunahme an Komplexität in der zu übermittelnden Datenmenge niederschlägt und die technologische Ausstattung und Verbindungsgeschwindigkeit in Paraguay tendenziell schlechter ist als in den technologisch weiter entwickelten Migrationszielländern (vgl. B, Kap. 2). Das heißt, das Bedürfnis nach einer höheren kommunikativen Dichte konkurriert hier mit dem Bedürfnis nach Echtzeitkommunikation. An diesem Punkt offenbaren sich erneut technologisch produzierte sozialstrukturelle Ungleichheiten bezogen auf die Teilhabechancen an der Kommunikation in Cibervalle. Durch die technologisch tendenziell bessere Ausstattung der in der Migration lebenden Nutzer/innen und dadurch, dass das Forum auf einem US-amerikanischen Server liegt, sind die Nutzer/innen in Paraguay im Hinblick auf die Teilhabe und die Gestaltung der Kommunikation in Cibervalle eindeutig benachteiligt.

Thematische Erweiterung und Koordination der Kommunikation

Schaut man sich die thematische Entwicklung anhand der Rubriken an, die das Forum anbietet, fällt zunächst die wachsende Vielfalt an Themengebieten auf, die in Cibervalle behandelt werden. Die Anzahl der Rubriken stieg von vier im Jahre 2002 auf neun im Jahre 2005. Im Jahr 2003 wurde die thematische Vielfalt im Fo-

---

[87] Die letzte Formatsänderung zum Ende meiner aktiven Teilnahme im Feld hat auch diese Praktik aufgegriffen und in die Systeminfrastruktur integriert. In der Folge kann jedes registrierte Mitglied einen Avatar auswählen, der dann in seine Signatur integriert wird.

rum zunächst durch die Rubriken „Sex" und „Paraguayer im Ausland" erweitert. Im gleichen Jahr wurden erstmals allgemeine Regeln für die Forumskommunikation aufgestellt und es wurden aus der Gruppe der Nutzer/innen zwei Moderator/innen zu ihrer Einhaltung bestimmt. Die Regeln orientierten sich zunächst hauptsächlich an der für Internetkommunikation üblichen Netiquette. Im Einzelnen verboten sie persönliche Beleidigungen anderer Teilnehmer/innen, mahnten eine diplomatische und höfliche Diskussionskultur an und bestimmten die Eingriffsrechte der Moderation, der demnach erlaubt war, Tópicos* oder einzelne Beiträge von Teilnehmenden zu löschen, die sich den Regeln widersetzten. Warum aber ist es notwendig, in einem virtuellen Diskussionsraum Regeln zu explizieren und deren Einhaltung zu überwachen, die eigentlich selbstverständlich sein sollten? Für Diskussionsrunden in Kopräsenz würde es eher für Irritation sorgen, wenn solche Höflichkeitsregeln expliziert würden. Ihre Erklärung und die Androhung von Sanktion bei Nichteinhaltung impliziert ja die Annahme, es könnte unter den Anwesenden Personen geben, die die entsprechenden Ethnomethoden nicht anwenden können oder wollen. Müssen wir also annehmen, dass die Cibervaller@s keine Höflichkeitsregeln beherrschen? Diese Frage führt uns zunächst einmal zurück zum Problem der Herstellung von Kohärenz in der Forumskommunikation.

Wie gesagt sorgen die technologischen Bedingungen der Kommunikation für sequentielle Unordnung im kommunikativen Ablauf. Die Möglichkeit, sich in einer laufenden Diskussion eigenständig über deren bisherigen Verlauf zu informieren, wirft die Teilnehmer/innen gleichzeitig auf ihre individuellen Sinnkonstruktionen zurück. Hier liegt nun die Vermutung nahe, dass die Forumskommunikation ein höheres Konfliktpotential birgt als kopräsente Gesprächssituationen, weil das Risiko sehr hoch ist, zu widersprüchlichen Deutungen und Missverständnissen zwischen den Teilnehmenden zu gelangen. Gleichzeitig kann man aber beobachten, wie die Cibervaller@s im Laufe der Zeit kommunikative Muster entwickeln – gleichsam praktische Lösungen für das strukturelle Problem sequentieller Unordnung der Kommunikation –, um den kommunikativen Anknüpfungspunkt des eigenen Beitrags zu explizieren. Die direkte Rezipient/innenansprache ist beispielsweise eine Möglichkeit, die auch in Face-to-face-Gesprächen zwischen mehreren Beteiligten angewandt wird. In der Forumskommunikation wird dazu meist der Name der adressierten Person dem eigenen Beitrag vorangestellt und oft auch in einer anderen Schriftfarbe hervorgehoben. Eine zweite Möglichkeit, die mit dem Fixierungscharakter der Kommunikation in Zusammenhang steht, wird im folgenden Beispiel dargestellt.

Forumskommunikation Beispiel 12: „Plagueate un ratito"

no por el hecho de ser hispana naci bailando salsa	Nur weil ich Hispanoamerikanerin bin, kam ich doch nicht Salsa tanzend zur Welt.
panambí IP: 64.62.221.*19/04/2004	panambí IP: 64.62.221.*19/04/2004[87]
Este es un dilema legalmente. Yo para bailar soy un desastre, unas cuantas veces fuí a „ballare latinoamericano" ... En la pista eran todos expertos, menos ... adivinen!!! Y no falta quien te hincha.	Das ist wirklich ein Dilemma. Ich bin ein Desaster, was das Tanzen angeht, ein paar Mal bin ich zu einem „lateinamerikanischen Tanzabend" gegangen ... Alle auf der Tanzfläche waren Experten, außer ... ratet mal!!! Und es fehlt nicht an Leuten, die dich dafür aufziehen.
terry **IP:** 80.33.176.* 20/04/2004	**terry** **IP:** 80.33.176.* 20/04/2004

Terry bezieht seinen Kommentar auf eine Aussage von Panambí, die sie am Tag zuvor in ihrem Tópico* „Plagueate un ratito" [Kotz' dich mal ein bisschen aus] geschrieben hatte. Mit dem Tópico* lädt sie die in der Migration lebenden Teilnehmer/innen des Forums dazu ein, sich über die Schattenseiten des Lebens in der Migration auszutauschen, wie sie im Eröffnungsbeitrag ihres Tópicos* erläutert. Als Terry beschließt, sich zu dem Thema zu äußern, hatte der Tópico* schon eine ganze Reihe von Beiträgen. Terry schließt aber an Panambís zweiten Beitrag an, ohne sich zu den Kommentaren der anderen zu äußern. Er macht den inhaltlichen Bezug seiner Aussage deutlich, indem er den Teil des Beitrages, auf den sich seine Antwort bezieht, sowie die Signatur der Autorin kopiert und seiner Äußerung voranstellt. Damit trägt er trotz sequentieller Unordnung und zeitlicher Diskontinuität des kommunikativen Ablaufs dazu bei, dass die Kohärenz der Kommunikation gewährleistet wird.

Diese Möglichkeit der Kohärenzsicherung funktioniert allerdings nicht immer, denn oft werden innerhalb eines Tópicos* Argumente gemeinsam weiterentwickelt oder das Thema der Diskussion ändert sich, so dass der Eröffnungsbeitrag nicht länger die geeignete Referenz für eine Antwort ist. Auch wenn die Konservierung des Textes sein selektives Lesen erlaubt, scheint die normative Orientierung in Cibervalle die Rezeption eines Tópicos* an ihren chronologischen Ablauf zu binden. Schon die äußere Struktur des Forumsformats legt eine entsprechende Lesart nahe, an der sich die Kommunizierenden auch mehrheitlich orientieren und deren Nichteinhaltung sie entsprechend kommentieren. Es wird also erwartet, dass man den prozessualen Verlauf einer Diskussion kennt, um mit dem eigenen Beitrag sinnvoll an den aktuellen Stand anzuschließen.

---

[88] Die Formatierung der Signatur hat sich vermutlich im Zuge des copy-paste in dem Beitrag von terry verändert, so dass Nick, IP-Adresse und Datum in einer einzigen Zeile angezeigt werden. Normalerweise werden diese Daten untereinander in drei Zeilen abgebildet.

Abbildung 8: Chronologische Struktur des Tópicos*

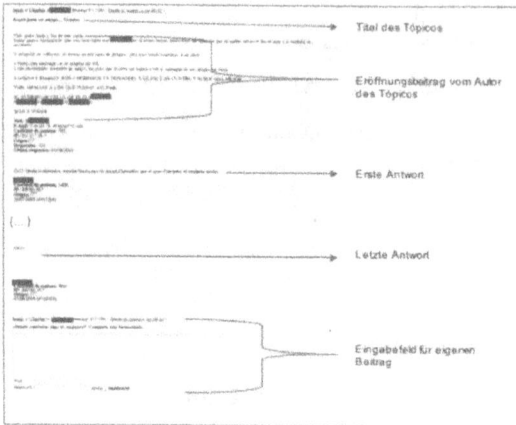

Wie die Abbildung zeigt, sieht die äußere Struktur des Forumsaufbaus die chronologische Anordnung der Beiträge nach ihrem zeitlichen Erscheinen vor und platziert dabei den Eröffnungsbeitrag an erster Stelle und die jüngste Antwort an das Ende der Liste. Direkt unter dem letzten Beitrag in einem Tópico* befindet sich das Eingabefeld für den eigenen Beitrag. Man muss sich also zunächst durch die gesamte Seite scrollen, um zu dem Eingabefeld zu gelangen, wenn man einen eigenen Kommentar abgeben möchte. Den Rezipient/innen wird so nahe gelegt, zunächst die gesamte Diskussion zu lesen, bevor sie selbst einen Beitrag schreiben.

Eine alternative Möglichkeit der Organisation der Tópicos* wäre die umgekehrt chronologische Anordnung. Dann würde etwa der jüngste Kommentar unter den Eröffnungstext und das Eingabefeld für die eigene Antwort direkt neben dem Eröffnungsbeitrag platziert. Eine solche Anordnung würde nahe legen, sich mit seiner Antwort direkt auf den Eröffnungsbeitrag zu beziehen, ohne die gesamte Diskussion durchqueren zu müssen. Die äußere Struktur des Tópicos* hat in Bezug auf ihre bevorzugte Lesart mehrere Renovationen des Kommunikationsformats unverändert überlebt. Auch die Beschreibungen der von den Cibervaller@s angewandten Praktiken unterstützt den Eindruck, dass die normative Orientierung der äußeren Struktur entspricht. Häufig wird schon anhand der Anzahl der Beiträge, die ein Tópico* hat, entschieden, ob man sich in eine laufende Diskussion einbringt oder nicht.

Forumskommunikation Beispiel 13: „Definir lo virtual"

Me gusta el tema, pero no puedo ko yo ponerme a leer tooooodo eso. Y no quiero opinar sin leer porque puedo mea fuera del vaso	Ich mag das Thema, aber ich kann jetzt nicht anfangen, das aaaaaalles zu lesen. Und ich will mich nicht dazu äußern, ohne zu lesen, denn ich könnte neben das Glas pinkeln [im Sinne von ‚das Thema verfehlen', Anm. H.G]
gerardo IP: 200.85.34 05/04/2004	**gerardo** IP: 200.85.34 05/04/2004

In diesem Zusammenhang lässt sich eine Neuerung im Format des Forums interpretieren, die weiter oben schon angesprochen wurde: In der Liste der Recientes wird angezeigt, wie viele Beiträge ein Tópico* schon hat. So genügt ein Blick auf die Recientes, um zu entscheiden, in welche Tópicos* sich ein/e Teilnehmer/in einbringt und welche er oder sie besser ignoriert.

„Diskussion beendet!" – Regeln des Rederechts in Cibervalle

Schauen wir uns nun einmal die Evolution des Forums im Hinblick auf die Modifikation der expliziten Regeln an, mit denen die Teilnahme an den Forumsdiskussionen reglementiert wird. In Bezug auf die Diskussionskultur sind die Regeln in der Zeit von 2002 bis 2005 weitgehend unverändert geblieben. Auf Anregung der Nutzer/innen wurde allerdings eine weitere Rubrik eingerichtet, in der die allgemeinen Höflichkeitsregeln, wie etwa das Verbot von persönlichen Beleidigungen, nicht gelten. In dieser Rubrik kann man sich nach Herzenslust streiten, ohne das Risiko einzugehen, „verbannt" [banead@], also von der aktiven Teilnahme ausgeschlossen zu werden. Interessant sind nun vor allem die neuen Regeln, die in der Folge der Übernahme des Web-Portals durch ein fremdes Unternehmen im Jahr 2005 erlassen wurden. Auf der Hauptseite des Forums findet sich von nun an ein Verbot jeglicher Werbung für kommerzielle Seiten, Produkte oder Dienstleistungen innerhalb des Forums mit Verweis auf die dafür zur Verfügung stehenden kostenpflichtigen Bereiche der Website. Mit dieser Regel wird der kommerzielle Charakter des Web-Portals in den Vordergrund gerückt und in das Forum getragen, das von den früheren Eigentümern Cibervalles kaum beachtet worden war. Darüber hinaus räumt sich die neue Administration das Recht ein, Diskussionen zu beenden, das heißt Tópicos* zu schließen, wenn sie den Eindruck hat, dass Aussagen von anderen Teilnehmer/innen verdreht oder Diskussionen korrumpiert werden. Die Regeln betonen also nicht nur die Anbindung des Forums an die Unternehmensleitung, sie definieren auch die Rollen und Rechte der Beteiligten neu. Die Rolle des Forumsnutzers wird erklärtermaßen mit der eines Gastes gleichgesetzt, von dem erwartet wird, dass er sich gegenüber den „Hausherren", also den Administrator/innen und Moderator/innen, respektvoll verhält. Die neue Machtverteilung im Forum wird dann nochmals mit den Worten unterstrichen: „Die Entscheidungen der Moderatoren und der Administratoren von Cibervalle sind

im Forum wie Gesetze zu achten" [Las decisiones de los moderadores y adminis-
tradores de Cibervalle serán consideradas ley en la zona de charla].

Die Entstehung dieser Regeln ist gleichsam als Höhepunkt einer Auseinandersetzung zu verstehen, die sich im Cibervalle-Forum im Rahmen des Unterneh-
menswechsels abspielte. Zunächst äußerten sich die Cibervaller@s erfreut über
den neuen Eigentümer der Seite und seine Ankündigung, einige Änderungen am
Forumsformat vorzunehmen, die seit langer Zeit von den Nutzer/innen gefordert
worden waren. Die Stimmung änderte sich jedoch zusehends, als deutlich wurde,
dass der neue Eigentümer auch seine kommerziellen Interessen auf das Forum
ausdehnen und die Aktivitäten innerhalb der Forumsgemeinschaft dadurch beeinflussen würde. Die Cibervaller@s begannen daraufhin, die neue Unternehmenspolitik im Forum zu diskutieren. So führte etwa ein Werbebanner, das am Kopf
der Hauptseite des Forums platziert worden war, zu offener Kritik an der Unternehmensführung. Das Werbebanner zeigt die Gesichter zweier Mädchen, die den
Leser mit laszivem Blick auffordern, ihnen auf eine Pornoseite zu folgen. Einer
der in Kanada lebenden Teilnehmer eröffnete daraufhin einen Tópico*, indem er
auf den Widerspruch zwischen den Regeln im Forum und dem Inhalt des Werbe-
banners aufmerksam machte. Einerseits würden Tópicos* mit pornographischem
Inhalt im Forum nicht geduldet, andererseits würde die Unternehmensleitung mit
Werbung für pornographische Seiten ihr Geld verdienen und dem Webportal (und
damit eben auch dem Forum) ein entsprechendes Image verleihen. Der Tópico*
erhielt große Aufmerksamkeit von den anderen Teilnehmer/innen. Auch der Eigentümer selbst meldete sich zu Wort und legte seinen Standpunkt dar, konnte
die Cibervaller@s allerdings nicht überzeugen, so dass die Diskussion kein Ende
nahm und weitere Stellungnahmen des Eigentümers eingefordert wurden. Plötzlich verschwand der Tópico* aus den Recientes. Für eine kurze Zeit war er noch in
der entsprechenden thematischen Rubrik zu sehen, konnte aber nicht mehr durch
weitere Beiträge aktiviert werden, weil die Administration den Tópico* geschlossen und dies mit dem Vermerk „Diskussion beendet" [charla cerrada] markiert
hatte. Weitere Tópicos* erschienen, in denen sich die Cibervaller@s über dieses
Vorgehen beschwerten, bis schließlich die Administration der Website die oben
erläuterten Regeln erließ.

Zusammenfassend lassen sich anhand der Entwicklung der Regeln wesentliche
Charakteristika der Forumsgemeinschaft im Wandel rekonstruieren. Zunächst war
das Forum nicht mehr als ein bedeutungsloser virtueller Raum, der als Teil der
elektronischen Kommunikationsumgebung einer Website in das WWW gestellt
und dort seinem Schicksal überlassen worden war. Auf ihren virtuellen Reisen stie-
ßen die ersten Nutzer/innen mehr oder weniger zufällig auf diesen Raum und
begannen ihn zu besiedeln. Sie eigneten sich den virtuellen Raum an und handelten seine Bedeutung und soziale Ordnung interaktiv aus. Da der ehemalige Eigen-

tümer der Website sich kaum um das Forum gekümmert und kaum eigenständige Änderungen vorgenommen hatte, entwickelte sich im virtuellen Raum des Cibervalle-Forums eine autonome Gemeinschaft mit eigenen Interessen und einer eigenen Identität als Cibervaller@s[89]. Mit dem Wechsel in der Unternehmensleitung und der veränderten Unternehmenspolitik treffen nun die vornehmlich sozialen Bedürfnisse der *Gemeinschaft* Cibervalle auf die vornehmlich kommerziellen Interessen des *Unternehmens* Cibervalle, so dass die Deutungsmacht der beteiligten Akteur/innen und die Bedeutung des virtuellen Raums neu bestimmt werden muss. Dabei hat zwar die Unternehmensleitung formalrechtlich die Oberhand, was sie mit dem „Regelerlass" auch unmissverständlich artikuliert hat, allerdings ist die praktische Macht der Forumsnutzer/innen nicht zu unterschätzen, die durch ihre rege Teilnahme die Popularität des Webportals steigern und damit auch dessen wirtschaftlichen Erfolg beeinflussen können.

Das Cibervalle-Forum ist kein Diskussionsforum im eigentlichen Sinne. Hier steht nicht der themenzentrierte Austausch von Argumenten im Vordergrund, wenngleich diese Form der Kommunikation auch praktiziert wird. Die Beschreibung der strukturellen Eigenschaften des Cibervalle-Forums zeigt eine breite Vielfalt an sozialen Aktivitäten und einen experimentellen Umgang mit den technologischen Bedingungen und der besonderen Qualität dieses virtuellen Kommunikationsraumes. Die Bewohner/innen von Cibervalle, die sich zufällig im Cibervalle-Forum begegnet sind, haben diesen bis dahin bedeutungslosen virtuellen Raum auf der Grundlage ihrer sozialen Bedürfnisse in einen Sozialraum verwandelt, in dem die Eigenschaften verschiedener internetbasierter Kommunikationsformate in einer Art und Weise kombiniert werden, die den Nutzer/innen erlaubt – jeglicher geografischer Entfernung zum Trotz – zusammenzuleben und einen Teil ihres Alltags miteinander zu gestalten.

15. Globales Zusammenleben in Cibervalle

Kommen wir zurück zu den kommunikativen Praktiken, die für das Leben in Cibervalle konstitutiv sind. Das computervermittelte Alltagsleben in Cibervalle beschränkt sich nämlich keineswegs auf die öffentliche Ebene der Forumskommunikation. Die Bewohner/innen von Cibervalle verfügen zusätzlich über mehr oder weniger private Kommunikationsräume, die insbesondere über die Nutzung eines

---

[89] Die Distanz zum Unternehmen Cibervalle wurde auch in Gesprächen mit den Nutzer/innen immer wieder deutlich. Ohne dass ich danach gefragt hätte, betonten die Nutzer/innen mir gegenüber, an den anderen Diensten des Webportals keinerlei Interesse zu haben. Entweder sie hatten die Forumsseite als Startseite in ihrem Browser installiert, oder aber sie gaben an, von der Eingangsseite Cibervalles direkt darauf zuzusteuern, ohne die anderen Informationen und Angebote überhaupt nur zu beachten.

Instant-Messenger-Programms* (IM) hergestellt werden. IM-Programme ermöglichen die synchrone Kommunikation zwischen zwei oder mehr Personen über ein elektronisches Netzwerk wie das Internet. Die meisten dieser Programme sind kostenlos über das WWW erhältlich und können auf dem eigenen Computer installiert werden, wenn dieser über die notwendigen systemischen Voraussetzungen verfügt.

Abbildung 9: Instant-Messenger (IM) – Buddy-Liste

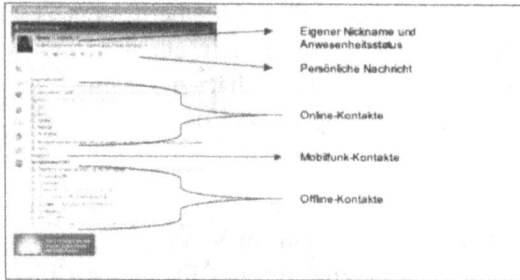

Mit Hilfe eines IM-Programms lassen sich personenbezogene sozio-elektronische Netzwerke erstellen. In so genannten *Buddy-Listen* können die E-Mail-Adressen anderer Teilnehmer/innen gespeichert werden. Sobald einer der Kontakte sich in seinen IM einloggt, erscheint auf den Bildschirmen der anderen Nutzer/innen eine entsprechende Nachricht und der Kontakt wird in der Buddy-Liste als online angezeigt.

Abbildung 10: IM – Konversationsfenster

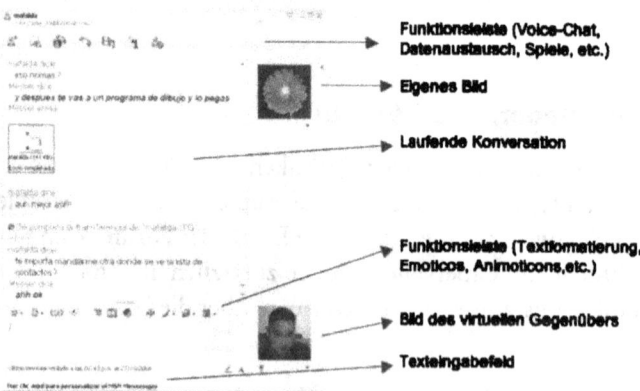

Klickt man auf einen der Kontakte, die als online angezeigt sind, öffnet sich auf dem eigenen Bildschirm ein kleines Konversationsfenster, in dem man der anderen Person eine Nachricht zukommen lassen kann. Wird die Nachricht abgeschickt, öffnet sich auf dem Computerbildschirm der Adressatin ein weiteres Konversationsfenster, in dem die Nachricht zu lesen ist und sogleich beantwortet werden kann.

Neben der visuellen Information erhält man – sofern gewünscht – auch ein akustisches Signal, wann immer eine Nachricht eingeht oder ein Kontakt aus der Buddy-Liste sich einloggt. Die Kommunikation ist privat, das heißt andere Personen können die Konversation nicht verfolgen, selbst wenn sie gleichzeitig online und über eine Buddy-Liste vernetzt sind[90]. Einer Konversation lassen sich aber beliebig viele Personen hinzufügen. Neben der schriftbasierten Kommunikationsform des Chattens erlauben neuere Versionen des von den meisten Cibervaller@s genutzten Programms auch den Einsatz von Webcams, Voice-Chats (einer Art Internet-Telefon), den Austausch von Dateien und das Benutzen von Online-Spielen. Außerdem bieten verschiedene Mobilfunkanbieter ihren Kund/innen die Möglichkeit, sich über ihr Handy in das IM-Programm einzuloggen, so wie das IM-Programm die Möglichkeit vorhält, SMS zu versenden. In dem Fall erscheinen die Nutzer/innen mit dem entsprechenden Vermerk in den Buddy-Listen ihrer Kontakte und es können zwischen Handy und IM-Programm Kurznachrichten verschickt werden. Schneider et al. (2005) sprechen in diesem Zusammenhang von einem Zusammenwachsen der Kommunikationsformen SMS und IM.

Im Laufe meiner Feldforschung konnte ich beobachten, dass die Nutzung des IM sehr eng mit den Forumsaktivitäten verknüpft ist. Die medialen Praktiken der Cibervaller@s bringen hybride Formen der Anwesenheit und Interaktion hervor, die mit klassischen sozialwissenschaftlichen Konzepten schwerlich zu erfassen sind, sofern diese den Körper in den Mittelpunkt stellen und Alltagswelt ausschließlich territorialräumlich verstehen. Im Folgenden werden die beobachteten Praktiken vorgestellt und auf mögliche theoriebegriffliche Implikationen diskutiert.

---

[90] Gleichwohl können die Logfiles von IM-Konversationen gespeichert oder Teile daraus kopiert und in die Konversationen mit anderen IM-Kontakten eingefügt, per E-Mail versendet oder gar im Forum veröffentlicht werden. Auch schließt eine IM-Kommunikation zu zweit nicht aus, dass vor dem Bildschirm mehrere Personen die Konversation verfolgen und möglicherweise auch beeinflussen, ohne von dem virtuellen Gegenüber bemerkt zu werden. Wie Simmel seinerzeit für die Kommunikationsform Brief feststellte, „hat die Schriftlichkeit ein aller Geheimhaltung entgegengesetztes Wesen" (1908:287). Die dem Brief inhärente Paradoxie, einerseits eine bestimmte Person zu adressieren, durch die schriftliche Fixierung aber gleichzeitig eine prinzipiell unbegrenzte Öffentlichkeit miteinzuschließen, potenziert sich in der IM-Kommunikation durch die strukturell vorgesehene Möglichkeit, eine vertrauliche Äußerung mit nur einem Handgriff zu vervielfältigen, an andere zu versenden oder gar in einem öffentlichen und global zugänglichen Kommunikationsraum zu präsentieren. Vertrauliche Konversationen im IM zu führen, ist also eine heikle Angelegenheit, weshalb in Gesprächen mit den Teilnehmer/innen wiederholt zu hören bzw. zu lesen ist, dass brisante Themen vorzugsweise am Telefon oder Face-to-face erörtert werden.

Buddy-Listen als Deutungsgemeinschaften

Zunächst lässt sich feststellen, dass die private Kommunikation über das IM-Programm die Ausdifferenzierung des Gesamtzusammenhangs Cibervalle in eine Vielzahl von personenzentrierten Netzwerken begünstigt, die sich über die Buddy-Listen konstituieren. Nicht alle Cibervaller@s sind auch miteinander über den IM vernetzt oder kommunizieren regelmäßig synchron miteinander, so dass die Buddy-Listen der einzelnen Nutzer/innen sehr unterschiedlich aussehen können. Nun lässt sich beobachten, dass die private IM-Kommunikation das Geschehen auf der Forumsebene beeinflusst. So verschicken die Nutzer/innen beispielsweise den Link des Tópicos*, den sie gerade eröffnet haben, an einen oder mehrere ihrer Kontakte und fordern sie dazu auf, einen Beitrag in ihren Tópico* zu schreiben.

IM-Kommunikation Beispiel 1

Diabolo dice [Diabolo sagt]:
http://charlas/cibervalle.com/topico.php?id=6532

Diabolo dice [Diabolo sagt]:
opina* ahy sobre mi perro [schreib da mal was zu meinem Hund]

Eine solche kurze Sofortnachricht an die Kontakte, mit denen man über den IM vernetzt ist, kann dazu beitragen, dass der eigene Tópico* schnell Antworten erhält und in der Liste der aktuell diskutierten Tópicos* verbleibt, was wiederum die Wahrscheinlichkeit erhöht, dass der Tópico* von weiteren Teilnehmer/innen beachtet wird. Der IM wird auch benutzt, um sich mit einem oder mehrerer seiner Kontakte über das aktuelle Geschehen im Cibervalle-Forum auszutauschen. Bevor man seine Haltung zu einem bestimmten Thema der Öffentlichkeit preisgibt, versucht man zunächst über den IM zu erfahren, wie die anderen darüber denken. Mit anderen Worten, das Geschehen auf der öffentlich zugänglichen Ebene Cibervalles wird von den kommunikativen Aktivitäten der IM-Netzwerke – man könnte auch sagen auf der Hinterbühne – in einer Art und Weise beeinflusst, die für die Öffentlichkeit nicht transparent ist. Andererseits wird die Bedeutung dessen, was sich im Cibervalle-Forum abspielt, innerhalb der techno-sozialen Netzwerke des IM interaktiv ausgehandelt, Beiträge werden gemeinsam vorbereitet oder der Sinn eines Ereignisses wird nachträglich kommunikativ bestimmt.

Die Teilnehmer/innen eignen sich die neuen Kommunikationstechnologien spielerisch und experimentell an. Das „Haus des Schreckens" [Casa de Terror], ein Spiel, das von einer Gruppe aus fünf Teilnehmer/innen gemeinsam entwickelt und im Forum ausprobiert wurde, zeigt beispielsweise, wie die Kombination von privaten und öffentlichen Ebenen der Kommunikation funktioniert. Nach Aussage einer der Beteiligten besteht das Ziel des Spiels darin, im Forum Tópicos* zu eröffnen und als Gruppe zu besetzen, um dann mit allen zur Verfügung stehenden Mitteln zu verhindern, dass sich Teilnehmer/innen, die nicht zu der Gruppe gehören, in dem Tópico* aufhalten. Das heißt, wenn sich eine ahnungslose Person in ein „Haus des Schreckens" verirrt hatte und sich dort zu Wort meldete, wurde sie von den Angehörigen der Gruppe solange attackiert, bis sie den Tópico* wieder verließ bzw. sich darin nicht mehr äußerte. Die Gruppe nutzte den IM, um Absprachen zu treffen und das gemeinsame Vorgehen auf der Forumsebene abzustimmen. Für die Nutzer/innen des Forums, die keinen Einblick in das Geschehen auf der Hinterbühne hatten, die also weder die Allianz zwischen den einzelnen Nicks, von denen sie attackiert wurden, noch die Absicht, die dahinter stand, erkennen konnten, war eine Äußerung in einem dieser Tópicos* tatsächlich so ähnlich wie das Betreten eines Geisterhauses, in dem unerklärliche und beängstigende Dinge passieren und das man deshalb besser schnell wieder verlässt.

Über die IM-Kommunikation, genauer gesagt über die Buddy-Listen, konstituieren sich also Deutungsgemeinschaften, die das Geschehen auf der Forumsebene beeinflussen und je eigene Lesarten aushandeln. Die Kombination verschiedener Medien unterstützt dabei die Ausdifferenzierung von Deutungsmustern, die sich je nach Zugehörigkeit, Adressendichte und Grad der Involvierung der Teilnehmer/innen unterscheidet. Wie anhand der evolutionären Entwicklung des Forums bereits dargestellt wurde, ist auch hier die synchrone Kommunikation über den IM und damit die gleichzeitige Anwesenheit am Computer ausschlaggebend für die Formation dieser Deutungsgemeinschaften. Die Ausdifferenzierung in Teilgemeinschaften setzt sich dann auch auf der Forumsebene fort, so dass sich bestimmte Konstellationen von Nutzer/innen in verschiedenen Tópicos* wiederholen[91]. Für die Nutzer/innnen, die sich auf die Praktik des anonymen Lesens im öffentlich zugänglichen Bereich Cibervalles beschränken, bleibt deshalb vieles, was sie dort beobachten, unverständlich oder erscheint für sie in einem anderen Licht[92].

Andererseits lassen sich aber auch Aktivitäten beobachten, die der Ausdifferenzierung entgegengesetzt sind und die darauf abzielen, über die Kombination von IM und Forumskommunikation den globalen Gesamtzusammenhang zu reproduzieren. So geht es in einem anderen Spiel in Cibervalle darum, möglichst viele Cibervaller@s in kürzester Zeit in einem Tópico* zu versammeln. Dazu wird ein Tópico* mit der Frage nach einem oder einer beliebigen Teilnehmer/in eröffnet und die Aufgabe derjenigen, die den Tópico* lesen, besteht darin, diese Person

---

[91] Diese Ausdifferenzierung findet sich auch auf der lokalen Ebene wieder, wie an späterer Stelle noch zu sehen sein wird. Des Weiteren scheint sie sich auch auf der Forumsebene fortzusetzen, so dass mittlerweile einzelne Subgruppen eigene Foren eröffnet haben, die sie nun zusätzlich besiedeln, ohne jedoch das Cibervalle-Forum zu verlassen. Der Prozess der forumsübergreifenden Ausdifferenzierung kann allerdings in der vorliegenden Arbeit nur eingeschränkt Berücksichtigung finden, weil er zum Zeitpunkt der Datenerhebung gerade erst begonnen hatte und die Folgen für den Gesamtzusammenhang Cibervalle noch nicht einschätzbar waren.

[92] Die methodologischen Implikationen, die diese Mehrdimensionalität mit sich bringt, wurden bereits in Teil B diskutiert.

ausfindig zu machen und dazu zu bewegen, sich in dem Tópico* zu präsentieren. Die gesuchte Person benennt dann wiederum eine andere Person, die sich als nächstes in dem Tópico* einfinden soll. Um die benannten Personen zu finden, wird hauptsächlich der IM benutzt. Ist die betreffende Person allerdings gerade nicht eingeloggt, kann sie auch telefonisch informiert und gebeten werden, sich möglichst bald in dem Tópico* zu melden, damit das Spiel weitergehen kann. In diesem Spiel werden also einerseits die kommunikativen Kanäle Cibervalles aufgespürt und getestet. Andererseits wird das sozio-elektronische Netzwerk aktiviert und in seiner aktuellen Reichweite definiert.

Durch die spezifische Kombination von IM und Forumskommunikation wird in Cibervalle also ein Prozess unterstützt, der sich durch die Gleichzeitigkeit von zwei gegenläufigen Dynamiken auszeichnet. Einerseits findet eine laufende Ausdifferenzierung in lokale Teilgemeinschaften statt, die sich andererseits als Teil eines globalen Kommunikationszusammenhangs verstehen und diesen auch immer wieder reproduzieren.

Gemeinsame virtuelle Reisen durch die Alltagswelt Cibervalle

Oft geht es in den IM-Konversationen auch gar nicht darum, einen aktiven Beitrag im Forum zu leisten und diesen interaktiv vorzubereiten. Oft begnügt man sich damit, das Geschehen gemeinsam aus der anonymen Position des Lurkers zu beobachten, zu kommentieren, interaktiv den Sinn des Beobachteten auszuhandeln, sich gemeinsam darüber aufzuregen, zu freuen oder sich über andere Teilnehmer/innen lustig zu machen. Das folgende Beispiel zeigt einen Ausschnitt aus einer längeren Konversation zwischen drei Cibervaller@s, in der über einen Streit zwischen anderen Mitgliedern im Forum diskutiert wird. Die Protagonist/innen in diesem Streit waren Rafaelo und Maribel. Rafaelo fühlte sich von einem Tópico* beleidigt, in dem Maribel ihn in seiner Funktion als Moderator des Forums kritisiert und beschimpft hatte. Maribel hatte ihn als *maricon* [span.: Tunte] bezeichnet und sich über seine Moderation beklagt, die ihrer Meinung nach zu stark in die Kommunikation eingreife und diese zensiere. Rafaelo hatte daraufhin den Tópico* mit der Begründung gelöscht, er enthalte unerlaubte persönliche Beleidigungen. Albert Einstein, Corinna und mafalda diskutieren nun untereinander den Vorfall, während sie durch das Forum navigieren und die verschiedenen Tópicos* überfliegen, die sich mit dem Streit befassen, ohne sich jedoch auf der Forumsebene in den Streit einzumischen. Plötzlich entdeckt Albert Einstein einen neuen Tópico*, den er mit dem Streit assoziiert. In dem Tópico* hat ein anderer Teilnehmer mit Nicknamen Mario Fotos von sich selbst veröffentlicht, die ihn bei der Verrichtung von Tätigkeiten zeigen, die als typisch weiblich gelten.

IM-Kommunikation Beispiel 2

Albert Einstein dice:
JAJA ... JUAZZZZ ...VIERON EL TEMA DE MARIO ...... JAJAJAJAJA ... EN ALUCION A QUE EN CIBERVALLE LOS HOMBRES SON TODOS MARICONES???

Albert Einstein sagt:
HAHA...HUASSSS ... HABT IHR DEN TOPIC VON MARIO GESEHEN ...HAHAHAH ... IN ANSPIELUNG DARAUF, DASS IN CIBERVALLE ALLE MÄNNER TUNTEN SIND???

Corinna dice:
y el tambien pio ?

Corinna sagt:
und er auch?

Corinna dice:
jajajajajja

Corinna sagt:
hahahahha

Albert Einstein dice:
QUE LOKOOOO!!!!!!!! .... JAJAJAJA JAJAJA-JAJAJAJA .... EL TIPO SALE EN UNA FOTO HACIENO DIBUJITOS .....

Albert Einstein sagt:
WIE IRREEEEE!!!!!! .... HAHAHAHAHAHAHAHAHAHA ... MAN SIEHT DEN TYPEN AUF EINEM FOTO, WIE ER BILDCHEN MALT

Albert Einstein dice:
NAAA ... EL MISMO SALE HACIENDO MANUALIDADES .... JAJAJAJAJAJA

Albert Einstein sagt:
NAAA...JETZT MACHT ER AUCH NOCH HANDARBEITEN ... HAHAHAHAHA

mafalda dice:
si lo vi es supersimpatcio

mafalda sagt:
ja, ich habs gesehen, es ist superwiztig

mafalda dice:
simpatico

mafalda sagt:
witzig

Albert Einstein dice:
JAJAJA ... A VER COMO LO TOMA RAFAELO, ... SE LO DEDICA A EL

Albert Einstein sagt:
HAHAHA .. MAL SEHEN, WIE ES RAFAELO AUFNIMMT, ... ES RICHTET SICH AN IHN

Corinna dice:
upsssss mientras no se enoje

Corinna sagt:
upsssss solange er nicht sauer wird

Albert Einstein dice:
POR AHI SE ARMA DE VUELTA UNA SAN-GRIENTA, DESTRUCTIVA Y MORTAL DIALOGO

Albert Einstein sagt:
AM ENDE ENTWICKELT SICH WIEDER EIN BLUTIGER, ZERSTÖRERISCHER UND TÖDLICHER DIALOG

Corinna dice:
jajajajajja

Corinna sagt:
hahahahahha

mafalda dice:
o se lo tomara con soda

mafalda sagt:
oder er nimmt es gelassen

mafalda dice:y se rie

mafalda sagt:
und lacht

Albert Einstein dice:
JIJIJIJI .... OJALA ...... MASIADO LECHE HER-VIDA YA ES

Albert Einstein sagt:
HIHIHIHI ... HOFFENTLICH .... IS EH SCHON ZUVIEL MILCH VERBRANNT

Albert Einstein, der in Paraguay lebt, navigiert durch das Online-Forum, während er mit seinen beiden Gesprächspartnerinnen chattet, die in Mittelamerika bzw. Europa vor dem Computer sitzen. Dabei teilt er den beiden mit, wo im Forum er sich gerade befindet, so dass sie die Möglichkeit haben, dieselben Tópicos* aufzusuchen. Häufig wird zu dem Zweck auch einfach der entsprechende Link durch den IM geschickt. Durch die private IM-Kommunikation eröffnet sich den Bewohner/innen von Cibervalle nun die Möglichkeit, ihren Wahrnehmungsraum aufeinander abzustimmen und gemeinsam durch die virtuelle Alltagswelt zu schlendern. Sie begnügen sich allerdings nicht damit, den aktuellen Stand des Ereignisses zu kommentieren, gemeinsam über den gelungenen Scherz Marios zu lachen und so die Bedeutung des Ereignisses kommunikativ zu bestimmen. Mit der Bemerkung „mal sehen, wie es Rafaelo aufnimmt" bezieht sich Albert Einstein auch auf die zukünftige Entwicklung des Ereignisses. Corinna knüpft an diese Bemerkung an und entwirft mit „ups, solange er nicht sauer wird" ein mögliches Szenario, wie sich das Ereignis weiter entwickeln könnte. Albert Einstein wiederum greift Corinnas Anregung auf. Mit seiner Wortwahl „ein blutiger, zerstörerischer und tödlicher Dialog" überspitzt er die Option, die Corinna in Erwägung gezogen hatte. Darauf anspielend, dass ein virtuelles Streitgespräch kaum blutig oder tödlich enden kann, zieht er den Streit ins Lächerliche. Albert Einstein thematisiert hier das Verhältnis von virtueller und physischer Realität. Er betont dabei die Grenzen des Virtuellen, die seines Erachtens von den streitenden Parteien missachtet werden, weil sie dem, was sich im virtuellen Raum abspielt, eine zu ernsthafte Bedeutung zumessen („es ist eh schon zuviel Milch verbrannt"). In dieser Sequenz machen Corinna, mafalda und Albert Einstein aber vor allem eines deutlich: das soziale Geschehen in Cibervalle hat ein Eigenleben, das unabhängig von der eigenen aktiven Beteiligung andauern wird. Wenn sich die drei nun anderen Dingen zuwenden und Cibervalle zeitweise verlassen, tun sie das im Bewusstsein, dass das Leben dort weitergeht und die Situation sich bis zu ihrem nächsten Besuch verändert haben wird.

Ob die Aktivitäten im Forum ironisch thematisiert werden, ob man sich gemeinsam über die Äußerungen eines anderen aufregt oder die Freude über ein Ereignis im Forum teilt, mit den Konversationen im IM, mit denen die Cibervaller@s die gemeinsame Beobachtung des Cibervalle-Forum koordinieren, produzieren die Akteur/innen gemeinsame Relevanzen und transformieren das Forum in einen gemeinsam geteilten sozialen Raum. Das Cibervalle-Forum wird so zu einer Alltagswelt, die einen Bereich der Welt beschreibt, der „zugleich in gemeinsamer Reichweite gegeben ist" (Schütz 1971:366) und die eine eigene zeitliche Struktur aufweist.

> „Nur in solchen Beziehungen ist der Leib des Anderen in meiner aktuellen Reichweite und umgekehrt; nur in ihnen erleben wir uns gegenseitig in unserer einzigartigen Individualität. Während einer solchen Beziehung sind wir wechselseitig in unsere biographischen Situationen einbezogen: wir altern zusammen. Wir besitzen

tatsächlich eine gemeinsame Umwelt und erfahren gemeinsam, was in ihr vorgeht: ich und Du, wir sehen den Vogel im Flug. Der Vogelflug ist ein Geschehnis in der Weltzeit, der öffentlichen Zeit, das gleichzeitig mit unserer Wahrnehmung des Fluges, also einem Ereignis in unserer inneren, privaten Zeit, stattfindet" (Schütz 1971:366).

Die spezifische Kombination der Medien IM und Online-Forum, die in Cibervalle praktiziert wird, ermöglicht den Akteur/innen die Synchronisierung innerer Zeitabläufe anhand eines äußeren Ereignisses, das gemeinsam verfolgt wird. Ebenso wie in dem von Schütz geprägten Bild des Vogelflugs geht es aber nicht nur um die gemeinsame Beobachtung eines äußeren Ereignisses, sondern auch um die Möglichkeit, in die Situation einzugreifen und folglich Teil derselben zu sein. Denn ähnlich wie die Schütz'schen Ornithologen nicht nur denselben Vogel beobachten, sondern ihn gegebenenfalls auch abschießen könnten, sind auch die Beobachter/innen des Cibervalle-Forums jederzeit in der Lage, in das Geschehen einzugreifen.

Die Virtualisierung von Anwesenheit und Interaktion

In der Schütz'schen Alltagswelt ist der Körper der Akteur/innen noch das Zentrum und die Entwicklung eines „Wir-Gefühls" basiert folglich auf der gleichzeitigen körperlichen Anwesenheit zweier oder mehrerer Individuen in demselben territorialen Raum. Die digitalisierte Alltagswelt Cibervalles beruht nun weniger auf der körperlichen Anwesenheit als vielmehr auf einer rein kommunikativen Art der Erreichbarkeit und der wechselseitigen Wahrnehmung als Adresse. Wie aber lässt sich diese hybride Form der Anwesenheit mit sozialwissenschaftlichen Begriffen fassen, die Interaktion und Kopräsenz an die gleichzeitige körperliche Anwesenheit binden? Mitte der 1990er Jahre, als die massive Verbreitung des Internets gerade in vollem Gange war, prognostizierte Berger (1995), die anhaltende Entwicklung und Verbreitung von Kommunikationstechnologien werde in zunehmendem Maße Anwesenheit durch Erreichbarkeit ersetzen. Denkt man dabei an telefonische Kommunikation, fällt es nicht schwer, dieser Prognose zuzustimmen. Tatsächlich wird hier Kommunikation dadurch ermöglicht, dass man über einen Telefonanschluss, ein funktionierendes Telefon und eine Telefonnummer verfügt, über die man potentiell erreichbar ist.

Im Hinblick auf die zunehmende Bedeutung von Informations- und Kommunikationstechnologien in Arbeitskontexten betonen Boden und Molotch hingegen die besondere Qualität von Face-to-face-Kommunikation. Die Autor/innen gehen davon aus, dass aufgabenorientierte Kommunikation in Arbeitskontexten auch langfristig nicht auf Kopräsenz verzichten können wird. Ihre zentrale Bedeutung begründen die Autor/innen nicht nur mit ihrem primordialen Charakter, „because copresence is biographically and historically prior to other forms of communication" (1994:258). Vor allem der hohe Grad an Komplexität und informationeller Dichte, der in medial vermittelter Kommunikation nicht erreicht werden kann, macht, den Autor/innen zufolge, Face-to-face-Kommunikation unverzichtbar. „Conversation is a managed physical action as well as brain work" (ebd.:262). Nonverbale Elemente der Kommunikation, wie Mimik und Gestik, aber auch para-sprachliche Äußerungen, wie Lachen, „mh", „oh", „aha" etc., sind gleichermaßen an der Konstruktion der Bedeutung einer sprachlichen Äußerung beteiligt. Der verlässlichste Teil der Mitteilung liegt nicht in dem *was* man sagt, sondern in dem *wie* man es sagt. Körpersprachliche Elemente sind demnach als der verlässlichere Teil der Mitteilung einzuschätzen und gelten als Parameter für die Entwicklung von Vertrauen in Beziehungen. Auch kann der jeweilige Grad an Zuwendung und Aufmerksamkeit von den Interaktionspartner/innen in Kopräsenz am besten demonstriert und wahrgenommen werden. Denn allein dadurch, dass man sich mit der anderen verabredet oder sich spontan dem anderen zuwendet und dafür seine Alltagsroutine unterbricht, demonstriert man Zuwendung zum anderen. Die Sprecherwechselorganisation in der Face-to-face-Kommunikation weist eine Vielzahl an Elementen auf, mit denen die Akteur/innen ihre Sprechakte und Deutungen aneinander orientieren und das Gespräch als interaktiven Prozess gestalten. Dadurch, dass man den Gesprächspartner in seinem Kontext sieht, ist es relativ leicht, ein Gespräch flexibel an kontextuelle Gegebenheiten anzupassen.

Am Beispiel virtueller Kommunikationsabläufe in globalen Finanzmärkten zeigen Knorr-Cetina und Bruegger (2002) jedoch, dass computervermittelte Kommunikation die Organisation von Arbeitsroutinen ermöglicht, ohne auf kopräsente Interaktionen rekurrieren zu müssen. Finanzmärkte werden von Devisenhändler/innen interaktiv organisiert, deren Arbeitsplätze sich quer über den Globus verteilen. Trotz geografischer Entfernung ist es den Akteur/innen möglich, ihr eigenes Handeln und das der anderen am Bildschirm zu beobachten, zeitlich zu koordinieren und aufeinander zu beziehen. Den Autor/innen zufolge lässt sich hier ohne weiteres Intersubjektivität feststellen, weil die Akteur/innen auf der Grundlage eines gemeinsam beobachteten Geschehens eine Wir-Beziehung aufbauen können. Diese Kommunikationsabläufe, so die Autor/innen, können als Spielarten von Interaktion und Präsenz bezeichnet werden, die allerdings mit den klassischen sozialwissenschaftlichen Begriffen, die Kopräsenz und Interaktion an den Körper binden und Lokalität ausschließlich territorialräumlich verstehen, nicht erfasst werden. Sie schlagen deshalb vor, zwischen *embodied presence* und *response presence* zu unterscheiden, und beschreiben mit letzterem „situations in which participants are capable of responding to one another and common objects in real time without being physically present in the same place" (Knorr-Cetina und Bruegger 2002:909).

Die Ergebnisse dieser ethnographischen Studie über globale Finanzmärkte widersprechen den Annahmen von Boden und Molotch allerdings nur graduell. Wie

Knorr-Cetina und Bruegger einräumen, verdankt sich der reibungslose Ablauf der global koordinierten Interaktion einem hohen Maß an Standardisierung und Simplizität der Kommunikation in globalen Finanzmärkten. Eine starke Standardisierung in Form von kommunikativen Routinen kann also die von Boden und Molotch genannten, nicht medial vermittelbaren Aspekte von Kommunikation ersetzen, ohne dass es permanent zu Missverständnissen und Kommunikationsabbrüchen kommt.

Auch die für die soziale Formation Cibervalle charakteristischen kommunikativen Praktiken lassen vermuten, dass computervermittelte Kommunikation Anwesenheit nicht durch Erreichbarkeit ersetzen, sondern den Begriff der Anwesenheit revolutionieren wird. Die Kommunikationsabläufe in Cibervalle sind allerdings alles andere als stark standardisiert oder simpel. Vielmehr handelt es sich hier um ein komplexes soziales Gebilde mit einer breiten Varietät an kommunikativen Mustern, die eher an Alltagsleben als an Arbeitsroutinen erinnern. Die beobachteten Praktiken lassen dennoch darauf schließen, dass auch hier Formen der Anwesenheit erzeugt werden, die zwar nicht körperlich sind, aber dennoch Interaktionssituationen hervorbringen. Globale Mikrostrukturen, die auf globalen Interaktionssystemen basieren, wären demzufolge nicht nur in der von Knorr-Cetina und Bruegger beschriebenen minimalistischen Version standardisierter Arbeitsroutinen in globalen Organisationen auffindbar. Man könnte in diesem Zusammenhang von einer Globalisierung der „unmittelbaren sozialen Beziehungen" (Schütz 1971) oder gar von *globalen Formen des Zusammenlebens* sprechen, die sich über die Tastaturen und Bildschirme von mindestens zwei Computern konstituieren. Eine gewagte These?

Globale Interaktion: Kommunikation unter virtuell Anwesenden

Der präzise definierte Interaktionsbegriff der Systemtheorie soll hier als Instrument dienen, um zu überprüfen, ob man im Fall von Cibervalle tatsächlich von Interaktionssystemen sprechen kann. Die Systemtheorie sieht in der Interaktion eine besondere Form der Kommunikation, die an körperliche Kopräsenz gebunden ist, weil sie auf der Basis reflexiver Wahrnehmung verläuft. Eine Interaktion kommt demnach nur zustande, „wenn mehrere Personen füreinander wahrnehmbar werden und daraufhin zu kommunizieren beginnen" (Kieserling 1999:15). Interaktion setzt sich also aus den Elementen Wahrnehmung und Kommunikation zusammen. Beides sind Prozesse der Informationsverarbeitung, mit dem Unterschied, dass Wahrnehmung nicht zwischen Information und Mitteilung unterscheiden muss, während Kommunikation gerade auf dieser Unterscheidung beruht. Gegenseitige Wahrnehmung ist also nicht mit Kommunikation gleichzusetzen. Kieserling räumt allerdings ein, dass eine Interaktionssituation beinahe unweigerlich zu Kommunikation führt, weil die Informationen, die der eigene Körper liefert, von den anwesenden Beobachter/innen in einer Weise aufgefasst werden könnten,

„die einem selber nicht recht ist, und wer dies vermeiden will, der muß die Informationen, auf denen der ungünstige Eindruck beruht, durch Mitteilungen ergänzen, von denen gehofft wird, daß sie ihn richtig stellen und korrigieren. Schon zur Begrenzung des symbolischen Schadens, den Darstellungsfehler und Inkonsistenzen anrichten können, wird die reine Wahrnehmung laufend in Richtung auf Kommunikation überschritten" (Kieserling 1999:122).

Man nimmt sich also nicht nur gegenseitig wahr, vielmehr ist der Akt der gegenseitigen Wahrnehmung reflexiv, das heißt, die eigene Wahrnehmung spiegelt sich in der Wahrnehmung des Gegenübers. Einfacher ausgedrückt: weil ich wahrnehme, wie mein Gegenüber registriert, was ich wahrnehme, richte ich mein eigenes Verhalten auf die antizipierten Erwartungen bzw. Interpretationen meines Verhaltens aus.

In Cibervalle lassen sich nun Praktiken der Mediennutzung beobachten, die auf genau diesen Prozess reflexiver Wahrnehmung hinweisen. Anders als bei der telefonischen Kommunikation loggen sich die Nutzer/innen gewöhnlich nicht nur dann in den IM ein, wenn sie direkt mit ihren Kontakten kommunizieren wollen. Insbesondere die Mitglieder, die zeitlich unbegrenzten Zugang zum Internet haben, etwa weil sie zuhause oder am Arbeitsplatz über einen Pauschaltarif (Flatrate) verfügen, loggen sich zeitgleich mit dem Öffnen der Forumsseite in den IM ein, sobald sie ihren Computer eingeschaltet haben. Dann werfen sie möglicherweise einen Blick auf ihre Buddy-Liste und sehen nach, wer gerade online ist, grüßen den einen oder anderen Kontakt, bevor sie ihre Aufmerksamkeit ihren Routineaufgaben zuwenden, wobei sie sich unter Umständen von ihrem Computer entfernen. Wenn sie das entsprechende akustische Signal hören, kehren sie vielleicht zu ihrem Computer zurück, um zu sehen, wer mit ihnen kommunizieren will, und antworten der Person. Vielleicht überhören sie aber auch das Signal oder sind gerade mit etwas beschäftigt, das keine Unterbrechung zulässt. Das virtuelle Gegenüber aber sieht den gewünschten Kommunikationspartner als online in seiner Buddy-Liste und könnte die ausbleibende Antwort missverstehen. Dem IM-Programm wurde deshalb im Laufe seiner technologischen Evolution die Möglichkeit hinzugefügt, den jeweiligen Status der Person anzuzeigen. Hier kann man zwischen verschiedenen voreingestellten Optionen, wie „beschäftigt", „abwesend", „bin gleich zurück", „am Telefon", „Mittagspause" wählen[93]. Darüber hinaus kann man auch persönliche Nachrichten verfassen, die als automatische Antwort auf alle Kontaktversuche versendet werden.

Selbst wenn man nicht eingeloggt ist, kann noch ein minimaler Grad von Anwesenheit erzeugt werden. Dazu wurde von den Cibervaller@s zunächst das Eingabefeld für den Nicknamen gewissermaßen zweckentfremdet und für die Übermittlung per-

---

[93] Das gilt auch für die meisten anderen gängigen IM-Programme (vgl. Schneider et al. 2005).

sönlicher Nachrichten genutzt. Da der Nickname immer in der Buddyliste der Kontakte erscheint, unabhängig davon, ob man gerade online oder offline ist, können hier Nachrichten hinterlassen werden, die selbst dann gelesen werden, wenn man gerade nicht online ist. Hier wird beispielsweise die neue Telefonnummer bekannt gegeben, ein zärtlicher Gruß an die oder den Liebsten hinterlassen, zum Geburtstag eingeladen, den anderen Kontakten ein schönes Wochenende gewünscht, die eigene längere Abwesenheit begründet und vieles mehr. In den neueren Versionen des IM-Programms wurde diese Praktik wiederum aufgegriffen und als Zusatzfunktion implementiert. Wie weiter oben in der Abbildung zu sehen ist, kann nun neben dem Nicknamen und dem Anwesenheitsstatus auch eine persönliche Nachricht eingegeben werden, die in den Buddy-Listen der Kontakte angezeigt wird.

Der IM ist also nicht nur ein Medium zur synchronen Kommunikation, das – ähnlich wie das Telefon – potentielle Erreichbarkeit sichert und mit dem man Sofortnachrichten verschicken und mit anderen chatten kann. Loggt man sich in den IM ein, kann man sehen, wer gerade online ist. Darüber hinaus impliziert das Einloggen in den IM auch zu wissen, dass auch die anderen sehen, dass man selbst online ist sowie das Bewusstsein darüber, dass den anderen klar ist, dass man weiß, dass man von ihnen wahrgenommen wird. Wenn also eine Nutzerin ihre temporäre Abwesenheit über die Buddy-Liste kommuniziert, tut sie dies in der Annahme, dass ihre Kontakte sie als anwesend wahrnehmen und eine Antwort von ihr erwarten, wenn sie sie ansprechen. Mit anderen Worten, der IM produziert ein reflexives Bewusstsein gegenseitiger Wahrnehmung und kann insofern als Interaktionssituation gelten, als es erforderlich ist, die Informationen, die durch die virtuelle Anwesenheit übermittelt werden, durch Mitteilungen zu ergänzen, um Fehlinterpretationen vorzubeugen. Es ist nicht nötig, immer am Computer zu sitzen oder tatsächlich miteinander zu kommunizieren, alleine die Potentialität der Erreichbarkeit und das reflexive Wissen über die gegenseitige Wahrnehmung schafft ein Gefühl von Nähe und vermittelt den Eindruck von Anwesenheit im gleichen Raum; einem Raum, der allerdings weniger durch geografische Nähe als durch zeitliche Koordination strukturiert wird. Auch für Schneider et al. sind „Fremd- und Selbstwahrnehmung unter der Bedingung der Nutzung einer technischen Vermittlungsinstanz" (2005:84) und die Möglichkeit, die Bewegungen des virtuellen Gegenübers beobachten zu können, die wesentlichen Merkmale der IM-Kommunikation, die sie als „Telepräsenz" bezeichnen.

> „Dass nun das Verhalten im Cyberspace der auf der Liste verzeichneten Kontakte (insbesondere das Betreten und Verlassen) beobachtbar ist, lässt deren Ab- und Anwesenheit förmlich spüren. ... Die Möglichkeit, jeden Augenblick die Anwesenden ansprechen zu können und auch einfach nur die Telepräsenz zu spüren, kann Beziehungen intensivieren – selbst wenn die Häufigkeit der tatsächlichen Gespräche eher gering ist" (2005:87ff).

Die Autor/innen gehen allerdings davon aus, dass Instant Messaging in erster Linie der Erweiterung der Kommunikationsmöglichkeiten mit Personen dient, zwischen denen auch ein regelmäßiger Offline-Kontakt besteht, die also geografisch nicht weit voneinander entfernt leben. Telepräsenz ist in dem Fall also lediglich eine Erweiterung von Kopräsenz, Boden und Molotch scheinen Recht zu behalten mit ihrer These des Primats von kopräsenz-basierter Kommunikation, oder etwa nicht?

Die Cibervaller@s leben über den gesamten Globus verstreut und kannten sich in der Regel nicht, bevor sie sich im virtuellen Raum begegneten. Schaut man sich ihre kommunikativen Praktiken und die permanente Weiterentwicklung der Kommunikationsformen und Medien an, finden sich durchaus starke Parallelen zu kopräsenten Gesprächssituationen. Auch in der Forums- und IM-Kommunikation werden para-sprachliche Elemente verwendet, körpersprachliche Elemente simuliert und nach und nach sogar stimmbasierte und visuelle Informationen in die Kommunikation zurückgeholt. Im Fall von Cibervalle hat Telepräsenz nicht nur eine erweiternde Funktion. Die gleichzeitige Anwesenheit im virtuellen Raum und das virtuelle Reisen, mit dem sich die Akteur/innen gemeinsame Relevanzräume erschließen, substituiert bis zu einem gewissen Grad Kopräsenz. In jedem Fall scheint sich die Grenze zwischen leibhaftiger Anwesenheit und totaler Abwesenheit weiter aufzulösen und die soziale Relevanz des eigenen Wahrnehmungsraums zu verändern. Ferne hat nun unmittelbare Handlungsrelevanz, was wiederum Auswirkungen auf die Relevanz des Geschehens vor Ort hat.

Geteilte Anwesenheiten: Die Überlappung lokaler und virtueller Sozialräume

Die digitale Verbindung mit anderen Akteur/innen eröffnet einen zusätzlichen Relevanzraum im Alltag, der das jeweilige physisch-lokale Setting überlagert und mit diesem koordiniert werden muss. Die Akteur/innen switchen zwischen den virtuellen und physisch-lokalen Settings hin und her, wobei hier, ähnlich wie beim Fernsehen, die mediale Kommunikation zwischen Haupt- und Nebenbeschäftigung wechselt. Holly und Baldauf zeigen anhand einer konversationsanalytischen Untersuchung von Rezipient/innenkommunikation, dass auch die Tätigkeit des Fernsehens oft mit anderen, parallel stattfindenden Tätigkeiten, wie der des „fernsehbegleitenden Sprechens", koordiniert werden muss und sprechen in diesem Zusammenhang von einer „weichen Kopplung" (2001:49) an das Medium. Dabei betonen die Autor/innen, dass die Rezipient/innen den Zuwendungsgrad zu den verschiedenen Objekten interaktiv aushandeln. Die Struktur der Kommunikation, die begleitend zum Fernsehen abläuft, unterscheidet sich deshalb in wesentlichen Punkten von Alltagsgesprächen, zeigt indes aber Ähnlichkeiten zu den „offenen Sprechsituationen", die von Goffman in Arbeitszusammenhängen beobachtet wurden, so die Autor/innen.

Einige Strukturen der IM-Kommunikation sind denen der offenen Sprechsituation bzw. dem fernsehbegleitenden Sprechens sehr ähnlich. Auch hier findet sich beispielsweise zeitliche Diskontinuität. Man beginnt eine Konversation, unterhält sich eine Weile über dies und das, bis plötzlich die Kommunikation abbricht, weil eine Paarsequenz nicht beendet wird. Nach einiger Zeit, manchmal auch erst nach mehreren Stunden, wird dann plötzlich doch noch die Frage beantwortet, die der Fragende möglicherweise längst vergessen hat, weil er inzwischen das Konversationsfenster geschlossen und sich anderen Dingen zugewendet hatte. Derjenige, an den sich die Frage richtete, kehrt aber möglicherweise gerade erst an seinen Bildschirm zurück, den er eiligst verlassen musste, als er von seinem Chef zu einer Besprechung gerufen wurde. Nun findet er das Konversationsfenster mit einer an ihn adressierten Frage vor. In Gesprächen von Angesicht zu Angesicht lässt man eine Frage nicht so ohne Weiteres im Raum hängen; nicht weil sie einem auf den Kopf fallen könnte, sondern weil eine Frage der Eröffnungsteil einer Paarsequenz ist, die eines gestaltschließenden Teils, in dem Fall einer Antwort bedarf. In einer offenen Sprechsituation, wie der des fernsehbegleitenden Sprechens, wird diese Struktur aufgeweicht. Das Sprechen ist nicht die Haupttätigkeit, deshalb „ist die Verpflichtung, dem anderen mit einem responsiven Akt zu antworten, herabgesetzt" (Holly und Baldauf 2001:46). Außerdem gilt, „Pausen müssen nicht als Pausen wahrgenommen werden, weil man ja noch mit etwas anderem beschäftigt ist" (ebd.).

Die hier beschriebene Kommunikationssituation unterscheidet sich allerdings von der offenen Sprechsituation beim Fernsehen oder der Arbeitssituation insofern, als dass die Gesprächspartner/innen erstens zwei oder mehr Sozialräume miteinander koordinieren müssen, deren Relevanzen miteinander in Konflikt geraten können, weil für die (virtuellen) Interaktionspartner/innen der jeweils andere Sozialraum nicht zugänglich ist. Hinzu kommt der Einfluss der Technologie auf den Ablauf der Kommunikation. Der Spielraum für die Deutung von Pausen ist im vorliegenden Fall nicht nur deshalb so groß, weil man nicht sehen kann, womit der andere noch beschäftigt ist. Ebenso schwer kann man zwischen sozial und technologisch bedingten Pausen unterscheiden. Unterschiedliche Übertragungsgeschwindigkeiten, Programmabstürze, Serverprobleme, Schwierigkeiten mit der Internetverbindung, all diese technisch bedingten Störungen beeinflussen die Kommunikation, so dass beispielsweise eine Konversation im *Messenger* deshalb abbricht, weil der Redebeitrag eines Gesprächspartners nicht an den anderen übermittelt wurde und beide deshalb davon ausgehen, der jeweils andere sei am Zug. In dem Bewusstsein, dass das virtuelle Gegenüber gleichzeitig noch mit anderen Dingen beschäftigt ist, begründet man das Ausbleiben des Redebeitrages im günstigen Fall damit, dass der andere zu beschäftigt ist, um zu antworten. Es gibt also viele Gründe, die zum Abbruch einer IM-Kommunikation führen können, intendiertes Schweigen ist nur einer davon. Im Laufe der Zeit lernen die Akteur/innen in der Regel, die Diversität an kontextuellen, technologischen und sozialen möglichen Störungen der Kommunikation zu berücksichtigen. Zu den Kompetenzen, die erfahrene Cibervaller@s sich im Umgang mit diesem Kommunikationsmedium aneignen, gehört folglich, Kommunikationsabbrüche nicht primär sozial zu deuten. Statt die ausbleibende Antwort persönlich zu nehmen, prüft man lieber, ob die Frage überhaupt angekommen ist, und kopiert gegebenenfalls den Teil der Konversation, von dem man denkt, dass er nicht übermittelt wurde, aus dem eigenen Konversationsfenster und sendet ihn erneut.

Es bleibt allerdings festzuhalten, dass das Situationsmanagement der sich überlagernden Relevanzräume der Akteur/innen auf die zeitliche Struktur der IM-Kommunikation zurückwirkt. Hier bricht sich die Synchronität des Mediums an der Konkurrenz zwischen physischen und virtuellen Relevanzräumen. Wie schon anhand der Forumskommunikation gezeigt wurde, so lässt sich also auch für die IM-Kommunikation feststellen, dass eine klare Unterscheidung zwischen synchronen und asynchronen Medien nicht möglich ist, sondern immer vom Kontext und den Praktiken der Nutzung abhängt.

Grade von Anwesenheit

Die Bedeutung von An- und Abwesenheit muss also im Kontext computervermittelter Kommunikation neu definiert werden. An- und Abwesenheit sind nun nicht länger an den Körper als Zentrum gebunden. Physische Gleich*örtigkeit* kann im Verhältnis zur Gleich*zeitigkeit* nachrangig werden[94]. An- und Abwesenheit sind im Fall von computervermittelter Interaktion nicht länger Status, die sich gegenseitig ausschließen. Präziser erfasst man m.E. die soziale Bedeutung von virtueller Interaktion, wenn man Grade von An- und Abwesenheit unterscheidet, die je nach technologischen Bedingungen und Praktiken der Kombination und Anwendung von Medien situativ variieren[95]. Weiter oben wurde gezeigt, wie die Akteur/innen zwischen verschiedenen Graden der Anwesenheit oszillieren und wie die evolutionäre Entwicklung der technologischen Umgebung diese Praktiken aufnimmt und in die Programmstruktur implementiert. Das folgende Beispiel einer mediatisierten Liebesbeziehung, die sich in Cibervalle entwickelt hat, soll nun illustrieren, bis zu welchem Grad geografische Ferne durch kommunikative Nähe kompensiert werden kann.

„Es ist schon wie Zusammenleben, nur dass der Körper fehlt"

Irén und Tomás haben sich über das Cibervalle-Forum kennen gelernt. Irén lebt in Paraguay, wo auch Tomás geboren und aufgewachsen ist. Tomás lebt nun schon seit

---

[94] Tipp (2008) spricht in diesem Zusammenhang von *zeitgebundener Körperlichkeit*.
[95] Wie Hirschauer (1999) gezeigt hat, kann auch körperliche Anwesenheit durch die Kommunikation von Nichtwahrnehmung minimiert werden. Für beide Interaktionsformen gilt also, dass der gewünschte Grad von Anwesenheit kommuniziert werden muss.

mehreren Jahren in den USA. Die beiden haben zunächst eine Weile über das Forum und den IM kommuniziert, später auch telefoniert und sich schließlich bei einem von Tomás regelmäßigen Besuchen in Paraguay persönlich getroffen. Zum Zeitpunkt des Gesprächs mit Irén[96] führen die beiden bereits seit einem Jahr eine Fernbeziehung. Seit ein paar Monaten hat Irén einen eigenen Computer in ihrem Zimmer, den Tomás ihr geschickt hat. Der Computer ist mit Kopfhörer, Mikrofon, Webcam und Lautsprechern ausgestattet und Irén hat einen Pauschaltarif, der ihr, zeitlich unbegrenzt, Zugang zum Internet ermöglicht. Irén und Tomás kommunizieren täglich über verschiedene Medien miteinander. Das Cibervalle-Forum sei für ihren Freund viel wichtiger als für sie, sagt Irén, weil er weit weg sei und sich durch das Cibervalle-Forum für ihn ein Fenster nach Paraguay eröffne. Deshalb verbringe er viel mehr Zeit als sie mit dem Forum und mit der Pflege der sozialen Beziehungen, die er darüber knüpft. Irén benutzt das Forum hauptsächlich, um ihren Freund zu lokalisieren und an seinem Alltag teilzuhaben, den er mit den anderen Cibervaller@s teilt. Anhand der Signatur unter seinen Beiträgen kann sie nicht nur sehen, wann er zum letzten Mal im Forum aktiv war. Die IP-Adresse verrät ihr außerdem, ob er sich dabei zuhause oder am Arbeitsplatz aufgehalten hat. Anhand seiner Beiträge erfährt sie außerdem, mit wem oder was er sich gerade beschäftigt. Beide haben ein Handy und Tomás ruft sie mehrmals am Tag an. Wenn er außerhalb des Hause oder des Arbeitsplatzes unterwegs ist, bleibt er meist per Handy mit dem IM verbunden, so dass auch Irén ihn jederzeit über den IM erreichen kann. Im IM treffen sie sich mittlerweile täglich zur gleichen Zeit. Beide Lebensorte liegen in derselben Zeitzone. Die Zeitverschiebung liegt zwischen 0 und 1 Stunde, so dass der Tagesablauf der beiden zeitlich synchron verläuft und sie ohne Probleme die Abende gemeinsam verbringen können. Wenn Irén nach der Arbeit nach Hause kommt, geht sie in ihr Zimmer, schaltet den Computer ein und loggt sich in den IM ein. Sie hat einen zusätzlichen Account eingerichtet, den sie nur mit Tomás teilt, so dass sie ungestört mit ihm alleine kommunizieren kann. Manchmal, wenn sie keine Lust haben sich zu unterhalten, schalten sie einfach die Webcam ein und schauen sich an oder aber sie spielen eines der Spiele, die der IM vorhält. Tomás bleibt meist die ganze Zeit eingeloggt und lässt auch häufig die Webcam eingeschaltet, wenn er nicht am Computer sitzt, sondern in seiner Wohnung mit anderen Dingen beschäftigt ist. Irén hingegen schaltet die Webcam am Ende der Konversation ab. Es wäre ihr unangenehm, wenn er sie bei der Verrichtung von Alltagstätigkeiten oder gar beim Schlafen beobachten könnte. Sie haben auch schon einige Male mit eingeschalteter Webcam telefoniert, was sie nun nicht mehr tun, weil es für sie unangenehm und mit Schamgefühlen verbunden war. (Irén, Asunción, *Audioaufzeichung und Feldtagebuch, f-t-f-Gespräche*)

---

[96] Das Gespräch fand im Rahmen eines mehrtägigen Besuchs im Haus der Familie von Irén statt. Sie hatte im Cibervalle-Forum von meiner Forschung erfahren und über den IM Kontakt zu mir aufgenommen, weil sie annahm, dass ihre Beziehung zu Tomás für meine Studie interessant sein könnte. Sie lud mich zu sich nach Hause ein und erklärte sich bereit, an meiner Forschung teilzunehmen. Ein herzliches Dankeschön an dieser Stelle für das Vertrauen, die Offenheit und die Herzlichkeit, mit der sie mir Zutritt zum Haus ihrer Familie, ihrem Zimmer und den virtuellen Räumen gewährt hat, in denen sie lebt.

Zusammenleben im Cyberspace?

Das Beispiel von Irén und Tomás illustriert eine der intimsten Beziehungsformen, die in Cibervalle existieren: die medial vermittelte Liebesbeziehung. Das Cibervalle-Forum ist für die beiden ein Sozialraum, in dem sie sich treffen können, um sich entweder mit anderen oder – mit Hilfe eines zusätzlichen, privaten Kommunikationsmediums – zu zweit über das Alltagsgeschehen innerhalb dieses Sozialraums auszutauschen. Da dieser Sozialraum eine Wirklichkeit beherbergt, die nicht in dem Maße zur Flüchtigkeit neigt, wie die physische Alltagswelt, dient das Cibervalle-Forum außerdem dazu, die von den Akteur/innen hinterlassenen Spuren zu rekonstruieren und auch in asynchroner Form am Alltag des anderen teilzuhaben. Dass der virtuelle Alltag in den physisch-lokalen Alltag der Akteur/innen eingebettet ist und mitunter mit diesem konkurriert, wird an diesem Beispiel erneut deutlich: Irén kann nicht nur Tomás Bewegungen innerhalb des Forums verfolgen. Anhand seiner aktiven Beiträge im Forum und seines aktuellen Status im IM kann sie außerdem unterscheiden, ob er sich zuhause oder im Büro aufhält oder ob er unterwegs ist. Durch den Einsatz der Webcam wird nun sogar der physische Kontext des virtuellen Gegenübers zugänglich. Durch die Verknüpfung verschiedener Kommunikationsmedien und die – durch die geografische Lage beider Lebensorte in ein und derselben Zeitzone mögliche – zeitliche Synchronisierung ihres Tagesablaufs gelingt es dem Paar, ein so dichtes kommunikatives Netz zwischen sich zu spinnen, dass Irén selbst ihre Beziehung mit Tomás mit den Worten „es ist schon wie Zusammenleben, nur dass der Körper fehlt" beschreibt.

Zusammenfassend finden sich sowohl in der Forumskommunikation als auch in der kombinierten Nutzung von Forum und Instant Messenger verschiedene Merkmale, die in ihrer Gesamtheit diese eigentümlichen techno-sozialen Interaktions- und Beziehungsformen begründen, von denen man annehmen könnte, Urry habe sie vor Augen gehabt, als er folgende Prognose äußerte:

> „Virtual travel produces a kind of strange and uncanny life on the screen, a life that is near and far, present and absent, live and dead. The kinds of travel and presencing involved will change the character and experience of ‚co-presence', since people can feel proximate while still distant" (2002:267).

Zunächst lässt sich feststellen, dass die Kombination von asynchroner und synchroner Kommunikation, die sowohl IM- als auch Forumskommunikation charakterisiert, eine wesentliche Voraussetzung für globale Gemeinschaftsbildung darstellt. Während Asynchronität globale Kommunikation zwischen Individuen erlaubt, die in unterschiedlichen Zeitzonen leben (Stegbauer 2000:25), führt Synchronität gleichzeitig zur Kompression von Zeit und Raum und ermöglicht Echtzeit-Kommunikation, ungeachtet jeglicher geografischer Distanz. Das Forum überbrückt so temporale und geografische Distanzen und ist in der Lage, Menschen zu ver-

einen, die sich in unterschiedlichem Maß in die gemeinsamen Aktivitäten einbringen. Das Changieren *zwischen* Synchronität und Asynchronität erlaubt den
Bewohner/innen Cibervalles außerdem, die verschiedenen Relevanzräume und die
jeweiligen Anwesenheitspflichten miteinander zu koordinieren und gleichzeitig im
Physisch-lokalen und im Virtuell-lokalen „da" zu sein. Wie anhand der Evolution
des Forums gezeigt werden konnte, hat die Bedeutung der synchronen Kommunikation in Cibervalle im Laufe der Jahre stetig zugenommen. Die Orientierung
der Nutzer/innen richtet sich stärker auf die andauernden Interaktionen als auf
die semantischen Gehalte des virtuellen Raums. Die globale Lebensgemeinschaft
Cibervalle wird durch spezifische Nutzungspraktiken der Technologie getragen.
Dazu gehören: permanent online zu sein, die Forumsseite geöffnet und den Instant-Messenger in Betrieb zu haben sowie die Notwendigkeit, den Aufmerksam-
keitsfokus immer wieder zwischen den Relevanzen vor Ort und denen auf dem
Bildschirm hin und her zu schwenken. Diese Art der Nutzung verstärkt den Eindruck, dass Cibervalle für seine Bewohner/innen Teil der eigenen Alltagswelt ist,
ein zusätzlicher globaler Sozialraum, der mit den physisch-lokalen Sozialräumen
der Beteiligten verwoben ist; dessen soziales Leben andauert, auch wenn man sich
zwischenzeitlich von ihm abwendet, da er durch eine Vielzahl virtuell-lokaler Interaktionssysteme getragen wird. Die gemeinsamen virtuellen Reisen und das Reden über die aktuellen Ereignisse in Cibervalle im Instant-Messenger verstärken
das Gefühl des Zusammenseins in demselben Raum.

Boden und Molotchs (1994) skeptische Haltung dem kommunikativen Potential
von Informations- und Kommunikationstechnologien gegenüber und ihr Beharr-
ren auf der Einzigartigkeit von Kommunikation in Kopräsenz erscheint angesichts
der hier beschriebenen kommunikativen Praktiken beinahe antiquiert. Schneider
et al. (2005) unterschätzen vermutlich das Potential globaler, interaktiver Medien,
weil ihre Forschung auf Nutzer/innen in einem eingegrenzten territorialen Raum
beschränkt war, für die sich nicht in dem Maße die Notwendigkeit ergibt, soziale
Beziehungen über weite geografische Distanzen zu gestalten. Für transnationale
Populationen bzw. für in der Migration Lebenden eröffnen diese Medien offenbar
andere Möglichkeitsräume.

In Anbetracht der aktiven Rolle der Nutzer/innen bei der Erweiterung der kommunikativen Möglichkeiten, die das Internet bietet, könnte man sagen, transnationale
Populationen mit Zugang zu globalen Kommunikationstechnologien erweisen
sich als Trendsetter für zukünftig erwartbare Interaktions- und Beziehungsformen.
Wie das Beispiel von Irén und Tomás zeigt, gelingt es den Akteur/innen durch
die kombinierte Nutzung verschiedener elektronischer Kommunikationsmedien
und die permanente Weiterentwicklung internetbasierter Technologien die Einschränkungen der virtuellen Kommunikation nach und nach zu kompensieren.
Die Gestaltung der Technologien ist dabei in hohem Maße mit den Praktiken der

Nutzer/innen verknüpft, wie anhand der Forumsevolution gezeigt wurde. Auch die Entwicklung der IM-Programme kann als Versuch gelesen werden, nach und nach die Elemente von Face-to-face-Kommunikation zumindest zu simulieren. Interaktive schriftliche Kommunikationsformen oder „getippte Gespräche" (Beiss-swenger 2002) waren von Anfang an von der Kreierung so genannter *Emoticons* begleitet. Diese zunächst aus Satzzeichen zusammengesetzten „Gesichter", die unterschiedliche Gefühlszustände ausdrücken sollen, haben sich im Laufe der letzten Jahre immer weiter ausdifferenziert und sind komplexer geworden. Durch ihre permanente Weiterentwicklung, vor allem durch die Nutzer/innen selbst, sind aus den zusammengesetzten typographischen Zeichen digitale Animationen geworden, die man seinem Gesprächspartner über den Bildschirm schicken kann, um das zu sagen, was man mit Worten alleine schlecht ausdrücken kann. Mit Hilfe von Voice Chat und dem Einsatz von Webcams können auch die kommunikativen Elemente, die von der Intonation getragen sind, sukzessive in die Kommunikation reintegriert werden. Durch die Webcam können zudem Bilder des virtuellen Gegenübers und des Kontextes, in dem es sich befindet, in Quasi-Echtzeit übermittelt werden. Wie das Beispiel Iréns zeigt, kann computervermittelte Kommunikation einen so hohen Grad an Dichte und Komplexität erreichen, dass sie unter Umständen sogar als zu nah empfunden wird. Obwohl die technologischen Bedingungen ihr die gleichzeitige Stimm- und Bildübertragung erlauben, zieht Irén offenbar die Bild- und Textübertragung beim Chatten und die reine Stimmübertragung beim Telefonieren vor.

Was unterscheidet also die IM-Kommunikation noch von der Face-to-face-Kommunikation im herkömmlichen Sinne? Können wir annehmen, dass die gleichzeitige körperliche Anwesenheit im selben geografischen Raum durch die gleichzeitige Anwesenheit im virtuellen Raum ersetzt wird? Kann die mediale Vermittlung des lokalen Kontextes des anderen sowie der stimmbasierten, verbalen, gestischen und mimischen Elemente seiner Aussagen Kopräsenz substituieren? Auf der Grundlage der bisherigen Darstellung virtualisierter Interaktionsformen mag es überraschen, wenn ich diese Frage nun mit Nein beantworte. Tatsächlich ist das Virtuelle aber nur eine Seite der Medaille, denn die Teilnehmer/innen treffen sich regelmäßig. Mehr noch, wie bereits im ethnographischen Teil B des Buches skizziert wurde, nutzen die Cibervaller@s das Forum, um sich gegenseitig zu lokalisieren und Treffen in den jeweiligen Lebensorten zu organisieren. Die Durchführung lokaler Treffen und ihre mediale Transformation und Rückbindung an die globale Ebene der Forumskommunikation ist eine weitere, für das globale Zusammenleben in Cibervalle wesentliche Praktik. Durch die öffentliche Rahmung der Forumskommunikation gerät dabei auch das physisch-lokal situierte Alltagsleben der Akteur/innen in einen globalen Kontext wechselseitiger und reflexiver Beobachtung. Diese Dimension von Globalität zu untersuchen, wird Aufgabe des folgenden Kapitels sein.

16. „Jetzt schaut euch die Welt zu!" – Wie Cibervaller@s im Alltag zu *global playern* werden

In den vorangegangenen Kapiteln wurde die Bedeutung Cibervalles zunächst aus den lebensweltlich kontextualisierten Perspektiven seiner Bewohner/innen beleuchtet, um dann die kommunikative Architektur zu untersuchen, die das globale Zusammenleben in Cibervalle trägt. Auf den folgenden Seiten werden nun die genuinen Ordnungsstrukturen des Online-Forums, also des Sozialraums, den die Cibervaller@s gemeinsam bewohnen, untersucht. Eine besondere Eigenschaft der Forumskommunikation besteht in ihrer öffentlichen Rahmung und potentiell globalen und anonymen Zugänglichkeit, die der Privatheit der Beziehungen zwischen den Nutzer/innen in paradoxer Weise gegenübersteht. Einerseits sind die Aktivitäten im Cibervalle-Forum der „Weltöffentlichkeit"[97] zugänglich, denn sie können prinzipiell weltweit von allen – Mitgliedern wie Fremden – anonym beobachtet werden. Andererseits beziehen sich die Cibervaller@s mit ihren Beiträgen vorwiegend aufeinander und teilen sich in erster Linie Persönliches mit. Sie tun dies allerdings in dem Wissen, dass sie beobachtet werden können, gleichwohl sie keine genauen Informationen darüber haben, wer wo zu welchem Zeitpunkt ihren Aktivitäten zuschaut. Die Forumskommunikation weist also eine triadische Struktur auf, in der neben den Kommunizierenden auch das imaginierte Publikum eine tragende Rolle spielt. Anders gesagt: die technologischen Eigenschaften der Forumskommunikation in Verbindung mit den sozialen Eigenschaften Cibervalles führen dazu, dass private Beziehungen und Alltagsleben in einen potentiell globalen Beobachtungshorizont gerückt werden.

Auch wenn das Cibervalle-Forum potentiell global zugänglich ist, ist seine reale Reichweite allerdings begrenzt. Im Zusammenhang mit der Frage nach den erforderlichen Ressourcen zur Teilnahme an den Cibervalle-Aktivitäten wurde bereits festgestellt, dass eine wesentliche Zugangsbarriere darin besteht, das Cibervalle-Forum in den unendlichen Weiten des WWW überhaupt zu finden. Wenn man keine Kenntnis über die Existenz des Forums selbst hat, kann man es zufällig finden, während man durch das WWW surft und nach Informationen über Paraguay sucht. Nun ist Paraguay – global gesehen – ein ausgesprochen unbekanntes Land. Es stellt sich also die Frage, wer überhaupt im Internet nach Paraguay suchen und dabei möglicherweise auf das Cibervalle-Forum treffen könnte. Auf den folgenden Seiten wird diese Dimension von Globalität, also die Möglichkeiten und Grenzen reflexiver Selbstwahrnehmung innerhalb eines globalen Beobachtungshorizontes,

---

[97] Stichweh (2005) zufolge impliziert Weltöffentlichkeit ein Publikumsverständnis, das auf der prinzipiellen Zugänglichkeit aller, einschließlich Fremder, beruht. Das heißt, potentielle Globalität und prinzipielle Anonymität sind die Elemente, die eine Öffentlichkeit zur Weltöffentlichkeit machen.

einer differenzierten Betrachtung unterzogen und auf ihre Implikationen für das soziale Leben in Cibervalle hin untersucht.

Anhand der marginalen Position Paraguays und des Cibervalle-Forums wird einleitend der Zusammenhang zwischen Medien, der Konstruktion von Weltbildern und der Möglichkeit reflexiver Selbstwahrnehmung in einem globalen Referenzrahmen diskutiert. Die Herstellung dieser Dimension von Globalität wird also im Spannungsfeld von struktureller Möglichkeit und empirischer (Un)Wahrscheinlichkeit problematisiert, um dann ihre Bedeutung anhand der Kommunikation im Cibervalle-Forum genauer zu bestimmen. In der anschließenden Analyse des kommunikativen Haushalts von Cibervalle wird die öffentliche Rahmung der Kommunikation als Strukturmerkmal reflektiert.

Wie bereits an anderer Stelle erläutert wurde, nutzt die Ethnomethodologie den Prozess des „becoming member", um Zugang zur immanenten sozialen Ordnung des untersuchten Feldes zu bekommen und die Praktiken zu ihrer Aufrechterhaltung zu erlernen. In Cibervalle kommt es nun regelmäßig zur Vorstellung und Begrüßung neuer Mitglieder. Man kann sogar feststellen, dass die Begrüßungskommunikation in Cibervalle so bedeutsam ist, dass sich eine eigene Gattung von Tópicos* herausgebildet hat, mit der die Vorstellung und Begrüßung neuer Mitglieder in nahezu ritualisierter Form organisiert wird. Um also Zugang zu den Ordnungsstrukturen zu bekommen, mit Hilfe derer die Cibervaller@s ihren virtuellen Alltag bewältigen, werden die Muster der Begrüßungskommunikation vorgestellt und analysiert. Im zweiten Schritt wird dann die triadische Kommunikationsstruktur genauer untersucht und daraufhin befragt, welche Adressierungen die Cibervaller@s verwenden und welche Publika sie dabei imaginieren. Dabei wird sich zeigen, dass die Subgemeinschaften, die sich an den jeweiligen Lebensorten der Nutzer/innen gebildet haben, eine Art cibervalle-interne Öffentlichkeit darstellen, der im Zusammenhang mit der Praktik der lokalen Treffen und ihrer medialen Neuerzeugung zentrale Bedeutung zukommt. Anhand der Analyse der Aktivitäten in Cibervalle, die im Zusammenhang mit dem Brand des Supermarktes Ycua Bolaños stehen, wird dann das Verhältnis zwischen potenzieller und situativ realisierter Globalität diskutiert. Im abschließenden Teil des Kapitel werden dann noch einmal die in der Analyse identifizierten Publika im Hinblick auf Globalitäts- und Zugehörigkeitsreferenzen, die sie implizieren, zusammengefasst.

Blinde Flecken auf der medialen Weltkarte: Die Unwahrscheinlichkeit von Globalität

Forumskommunikation Beispiel 14: „Plagueta un ratito"

A mi me tiene re-cansada tener que lidiar con gringos ignorantes de la geografia mundial y tener que explicar por enesima vez que la capital de Paraguay no es Montevideo. Y que, oh sorpresa, Paraguay y Uruguay son dos paises distintos! Tambien que no por el hecho de ser hispana naci bailando salsa, o que como arroz con gandules como dieta diaria o que me encanta Speedy Gonzalez y su novia Rosita.

Ich bin es so leid, mich mit *gringos* herumschlagen zu müssen, die keine Ahnung von der Weltgeografie haben, und zigmal erklären zu müssen, dass die Hauptstadt Paraguays nicht Montevideo ist. Und dass – oh welch Überraschung – Paraguay und Uruguay zwei verschiedene Länder sind! Und auch, dass ich bloß, weil ich hispana bin, weder salsatanzend zur Welt gekommen bin noch meine tägliche Ernährung aus Reis mit *gandules* besteht, noch dass ich von Speedy Gonzales und seiner Freundin Rosita begeistert bin.

Maria
IP: 64.62.223.*
15/01/2004

Maria
IP: 64.62.223.*
15/01/2004

Dieser Eröffnungsbeitrag eines Tópicos* aus dem Cibervalle-Forum, mit dem die in den USA lebende Maria dazu einlädt, sich „ein wenig" über die Schattenseiten des Lebens in der Migration „auszukotzen", spiegelt eine Erfahrung wider, die Paraguayer/innen – und im übrigen auch über Paraguay Forschende – immer wieder machen: Je weiter man sich geografisch von dem Land weg bewegt, desto größer ist der Mangel an Wissen über Paraguay. Die Beschreibung eines amerikanischen Journalisten, der Paraguay als ein Land „nowhere and famous for nothing"[98] bezeichnet, bringt die Position Paraguays in den dominanten Weltbildern trefflich zum Ausdruck. Paraguay ist ein Ort nirgends und für nichts berühmt.

Nun werden in der Globalisierungsforschung zunehmende globale Verflechtungen, die wechselseitige Wahrnehmung innerhalb eines globalen Referenzrahmens und in der Folge das reflexive Bewusstsein darüber, Teil eines globalen sozialen Zusammenhangs zu sein, als wesentliche empirische Merkmale von Globalisierung definiert. So fasst etwa Guillén die verschiedenen Strömungen innerhalb der Globalisierungsforschung zusammen und definiert Globalisierung „as a process leading to greater interdependence and mutual awareness (reflexivity) among economic, political, and social units in the world, and among actors in general" (2001:236). Wie aber wird reflexive Selbstwahrnehmung und die Konstruktion eines globalen Referenzrahmens überhaupt ermöglicht?

Jegliche Realität außerhalb des Bereichs der Lebenswelt, der in direkter Reichweite liegt, den wir also unmittelbar mit unseren eigenen Sinnen wahrnehmen können,

---

[98] Zitiert nach: http://www.lonelyplanet.com/worldguide/destinations/south-america/paraguay [16.02.2007]

erreicht uns nur als medial vermittelte Konstruktion. Den Hauptteil des Wissens über die Welt, die außerhalb des physisch-lokalen Bereichs der eigenen Lebenswelt liegt, vermitteln heute die Massenmedien. Globalisierte Lebenswelten (Werlen 1996) sind also notwendigerweise medialisierte Lebenswelten, die zu einem großen Teil auf massenmedial konstruierten Weltbildern basieren. Die medialen Konstruktionen von Welt erfassen allerdings nur bestimmte Bereiche des Weltgeschehens, andere Orte und Akteur/innen werden hingegen mehr oder weniger dauerhaft ignoriert. Ob man sich selbst als Teil eines globalen sozialen Zusammenhangs versteht, hängt deshalb stark von der eigenen Position in der globalen Arena ab. Paraguay und Paraguayer/innen sind in der Regel an den Außengrenzen der dominanten Weltbilder angesiedelt. In den globalen Massenmedien wird Paraguay so gut wie nie thematisiert, weil das Land weder in politischer oder wirtschaftlicher Hinsicht zu den *global playern* gehört noch als touristisches Ziel internationale Aufmerksamkeit auf sich zieht. Wie kann man die Welt auf sich beziehen und sich in ihr positionieren, wenn man in ihren medialen Repräsentationen gar nicht vorkommt? Und wie merkt man eigentlich, dass man *nicht* wahrgenommen oder beobachtet wird?

Dass sie nicht wahrgenommen werden, wird für Paraguayer/innen dann deutlich, wenn sie ihre eigene marginale Position verändern. Das geschieht im Fall von Migration, wie der oben zitierte Beitrag von Maria zeigt, aber auch durch virtuelle Reisen, auf denen sie in internationalen Chats oder Diskussionsforen auf Bewohner/innen geografisch entfernter Regionen treffen. Der folgende Ausschnitt einer IM-Konversation, die ich mit einem in Buenos Aires lebenden Cibervallero führte, zeigt diesen Erkenntnisprozess anschaulich.

IM-Kommunikation Beispiel 3: „No somos nadie"

Ariel dice:	**Ariel sagt:**
yo aveces entro en un chat internacional	manchmal gehe ich in einen internationalen Chat
Ariel dice:	**Ariel sagt:**
donde hablan ingles	wo sie englisch sprechen
Ariel dice:	**Ariel sagt:**
y les digo que soy de py	und ich sage ihnen, dass ich aus py [Paraguay] bin
Ariel dice:	**Ariel sagt:**
y me preguntan donde queda eso	und sie fragen mich: wo liegt das denn?
Ariel dice:	**Ariel sagt:**
eso ya me paso varias veces	das ist mir schon mehrmals passiert
mafalda dice:	**mafalda sagt:**
y antes de tener internet no sabias que la gente era tan boluda, supongo	und bevor du Internet hattest, wusstest du nicht, dass die Leute so blöd sind, nehme ich an?

mafalda dice:	**mafalda sagt:**
o sea te sorprendio al principio cuando te paso eso?	ich meine, hat es dich anfangs überrascht, wenn dir das passiert ist?
Ariel dice:	**Ariel sagt:**
si	ja
Ariel dice:	**Ariel sagt:**
pense que la gente sabia poco de geografia	ich dachte, die Leute hätten wenig Ahnung von Geografie
Ariel dice:	**Ariel sagt:**
pero no es eso	aber das ist es nicht
Ariel dice:	**Ariel sagt:**
porque si decis estados unidos	denn wenn du sagst Vereinigte Staaten
Ariel dice:	**Ariel sagt:**
quien no lo conoce	wer kennt das nicht
Ariel dice:	**Ariel sagt:**
porque es un pais importante, rico	weil es ein wichtiges, reiches Land ist
Ariel dice:	**Ariel sagt:**
Grande	Groß
Ariel dice:	**Ariel sagt:**
famoso por sus descubrimientos tecnologicos	berühmt für seine technologischen Erfindungen
Ariel dice:	**Ariel sagt:**
cosa que no pasa en py (...)	mit Paraguay ist es anders (...)
Ariel dice:	**Ariel sagt:**
es como que nos ignoran	es ist als ob sie uns ignorierten
Ariel dice:	**Ariel sagt:**
no somos nadie!!!!!	wir sind niemand!!!!!

Ariel interpretiert die Frage „wo liegt das denn?", mit der wiederholt auf seine geografische Selbstidentifizierung reagiert wird, zunächst als Problem der Lokalisierung, das er auf einen Mangel an geografischem Wissen zurückführt („ich dachte, die Leute hätten wenig Ahnung von Geografie"). Wie er in einem anderen Gespräch erzählt, nutzt Ariel das Internet auch, um Zugang zu den Online-Versionen internationaler Zeitungen und globaler Nachrichtenportale zu bekommen. Vor allem *CNN Español* liest er regelmäßig und stellt auch hier fest, dass Paraguay in der Regel nicht vorkommt. Aufgrund seiner Erfahrungen im Internet merkt er bald, dass es seinen internationalen Gesprächspartner/innen nicht nur schwer fällt, Paraguay geografisch zuzuordnen, vielmehr muss er feststellen, dass Paraguay für die meisten überhaupt kein Begriff ist. In der Welt, die sich Ariel durch das Internet erschließt, existieren also weder Paraguay noch er als Paraguayer. Eduardo, ein Cibervallero aus Asunción, der auf seinen Internetreisen ähnliche Erfahrungen gemacht hat, kommt zu dem Schluss, dass Paraguay „eine Insel inmitten der Globalisierung" sein muss.

Für die Internetnutzung im Kontext Trinidads machen Miller und Slater (2000) eine ähnliche Beobachtung. Ausgehend von ihren eigenen geografischen und kulturellen Kenntnissen nehmen demnach auch die Trinidadians zunächst geschockt zur Kenntnis, dass ihre Insel weithin unbekannt ist:

> „most people are not prepared for the sheer lack of knowledge about Trinidad as they encounter the more global reach of Internet chat, summed up in the question ,What is Trinidad?'" (2000:98).

Man könnte also sagen, die medial konstruierten Landkarten der Welt sind von einer Reihe blinder Flecken durchzogen, zu denen neben Trinidad und anderen auch Paraguay gehört. Auch wenn das Internet aufgrund seiner technologischen Netzwerkstruktur auf Globalität angelegt ist und die Öffentlichkeit des Cibervalle-Forums potenziell als Weltöffentlichkeit zu verstehen ist, bewirkt der Zugang zum globalen Kommunikationsnetz für Angehörige peripherer Weltregionen zunächst einmal eher das Gegenteil. Statt ihnen reflexive Selbstwahrnehmung in einem globalen Beobachtungshorizont zu ermöglichen, verdeutlichen virtuelle Weltreisen nur ihre eigene marginale Position.

Auch wenn ihre mediale Sozialisation für Cibervaller@s mit der ernüchternden Erkenntnis verbunden ist, dass sie – global gesehen – niemand sind, wirkt die öffentliche Rahmung der Kommunikation im Cibervalle-Forum dennoch reflexiv auf die Akteur/innen zurück. Die Cibervaller@s werden beobachtet, dessen sind sie gewiss. Anhand der verwendeten Adressierungsmodi lässt sich sogar zeigen, dass die Bewohner/innen von Cibervalle – je nach Situation – unterschiedliche Publika imaginieren. Die einzelnen Facetten des Cibervalle-Publikums werden nun anhand der Begrüßungskommunikation, der Tópicos* der lokalen Treffen und am Beispiel der Aktivitäten, die in Zusammenhang mit dem Brand in einem Supermarkt stehen, herausgearbeitet.

Alltag unter Beobachtung: Öffentlichkeit als Strukturmerkmal

Forumskommunikation Beispiel 15: „Definir lo virtual"

(...) Yo estaba una vez aburrida frente a la computadora pensando, internet, internet, mi novio dice que hay todo de todo y para todos, ndeeee qué cosas no? y yo qué voy a hacer, y bueno google: Paraguay, lo primero que apareció fué cibervalle.com me metí me registré y leía los comentarios, opinaba* aveces y un día decidí abrir un tópico* pensando, qué puedo escribir para que llame la atención y me lean así saben que existo porque me daba no sé qué escribir que era nueva, entonces pongo uno de que estaba metida a full con el tema de las drogas y recibí varias opiniones que me gusta-ron mucho, jejeje, muy bueno el tópico, logré escandalizar a unos cuantos! pero pasó el tiempo y yo fuí dejando las drogas (en el armario) fuí conociendo a algunos de argentina, fuí a un encuentro, y así tuve mi primer encuentro con paraguayos en Argentina.

Hacía cuatro años que estaba en Argentina y nunca había conocido a un paraguayo acá.

Fué una muy buena experiencia y volví a apreciar mi cultura y mi país.

Iwashita
Cantidad de posteos: 644
IP: 200.67.33.*
Origen:
17/01/2005

(...) Ich saß eines Tages gelangweilt vor dem Computer und dachte, Internet, Internet, mein Freund sagt, es gibt von allem alles und für alle, ndeeee[98] na sowas, nee? und ich, was mache ich, und gut google: Paraguay, das erste, was erschien, war cibervalle.com, ich ging rein, registrierte mich und las die Kommentare, manchmal schrieb ich etwas [opinaba*] und eines Tages entschied ich, einen Tópico* zu eröffnen und dachte, was kann ich schreiben, was Aufmerksamkeit erregt und damit sie mich lesen und also wissen, dass ich existiere, denn zu schreiben, dass ich neu bin, war mir irgendwie komisch, jedenfalls eröffnete ich einen, in dem stand, ich würde tief drinstecken, was das Thema Drogen angeht, und ich bekam verschiedene Meinungen, die mir sehr gefielen, hehehe, sehr gut der Tópico*, es gelang mir einige zu schockieren! Aber die Zeit verging und ich ließ die Drogen (im Schrank), lernte einige aus Argentinien kennen, ging zu einem Treffen und so hatte ich mein erstes Treffen mit Paraguayern in Argentinien.

Seit vier Jahren war ich schon in Argentinien und nie zuvor hatte ich hier einen Paraguayer kennengelernt.

Es war eine sehr gute Erfahrung und ich lernte meine Kultur und mein Land wieder zu schätzen.

Iwashita
Anzahl der Beiträge: 644
IP: 200.67.33.*
Herkunft:
17/01/2005

Diese Geschichte ist Teil einer Gruppen-Diskussion im Cibervalle-Forum, in der ich die Teilnehmer/innen dazu angeregt hatte, ihre Erfahrungen, Meinungen und Perspektiven über die Bedeutung von Cibervalle auszutauschen. Iwashita beschreibt typische Etappen im Prozess des Mitgliedwerdens. Zunächst einmal hat sie das Cibervalle-Forum zufällig entdeckt. Auf dem Weg durch das World Wide Web orientierte sie sich an ihrer natio-ethno-kulturellen Zugehörigkeitsreferenz und gab den Suchbegriff Paraguay in die Suchmaschine ein. Als erstes Suchergeb-

---

[99] nde bzw. ndera ist ein häufig benutztes Partikel des Jopará. Damit kann man Unglauben, Überraschung oder Zweifel ausdrücken, je nach Kontext kann ndera aber auch signalisieren, dass man verstanden hat bzw. dem zustimmt, was der andere gesagt hat.

nis erschien der Link zu dem paraguayischen Webportal Cibervalle. Wie die meisten der Mitglieder von Cibervalle hat auch Iwashita die Aktivitäten im Forum eine Weile beobachtet, also die Diskussionen gelesen und sich so mit den Themen und Praktiken vertraut gemacht, bevor sie sich aktiv als Mitglied präsentierte. Hier lässt sich schon die erste Publikumskategorie identifizieren, die für die Kommunikationen in Cibervalle relevant ist: Anonyme Leser/innen, die potenziell an Mitgliedschaft interessiert sind und sich zunächst ein Bild von Cibervalle machen wollen.

Wie Iwashita weiter beschreibt, hatte sie sich zwar sofort registriert und auch hin und wieder Kommentare in bereits bestehenden Tópicos* abgegeben. Das schien aber nicht auszureichen, um von den übrigen Teilnehmer/innen als aktives Mitglied wahrgenommen zu werden. Sie selbst begründet ja ihren Entschluss, einen eigenen Tópico* zu eröffnen mit dem Bedürfnis, von den anderen wahrgenommen zu werden („damit sie mich lesen und also wissen, dass ich existiere"). In diesem Zusammenhang liefert sie auch explizit eine Erklärung dafür, dass sie sich nicht als Neue präsentiert („denn zu schreiben, dass ich neu bin, war mir irgendwie komisch") und verweist damit auf eine implizite Regel, gegen die sie offenbar verstößt, was wiederum erklärungsbedürftig zu sein scheint. Bei der Analyse der Begrüßungskommunikation lässt sich feststellen, dass es eine normative Präferenz für eine nach bestimmten kommunikativen Regeln ablaufende Form der Neuvorstellung gibt. Werden diese Regeln nicht befolgt, wird das neue Mitglied, sofern es als Novat@ [span.: Noviz/in] und nicht als Clon* eines bereits bekannten Mitglieds identifiziert wird, von den älteren Mitgliedern darauf hingewiesen. Nach welchen Regeln ist die Begrüßungskommunikation organisiert? Und warum widersetzt sich Iwashita ihrem regelhaften Ablauf und verbucht auch noch die Tatsache als Erfolg, dass es ihr gelang, die anderen Mitglieder mit ihrem Tópico* zu schockieren?

„Hallo, ich bin neu!" – Form und Funktionen der Begrüßungskommunikation

Die aus dem Datenmaterial abgeleiteten normativen Regeln werden an dieser Stelle in Antizipation zusammengefasst, bevor sie an konkreten Beispielen diskutiert werden. Um mit der Cibervalle-Gemeinschaft in Kontakt zu kommen wird empfohlen, einen eigenen Tópico* zu eröffnen, indem man sich als neues Mitglied zu erkennen gibt. Schon im Titel sollte möglichst deutlich werden, dass es sich bei dem Tópico* um eine Neuvorstellung handelt. Der Eröffnungstext der Autorin sollte in jedem Fall Anschlussmöglichkeiten für die anderen Teilnehmer/innen enthalten. Vorzugsweise sind das Angaben über die eigene Person, insbesondere den geografischen Lebensweg betreffend. Man schreibt etwa, wo man geboren ist, wo man zurzeit lebt und benennt weitere Zwischenstationen der Migration, so dass die übrigen Teilnehmer/innen gemeinsame lokale Bezüge zu dem neuen Mitglied herstellen können. Andernfalls sollte der Autor zumindest ein konkretes Anliegen

vortragen oder ein Thema zur Diskussion vorschlagen, also einen inhaltlichen Anknüpfungspunkt bieten, der dazu geeignet ist, eine Konversation bzw. Diskussion
in Gang zu setzen. Das folgende Beispiel zeigt eine im normativen Sinne „gelungene", also den Erwartungen der Gemeinschaft entsprechende Neuvorstellung.

Forumskommunikation Beispiel 16: „Begrüßungstópico elroseño"

1 Un cibervallero nuevo.	**Ein neuer Cibervallero**

2 Es la primera vez que escribo, pero qui-siera que alguien que quiera un amigo paraguayo en Buenos Aires que viva tam-bien acà, o cualquier parte del mundo. Ademas me gustaria unirme a los ciber-valleros de argentina. Por hoy es todo, espero respuestas.pedro A. M.

Es ist das erste Mal, dass ich schreibe, aber ich würde gerne, dass jemand der einen paraguay-ischen Freund in Buenos Aires wollte, der auch hier lebt oder an jedem anderen Ort der Welt. Außerdem würde ich mich gerne den Cibervalle-ros von Argentinien anschließen. Für heute ist das alles, ich warte auf Antworten.pedro A. M.

Nick: elroseño
E-mail: p-dr-sm-r-c-@*rn*t.com.*r
IP: 200.82.28.*
Respuestas: 15
Última respuesta: 20/04/2004

Nick: elroseño
E-mail: p-dr-sm-r-c-@*rn*t.com.*r
IP: 200.82.28.*
Antworten: 15
Letzte Antwort: 20/04/2004

3 Hola Pedro, mi amistad incondicional para ti, bienvenido a estos lares!!!!!!!!!!!!!!

Hallo Pedro, meine bedingungslose Freund-schaft für dich, Willkommen an diesem Ort!!!!!!!!!!

Eduga
IP: 66.356.22*
17/04/2004

Eduga
IP: 66.356.22*
17/04/2004

4 ahhhhhhhhh hola ches ke te tals mal ve-nido jijijijiji

ahhhhhhhhhh hallo ches wie gehts schlecht ge-kommen[99] hihihihihihi

SHAKIRA
IP: 200.85.155.*
18/04/2004

SHAKIRA
IP: 200.85.155*
18/04/2004

5 misionero pio?? elroseño

misionero pio[100] ?? elroseño

Kamba
IP: 66.199.40.*
18/04/2004

Kamba
IP: 66.199.40.*
18/04/2004

6 Hola elroseño!

que pases bien por acá! :D

Hallo elroseño!

Auf dass du hier eine gute Zeit hast! :D

Amanda
IP: 64.84.166.*
19/04/2004

Amanda
IP: 64.84.166.*
19/04/2004

---

[100] Wortspiel aus bienvenido = Willkommen, wörtlich: gut gekommen vs. mal venido = wörtlich: schlecht gekommen
[101] „pio" = Fragepartikel des Guarani

7   santa rosa misiones yo soy de san juan
    misiones.

    feli
    IP: 200.85.34.*
    19/04/2004

santa rosa misiones ich bin aus san juan misiones.

feli
IP: 200.85.34.*
19/04/2004

8   hola! yo vivo en Bs. As. y buena onda*!
    bienvenido a cibervalle

    Iwashita
    IP: 200.67.33.*
    19/04/2004

Hallo! Ich lebe in Bs.As.[101] und buena onda*!
Willkommen in Cibervalle

Iwashita
IP: 200.67.33.*
19/04/2004

9   vivo en bs.as.bienvenido!!

    cesar
    IP: 200.69.125
    19/04/2004

Ich lebe in bs.as.willkommen!!

cesar
IP: 200.69.125
19/04/2004

10 elrosenho, bienvenido y que te diviertas
    mucho, ciao amico

    Rafael
    IP: 62.154.79.*
    19/04/2004

elrosenho, willkommen und auf dass du dich
gut amüsierst, ciao amico

Rafael
IP: 62.154.79.*
19/04/2004

11 Yo soy de misiones ... quien es de mi-
    siones?? vos elroseño de donde sos y bi-
    envenido viejo!!

    Sam
    IP: 64.86.123.*
    20/04/2004

Ich bin aus misiones ... wer ist aus misiones?? du
elroseño, wo kommst du her, und willkommen
alter!!

Sam
IP: 64.86.123.*
20/04/2004

12 hola feli ... stas todavia por ahi ... stas en
    san-juan o stas por asuncion ... contesta.
    .sip.

    Sam
    IP: 64.86.123.*
    20/04/2004

hallo feli ... biste immer noch da ... biste in san-
juan oder biste in asuncion ... antworte ... ja ...

Sam
IP: 64.86.123.*
20/04/2004

13 Hola Bienvenido a Cibervalle!

    Manuela
    IP: 216.223.207.*
    20/04/2004

Hallo Willkommen in Cibervalle

Manuela
IP: 216.223.207.*
20/04/2004

14 vivo en san ignacio ,de ves en cuando
    voy por asu.saludos Sam y VIVA MI-
    SIONES!

    feli
    IP: 200.85.34.*
    20/04/2004

ich lebe in san ignacio, hin und wieder fahre
ich nach asu.grüße Sam und ES LEBE MI-
SIONES!

feli
IP: 200.85.34.*
20/04/2004

<*> Abkürzung für Buenos Aires

15 bueno pedro yo el nene te doy la bienvenida a cibervalleros arg aca con los pibes la vas a pasar re bien hacique vas as conocer chichis -_- yea y a muy buenos amigos	Ok, pedro, ich el nene heiße dich Willkommen bei den cibervalleros, arg hier mit den Jungs wirst du es super gut haben, also du wirst chichis kennen lernen -_- yea und sehr gute Freunde
p.d. para vos feli y sam yo soy de san ignacio misiones si se quieren contactar con migo pueden agregarme en su msn el_nene@msn.com y para los q me quieran agregar tambien	P.S. an dich feli und an sam ich bin aus san ignacio misiones, wenn ihr mit mir Kontakt aufnehmen wollt, könnt ihr mich eurem msn zufügen el_nene@msn.com und auch für alle anderen, die mich hinzufügen wollen.
el_nene_py IP: 24.250.242.* 20/04/2004	**el_nene_py** IP: 24.250.242.* 20/04/2004

Identifizieren. Zunächst fällt an der Eröffnungssequenz dieses Tópicos* auf, dass der Autor sich im Titel selbst identifiziert. Dies tut er jedoch nicht namentlich, sondern kategorial, genauer gesagt, mit einer transitiven Identität als *Novato*. Sowohl der Titel als auch der Einführungstext des Autors wirken dabei im Gegensatz zu den Antworten der älteren Mitglieder seltsam formal und erinnern im Stil an ein Bewerbungsschreiben. Anders als in Face-to-face-Begegnungen, in der die Identifizierung in einem Wechselspiel von Identifizierung und Erkennen kommunikativ organisiert wird, fehlt das Moment der Interaktivität bei der forumsbasierten Kontaktaufnahme, so dass der Neuling sich selbst identifizieren und dabei die Kategorien antizipieren muss, die in dem sozialen Feld vorkommen, in dem er sich präsentiert.

Indem er einleitend sein Novizentum hervorhebt, benutzt er eine Kategorie, die mit einer Reihe von typischen Handlungen assoziiert wird, die Sacks als „category-bound-activities" bezeichnet (vgl. Wolff 2006). Von Novat@s kann man beispielsweise erwarten, dass sie ungeübt und mehr oder weniger unwissend sind, was die kommunikativen Praktiken und Regeln angeht, weshalb die Selbstidentifizierung als Novat@ immer auch eine vorweggenommene Entschuldigung oder Bitte um Nachsicht für etwaige Fehler mitführt. Im ersten Satz des Einführungstexts differenziert der Autor seinen Status als Neuling. Es ist zwar das erste Mal, dass er schreibt, allerdings verfügt er über Wissensbestände, die vermuten lassen, dass er von anderen Mitgliedern über die Existenz einer lokalen Gruppe von Cibervaller@s informiert wurde. Möglicherweise hat er sich dieses Wissen aber auch selbst angeeignet, indem er die Aktivitäten im Forum beobachtet hat. Zudem liefert er auch eine Begründung dafür, dass er sich nun aktiv am Geschehen im Forum beteiligt.

Seine Begründung transportiert zwei Anliegen an die Forumsgemeinschaft, die gleichzeitig die globale Reichweite und die lokale Einbettung Cibervalles deutlich machen. Einerseits nutzt er das Forum, um Kontakt zu Paraguayer/innen zu bekommen, die in seiner Nähe leben. Konkret hat er vor, sich einer Gruppe anzuschließen, von der er weiß, dass sie existiert und mit dem Forum verbunden ist. Des

Weiteren nimmt er an, dass auch über den lokalen Kontext hinaus Kontaktmöglichkeiten bestehen. Die Identität als Neuling hat gleichsam eine katalysatorische Funktion, die zu einer inhaltlich gefüllten Form der Identifizierung führt, die dann wiederum stärker interaktiv organisiert wird. Diese zweite, interaktive Stufe des Wechselspiels von Identifizieren und Erkennen zwischen den älteren Mitgliedern und dem Neuling hat nun insbesondere die Funktion der Relationierung. Das heißt, die Teilnehmer/innen suchen nach Gemeinsamkeiten und Anknüpfungspunkten, um sich zueinander in Beziehung zu setzen.

Relationieren. Die häufigste Art der Relationierung, die im Cibervalle-Forum zu beobachten ist, läuft über ortsbezogene Kategorien, die Auskunft über geografische bzw. kulturelle Zugehörigkeiten geben. Auch elroseño macht mit seinem Nicknamen ein ortsbezogenes Kategorisierungsangebot. Der gewählte Nick verweist vermutlich auf den Herkunftsort bzw. auf eine bestimmte Lokalität in Paraguay mit Namen *Santa Rosa*, mit der sich der Autor identifiziert. In den Antworten der übrigen Teilnehmer/innen wird nun vor allem die Andeutung seiner ortsbezogenen Zugehörigkeit aufgegriffen. So wird in Zeile 5 der Nick daraufhin befragt, ob er in den regionalen Kontext Misiones zu verorten sei. In den Zeilen 7 und 11 melden sich zwei Teilnehmer/innen zu Wort, indem sie sich selbst als der Region Misiones zugehörig identifizieren. Sam spricht dabei elroseño in Zeile 11 direkt an und fordert ihn dazu auf, seine lokale Zugehörigkeit zu explizieren. In Zeile 12 wendet er sich dann in einem Nebengespräch an feli, um deren aktuellen Lebensort zu erfragen. Feli antwortet in Zeile 14 nicht nur detailliert auf Sams Fragen, sondern betont mit dem Ausruf „ES LEBE MISIONES!" noch einmal explizit ihre gemeinsame regionale Zugehörigkeit. Auch in den Zeilen 8 und 9 werden gemeinsame regionale Bezüge hergestellt, diesmal geht es aber nicht um den gemeinsamen Herkunftsort, sondern um den gemeinsamen aktuellen Lebensort. Auch wenn Rafael in Zeile 10 keine ortsbezogenen Äußerungen macht, kann man aufgrund seiner Schreibweise („elrosenho") vermuten, dass er sich weder in Spanien noch in Paraguay oder Argentinien befindet oder aus einem anderen Grund einen Computer mit einer anderen als der spanischen Tastaturbelegung benutzt. Auch sein italienischer Gruß „ciao amico" kann als sprachliche Markierung seines Anders(wo)seins gelesen werden[102].

Adressieren. In Zeile 15 meldet sich schließlich ein Nick zu Wort, der für sich in Anspruch nimmt, den Neuling im Namen der argentinischen Gruppe der Cibervaller@s zu begrüßen. Einerseits entspricht el_nene damit dem Wunsch elroseños, sich der argentinischen Gruppe anzuschließen, gleichzeitig adressiert er in seinem Beitrag aber auch die beiden anderen Nicks, die sich als der Region Misiones zu-

---

[102] Rafael ist einer der wenigen Mitglieder in Cibervalle die nicht aus Paraguay kommen. Nach eigenen Angaben hat er dort eine Zeit lang gelebt und lebt nun gemeinsam mit seiner paraguayischen Ehefrau in Frankreich.

gehörig beschreiben, und bietet ihnen an, sich mit ihm über den IM zu vernetzen. Die öffentliche Situation der Kommunikation im Blick, weitet er dieses Angebot im zweiten Halbsatz auf alle Interessierten aus („und auch für alle anderen, die mich hinzufügen wollen") und schließt damit den potentiell globalen, aber unbestimmten Rezipient/innenkreis seiner Nachricht mit ein. El_nenes Beitrag umfasst dabei mehrere Ebenen und setzt diese miteinander in Beziehung: die lokale Ebene des aktuellen Aufenthaltsortes, die imaginierte regionale Ebene des Herkunftsortes, die Ebene virtuell-lokaler Räume, die durch die Buddy-Listen des IM getragen werden und schließlich die virtuell-globale Ebene des Cibervalle-Forums.

Anhand el_nenes Beitrag lassen sich also die Praktiken der Relationierung und der Adressierung zeigen, mit denen kommunikativ organisiert wird, was bereits allgemein beschrieben wurde: Die Gleichzeitigkeit zweier gegenläufiger Dynamiken, die einerseits zu einer permanenten Ausdifferenzierung in lokale Subgruppen führt, die sich andererseits als Teil eines globalen Gesamtzusammenhang verstehen und diesen immer wieder reproduzieren. Nicht nur der aktuelle Aufenthaltsort, auch die regionale (mehr als die nationale) Herkunft scheinen dabei bedeutsame Kategorien zu sein, die die Ausdifferenzierung des globalen sozialen Zusammenhangs in lokale Teilgemeinschaften beeinflussen. Was in Teil B dieser Arbeit auf der Grundlage ethnographisch generierter Daten dargestellt wurde, bestätigt sich nun auch in der Analyse der Cibervalle-Kommunikation: Wie ein Großteil der paraguayischen Pendelmigrant/innen in Argentinien mit den beiden Grenzregionen Misiones und Itapúa verbunden sind, beschreibt sich auch die Gruppe der in Buenos Aires lebenden Cibervaller@s als diesen beiden ländlichen Regionen zugehörig[103]. Sowohl in den Gesprächen vor Ort als auch in den Forumskommunikationen wird diese kollektive Zugehörigkeit immer wieder betont und mit nahezu jeder Begrüßung eines Novat@s, mit dem man die Herkunftsgeschichte teilen kann, reproduziert.

Instruieren. Kommen wir zurück zu dem offensichtlichsten der Kategorisierungsangebote eines Begrüßungstópicos. Der Selbstidentifizierung als Neuling folgen in der Regel überschwängliche Begrüßungen durch die älteren Teilnehmer/innen, die wiederkehrende Muster erkennen lassen. Neben dem obligatorischen „Willkommen", mit dem die einzelnen Cibervaller@s den Neuling in Empfang nehmen, werden häufig räumliche Metaphern – zum Teil in ironischer Übertreibung – verwendet („komm ruhig rein, aber mach dir die Füße sauber") oder solche, die auf die Art und Intensität der Beziehung zwischen den Teilnehmer/innen verweisen

---

[103] Die Migrationspraktiken der Cibervaller@s kommen auch in den Forums-Konversationen zum Ausdruck. So wird etwa in den Tópicos* der lokalen Treffen das Fehlen eines Mitglieds der lokalen Gruppe häufig mit seinem derzeitigen Aufenthalt in Paraguay begründet oder in der Beschreibung der einzelnen Teilnehmer/innen eines Treffens wird auf eine gerade vergangene oder bevorstehende Reise nach Paraguay Bezug genommen. Das Hin- und Herpendeln zwischen zwei Lebensorten wird so zum gemeinsamen und alltäglichen Merkmal der Lebensform dieser Teilgemeinschaft.

(„Willkommen in dieser wunderbaren Familie"). Des Weiteren vermitteln die Begrüßungskommentare dem Neuling Informationen, die gewissermaßen die Erfahrungen und das Wissen der Mitglieder über die soziale Ordnung im Forum reflektieren und den Neuankömmling darauf vorbereitet, was ihn in Cibervalle erwartet. Formulierungen, wie die in den Zeilen 6 („Auf dass du hier eine gute Zeit hast") und 10 („Auf dass du dich hier gut amüsierst") transportieren aber auch die Erwartung, dass das neue Mitglied die bevorzugten Deutungsmuster und das gemeinsam produzierte Vergnügen teilt. Der folgende Kommentar aus einem anderen Begrüßungstópico bereitet ein neues Mitglied explizit darauf vor, dass es auch böswillige Stimmen im Forum gibt, die es zu ignorieren gilt, weil sie die soziale Ordnung des harmonischen und vergnüglichen Miteinanders bedrohen.

Forumskommunikation Beispiel 17: „Begrüßungstópico Mafalda"

Bienvenida seas a este lugar de diversión y locura. No le hagas caso a la gente de mala onda .. sonríe siempre que acá te vas a divertir a lo grande.	Sei willkommen an diesem Ort des Vergnügens und des Wahnsinns. Achte nicht auf die böswilligen Leute. Lächle immer, denn hier wirst du dich sehr gut amüsieren.
Carlos IP: 64.135.245* 20/03/2004	**Carlos** IP: 64.135.245* 20/03/2004

Mit diesen und ähnlichen Kommentaren, die von den übrigen Mitgliedern unwidersprochen bleiben, betonen die Teilnehmer/innen allerdings nicht nur den Wert des Vergnügens in ihrer Gemeinschaft, sondern sie präsentieren sich selbst als erfahrene Mitglieder, die kompetent und legitimiert sind, die typischen Eigenschaften des Forums zu definieren. Bemerkungen wie „wenn dich Antonio schon in Empfang genommen hat, so fühle dich von dem gesamten Team begrüßt!!!" [si antonio ya te recibió date por saluda por el equipo completo!!!] reflektieren das Wissen der Autorin über die soziale Hierarchie in der Gruppe und reproduzieren diese gleichzeitig. Mehr noch als für die Neuankömmlinge scheint jede Begrüßung also für die Begrüßenden ein kommunikativer Akt der Selbstinklusion zu sein.

Redundante und inhaltsleere Antworten einerseits und die überhöhte Begeisterung, mit der die Neulinge empfangen werden andererseits, geben den Begrüßungstópicos einen nahezu rituellen Charakter. Durkheim schreibt rituellen Handlungen die Funktion zu, das Zusammengehörigkeitsgefühl und die Solidarität innerhalb einer Gemeinschaft zu bestätigen und zu stärken (vgl. Barfield 1997). Soeffner hingegen betont den Aspekt der Handlungssicherheit, indem er rituelles Verhalten als „durchgeformtes, vorhersehbares, in gewisser Weise kalkulierbares, Ordnungssicherheit gewährleistendes Verhalten" (1995:108) beschreibt. An dieser Stelle sei betont, dass die soziale Formation Cibervalle eine äußerst fragile Gemeinschaftsform ist, die permanent mit kommunikativen Risiken zurechtkommen muss. Die im Vergleich zur Face-to-face-Kommunikation höhere Störanfälligkeit der Kommunikation, multikontextuale lebensweltliche Bezüge der Teilnehmer/innen, geografische Distanzen und nicht zuletzt die – durch die globale Erreichbarkeit und öffentliche Zugänglichkeit des Forums bedingte – hohe Fluktuation der Teilnehmer/innen sind Strukturmerkmale, die Handlungsunsicherheit provozieren.

Mehr noch als für den Neuankömmling scheint die Begrüßungskommunikation also vor allem für die Gemeinschaft selbst wesentliche Funktionen zu erfüllen. Indem der Neuling darauf vorbereitet wird, was auf ihn zukommt, wie er sich zu verhalten hat und wie die soziale Hierarchie in der Gruppe aussieht, vergewissert sich die Gemeinschaft immer wieder ihrer geltenden sozialen Ordnung. Darüber hinaus scheint die Begrüßung und der begeisterte Empfang der Neulinge auch Aspekte eines Kollektivrituals zu beinhalten, die der Reproduktion der fragilen sozialen Formation Cibervalle als Gemeinschaft dienen. Das neue Mitglied aber, das von soviel Aufmerksamkeit und einer so überschwänglichen Begrüßung zunächst gerührt sein mag, wird im weiteren Verlauf feststellen müssen, dass die Integration in die Gruppe doch schwerer ist als es zunächst den Anschein hatte. Sandra, eine der Nutzerin des Forums, die in Paraguay lebt, drückt das Dilemma der Neuen so aus:

> „In Cibervalle muss man Eintrittsgeld zahlen, um aufgenommen und von den anderen wahrgenommen zu werden. Du musst aushalten, dass du zunächst nicht beachtet wirst, und trotzdem Präsenz zeigen. Du musst also regelmäßig Beiträge schreiben, auch wenn die von den anderen ignoriert werden. Du musst Tópicos* eröffnen, auch wenn diese unbeantwortet bleiben und schnell aus der Liste der aktuell diskutierten Tópicos* verschwinden, und du musst zu den Treffen gehen". (Sandra, Asunción, *Feldtagebuch, f-t-f-Gespräch*).

Die Erfahrung, nach einem zunächst herzlichen Empfang von der Forumsgemeinschaft ignoriert zu werden, irritiert oder empört die Teilnehmer/innen, wie das folgende Beispiel zeigt:

Forumskommunikation Beispiel 18: „el clan cibervalle"

... El clan este de socios existe desde hace mucho tiempo atras, ellos se cubren las espaldas, opinan* una y otra vez en el topic de cualquiera que sea del clan, y asi llenan los topics a veces hasta mas absurdos, ...que ignorancia, que capacidad de auto engañarse tienen, no tienen nada de original, son unos falsos, y cuando yo o cualquier otra persona que no sea del clan abre un topico (...) no opinan* un carajo, solo dicen boludeces, o simplemente no opinan* ...

Kurupí
IP: 68.193.245.*
20/03/2004

... Der Clan der Mitglieder existiert schon seit langer Zeit, sie stärken sich gegenseitig den Rücken, sie schreiben [opinan*] immer wieder Beiträge in egal welche Tópicos*, Hauptsache sie sind von jemandem aus dem Clan und so füllen sie ihre Tópicos* manchmal sogar mit den absurdesten Beiträgen, ... welche Dummheit, welche Fähigkeit zum Selbstbetrug sie haben, sie sind kein bisschen originell, sie sind falsch, und wenn ich oder jede andere Person, die nicht zum Clan gehört, einen Tópico* eröffnet (....), schreiben [opinan*] sie nicht einen verdammten Beitrag, entweder sie sagen nur Blödsinn oder sie schreiben einfach gar nichts ...

Kurupí
IP: 68.193.245.*
20/03/2004

... le damos prioridad a la gente que se hace conocer, que participa y se muestra, como por ejemplo en reuniones y cosas asi, ya que hay muchos Clones* y muchos se esconden solo tras un Nick, aparece socio en las reuniones y vas a ver que facil es o sea hoy por ej llego una niña nueva a una reunion que tuvimos, (...) y a partir de hoy por eso sera considerada, despues vas a ver las fotos de la reunion ... si estas en el exterior por lo menos participa mas ...

Albertino
IP: 200.85.34*
20/03/2004

... wir geben denen den Vorzug, die sich kennen lernen lassen, die teilnehmen und sich zeigen, wie zum Beispiel in Treffen und solche Sachen, denn es gibt viele Clons* und viele verstecken sich bloß hinter einem Nick, lass dich bei den Treffen sehen und du wirst sehen, wie leicht es ist, ich meine, zum Beispiel heute kam ein neues Mädchen zu einem Treffen, das wir hatten, (...) und ab heute wird sie deshalb beachtet werden, später wirst du die Fotos von dem Treffen sehen. ... Wenn du im Ausland bist, dann beteilige dich wenigstens mehr ...

Albertino
IP: 200.85.34*
20/03/2004

Eine den normativen Erwartungen der Gemeinschaft entsprechende Neuvorstellungs- und Begrüßungskommunikation führt also keineswegs automatisch zur Integration in die Gemeinschaft. Vielmehr ist dafür das Durchhaltevermögen und die Bereitschaft auf Seiten der Neuen gefragt, ihre zunächst flache Adresse sukzessiv zu verdichten, indem sie sowohl auf der Forumsebene Präsenz zeigen als auch die Kommunikation auf andere, mediale wie kopräsente Formen ausweiten, wie die Antwort Albertinos auf den Vorwurf von Kurupí erklärt.

Provozieren. Viele Teilnehmer/innen, die nach überschwänglicher Begrüßung nicht weiter beachtet werden, versuchen im nächsten Schritt eine alternative Form der Integration, die zwar den normativen Erwartungen der Gemeinschaft widerspricht, dafür aber effektiv zu sein scheint. Man überlegt sich ein Thema, das Aufmerksamkeit erregt und die Gemüter erhitzt, oder man kreiert eine oder gar mehrere Persona, die für Aufruhr sorgen und die übrigen Mitglieder zu Reaktionen zwingen. Das folgende Beispiel zeigt die Gestalt einer solchen Regelverletzung und deren Reparaturversuche durch die übrigen Mitglieder.

Forumskommunikation Beispiel 19: „Begrüßungstópico adan_nyc"

1	**no invertiria en py**	**ich würde nicht in py [Paraguay] investieren**
2	soy nuevo asi q tratenme bien please	ich bin neu, also behandelt mich gut, bitte

adan_nyc
E-mail: -d-n----@HOTM**L.COM
IP: 64.47.162.*
Respuestas: 44
Última respuesta: 02/12/2003

adan_nyc
E-mail: -d-n----@HOTM**L.COM
IP: 64.47.162.*
Antworten: 44
Letzte Antwort: 02/12/2003

3	Yo te doy la bienvenida, pero de entrada te digo que el título de tu presentación no es el más adecuado para que la gente te trate bien	Ich heiße dich willkommen, aber ich sage dir gleich, dass der Titel deiner Präsentation nicht der geeignetste ist, damit die Leute dich gut behandeln.

Carlos
IP: 64.81.105.*
11/11/2003

Carlos
IP: 64.81.105.*
11/11/2003

4   hola, apoyo a Carlos ... suerte en ciber-valle, la vas a necesitar amigo

Hallo, ich unterstütze [die Meinung von] Carlos ... viel Glück in cibervalle, du wirst es gebrauchen, Freund

Gerardo
IP: 62.45.111.*
11/11/2003

Gerardo
IP: 62.45.111.*
11/11/2003

6   Otro „Clon*" de nuevayork pio? Encima abriendo el paraguas antes de llover ... ...

Ein weiterer „Clon*" von nuevayork pio? Und dann auch noch den Regenschirm öffnen, bevor es regnet...

Manu
IP: 200.58.34*
12/11/2003

Manu
IP: 200.58.34*
12/11/2003

8   Que lo que es tu titulo, ademas no decis nada para justificar, mba'e la nde porte, aporta algo para que los perros* te respondan

Was soll dein Titel, und dann sagst du nicht mal etwas zur Begründung, mba'e la nde porte, trag etwas bei, damit die perros* dir antworten.

diabolo
IP: 143.107.26.*
12/11/2003

diabolo
IP: 143.107.26.*
12/11/2003

10   EL TITULO KO ES SOLO ESTRATE-GIA PARA QUE LE LEAN, MARKE-TIN QUE LE DICEN

DER TITEL IST BLOSS STRATEGIE, DA-MIT ER GELESEN WIRD, MARKETING SAGT MAN DAZU

Enrique
IP: 200.85.34.*
12/11/2003

Enrique
IP: 200.85.34.*
12/11/2003

11   que mala onda tu presentación! a causa de ese tipo de comentarios el Paraguay no prospera

So eine böswillige Präsentation! Wegen solcher Kommentare geht es in Paraguay nicht aufwärts

Manuela
IP: 210.25.207.*
12/11/2003

Manuela
IP: 210.25.207.*
12/11/2003

13   eeee ha reguahe pora mba'ena ja'e nde-ve ... . y la verdad que espero sea de joda no-mas tu titulo..

dass du gut ankommst, sagen wir dir [guar.: sinngemäß: willkommen] ...und ich hoffe wirklich, dass dein Titel bloß Spaß ist..

flor_de_coco
IP: 200.85.34*
12/11/2003

flor_de_coco
IP: 200.85.34*
12/11/2003

14   (...) un beso para adan_nyc, no hagamos leña del arbol caido, yo soy tu amigo

(...) einen Kuss an adan_nyc, hacken wir nicht noch auf ihm rum, wo er schon am Boden liegt[104], ich bin dein Freund

Enrique
IP: 200.85.34.*
12/11/2003

Enrique
IP: 200.85.34.*
12/11/2003

24 GRACIAS A TODOS POR LA BIEN- | DANKE AN ALLE FÜR DAS WILLKOM-
VENIDA LOS Q LE INTERESE TEN- | MEN, FÜR DIEJENIGEN, DIE ES INTER-

24 | GRACIAS A TODOS POR LA BIEN-VENIDA LOS Q LE INTERESE TENGO 25 AñOS NACI, CRECI Y ME MALCRIE EN CONCEPCION, REPUBLICA DEL PY VIVI EN ASU POR DOS AñOS. VINE A NY CUANDO TENIA 17 Y NO SOY UN MOJADO SOY RECIDENTE LEGAL A PUNTO DE SER CIUDADANO. MAS INFORMACION ESCRIBANME | DANKE AN ALLE FÜR DAS WILLKOMMEN, FÜR DIEJENIGEN, DIE ES INTERESSIERT, ICH BIN 25 JAHRE ALT, BIN IN CONCEPCIÓN REPUBLIK PY [PARAGUAY] GEBOREN, AUFGEWACHSEN UND VERWÖHNT WORDEN, LEBTE ZWEI JAHRE LANG IN ASU [ASUNCIÓN], BIN NACH NY [NEW YORK] GEKOMMEN, ALS ICH 17 JAHRE ALT WAR, UND ICH BIN KEIN MOJADO[105], ICH BIN LEGALER EINWOHNER UND KURZ DAVOR, DIE STAATSBÜRGERSCHAFT ZU BEKOMMEN. FÜR MEHR INFORMATION SCHREIBT MIR AN
| A-DAN_NYC@HOTMAIL.COM ANYWAY, LA RAZON POR LA CUAL DIJE ESO: DIGANME , EN Q BANCO PUEDO METER MI PLATA Y Q DESPUES DE DOS MESES NO SE SIERRE Y ME DEJEN PELADO DONDE PUEDO INVERTIR Y CO-FIAR EN MIS TRABAJADORES | A-DAN_NYC@HOTMAIL.COM ANYWAY DER GRUND, WARUM ICH DAS GESAGT HABE, SAGT MIR, IN WELCHE BANK ICH MEIN GELD BRINGEN KANN, DIE NICHT NACH 2 MONATEN SCHLIEßEN UND MICH MIT NICHTS ZURÜCKLASSEN WÜRDE, WO KANN ICH INVESTIEREN UND IN MEINE ARBEITER VERTRAUEN
| **adan_nyc** IP: 64.47.162.* 12/11/2003 | **adan_nyc** IP: 64.47.162.* 12/11/2003

Adam_nyc wählt für seine Neuvorstellung im Cibervalle-Forum den Titel „ich würde nicht in Paraguay investieren". Die Titel der Tópicos* werden auf der Hauptseite des Forums in der Liste der Recientes angezeigt. Ein Titel muss aufgrund der formatsbedingten Vorgaben kurz sein, gleichzeitig muss die Wortwahl so gewählt sein, dass der Titel bei den Rezipierenden das Interesse weckt, den Tópico näher anzusehen. Vergleichbar sind die Titel der Tópicos* im Cibervalle-Forum mit den Überschriften in Tageszeitungen, deren Funktion Wolff folgendermaßen zusammenfasst:

> „Überschriften ermöglichen es, die *Aufmerksamkeit* des Lesers auf eine bestimmte Geschichte zu lenken; sie überreden ihn dazu, den annoncierten Bericht *tatsächlich* zu lesen, und bereiten ihn schließlich auf eine *bestimmte* Lesart des Geschriebenen vor und instruieren ihn, wie er die folgende Geschichte verstehen soll" (2006:260, *Hervorhebungen im Original*).

---

[104] „hacer leña del arbol caido" ist eine spanische Redewendung, die wörtlich übersetzt in etwa bedeutet: „Kaminholz vom gefallenen Baum machen".

[105] Mojado, span.: nass, ist eine Bezeichnung für undokumentierte Migrant/innen in den USA, die ursprünglich auf diejenigen angewendet wurde, die an den staatlichen Autoritäten vorbei die Grenze zwischen Mexiko und USA über einen Fluss überquerten.

Wie aus den Antworten auf diesen Tópico* hervorgeht, wird der Titel tendenziell als Provokation verstanden. Die nachfolgende Aufforderung des Autors, ihn gut zu behandeln, mit der Begründung, er sei neu, steht aus Sicht der Antwortenden in Widerspruch zu seiner provokanten Eröffnungssequenz. Die Antworten sind im Vergleich zu anderen „gelungenen" Begrüßungstópicos entsprechend zurückhaltender und die Teilnehmer/innen weisen den Autoren wiederholt auf seinen (ethnomethodischen) „Fehler" hin. Schon die erste Antwort von Carlos weist auf einen gravierenden Regelverstoß des Autors hin. Carlos klärt adan_nyc nicht nur darüber auf, dass er mit diesem Titel den Anspruch darauf verwirke, gut behandelt zu werden. Vielmehr liefert Carlos mit seinem Willkommensgruß gleichzeitig einen Account für denselben („yo te doy la bienvenida", statt – wie üblich – „bienvenido"/„bienvenida"). Welche Funktion hat ein Account an dieser Stelle?

Für die Interaktion spielen Accounts – also Erklärungen dessen, was man tut – eigentlich keine Rolle, da sich das, was man tut, im Handeln selbst erklärt. Folglich muss der Account auf etwas verweisen, was nicht sichtbar ist, nämlich auf kontingente Handlungsoptionen, deren Nichtwahl durch den Account betont wird. Wenn also Carlos den Neuankömmling nicht einfach willkommen heißt, sondern ausdrücklich sagt, dass er das tut, schließt er andere Handlungsoptionen in seine Erklärung mit ein. Er hätte genauso gut adan_nyc nicht willkommen heißen, sondern den gesamten Tópico* ignorieren können. Er hätte auch den Aspekt außer Acht lassen können, dass der Autor ein Neuling ist, um stattdessen inhaltlich nur auf das im Titel angekündigte Thema einzusteigen. Mit dem Account für die Begrüßung, die Begrüßung selbst sowie die nachfolgende Belehrung über den ethnomethodischen Fehler des Autors trägt Carlos nun dazu bei, den Fehler a-dan_nycs zu reparieren und die soziale Ordnung, die für die Begrüßungskommunikation gilt, wieder herzustellen. In Zeile 8 und 11 wird adan_nyc auch von anderen auf seinen Fehler hingewiesen, wobei Diabolo ihn in Zeile 8 nicht nur kritisiert. Mit der Aufforderung „trag etwas bei, damit die perros* dir antworten" klärt er ihn außerdem darüber auf, dass zu den Aufgaben eines Topic-Autors gehört, Anschlussmöglichkeiten für die übrigen Teilnehmer/innen zu bieten.

In der Gleichzeitigkeit der Annäherung und Zurückweisung, die adan_nyc im Titel und der Eröffnungssequenz seines Tópicos* so trefflich zum Ausdruck bringt, liegt der paradoxe Kern des Provozierens. Man nähert sich dem anderen mit einem kommunikativen Akt der Zurückweisung, der, weil er sich Regeln widersetzt, gleichzeitig die Reaktion des anderen und damit seine Zuwendung herausfordert. Das Provozieren hat in Cibervalle eine so große Bedeutung, dass dieser Praktik sogar ein eigener Beteiligungsstatus zugerechnet wird. Wie Manu in Zeile 6 andeutet, werden Provokationen meist Clons* zugerechnet. Aber gegen welche Regel verstößt adan_nyc eigentlich mit seinem Tópico*? Was ist das Provokante, das Unerlaubte an seinem Titel? Diese Frage führt zu einer weiteren Dimension der sozialen Ordnung in Cibervalle, die in Manuelas Beitrag in Zeile 11 angesprochen wird.

Imaginiertes Repräsentieren. Im zweiten Satz ihrer Antwort in adan_nycs Tópico* begründet Manuela ihre Kritik an seinem Titel mit der Tragweite „solcher Äußerungen", die ihrer Ansicht nach weit über den Forumszusammenhang hinausreicht („wegen solcher Kommentare geht es in Paraguay nicht aufwärts"). Indem sie den Mangel an Fortschritt in Paraguay mit der Art der Äußerung assoziiert, suggeriert sie, das Forum habe eine öffentliche Repräsentationsfunktion im Dienste Paraguays. Ginge es in erster Linie um praktizierte Loyalität mit dem Heimatland, bezöge sich ihre Kritik vermutlich eher auf die Haltung oder Handlungsweise, die mit der Äußerung vermittelt wird und sie würde beispielsweise sagen: Wegen dieser Haltung, nicht in Paraguay investieren zu wollen, gibt es keinen Fortschritt im Land. Schreibt sie aber Äußerungen im Forum so weitreichende Folgen zu, muss sie annehmen, dass die Kommunikation im Forum andere – in diesem Fall potentielle Investor/innen – erstens erreicht und zweitens in ihrem Handeln beeinflusst.

In den Zeilen 6 und 10 wird der Tópico* dann in alternative Deutungsrahmen positioniert. Maria stellt in Frage, dass es sich hier tatsächlich um einen Neuankömmling handelt und vermutet stattdessen, die Autorin des Tópicos* könne ein Clon* einer bereits bekannten Teilnehmerin des Forums sein. Wie an späterer Stelle im Tópico* expliziert wird, hat sich diese Teilnehmerin mit Nicknamen Nuevayork in der Vergangenheit im Forum einen Namen gemacht, indem sie „gegen das unsrige, das der Paraguayer gehetzt" hatte [puteando en contra nuestro, de los paraguayos]. Dadurch hatte sie ihr Rederecht zeitweise verwirkt und wurde wiederholt von der aktiven Teilnahme am Forum ausgeschlossen, registrierte sich aber immer wieder unter neuem Nicknamen. Die meisten ihrer Tópicos* und Kommentare zielen auf die Beleidigung anderer Teilnehmer/innen ab. Die Reaktionen der übrigen Mitglieder fallen allerdings unterschiedlich aus. Während die Cibervaller@s recht humorvoll mit Beleidigungen umgehen, die einzelne Nicks persönlich betreffen, verstehen sie auffällig wenig Spaß, wenn es sich um Bemerkungen handelt, die ein schlechtes Licht auf Paraguay werfen.

In Cibervalle wird der Umgang mit Clons* anhaltend kontrovers diskutiert. Immer wieder kann man den Vorschlag lesen, Teilnehmer/innen, die Streit suchen, zu ignorieren und ihnen damit die gewünschte Aufmerksamkeit vorzuenthalten. So einleuchtend diese Strategie auf den ersten Blick erscheinen mag, so wenig lässt sie sich in der Praxis durchhalten. Eine provokante Eröffnungssequenz in einem Tópico* provoziert immer eine Vielzahl von Antworten, die wiederum dafür sorgen, dass der Tópico* in der Liste der Recientes bleibt und dementsprechend noch mehr Beachtung findet. Das Dilemma im Umgang mit dem penetranten Störenfried Nuevayork oder anderer Clons* verweist wiederum auf die öffentliche Rahmung der Kommunikation. Das Bewusstsein darüber, dass solche beleidigenden Beiträge von Forumsnutzer/innen gelesen werden können, die nicht zur Gemeinschaft der Aktiven gehören, zwingt die anderen Mitglieder gewissermaßen zu einer Stellungnahme, die das Selbstverständnis der Gemeinschaft expliziert. Eine beleidigende Äußerung unkommentiert zu lassen, könnte von den anonymen Leser/innen falsch verstanden werden und der Cibervalle-Gemeinschaft ein schlechtes Image verschaffen.

Am Beispiel der Internetnutzung im Kontext Trinidads betonen Miller und Slater

> „there is also a hyperawareness that one is also constantly ‚representing Trinidad': one is both a representative of Trinidad, and hence responsible for presenting it well by being personally successfull, and one is producing representations of Trinidad, and therefore constructing it as the thing known by both members and outsiders" (2000:86).

Die öffentliche Kommunikationssituation mit potentiell globaler Reichweite einerseits und die Zweifel daran, ob der eigene nationale Kontext „constitutes a recognized place in the world at large" (ebd.: 99), andererseits führen offenbar dazu, dass „Trini Sein und Trinidad Repräsentieren" zu einer der zentralen Aktivitätsstrukturen der Internetnutzung wird. Das *Motiv*, die eigene Nation zu repräsentieren, lässt sich also mit den Erfahrungen der Mitglieder erklären, die in der Migration oder auf virtuellen Reisen auf den Mangel an Wissen über ihren nationalen Zugehörigkeitskontext treffen. Die Repräsentations*erwartung* hingegen ergibt sich insbesondere aus der triadischen Kommunikationsstruktur und der Rolle des imaginierten Publikums.

Nun wurde weiter oben erläutert, warum es unwahrscheinlich ist, dass die Aktivitäten der Trinidader bzw. der Cibervaller@s im Internet überhaupt von einer weiteren Weltöffentlichkeit wahrgenommen werden. Wem gegenüber repräsentieren die Cibervaller@s Paraguay, wenn doch kaum jemand das Land kennt? An dieser Stelle zeichnet sich bereits ab, dass das anonyme Publikum eine schwer einschätzbare Größe ist, die sich in der paradoxen Spannung zwischen potentiell globaler Erreichbarkeit der Kommunikation einerseits und der Marginalität Paraguays in der Welt, respektive Cibervalles im WWW andererseits bewegt. Doch zunächst noch einmal zurück zu den Antworten auf adan_nycs provokative Selbstvorstellung.

Integrieren. Die Antwort in Zeile 10 bietet nun eine alternative Interpretation bezüglich der Motivation des Topic-Autors. Gehen die vorherigen Beiträge noch davon aus, dass der Autor dieser Neupräsentation einen Fehler begangen hat, den es zu korrigieren gilt, scheint Enrique in diesem Tópico* ein kommunikatives Muster zu erkennen, besser gesagt: eine Strategie, die der Autor anwendet, um Aufmerksamkeit zu erregen („Der Titel ist bloß Strategie, damit er gelesen wird, Marketing sagt man dazu"). Enrique bringt die Diskussion damit gleichsam auf eine Metaebene, indem er die kommunikative Regel der Neuvorstellung kontingent setzt und eine alternative Möglichkeit der Integration neuer Mitglieder thematisiert. Wie die anderen Teilnehmer/innen beteiligt sich allerdings auch Enrique an der Reparatur des Ablaufs der Kommunikation. Mit der Bemerkung „hacken wir nicht noch auf ihm rum, wo er eh schon am Boden liegt" mahnt er die Forumsgemeinschaft zur Zurückhaltung und wirkt deeskalierend auf die Situation ein, bevor sie sich aufschaukeln und in einem flame-war* enden kann. Gleichzeitig betont er mit einem „Kuss an adan_nyc" und der Bemerkung „ich bin dein Freund" (Zeile 14) die herzliche Grundstimmung, die Neuankömmlingen üblicherweise entgegengebracht wird. Die nachfolgenden Beiträge orientieren sich am selben Grundmuster, bis sich in Zeile 24 adan_nyc erneut zu Wort meldet. Anders als in seinem ersten Beitrag respektiert er nun die Regeln der Begrüßungskommunikation. Zunächst bedankt er sich bei allen für die Willkommensgrüße, um dann einige Informationen zu seiner Person und zu seinem geografischen Lebensweg mitzuteilen. Mit der Veröffentlichung seiner E-Mail-Adresse und der Aufforderung „schreibt mir" weitet er die Kommunikationsmöglichkeiten auf weitere, nicht-öffentliche Ebenen aus und verdichtet somit seine Adresse. Schließlich greift er die Empfehlung aus Zeile 8 auf und konkretisiert die Aussage seiner Eröffnungssequenz, so dass im weiteren Verlauf der Kommunikation die kontroverse Diskussion über das ökonomische System in Paraguay einen Schwerpunkt bildet.

Durch sein provokantes Eröffnungsstatement hat adan_nyc also zunächst die gewünschte Aufmerksamkeit auf sich gelenkt. Indem er in seinem nächsten Beitrag dann die Regeln der Begrüßungskommunikation respektiert, repariert er selbst seinen „Fehler" und versöhnt die anderen Teilnehmer/innen. Gerade die Kombination von Provokation und ihrer gleichzeitigen Zurücknahme sichert dem Neuling die gewünschte Aufmerksamkeit und trägt zu seiner Integration bei.

In diesem Abschnitt wurde gezeigt, dass die Begrüßung eine institutionalisierte Form der Kommunikation in Cibervalle ist, die spezifische kommunikative Probleme löst, gleichzeitig aber auch Probleme mit sich bringt. Mehr noch als für die neuen hat die Begrüßungskommunikation für die älteren Mitglieder die Funktion der Selbstinklusion sowie der Reproduktion der sozialen Hierarchie und der wesentlichen Eigenschaften Cibervalles. Die neuen Teilnehmer/innen werden mit Hilfe der Begrüßungskommunikation auf die Regeln und Eigenschaften der Gemeinschaft eingestimmt. So erfahren sie, dass die Kommunikation in Cibervalle in erster Linie vergnüglich sein soll und es vorrangig darum geht, dass die Teilnehmer/innen eine gute Zeit miteinander verbringen. Sie werden gleichzeitig darauf vorbereitet, dass die Grundstimmung von Harmonie und Vergnügen – die buena onda* – bisweilen boykottiert wird und dass von ihnen erwartet wird, sich diesen Boykottversuchen zu verweigern. Schließlich lernen die Novat@s auch, dass ihre kommunikativen Aktivitäten im Forum unter öffentlicher Beobachtung stehen und sie in gewisser Weise durch ihre Beteiligung am Cibervalle-Forum Repräsentationsfunktionen übernehmen.

Die Neuvorstellung im Forum und die überschwängliche Begrüßung reichen allerdings keineswegs aus, um in die Gemeinschaft integriert zu werden, wie es zunächst den Anschein haben mag. Von den neuen Teilnehmer/innen wird erwartet, inhaltlich interessante Beiträge zu liefern und sich so daran zu beteiligen, die Kommunikation in Cibervalle in Gang zu halten, denn das soziale Leben in Cibervalle und die Existenz seiner Angehörigen hängen im Wesentlichen davon ab, dass kommuniziert wird. Die neuen Teilnehmer/innen lernen aber auch, dass der Integrationsprozess die sukzessive Verdichtung der eigenen Adresse erfordert. Zu einer Neuvorstellung gehört deshalb nicht nur, eine E-Mail-Adresse zur Verfügung zu stellen und sich mit einem Foto im Album der Cibervalle-Gemeinschaft zu verewigen. Vielmehr sind auch Angaben zum geografischen Lebensweg notwendig, die den anderen Teilnehmer/innen die Möglichkeit bieten, gemeinsame lokale Bezüge herzustellen, die virtuell geknüpften sozialen Beziehungen in die physischen Lebenswelten auszudehnen und den Neuling zum nächsten lokalen Treffen einzuladen.

Gleichzeitig lernen die Novat@s eine weitere Möglichkeit der Integration, die zwar moralisch fragwürdig, aber dennoch effektiv zu sein scheint. Durch provokante Äußerungen können sie Aufmerksamkeit erregen und dafür sorgen, dass die anderen sie lesen und ihre Existenz wahrgenommen wird. Die Frage, die der eingangs zitierte Beitrag Iwashitas aufgeworfen hat, lässt sich nun beantworten. Iwashita hatte Erfolg mit ihrem Begrüßungstópico, gerade weil sie von der Norm der Neuvorstellung abwich und stattdessen mit einem provokanten Thema Aufmerksamkeit auf sich lenkte. Das Dilemma der Neuen, das Sandra so treffend mit der Metapher „Eintrittsgeld" beschrieben hat, kann also leicht zum Dilemma der Gemeinschaft werden, wenn sie einerseits mit überschwänglicher Begeisterung die Neuen empfängt und den Wert der Gemeinschaft bzw. des harmonischen Miteinanders beschwört, andererseits aber nichts weiter tut, um die Neuen zu integrieren, und darüber hinaus auch noch auf Provokationen mit erhöhter Aufmerksamkeit und Zuwendung reagiert.

„Hallo an alle!" – Multiple Adressierungen und imaginierte Publika

Im Beitrag von Iwashita und in der Analyse der Begrüßungskommunikation hat sich bereits mehrfach gezeigt, wie sich das Bewusstsein über die Öffentlichkeit in der Kommunikationssituation niederschlägt. Darüber hinaus deutete sich auch an, dass das Publikum in Cibervalle nicht als homogene Größe imaginiert wird. Im Begrüßungsbeitrag el_nenes ließ sich die potenziell globale Öffentlichkeit in ihre einzelnen Dimensionen aufschlüsseln, die mögliche Rezipient/innen von der lokalen Ebene des aktuellen Aufenthaltsortes bis hin zur globalen Ebene der potenziell an Cibervalle interessierten anonymen Beobachter/innen umfassen. Schaut man sich die Adressierungsmodi in Cibervalle nun genauer an, lässt sich das von den Cibervaller@s imaginierte Publikum weiterhin in anonyme, als unbekannt angenommene Beobachter/innen einerseits und bekannte Nutzer/innen andererseits unterteilen. Letztere werden allerdings nur dann als Nutzer/innen identifizierbar, wenn sie selbst aktive Beiträge leisten, und verbleiben in der übrigen Zeit in der Rolle der Beobachter/in. Es wird allerdings vorausgesetzt, dass die anderen Nutzer/innen die eigenen kommunikativen Akte beobachten, so dass man sich auf die anderen beziehen und sogar stellvertretend für die anderen sprechen kann, wie das folgende Beispiel zeigt:

Forumskommunikation Beispiel 20: Lokales Treffen „Megafiesta Ana"

HOLISSSSSS A TODOS LA VERDAD LA FIESTA DE ANA ESTUVO PADRISIMO ES LA PRIMERA VES QUE ME DIVERTI TANTO EN UNA FIESTA DE QUINCE AÑOS ... JIJIJI
Y BUENO ANA VOS YA SABES QUE TODOS NOSOSTROS TE QUEREMOS UN MONTON Y SIEMPRE TE VAMOS A APOYAR EN TODO NENA O NO CHICOS???
VOS PARA MI SOS Y SERAS COMMO UNA HERMANA MAYOR TE QUIERO MUCHO YA SABES Y TE VUELVO A REPETIR TE QUEREMOS TODOS NO SOY LA UNICA TODOS Y LOS QUE NO QUE SE JODAN VOS NO PERDES NADA NI LA OTRA PERSONA.PERO ESO SI PIERDEN UNA AMIGA FANTASTICA Y RE BUENA ONDA*. SEBASTIAN MUY BUENAS TODAS LAS FOTOS GRACIAS NENE

lisa
Cantidad de posteos: 55
IP: 201.252.34.*
Origen: ▭
01/03/2005 (#583618)

HALLÖCHEN AN ALLE EHRLICH GESAGT ANAS FEST WAR SPITZENMÄßIG ES IST DAS ERSTE MAL DASS ICH MICH SO SEHR AMÜSIERT HABE BEI EINEM FÜNFZEHNTEN GEBURTSTAG[106] ... HIHIHI
UND GUT ANA DU WEISST DASS WIR DICH ALLE SEHR MÖGEN UND DASS WIR DICH IMMER IN ALLEM UNTERSTÜTZEN WERDEN MÄDCHEN ODER NICHT LEUTE???
DU WEISST, FÜR MICH BIST UND WIRST DU IMMER WIE EIN GROSSE SCHWESTER SEIN ICH MAG DICH SEHR WIE DU WEISST UND ICH WIEDERHOLE WIR MÖGEN DICH ALLE ICH BIN NICHT DIE EINZIGE ALLE UND DIEJENIGEN DIE NICHT SOLLEN SICH INS KNIE FICKEN WEDER DU NOCH DIE ANDERE PERSON VERLIERT NICHTS DABEI. ABER DAS SCHON SIE VERLIEREN EINE FANTASTISCHE UND RE BUENA ONDA* FREUNDIN. SEBASTIAN DIE FOTOS SIND ALLE SEHR GUT DANKE JUNGE

lisa
Anzahl der Beiträge: 55
IP: 201.252.34.*
Herkunft: ▭
01/03/2005 (#583618)

---

[106] Es handelt sich hier nicht wirklich um einen fünfzehnten Geburtstag, denn die Protagonistin des Festes ist eine erwachsene Frau. Ungeachtet ihres Alters werden die Geburtstage der weiblichen Teilnehmer/innen in Cibervalle interessanterweise oft mit dem fünfzehnten Geburtstag in Zusammenhang gebracht. In Paraguay hat der fünfzehnte Geburtstag im Leben eines Mädchens eine besondere Bedeutung, da er den Eintritt in eine neue Lebensphase (vom Kind zur Frau) symbolisiert. In der Regel wird dann ein großes Fest gefeiert, zu dem alle Verwandten, Nachbar/innen und Freund/innen eingeladen werden, und das Mädchen trägt ein einem Brautkleid ähnelndes, weißes

Der Beitrag Lisas ist Teil eines Tópicos*, in dem von einem lokalen Treffen berichtet wird, das anlässlich des Geburtstags der Cibervaller@ Ana in Buenos Aires stattfand. Die Adressierungen, die sie in ihrem Beitrag verwendet, zeigen deutlich Lisas Bewusstsein darüber, dass ihre kommunikative Handlung vor einem nicht näher bestimmbaren Publikum stattfindet. Den ersten Satz beginnt sie mit einer Globaladressierung („Hallöchen an alle"). Im weiteren Verlauf verwendet Lisa konkretere Adressierungen, anhand derer sich die verschiedenen Beteiligungsstatus aufzeigen lassen, die in diesem Tópico* und auch allgemein in den Tópicos* der lokalen Treffen vorkommen. Mit einer Aussage über die Qualität des Ereignisses, von dem der Tópico* handelt, identifiziert sich Lisa zunächst selbst als aktive Teilnehmerin des lokalen Treffens. Dann adressiert sie die Protagonistin des Festes und versichert ihr ihre Zuneigung. An dieser Stelle spricht sie nun nicht für sich alleine, sondern macht sich den Umstand zunutze, dass ihre kommunikativen Handlungen beobachtet werden. So spricht sie im Namen aller („Du weißt, dass wir dich alle sehr mögen und dich immer in allem unterstützen werden"), wobei sie gleichzeitig nicht näher bestimmte Akteur/innen aus dieser Gruppe ausschließt („und diejenigen, die nicht, sollen sich ins Knie ficken"). Mit anderen Worten, die Einheit der „alle", an die der Beitrag adressiert ist und die Lisa zu Beginn ihres Beitrags begrüßt, ist nicht identisch mit derjenigen, in deren Namen sie spricht.

In einem Beitrag übt Lisa also mindestens drei verschiedene kommunikative Handlungen aus. Sie spricht für sich und im Namen derer, von denen sie annimmt, dass sie – wie sie selbst – Ana zugeneigt und loyal gegenüber sind. Gleichzeitig spricht sie aber auch *zu* ihnen und fordert sie zu einer Bestätigung ihrer Aussage auf („oder nicht, Leute?"). Auf eine indirekte Art und Weise adressiert Lisa schließlich auch die Gruppe der Nicht-Loyalen. In der Annahme, dass ihr Beitrag auch von denjenigen gelesen wird, von denen sie annimmt, dass sie Ana gegenüber nicht loyal sind, kann sie ihnen eine Botschaft übermitteln, ohne sie direkt ansprechen und in einen Dialog treten zu müssen. Lisa bezieht sich in ihrem Beitrag also in erster Linie auf das bekannte Publikum, man könnte auch sagen, auf die Cibervalle-interne globale Öffentlichkeit. Diesem Teil des Publikums kommt nun im Hinblick auf die lokalen Treffen und deren nachträglicher medialer Neuerzeugung besondere Bedeutung zu, wie im Folgenden zu sehen sein wird.

Zelebrieren, fotografieren, kommentieren: Praktiken der Glokalisierung

Noch einmal zurück zu Iwashitas Beschreibung ihrer Integration in Cibervalle. Nachdem sie ihren ersten Tópico* eröffnet hatte, lernte Iwashita einige Ciber-

---

Kleid. Mit dieser Rahmung wird also einerseits eine Aktivität bzw. eine Akteur/in genderspezifisch markiert. Darüber hinaus könnte die Analogie auch eine metaphorische Art der Übertreibung sein, die in offensichtlicher Form häufig in der Beschreibung der lokalen Treffen zu finden sind und mit denen das Positive, Wertvolle und Schöne an den lokalen Ereignissen hervorgehoben wird.

valler@s in Argentinien im Forum kennen und ging zu einem *Treffen*, wie sie schreibt. Wie bereits in der ethnographischen Darstellung deutlich geworden ist, beschränkt sich das soziale Leben in Cibervalle nicht auf die Kommunikation im virtuellen Raum, denn die Mitglieder organisieren regelmäßige Treffen an den jeweiligen Lebensorten. Diese lokalen Ereignisse werden dann im Anschluss auf der virtuellen Ebene des Forums mit den anderen geografisch entfernten Mitgliedern geteilt und gewissermaßen in medialer Form neu erzeugt.

Die lokalen Treffen in ihrer medialen Rahmung sind einer der Grundpfeiler, die das globale Zusammenleben tragen. Dabei werden die geografisch getrennten physisch-lokalen Lebenswelten der Individuen miteinander verknüpft und in eine virtuell-globale Ebene sozialer Wirklichkeit transformiert. Auch hier haben sich im Laufe der Zeit kommunikative Muster verfestigt, die sich in den Tópicos* der lokalen Treffen wiederholen und mit denen die medialen Neuerzeugungen der lokalen Ereignisse in nahezu ritualisierter Form organisiert werden. Die einzelnen Subgemeinschaften veranstalten allerdings nicht nur regelmäßige Treffen in Asunción, Buenos Aires, New York und andernorts, um sie im Anschluss als mediale Neuerzeugung mit der globalen Gemeinschaft zu teilen. Sie beobachten sich dabei auch gegenseitig und nehmen Anteil an den Geschehnissen am Lebensort der jeweils anderen. Diese Ebene sozialer Wirklichkeit unterscheidet sich von den physisch-lokalen Ebenen insbesondere durch die Aspekte Medialität und Öffentlichkeit, wie noch zu sehen sein wird. Zunächst soll aber die Frage geklärt werden, für welche kommunikativen Probleme der Cibervalle-Gemeinschaft die Tópicos* der lokalen Treffen eine Lösung bieten.

Lokale Treffen, global (mit)geteilt

Da ich die Möglichkeit hatte, Cibervalle über einen längeren Zeitraum hinweg zu beobachten, konnte ich die Herausbildung spezifischer kommunikativer Muster gewissermaßen in ihrer Entstehung verfolgen. Besonders bemerkenswert ist hier der sich wandelnde Einsatz von Ironie, an dem sich die Eigenarten der sozialen Realität zeigen lassen, die sich durch die Verknüpfung von physisch-lokalen und virtuell-globalen Dimensionen ergeben. Waren die Tópicos* der lokalen Treffen in der ersten Zeit ein heikles Terrain, auf dem sich schnell Konflikte entzündeten und vor allem die in der Migration befindlichen Subgruppen dazu neigten, beleidigt auf Kommentare ihrer virtuellen Kommunikationspartner/innen zu reagieren, lässt sich an den jüngeren Tópicos* eine Tendenz zur Standardisierung von Beiträgen und die Herausbildung wiederkehrender Aktivitätstypen erkennen.

Fotos zeigen und kommentieren. Das zweifellos wichtigste Element dieser Tópicos* sind die Fotos. Schon im Titel eines Tópicos*, der ja dazu animieren soll, dem Link zu folgen, wird meist angekündigt, dass hier Fotos zu sehen sind. Kommentare wie „los, zeig die Fotos …" [poné pues las fotos …] oder „und die Fotos?" [¿y las fotos?]

finden sich in den Tópicos*, die von Treffen erzählen, ohne zeitgleich die dazugehörigen Fotos zur Verfügung zu stellen. Diese Kommentare zeigen, dass von einem
Tópico*, der auf einem lokalen Treffen basiert, Fotos zu erwarten sind und dass die
schriftlichen Kommentare zu dem lokalen Ereignis ohne die entsprechenden Fotos
wertlos sind. Warum den Fotos eine so fundamentale Bedeutung zugemessen wird,
erklärt der folgende Beitrag:

Forumskommunikation Beispiel 21: Lokales Treffen „encuentro en francia"

que lindas las fotos! va creciendo la comunidad en Francia tambien. Felicidades por la organizacion y gracias por compartir las fotos, por este medio vamos conociendo a las personas que estan detras de un nick.	wie schön die Fotos sind! Auch die Gemeinschaft in Frankreich wächst allmählich. Glückwünsche für die Organisation und Danke fürs Teilen der Fotos, über dieses Medium lernen wir allmählich die Personen kennen, die hinter einem Nick stehen.
sandra **Cantidad de posteos:** 1161 **IP:** 200.85.34* **Origen:** 🏳 28/05/2005	**sandra** **Anzahl der Beiträge:** 1161 **IP:** 200.85.34* **Herkunft:** 🏳 28/05/2005

Sandra, die in Asunción lebt, verfolgt die Aktivitäten der Cibervaller@s in Frankreich bereits über einen längeren Zeitraum. Sie betont den Wert des Cibervalle-
Forums als ein Medium, das ihr dazu verhilft, allmählich die Personen kennen zu
lernen, die sich hinter den Nicks verbergen. Anhand der Fotos kann sie nicht nur
sehen, wie die Gemeinschaft wächst. Die Fotos erlauben ihr auch eine visuelle
Vorstellung der Kommunikationspartner/innen. Fotos sind also Medien, die dazu
verhelfen, die Adressen der Teilnehmer/innen visuell zu verdichten, so dass der
Nick zur Persönlichkeit werden kann.

Formulierungen wie „por lo visto" [wörtl.: durch das Gesehene], „que placer saber
y ver ..." [welch Freude zu wissen und zu sehen ...], „se ve ..." [man sieht], „se nota
..." [man merkt] oder „veo ..." [ich sehe], mit denen diejenigen Forumsnutzer/in-
nen ihre Kommentare zu den Fotos einleiten, die nicht körperlich den Treffen
beigewohnt haben, zeigen überdies, dass es nicht nur darum geht, den virtuellen
Gesprächspartner/innen ein körperliches Erscheinungsbild zu verleihen. Trotz geografischer Distanz bieten die Fotos zudem eine Möglichkeit mit eigenen Augen
zu sehen, wie die anderen *tun, was sie* im physisch-lokalen Bereich ihrer Lebenswelt
sind[107]. Der Beitrag Sandras in obigem Beispiel weist ein weiteres sprachliches Muster

---

[107] Die Formulierung „tun, was sie sind" wurde in Anlehnung an den in der Ethnomethodologie
zentralen Begriff des „doing being" (vgl. Sacks 1984) gewählt. „Doing being" meint, dass Sinn-
zuschreibungen einer sozialen Situation bzw. Zuschreibungen bestimmter Eigenschaften nicht
einfach gegeben sind, sondern dass diese erst durch die Handlungen der Akteur/innen praktisch
vollzogen bzw. für andere erkennbar werden. „Sich gut fühlen" z.B. ist als psychischer Zustand für
das Gegenüber nicht erkennbar und solange sozial irrelevant, wie man seine Befindlichkeit nicht
mithilfe entsprechender Ethnomethoden praktisch kommuniziert.

auf, das sich in der Kommentierung der Fotos häufig findet. Durch die Verwendung des Gerundiums, also der Verlaufsform, betonen die Cibervaller@s mit Aussagen wie „va creciendo" [wörtl.: ist wachsend], „vamos conociendo" [lernen wir allmählich kennen] die Prozesshaftigkeit des sozialen Geschehens. Mit der Kombination der beiden benannten Sprachmuster, also der Verwendung des Gerundiums in Verbindung mit Verben, die sich auf die eigene visuelle Wahrnehmung beziehen, drücken die Akteur/innen aus, dass sie – selbst wenn sie nicht körperlich an den Treffen teilnehmen – dennoch an den sozialen Prozessen beteiligt sind, die sich in den physisch-lokalen Kontexten der anderen vollziehen.

Die Fotos und die Art und Weise ihrer Kommentierung lösen also mindestens zwei strukturelle Probleme des sozialen Zusammenhangs Cibervalle: Erstens bieten die Fotos eine Möglichkeit, die Adressen der Teilnehmer/innen zu verdichten, den anonymen Nicks ein Gesicht zu verleihen und ihre weitgehend auf Text reduzierten kommunikativen Akte visuell zu unterfüttern. Zweitens verhilft die spezifische Art des Umgangs mit den Fotos den Teilnehmer/innen dazu, ihre geografisch entfernten physisch-lokalen Lebenswelten miteinander in Berührung zu bringen, am sozialen Geschehen vor Ort teilzuhaben und dadurch den Eindruck von Nähe und Zusammensein zu erzeugen. Schon in der Analyse der Begrüßungskommunikation zeigte sich ja, dass die Bereitschaft zur Verdichtung der eigenen Adresse ein wesentliches Kriterium für die Mitgliedschaft in Cibervalle ist. Die eigene Adresse lässt sich verdichten, indem man neben einem Nicknamen auch Informationen über Herkunfts- und Aufenthaltsort zur Verfügung stellt, die Kommunikation auf andere Kanäle ausweitet und seine Präsenz durch kommunikative Beiträge zeigt. Betrachtet man die Teilnahme an den lokalen Treffen *und* ihre virtuellen Neuerzeugungen in diesem Zusammenhang, lassen sie sich als eine vertiefende Praktik der *Simulation von Kopräsenz* im globalen virtuellen Raum verstehen.

Bedanken und beglückwünschen. Eine zentrale kommunikative Aktivität in den Tópicos* der lokalen Treffen besteht im wechselseitigen Ausdruck von Dank und Glückwünschen. Man bedankt und beglückwünscht sich unermüdlich zwischen allen Beteiligten: für die gelungene Organisation des Treffens, für das Zurverfügungstellen eines Raumes, wenn das Treffen nicht an einem öffentlichen Ort stattgefunden hat, für die Mitwirkung aller Beteiligten, für das leckere *asado* [span.: Gegrilltes] und für die anderen Speisen, die von den Einzelnen zubereitet wurden. Die Cibervaller@s außerhalb Paraguays werden dafür beglückwünscht, dass sie sich mit Landsleuten zusammenfinden und „Momente wie in Paraguay miteinander teilen können" [que pueden compartir momentos como en py]. Vor allem anderen betonen die Teilnehmer/innen jedoch den Wert der Fotos, indem sie die Fotograf/innen loben und sich bei der lokalen Gruppe dafür bedanken, dass sie ihre Fotos mit der globalen Gemeinschaft teilt. Wie schon bei der Begrüßungskommunikation finden sich auch hier rituelle Elemente, die sowohl der Vergemeinschaftung dienen als auch Handlungssicherheit gewähren und Missverständnissen vorbeugen. Redundanzen, inhaltsleere Antworten sowie eindeutig bis übertrieben positive Kommentare zu den Treffen und den Teilnehmer/innen zeichnen die Kommentare vor allem derjenigen aus, die das lokale Treffen nicht in Kopräsenz miterlebt haben. So wird immer wieder betont, wie hübsch die Teilnehmer/innen sind, wie gut die Fotos geworden sind, dass man erkennen kann, wie gut sich alle verstehen, und dass bei dem Treffen eine gute Stimmung geherrscht hat. Diese Tendenz zur Betonung der zelebrativen Aspekte der Treffen bei gleichzeitiger Standardisierung des kommunikativen Ablaufs in den dazugehörigen Tópicos* verweist auf strukturelle Besonderheiten im Verhältnis zwischen lokalen Ereignissen und ihrer medialen Neuerzeugung, die im Folgenden behandelt werden.

Lokale Treffen, medial (neu)erzeugt

Wie anhand der Eigenschaften der Forumskommunikation bereits erläutert wurde, handelt es sich auf der virtuellen Ebene Cibervalles um eine fixierte Form sozialer Realität. Im Gegensatz dazu sind die gemeinsam erlebten Momente in den physisch-lokalen Kontexten der Teilnehmer/innen flüchtig. Bei dem Versuch, das physisch-lokal situierte Ereignis an die globale Ebene des Forums anzuschließen, erfährt das Ereignis eine unvermeidliche Transformation. Manning (1998) beobachtet ein ähnliches Phänomen im Verhältnis physisch-lokaler Ereignisse und deren medialer Replik durch das Fernsehen. Manning bezeichnet die Eigenart des Fernsehens, Ereignisse und Handlungen aus ihrem ursprünglichen Kontext zu trennen und medial reproduzierbar und in unterschiedlichen Kontexten wiedererlebbar zu machen, mit dem Begriff „media loop". Unter den verschiedenen Loop-Arten, die Manning identifiziert, beschreibt ein „ambiguous loop" genau diese wechselseitige Konstitution von Ereignis und medialer (Re)Konstruktion, die sich im Verhältnis zwischen lokalen Treffen und den dazu gehörigen Tópicos* niederschlägt, weil im Ergebnis nicht mehr erkennbar ist, „what is being looped into what" (1998:27).

Anhand des folgenden Beispiels, in dem die Akteur/innen das eigentümliche Verhältnis zwischen ihren physisch-lokal situierten Aktivitäten und deren medialer Neuerzeugung in einem globalen und öffentlichen Raum in ironischer Art und Weise thematisieren, lässt sich nicht nur zeigen, dass die Bedeutung der Treffen mit ihren virtuellen (Re)Konstruktionen in Cibervalle untrennbar verwoben ist. In der Ironie kommt auch das merkwürdige Verhältnis von Privatheit und Öffentlichkeit in Cibervalle zum Ausdruck.

Forumskommunikation Beispiel 22: Lokales Treffen „tratado de paz"

Tratado de Paz entre Enrique y Perro	Friedensvertrag zwischen Enrique und Perro

Siendo las 14:00 horas (Eastern Time de EE UU) del día domingo 21 de Marzo de 2004, en el domicilio del cibervallero fede sito en X, Estado de New York, y bajo los auspicios del mismo, se procedió a la firma del Tratado de Paz, Amistad y Convivencia Pacífica entre Enrique y perrito.

Um 14:00 Uhr (Eastern Time, USA), Sonntag, der 21. März 2004, im Haus des cibervalleros fede in X, Staat von New York, und unter der Schirmherrschaft desselben schritten wir zur Unterschrift des Vertrags zum Frieden, Freundschaft und friedlichem Zusammenleben zwischen Enrique und perrito.

Fueron testigos de la firma del Tratado el citado fede y corina, quien ha traído las buenas voluntades de los representates de Paraguay.

Zeugen der Unterschrift des Vertrags waren bezeichneter fede sowie corina, die den guten Willen der Repräsentanten von Paraguay mitgebracht hatte.

pedro
E-mail: p-dr-sm-r-@hotm**l.com
IP: 67.123.45.*
Respuestas: 69
Última respuesta: 24/03/2004

pedro
E-mail: p-dr-sm-r-@hotm**l.com
IP: 67.123.45.*
Antworten: 69
Letzte Antwort: 24/03/2004

Los firmantes del Tratado bajando del ferry, acompañados de corina, quien los acompañó en todo momento, a fin de evitar finales malentendidos antes de tan histórico momento.

Die Unterzeichner des Vertrags wie sie von der Fähre kommen, begleitet von corina, die sie während der ganzen Zeit begleitete, um letzte Missverständnisse zu vermeiden, vor diesem so historischen Moment.

pedro
IP: 67.123.45.*
21/03/2004

pedro
IP: 67.123.45.*
21/03/2004

Histórico momento de la firma del Tratado por parte de Perrito, ante la atenta mirada del Juez fede y Enrique.

Historischer Moment der Unterzeichnung des Vertrags von Seiten von Perrito, vor dem aufmerksamen Blick der Richters fede und Enrique.

A la izquierda de Perrito, se puede apreciar la presencia del Escribano Público de Cibervalle, quien luego de las firmas, procedería a verificar la autenticidad de las mismas

Zu Perritos Linken der öffentliche Gerichtsschreiber von Cibervalle, der, im Anschluss an die Unterschriften, die Authentizität derselben überprüfen würde.

pedro
IP: 67.123.45.*
21/03/2004

pedro
IP: 67.123.45.*
21/03/2004

Para finalizar la firma del Tratado de Paz, los nuevos aliados de CIBERVALLE se estrechan la mano ante la innegable felicidad de fede y la fotógrafa corina, quien derramó lágrimas de emoción en tan histórico momento.

Um die Unterzeichnung des Friedensvertrages zu beenden, reichen sich die neuen Verbündeten von CIBERVALLE die Hand angesichts der unbestreitbaren Freude von fede und der Fotografin corina, die in diesem historischen Moment Tränen der Rührung vergoss.

pedro
IP: 67.123.45.*
21/03/2004

pedro
IP: 67.123.45.*
21/03/2004

Den weiteren, diesen Tópico* begleitenden Kommentaren ist zu entnehmen, dass es sich hier um das erste Treffen einer Gruppe von Forumsnutzer/innen handelt, die in relativer Nähe zueinander in zwei Bundesstaaten der USA leben. Als Hintergrund für das Treffen gilt die intensive, aber konfliktreiche Beziehung zwischen zwei Cibervaller@s, die in den Forumsdiskussionen permanent in Streit geraten waren. Auf Einladung eines Dritten trafen sich nun insgesamt vier Forumsnutzer/innen, lernten sich persönlich kennen und verbrachten ein Wochenende miteinander. Der Tópico*, der noch am Sonntag desselben Wochenendes im Forum eröffnet wurde, zeigt allerdings nicht einfach Ausschnitte aus dem gemeinsam verbrachten Wochenende. Vielmehr handelt es sich hier um die Konstruktion einer bebilderten Geschichte – einer ironischen Fotostory –, die das private Treffen zu einem öffentlichen Akt, genauer gesagt: zu einem Friedensabkommen zwischen den beiden Streithähnen deklariert.

Sowohl der Titel des Tópicos* als auch die – sowohl für die Forumskommunikation, als auch für lokale Treffen – ungewöhnliche Ausdrucksweise tragen dazu bei, einen eigenen Interpretationsrahmen für das Treffen zu konstruieren. Innerhalb dieses Deutungsrahmens einer Zusammenkunft zur Unterzeichnung eines Friedensvertrages werden den Protagonist/innen entsprechende Rollen zugewiesen. So wird etwa der Gastgeber, der zu dem Treffen eingeladen hatte, zum Richter und selbst ein anwesender Hund wird als „offizieller Gerichtsschreiber" in das Geschehen mit eingebunden. Spätestens an dem Hund wird der ironische Charakter der Narration unübersehbar, der allerdings auch durch einen Sprachstil getragen wird, der sich von den Alltagskommunikationen im Forum unterscheidet.

Schaut man sich nun die Bilder an, drängt sich förmlich die Frage auf: „What is being looped into what"? Denn auch die Fotos zeigen nicht einfach Ausschnitte des Treffens, bei dem sich vier Menschen persönlich kennenlernen und ein Wochenende gemeinsam verbringen, die sich bislang nur als virtuelle Kommunikationspartner/innen bekannt waren. Die Szenen, die mit Hilfe der Fotos konserviert wurden, scheinen vielmehr eigens für die nachträgliche kommunikative Konstruktion der „Friedensvertrags-Story" inszeniert worden zu sein. Auch hier ist der ironische Charakter der Inszenierung deutlich zu erkennen. Die Förmlichkeit und Seriosität der sprachlichen Konstruktion des Ereignisses wird einerseits durch den räumlichen Kontext (Wohnzimmer) und andererseits durch das Lachen der Akteure gebrochen. Körperhaltung und Blickrichtung der Protagonisten, die insbesondere im letzten Foto der Kamera zugewandt sind, indiziert, dass die Akteure und ihre Handlungen weniger aufeinander und auf den Moment als auf ein imaginiertes Publikum bezogen sind, von dem angenommen wird, dass es (zu einem späteren Zeitpunkt) diese Bilder ansehen wird.

Die Cibervaller@s spielen mit der Eigenschaft des „medialen loopings", mit der Möglichkeit also, lokale Ereignisse aus ihrem Kontext herauszulösen und in beliebigen Kontexten neu zu erfinden. Das Wissen um diese Eigenschaft und um die Existenz eines (unsichtbaren) Dritten wirkt gleichzeitig reflexiv auf die lokale Situation, die offenbar für die nachträgliche Erzählung inszeniert wurde.

Das „ambiguous looping" in internetbasierten Medien unterscheidet sich allerdings in einem entscheidenden Punkt von dem des Fernsehens. Der Ausschnitt des Tópicos*, der bislang diskutiert wurde, zeigt ausschließlich Beiträge eines einzigen Teilnehmers, der hier versucht, aus Fotos und Kommentaren eine kohärente Geschichte zu konstruieren. Im Unterschied zum Fernsehen, wo klar zwischen Produktion und Reziption unterschieden wird[108], verschmelzen diese beiden Aktivitätstypen bei der Forumskommunikation im Internet miteinander. In der Regel werden die virtuellen Narrationen zu den Treffen aber von allen Teilnehmer/innen – ob sie körperlich anwesend waren oder nicht – gemeinsam produziert. Gerade im Moment der gemeinsamen Produktion liegt ja der besondere Wert dieser Tópicos*, im Sinne einer Praktik globaler Vergemeinschaftung. Meist werden die einzelnen Fotos und die Aktivitäten, die sich in den Fotos abbilden, von den Teilnehmer/innen kommentiert und gedeutet. Dabei knüpfen die Beiträge häufig an vergangene Erlebnisse an oder heben typisches Verhalten bzw. sichtbare Veränderungen an einzelnen Teilnehmer/innen, beispielsweise einen neuen Haarschnitt, hervor. Diese Art der Beteiligung an der kollektiven Deutung der Fotos und Aktivitäten geschieht unter Rückgriff auf Erfahrungs- bzw. Hintergrundwissen, das sich nicht aus dem jeweiligen Tópico* ableiten lässt, und markiert so die Zugehörigkeit der Mitglieder.

Forumskommunikation Beispiel 23: Lokales Treffen „tradado de paz"

que bolaaaaaaaaaaaaaaaaaaaa

soledad
IP: 43.234.24
21/03/2004

hoy hace un año que leí una de las peleas más horrendas entre los dos FIRMANTES DEL TRATADO!!, lo que es este ciber mundo, que se vuelve tan REAL de repente ... ay me emocioné, de verdad!!, Felicidades y ojalá puedan compartir lazos indestructibles de amistad entre los 4 allí e ir agregando a los demás tambien! ... Besitos******

Esther
IP: 65.145.230
21/03/2004

so eine Lügeeeeeeeeeeeeeee

soledad
IP: 43.234.24
21/03/2004

heute vor einem Jahr las ich einen der fürchterlichsten Streits zwischen den beiden UNTER-ZEICHNERN DES VERTRAGS!!, was diese Cyberwelt ist, die plötzlich so real wird... ay ich bin ehrlich gerührt!! Glückwünsche und hoffentlich könnt ihr unzerstörbare Freundschaftsbande zwischen euch vieren knüpfen und nach und nach auch die anderen integrieren! ... Küsschen******

Esther
IP: 65.145.230
21/03/2004

Verfolgt man den weiteren Verlauf des Tópicos*, so fällt auf, dass zunächst der Deutungsrahmen, den der Tópicautor anbietet, von anderen Forumsteilnehmer/innen, die nicht körperlich dem Treffen beigewohnt haben, zurückgewiesen bzw. sein iro-

---

[108] Die Medienforschung der Cultural Studies hat allerdings gezeigt, dass auch beim Fernsehen die Eindeutigkeit der Trennung zwischen Produktion und Rezeption bezweifelt werden kann. In dem von Hall (1999) entwickelten Kommunikationsmodell wird gegenüber dem klassischen Sender-Empfänger-Modell die Interpretationsleistung der Rezipient/innen in den Vordergrund gerückt. Demnach haben die Rezipierenden entscheidenden Anteil an der Deutung einer Medienproduktion. Die jeweilige Lesart hängt dabei stark vom lebensweltlichen Kontext der Rezeption ab.

nischer Charakter entlarvt wird („so eine Lüge"). Esther hingegen, gibt in ihrem Beitrag zu verstehen, dass sie den Tópico* mit „realen" Streitigkeiten im Forum assoziiert. Sie verfügt also über Wissen, das sich auf vergangene Geschehnisse im Forum bezieht und das sie nun zur Interpretation des Tópicos* heranzieht. Sie betont dabei die Prozesshaftigkeit des sozialen Lebens in Cibervalle und deutet den Tópico* im Kontext der allmählichen Transformation eines anonymen Kommunikationszusammenhangs in eine reale Gemeinschaft.

Schließlich manipuliert ein weiterer Teilnehmer eines der Fotos, kopiert das veränderte Foto erneut in denselben Tópico* und stellt es, eingeleitet durch einen entsprechenden Kommentar, in einen alternativen Deutungsrahmen.

Forumskommunikation Beispiel 24: Lokales Treffen „tratado de paz"

FELICIDADES!!

No sabia que en New York ya se podia hacer casamientos gay !! ...
>>>>juasssss<<<<<

MisterDarkness
IP: 113.153.156.*
21/03/2004

GLÜCKWÜNSCHE

Ich wusste nicht, dass in New York schon Schwulen-Ehen möglich sind !! ...
>>>>huasssss<<<<<

MisterDarkness
IP: 113.153.156.*
21/03/2004

MisterDarkness korrumpiert die gesamte Inszenierung der Gruppe, indem er dem Foto einen völlig anderen Kontext verleiht. Er rahmt die Szene, die das Foto abbildet, mit ‚Just married' und ‚Congratulations' und reinterpretiert so die Inszenierung eines Friedensabkommens in die Heirat der beiden Teilnehmer. Auch MisterDarkness benutzt offenbar einen ironischen Deutungsrahmen, da beide Teilnehmer als männlich kategorisiert werden und der einleitende Kommentar die Heirat zwischen Männern als unwahrscheinliches Ereignis wertet. Indem er seinen Kommentar mit einem Lachen indiziert („huaasss"), unterstreicht er das Deutungsangebot seines Beitrags und macht es für die anderen Teilnehmer/innen explizit. MisterDarkness korrumpiert also nicht nur den interpretativen Rahmen des Topicautors. Er verdoppelt gleichsam die ironische Rahmung des Tópicos* und verweist damit auf die wesentlichen Eigenschaften, die das Verhältnis zwischen physisch-lokal situiertem Ereignis und seiner virtuellen (Re)Konstruktion prägen.

Im Fall von Cibervalle sind die Praktiken des „media looping" in mehrfacher Hinsicht ambigue. Nicht nur sind die physisch-lokal situierten Handlungen und ihre virtuellen (Re)Konstruktionen derart miteinander verwoben, dass nicht mehr eindeutig entschieden werden kann, welches die Replik von welchem ist. Mit dem Moment, in dem der Tópico* eröffnet und die Fotos der Öffentlichkeit preisgegeben werden, endet zudem die Deutungshoheit der lokalen Gruppe, die das Ereignis in Kopräsenz erlebt hat. Seine mediale Fixierung und Veröffentlichung in einem interaktiven Kommunikationsraum eröffnen nun allen aktiven Nutzer/innen des Forums die Möglichkeit der Teilhabe an der Konstruktion neuer Deutungsrahmen für die gezeigten Bilder. Inwieweit die strukturelle Möglichkeit, die das Forum bietet, von den Teilnehmer/innen begrüßt wird, hängt nun vor allem davon ab, welche Bedeutung die lokalen Treffen für diejenigen haben, die sie in Kopräsenz erleben.

Die ethnographische multiperspektivische Beschreibung Cibervalles hat ja gezeigt, dass die lokalen Treffen in Paraguay ihre soziale Bedeutung erst über die virtuelle Transformation erhalten. Für die Mitglieder, die sich in der Migration befinden, haben die lokalen Treffen jedoch einen auf den gemeinsam geteilten Moment bezogenen Eigensinn. Ihre virtuelle Neuerfindung bringt gewissermaßen ein *surplus* an Bedeutung, das seine Funktion in der Intensivierung der translokalen Beziehungen zwischen den Mitgliedern hat. Es geht darum, die anderen an dem teilhaben zu lassen, was man selbst bereits erlebt hat. Es handelt sich also in gewisser Weise um eine „Nachspielung" (Goffman 1980), die – ähnlich einer Bühnenaufführung – eine klare Unterscheidung zwischen Darsteller/innen und Publikum macht. „Was auf der Bühne gesagt wird, wird nicht zum Publikum gesagt, sondern für das Publikum; und es soll mit Wertschätzung und nicht mit Handlungen reagieren" (ebd.:580). Eine kommunikative Nachspielung eines bereits vergangenen Ereignisses braucht deshalb „nicht so sehr handelnde Reaktionen, sondern all die vielen kleinen expressiven Laute, die bezeugen, dass der Zuhörer [*in dem Fall der Leser, Anm. H. G.*] angerührt worden ist von dem, was für ihn nachgespielt wird" (ebd.). Selbst in dieser offensichtlich ironischen Inszenierung des „Friedensvertrags" wird die interpretative Selbstermächtigung von MisterDarkness und anderen Teilnehmer/innen von der lokalen Gruppe nicht begrüßt. Nach einigen gegenseitigen homophoben Beleidigungen relativiert MisterDarkness schließlich sein Deutungsangebot und gibt die Deutungsmacht an die lokale Gruppe zurück: „Wenn es den Betroffenen nicht gefällt, haben sie das Recht, die Moderatoren darum zu bitten, das Foto aus dem Tópico* zu nehmen ... also ich werde es nicht wieder einstellen" [si no le gusta a los afectados estan en su derecho de pedir a los moderadores que lo retire ... total no lo vuelvo a poner].

Die lokalen Treffen in Paraguay hingegen sind ja vor allem an diejenigen adressiert, die nicht körperlich anwesend sind und erst in der anschließenden virtuellen

Erzählung dabei sein können. Am Beispiel des Geburtstagsfestes, das die Cibervaller@s in Asunción für die abwesende Nora organisiert hatten, ließ sich zeigen, dass die lokalen Aktivitäten in Paraguay eine starke Orientierung auf die abwesenden Mitglieder aufweisen, denen die in Paraguay Lebenden gewissermaßen ihre Körper leihen. Die Treffen, die am physisch-lokalen Kontext der Zugehörigkeit der Cibervalle-Gemeinschaft stattfinden, bilden gewissermaßen das „Rohmaterial für Drehbücher, dessen Nachspielung dem Zuschauer einen Erlebnisersatz bietet" (Goffman 1980:590). So lässt sich erklären, warum die Teilnehmer/innen außerhalb Paraguays tendenziell empfindlicher auf alternative Deutungsangebote der übrigen Teilnehmer/innen reagieren und auf ihre Deutungshoheit bestehen und warum es den in Paraguay befindlichen Teilnehmer/innen in der Regel leichter fällt, ihre Tópicos* der globalen Gemeinschaft gewissermaßen als *open source* zur Verfügung zu stellen.

In Anbetracht der immateriellen Qualität des virtuellen Raumes könnte man die hier beschriebene Dynamik der Verkettung von physisch-lokalen und virtuellen Bereichen der Lebenswelt mit dem Mangel an Gegenständlichkeit des gemeinsamen Sozialraums Cibervalle-Forum in Verbindung bringen. Mit anderen Worten: die Tópicos* sind nicht einfach als Rekonstruktionen vergangener Erlebnisse zu verstehen. Wenn man Lokalität mit den phänomenologischen Eigenschaften des sozialen Lebens assoziiert und als „complex phenomenological quality, constituted by a series of links between the sense of social immediacy, the technologies of interactivity, and the relativity of contexts" (Appadurai 1998:178) versteht, liegt die Schlussfolgerung nahe, die Tópicos* der physisch-lokalen Treffen sind deshalb so wichtig für das soziale Leben in Cibervalle, weil ihre Bilder gleichsam den phänomenologischen Stoff bilden, mit dem die Forumsnutzer/innen den virtuellen Raum bekleiden und als gemeinsamen globalen Teil der eigenen Lebenswelt neu entwerfen. Der virtuelle globale Raum, der kommunikativ erzeugt und mit Hilfe der Fotos visuell ausgestaltet wird, ist folglich mehr als nur die Summe der Lokalitäten, die er verbindet. Hier entsteht eine zusätzliche Realitätsebene, deren Ordnungsstrukturen sich von denen der physisch-lokalen Bedingungen unterscheiden, sie gleichzeitig beeinflussen und unter Umständen mit ihnen in Konflikt geraten können.

Die Akteur/innen betonen die Ambiguität dieser Realität, von der sie nicht eindeutig sagen können, ob sie bloß medial vermittelt oder erst durch das Medium hervorgerufen wird, durch den Einsatz von Ironie. „Ironie ist ein Mittel der Wahrnehmung und Artikulation von Ambivalenz, des Sicheinlassens auf Verhältnisse, für die die Gleichzeitigkeit von Ja und Nein konstitutiv ist" (Mecheril 2004:131f). Sich auf Beziehungen und ein Leben im „Cyberspace" einzulassen, ist in vielerlei Hinsicht eine ambivalente Angelegenheit. Hier begegnen sich Bedürfnisse nach Authentizität und der phänomenologischen Anreicherung sozialer Beziehungen in

einer virtuellen Wirklichkeit; einer „Wirklichkeit, die wirklich eine werden kann,
auch wenn sie es noch nicht ist" (Münker 1997:109). In diesem virtuellen Stadium
ist die Bedeutung von Wirklichkeit noch nicht festgelegt, wenig ist selbstverständlich, vieles möglich und die Deutungsmacht umkämpft. Ironie scheint ein adä-
quates Mittel, um dieser Ambivalenz zu begegnen. Man sagt etwas, meint es aber
nicht so und bewahrt sich so vor übereilten Festlegungen, mit denen man sich den
Widerspruch oder gar den Spott der Kommunikationspartner/innen einhandeln
könnte. Je länger man jedoch im Alltag an der Gestaltung dieser virtuellen Realität
teilhat, um so mehr wird sie zum selbstverständlichen Teil des eigenen Alltags und
man stellt sich plötzlich solche Fragen wie Samson aus England:

Forumskommunikation Beispiel 25: „Fuera los clones"

Disculpen ... por lo visto que yo soy el único habitante de este planeta que toma a Cibervalle en joda. Parece que muchos hacen que sus vidas giren en torno a lo que se haga o diga en este espacio virtual. Estoy loco?	Entschuldigt ... offenbar bin ich der einzige Bewohner dieses Planeten, der Cibervalle nicht ernst nimmt. Es scheint, als ob das Leben vie-ler sich rund um alles dreht, was hier in diesem virtuellen Raum gesagt oder getan wird. Bin ich verrückt?

Inwieweit die ironische Rahmung einem Ereignis angemessen ist, hängt also vom
Grad der Integration des virtuellen und des physisch-lokalen Bereichs der Lebenswelt des jeweiligen Akteurs ab. Ob Ironie in einem vorwiegend auf Text basierenden Medium als solche verstanden wird, ist allerdings eine weitere Frage, die
ihren Gebrauch erschwert. Wie drückt man aus, dass man nicht meint, was man
sagt, wenn man nur über die kommunikativen Mittel des Sagens verfügt? Oder
anders herum gefragt, woran kann man erkennen, ob ein Kommentar Ironie enthält oder ob er nicht etwa zynisch gemeint, also mit der Absicht verbunden ist, die
Adressatin zu verletzen? Der Einsatz von Ironie führt in Cibervalle immer wieder
zu Konflikten, in denen einerseits der Wirklichkeitsgehalt des virtuellen Raumes
auf dem Prüfstand steht, die andererseits aber auch entstehen, wenn die Kommu-
nikationspartner/innen auf dem schmalen Grad zwischen Ironie und Zynismus
ausrutschen und in *flame wars** abdriften. Die Beobachtung, dass die Ironie mit
der Zeit aus den Tópicos* der lokalen Treffen verschwindet und der Tendenz zur
Ritualisierung und Standardisierung von Antworten weicht, mag einerseits der
prophylaktischen Konfliktvermeidung dienen; andererseits aber auch Ausdruck
dessen sein, dass die virtuelle Wirklichkeit schon wirklicher geworden ist.

Die Aktivitäten, die auf den physisch-lokalen Ebenen stattfinden, erfahren nun
nicht nur eine neue Deutung in einem globalen Kontext, an deren Konstruktion
alle Nutzer/innen des Forums in verschiedenen Rollen beteiligt sind. Das Cibervalle-Forum ermöglicht auch die Beobachtung zwischen den Gruppen. Die Mitglieder Cibervalles sind also nicht nur Akteur/innen, sie sind auch gleichzeitig das
Publikum ihrer eigenen und der Darstellungen der anderen. Dabei scheinen sich

die physisch-lokalen Aktivitäten gegenseitig zu beeinflussen. Genauer gesagt: es finden sich Hinweise darauf, dass die mediale Transformation zu einer Synchronisation der lokalen Ereignisse führt und sie sogar in ein wechselseitiges Steigerungsverhältnis bringt. Betrachtet man die Aktivitäten in ihrer zeitlichen Entwicklung, so stellt man fest, dass seit dem ersten Treffen in Asunción eine, zum Zeitpunkt der Forschung anhaltende, Kettenreaktion ausgelöst wurde. Jeder neue Tópico*, der auf der Grundlage eines Treffens in einem der physisch-lokalen Kontexte eröffnet wird, veranlasst die anderen Gruppen zu weiteren Treffen und weiteren Tópicos*. Dabei scheint es bedeutsam zu sein, dem Erfolg des vorangegangenen Treffens, seinem Vergnügungsgrad oder der Zahl seiner Teilnehmer/innen in nichts nachzustehen oder diese gar zu übertreffen.

Die globale Reichweite und öffentliche Zugänglichkeit des Forums rückt nun die Aktivitäten der lokalen Subgruppen nicht nur in einen Horizont der gegenseitigen Beobachtung zwischen Beteiligten. Auch Unbeteiligte können zusehen und zwar potentiell weltweit. Auch diese merkwürdige Eigenschaft wird in Pedros Tópico* ironisch thematisiert. Schon die Umdeutung eines privaten Treffens in ein „Friedensabkommen" und der betont inszenierte Darstellungsstil des Autors weist ja gewisse Parallelen zu Interaktionen im politischen System auf, die für die Öffentlichkeit inszeniert und von den Massenmedien verbreitet werden. Diese ironischen Anspielungen werden nun von anderen Teilnehmer/innen aufgegriffen.

Forumskommunikation Beispiel 26: Lokales Treffen „tratado de paz"

es como si Arafat se abrazara con Sharon!!!	das ist, als ob Arafat und Sharon sich umarmen würden!!!
Ramón	**Ramón**
IP: 200.215.188.*	IP: 200.215.188.*
22/03/2004	22/03/2004

Mit der Bemerkung „das ist, als ob Arafat und Sharon sich umarmen würden" assoziiert Ramón die soziale Situation in Cibervalles mit der damaligen globalen weltpolitischen Situation. Ramón verstärkt damit die ironische Selbstbezüglichkeit des Tópicos* auf die paradoxe Situation, dass die privaten Beziehungen und Alltagshandlungen der Cibervaller@s in einen globalen und öffentlichen Deutungshorizont geraten und sie gewissermaßen im Alltag zu global playern werden.

Aber welche Öffentlichkeit interessiert sich eigentlich für das, was in einem paraguayischen Internetforum vor sich geht? Angesichts des Unbekanntheitsgrads Paraguays einerseits und der Alltagsbezogenheit der Cibervalle-Aktivitäten andererseits sollte man vermuten, dass das Cibervalle-Forum, außer bei den aktiven Mitgliedern selbst und bei einigen Paraguayer/innen in der Migration, kaum auf Interesse stößt. Bedenkt man die Verlinkungslogik des WWW, ist es zudem unwahrscheinlich, dass das Cibervalle-Forum in den Tiefen des WWW überhaupt gefunden wird. Möglicherweise bezieht sich die Ironie von Pedros Tópico* ja genau auf diese paradoxe Diskrepanz zwischen potentieller und realer Globalität des Cibervalle-Forums. Sind die Cibervaller@s also bloß eingebildete global player?

Im Folgenden wird ein Ereignis fokussiert, das Paraguay für kurze Zeit weltweite Aufmerksamkeit eingebracht hat. Ein Brand in einem Supermarkt in Paraguays Hauptstadt wurde zu einer globalen Sensation. Wie es dazu kam und wie sich das plötzliche Interesse an Paraguay in den Forumskommunikationen niedergeschlagen und das soziale Leben der Cibervaller@s beeinflusst hat, wird im nächsten Abschnitt diskutiert.

„Tragödie im Supermarkt Ycua Bolaños"

Forumskommunikation Beispiel 27: Ycua Bolaños 1 „Tragedia"

Tragedia en el supermercado Ykua Bolaños	Tragödie im Supermarkt Ykua Bolaños
A las 13:00 aproximadamente se inició un incendio de proporciones extraordinaria en el supermercado Ykua Bolaños ubicado en el barrio Trinidad de la ciudad capital.	Um ca. 13:00 ist ein ungeheuer großes Feuer im Supermarkt Ykua Bolaños im Stadtteil Trinidad der Hauptstadt ausgebrochen.
Es lamentable lo que está ocurriendo. Una vez más nos damos cuenta de que el país no está preparado para una tragedia como esta.	Es ist bedauerlich, was passiert. Einmal mehr wird uns deutlich, daß das Land nicht auf Tragödien wie diese vorbereitet ist.
gato_verde IP: 200.85.34.* **Respuestas:** 224 **Última respuesta:** 01/08/2004	gato_verde IP: 200.85.34.* **Antworten:** 224 **Letzte Antwort:** 01/08/2004

Das Beispiel zeigt den Eröffnungsteil eines Tópicos*, der im Zusammenhang mit dem Brandereignis im Cibervalle-Forum erschienen war. Die IP des Autors lässt vermuten, dass es sich hier um einen in Paraguay ansässigen Teilnehmer handelt. Die Formulierung in der Verlaufsform (Gerundium), „lo que está ocurriendo", zeigt an, dass es sich um ein immer noch andauerndes Ereignis handelt. Tatsächlich war gato_verde der erste, der kurz nach Ausbruch des Feuers, als das Ausmaß der Katastrophe noch nicht absehbar war, im Cibervalle-Forum einen Tópico* zu dem Thema eröffnet hatte.

Im Titel dieses Tópicos* findet die Leser/in keine konkreten Informationen, wird aber darauf vorbereitet, dass etwas Schreckliches passiert ist. Eine Tragödie wird angekündigt, die wahrscheinlich eine große Anzahl von Menschen betrifft, weil sie sich an einem öffentlichen Ort (Supermarkt) ereignet, an dem sich in der Regel viele Menschen gleichzeitig aufhalten. Der Titel verzichtet also auf eine sachliche Spezifizierung des Ereignisses und klassifiziert es stattdessen. Die Leser/innen werden durch diese informationsarme Negativschlagzeile dazu angeregt, den Tópico* zu öffnen, um zu erfahren, was da Schreckliches passiert ist. Sie werden gleichzeitig auf eine bestimmte Lesart eingestimmt und auf schlechte Neuigkeiten vorbereitet. Öffnet man nun den Tópico*, finden sich akribisch genaue, sachliche Informationen zum Ereignis. Man erfährt die genaue Uhrzeit, wann das Ereignis begonnen hat (13 Uhr mit dem expliziten Hinweis, dass es sich hier um einen Näherungswert handelt). Der Leser wird weiterhin über den Charakter des Ereignisses (ein Brand außerordentlichen Ausmaßes) und die Lokalität des Geschehens (im Supermarkt Ycua Bolaños im Stadtteil Trinidad der Hauptstadt) informiert.

Allerdings wird die Hauptstadt weder einem bestimmten nationalen Kontext zugeordnet noch wird sie namentlich benannt. Es handelt sich nicht um die Hauptstadt des Landes X, sondern um *die* Hauptstadt. Mit anderen Worten, der Autor setzt nicht nur als bekannt voraus, dass die Leser/innen wissen, über welche Hauptstadt hier gesprochen wird. Er geht auch davon aus, dass die Rezipient/innen des Tópicos*, genauso wie er selbst, die betreffende Stadt für die – oder treffender – für *ihre* Hauptstadt halten. Offenbar kann er dieses Wissen auch als geteilt voraussetzen, denn in keinem der folgenden Beiträge wird der nationale Kontext des Geschehens nachgefragt oder um seine Spezifizierung gebeten. Im ersten Absatz erfährt die Leserin also, wann, was, wo passiert ist, wobei der Autor des Textes sich auf die Rolle des Senders, das heißt des Vermittlers einer Nachricht beschränkt, der selbst weder als „maßgebendes Subjekt" noch als „Figur" (Goffman 1980) in dem von ihm beschriebenen Ereignis vorkommt.

Dem Eröffnungsbeitrag folgt eine chronologische und detaillierte Auflistung dessen, was bis dahin vor Ort passiert war, die Gato_verde aus der Online-Version einer nationalen Tageszeitung kopiert und – unter Angabe der Quelle – in seinen Tópico* eingefügt hat. Gato_verde nutzt also das öffentliche, global zugängliche Cibervalle-Forum, um Informationen über ein Ereignis zu verbreiten, das sich gerade in dem regionalen Kontext abspielt, in dem er lebt. Vor allem die außerhalb Paraguays lebenden Nutzer/innen, die sich schnell und zahlreich in dem Tópico* einfinden, betonen entsprechend den Wert des Forums als Informationsnetzwerk:

Forumskommunikation Beispiel 28: Ycua Bolaños 1 „Tragedia"

Gracias Gato_verde y Anastasia por informar a los que estamos lejos, pues es imposible conectarse a los sitios radiales en estos momentos, todo está saturado, no se afichan las páginas porque quizás hay mucha gente que se conecta	Danke, Gato_verde und Anastasia, dass ihr uns informiert, die wir weit weg sind, denn es ist im Moment unmöglich, die Radiostationen im Internet zu erreichen, alles ist dicht, die Seiten öffnen sich nicht, vielleicht weil viele Leute gleichzeitig darauf zugreifen
Lola **IP**: 213.65.346 01/08/2004	**Lola** **IP**: 213.65.346 01/08/2004

Diese und ähnliche Bemerkungen, die im Zusammenhang mit Ycua Bolaños wiederholt zu lesen waren, markieren die Situation in zweierlei Hinsicht als Ausnahme. Anders als in normalen Zeiten erfährt Paraguay plötzlich global ein außergewöhnlich hohes Maß an Aufmerksamkeit, so dass gleichzeitig eine so hohe Anzahl an Zugriffen auf die verfügbaren Internetseiten der nationalen Massenmedien und anderer Informationsportale vermutet wird, der diese nicht gewachsen sind. Darüber hinaus stillen offenbar viele der Nutzer/innen ihren Bedarf an Information über das Herkunftsland normalerweise über die Internetversionen lokaler bzw. nationaler Massenmedien wie Zeitungen und Radiosender. Erst als dies nicht möglich war, wandten sie sich mit der Bitte um detaillierte Information an das Cibervalle-Forum. Die Interaktivität und Synchronität des Mediums führte dann zu der Situation, dass die geografisch verstreuten Akteur/innen gemeinsam den Verlauf der Tragödie verfolgen und deren Ursachen und Folgen unter Berücksichtigung unterschiedlichster Wissensquellen diskutieren konnten.

Die Forumsnutzer/innen, die Zugang zur massenmedialen Berichterstattung hatten, reagierten auf das Informationsdefizit, indem sie die Nachrichten, die in den Massenmedien erschienen, im Forum wiedergaben. Dabei benutzten sie erstens das „copy-paste"-Verfahren, das heißt, Nachrichten, Namenslisten der Opfer und Fotos wurden auf den entsprechenden Seiten im Internet gesucht, kopiert und in den Tópicos* des Forums zusammengetragen. Zweitens beschrieben manche der Beteiligten, was sie im Fernsehen sahen oder im Radio hörten und kommentierten so den Verlauf der andauernden Tragödie mit eigenen Worten. Drittens meldeten sich zu einem späteren Zeitpunkt Augenzeug/innen, freiwillige Helfer/innen und Feuerwehrleute und schilderten den Ablauf des tragischen Ereignisses aus ihrer persönlichen Sicht. Die geografisch entfernt lebenden Beteiligten profitierten schließlich nicht nur von den verschiedenen lokalen Wissensquellen, sondern trugen auch zu der translokalen Wissensproduktion bei, indem sie berichteten, wie das Ereignis in den Medien außerhalb von Paraguay wahrgenommen und kommentiert wurde. Auch hier lässt sich an den Kommentaren zeigen, dass die Akteur/innen die Tatsache, dass über ein Ereignis in Paraguay international berichtet wird, als Ausnahme wahrnehmen. Der folgende Beitrag eines in Buenos Aires lebenden Cibervalleros wertet die Tatsache positiv, dass der Fernsehsender *TN Argentina* das reguläre Programm ausgesetzt hatte, um live über den Brand zu berichten.

Forumskommunikation Beispiel 29: Ycua Bolaños 1 „Links importantes"

(...) tampoco kiero desmeritar la TN Argentina por la gran nota ke nos hizo ver los sucesos al por detalle.

(...) auch will ich nicht versäumen, die TN Argentina zu würdigen für die große Aufmerksamkeit, uns die Geschehnisse im Detail sehen zu lassen.

frederico
IP: 134.67.23
01/08/2004

frederico
IP: 134.67.23
01/08/2004

Aufgrund seiner globalen öffentlichen Reichweite bietet das Cibervalle-Forum also erstens die Möglichkeit, Informationen über ein lokales Ereignis global zu verbreiten. Zweitens führt seine plurilokale Zusammensetzung dazu, ein Ereignis aus verschiedenen lokalen Perspektiven zu beleuchten und sich unter Berücksichtigung aller verfügbaren Informationen über dessen Bedeutung abzustimmen.

Wie ein lokales Ereignis zur globalen Sensation wird

Aber wie lässt sich überhaupt erklären, dass ein Brand, der in einem Supermarkt in Paraguay – einem auf globaler Ebene unbekannten und bedeutungslosen Land – ausbricht, zur globalen Sensation wird? Weiter unten in Gato_verdes Tópico* findet sich eine neue Information über den Brand. Anastasia, die in Ciudad del Este das schreckliche Ereignis im Fernsehen verfolgt, schreibt Folgendes:

Forumskommunikation Beispiel 30: Ycua Bolaños 1 „Tragedia"

Es una verguenza ... cuando comenzo el incendio se cerraron las puertas del supermercado para que la gente no salga ...	Es ist eine Schande ... als das Feuer ausbrach, haben sie die Türen verschlossen, damit die Leute das Gebäude nicht verlassen ...
Anastasia	**Anastasia**
IP: 66.105.41	**IP:** 66.105.41
01/08/2004	01/08/2004

Um zu verhindern, dass die Kund/innen den Supermarkt verließen, ohne ihre Waren zu bezahlen, hatte der Eigentümer angeordnet, die Türen zu verschließen, während sich im Gebäude noch hunderte von Menschen befanden. Hier geht es also nicht mehr nur um einen bedauernswerten Unfall, für dessen fatale Auswirkungen die allgemeine marode Situation des Landes verantwortlich gemacht werden kann, wie gato_verde zunächst angenommen hatte („einmal mehr wird uns deutlich, dass das Land nicht auf eine solche Tragödie vorbereitet ist"). Vielmehr hat hier eine kalkulierte Entscheidung eine menschliche Katastrophe herbeigeführt. Statt alles daran zu setzen, die in dem Gebäude befindlichen Menschen vor den Flammen zu retten, lässt der Eigentümer des Supermarktes die Türen schließen und nimmt den Tod hunderter Menschen in Kauf, um seine Waren zu retten. Das Unfassbare an diesem Handeln, das Noch-nie-dagewesene macht schließlich den Neuigkeitswert der Nachricht und das globale Interesse daran aus. Die Nachricht verbreitete sich entsprechend schnell über die globalen Nachrichtenagenturen und transformierte das lokale Ereignis schließlich in eine globale Sensation.

Im Cibervalle-Forum wurde nun nicht nur mit Überraschung und dem Bemühen um Image-Bereinigung auf die Tatsache reagiert, *dass* Paraguay plötzlich auf der Tagesordnung internationaler, vor allem europäischer, Massenmedien stand. In zahlreichen Beiträgen drückte sich auch Befremden darüber aus, *wie* Paraguay in der Welt wahrgenommen wurde. Die Fremdbeschreibungen Paraguays, die durch das konkrete Ereignis des Brandes plötzlich verfügbar waren, boten schließlich einen

Anlass für eine allgemeine Diskussion über die Situation Paraguays. Die in Europa und USA lebenden Cibervaller@s berichteten nun im Forum, wie Paraguay in den Fernsehnachrichten der jeweiligen Ländern thematisiert wurde, oder sie kopierten Auszüge aus Artikeln, die sie in den Online-Versionen der jeweiligen Zeitungen finden konnten. In dem Zusammenhang wurde Paraguay wiederholt als eines der ärmsten Länder Südamerikas bezeichnet; eine Klassifizierung, die von den Cibervaller@s überrascht, zuweilen sogar empört zur Kenntnis genommen wurde.

Forumskommunikation Beispiel 31: Ycua Bolaños 51 „somos pobres"

estoy en españa,no solo pasaron por la tele,sino que ademas nos tildan de ser uno de los paises más pobres de sudamerica. europeos del orto

Bossman
IP: 80.58.50.*
04/08/2004

Ich bin in Spanien,sie haben es nicht nur im Fernsehen gezeigt,sie haben uns auch noch als eines der ärmsten Länder Südamerikas bezeichnet. Arschloch-Europäer

Bossman
IP: 80.58.50.*
04/08/2004

Bossman, en Inglaterra se dio mucha cobertura a lo sucedido en Paraguay, la noticia todavia esta en los principales diarios y tambien la BBC paso la noticia por varios minutos en sus noticieros.☐ Tambien mencionaron varias veces que el Paraguay es uno de los paises mas pobres de Sudamerica (sera cierto eso?) y mencionaron que, durante el incendio, los bomberos debian pisar las mangueras para que el agua no salga por los agujeritos de las mismas.

José
IP: 172.134.84.*
04/08/2004

Bossman, in England hat man dem Geschehen in Paraguay große Aufmerksamkeit geschenkt, die Nachricht ist noch immer in den wichtigsten Tageszeitungen, und auch die BBC hat die Nachricht mehrere Minuten lang in ihrer Nachrichtensendung gezeigt. Sie haben auch mehrmals erwähnt, dass Paraguay eines der ärmsten Länder Südamerikas sei (ist das wohl wahr?), und sie erwähnten, dass während des Brandes die Feuerwehrleute auf den Schläuchen stehen mussten, damit das Wasser nicht aus den Löchern läuft.

José
IP: 172.134.84.*
04/08/2004

si ... eso es verdad ... en esos detalles se fijaron los internacionales ... pero bueno ... es la verdad ...

rosita
IP: 200.101.154.*
04/08/2004

Ja ... das stimmt ... auf solche Details achteten die Internationalen ... aber gut ... es ist die Wahrheit ...

rosita
IP: 200.101.154.*
04/08/2004

No sé que les sorprende de oir que somos pobres, es verdad basta con ver las imagenes de las calles de como se viste la gente !!Sí no somos los màs pobres estamos entre ,y no es una ofensa es la pura verdad!!

lola
IP: 84.134.62.*
04/08/2004

Ich weiß nicht, warum es euch überrascht zu hören, dass wir arm sind, es ist die Wahrheit, es genügt, die Bilder der Straßen zu sehen, wie sich die Leute kleiden!!! Vielleicht sind wir nicht die Ärmsten ,aber wir gehören jedenfalls zu den Ärmsten und das ist keine Beleidigung, sondern die reine Wahrheit!!

lola
IP: 84.134.62.*
04/08/2004

Wie lässt sich die Irritation über die Beschreibungen Paraguays, die plötzlich in den internationalen Massenmedien zu vernehmen waren, erklären? Angesichts der regelmäßigen Teilnahme an den Forumsaktivitäten, in denen auch über aktuelle politische und soziale Fragen debattiert wird, und wenn man bedenkt, dass die außerhalb Paraguays lebenden Teilnehmer/innen auch die Online-Versionen der nationalen Tageszeitungen und Radiostationen nutzen, kann es kaum ein Mangel an Information sein, der die Diskutierenden in Erstaunen versetzt. Und tatsächlich gibt es ja auch Einzelne, die diese Einschätzung teilen, obwohl sie nicht vor Ort leben, sondern ihre Eindrücke aus medial vermittelten Bildern ableiten, wie etwa die in Frankreich lebende Lola.

Das Überraschende – oder sagen wir: das Unerwartete – an der plötzlichen Verfügbarkeit von externen Beschreibungen über das Land, dem sich die Cibervaller@s zugehörig fühlen, ist vor allem, dass sie Paraguay in einen, nach westlich-modernen Maßstäben konstruierten Vergleichshorizont transportieren, in dem das Land normalerweise nicht vorkommt. In diesem Vergleichshorizont werden solche „Details" wie etwa ein durchlöcherter Schlauch – die für Paraguayer/innen alltäglich und keineswegs bemerkenswert sind – zum Symbol für extreme Armut und den miserablen Entwicklungsstand des Landes. Auch wenn die nationalen Medien tagtäglich über die sozialen Missstände im Land berichten und sie möglicherweise auch im Vergleich mit anderen Ländern bewerten sowie auch innerhalb Cibervalles der Zustand des Landes mitunter kritisch diskutiert wird, ist dieser Außenblick auf Paraguay dennoch befremdlich, eben weil er Fremdbeschreibungen enthält, die normalerweise nicht verfügbar sind. In der Ausnahme spiegelt sich gewissermaßen die Regel, dass Paraguayer/innen normalerweise nichts sehen, wenn sie in die massenmedialen globalen *Spiegel zweiter Ordnung*[109] blicken.

Die Welt als Horizont: Wie Individuen im Alltag zu nationalen Repräsentant/innen werden

Noch einmal zurück zu gato_verdes Eröffnungsbeitrag: Während er sich im ersten Absatz auf die bloße Vermittlung einer Nachricht beschränkt hat, wechselt gato_verde im zweiten Absatz in eine neue Sprecherrolle und markiert diesen Wechsel durch eine Leerzeile. Im zweiten Absatz kommentiert der Autor die von ihm publizierte Sachinformation („Es ist bedauerlich, was da passiert. Einmal mehr wird uns deutlich, daß das Land nicht auf Tragödien wie diese vorbereitet ist.") und stellt sich damit „willentlich auf den Standpunkt (...), den die Aussage ausdrückt" (Goff-

---

[109] Stichweh bezeichnet massenmedial konstruierte Öffentlichkeit als Spiegel zweiter Ordnung. „Damit ist gemeint, daß man sich im Medium der Öffentlichkeit – anders als im Spiegel – nicht unmittelbar selbst anschauen kann. Vielmehr läuft die Selbstbeobachtung des Systems, die es der Öffentlichkeit verdankt, so ab, daß dieses den anderen dabei zuschaut, welche Beobachtungen sie über das betreffende System anstellen, und daß das System diesen Beobachtungen der anderen Informationen über sich selbst entnimmt" (2005:87).

man 1980:554). Ähnlich wie im weiter oben diskutierten Beispiel „Geburtstagsfest" nimmt auch Gato_verde für sich in Anspruch, im Namen einer nicht näher definierten Wir-Gruppe zu sprechen („einmal mehr wird *uns* deutlich"). In wessen Namen spricht nun Gato_verde? Handelt es sich hier um dieselbe Wir-Gruppe, in deren Namen Lisa anlässlich Anas Geburtstag gesprochen hatte?

In der virtuellen Nachspielung von Anas Geburtstagsfest versicherte Lisa der Protagonistin des Festes ihre Zuneigung, allerdings nicht als Individuum, sondern stellvertretend im Namen aller („du weißt, dass wir dich alle sehr mögen"). Lisa schreibt ihren Beitrag in dem Wissen, dass er, sobald sie ihn im Forum veröffentlicht, von allen gelesen werden *kann*. Sie nimmt weiterhin an, dass er, zumindest von den bekannten Mitgliedern, auch gelesen *wird*. Deshalb spricht sie nicht nur *für*, sondern auch *zu* den anderen und fordert sie auf, ihre Aussage zu bestätigen („oder nicht, Leute?"). Lisa richtet sich vornehmlich an das bekannte Publikum, an die Mitglieder also, die in dem Moment, in dem sie nicht durch eigene Beiträge Präsenz zeigen, in die Rolle des imaginierten Publikums schlüpfen.

In Gato_verdes Beitrag finden sich hingegen Hinweise darauf, dass sowohl die Wir-Gruppe, in deren Namen er spricht, als auch das Publikum, an das er sich dabei wendet, über die bekannten Cibervaller@s hinausreicht. Wie schon im ersten Absatz verzichtet Gato_verde nämlich auch hier auf eine Spezifizierung des nationalen Kontextes, er sagt nicht, Paraguay, sondern *das* Land sei nicht auf eine solche Tragödie vorbereitet. Dadurch, dass er den nationalen Kontext, über den er spricht, nicht spezifiziert, sondern Formulierungen wählt wie „das Land" oder „die Hauptstadt", stellt er eine implizite Zugehörigkeit der Wir-Gruppe zu dem räumlichen Kontext her, indem sich das Ereignis abspielt. Er spricht also nicht nur für die übrigen Cibervaller@s, sondern stellvertretend für die Paraguay@s.

Gleichzeitig richten sich die Adressierungen der anderen Teilnehmer/innen verstärkt auf mögliche anonyme Zuschauer/innen. Dabei beziehen sie sich zunächst auf diejenigen, die in direkter oder indirekter Weise an dem Ereignis beteiligt sind, jedoch nicht zur Cibervalle-Gemeinschaft gehören. So werden etwa Beileidsbekundungen an die Angehörigen der Opfer adressiert, obwohl es keine Hinweise darauf gibt, dass einer der bekannten Mitglieder von Cibervalle direkt von der Tragödie betroffen sein könnte. Viele Beiträge drücken Empörung über das Verhalten des Supermarkteigentümers aus und äußern Kritik an der Regierung, die es versäumt habe, die Einhaltung von Sicherheitsvorkehrungen zu kontrollieren. Darüber hinaus kommunizieren die Cibervaller@s auch Schamgefühle, wie etwa in Anastasias Beitrag („Es ist eine Schande" [es una verguenza]) zu lesen ist. Warum und vor allem vor wem schämen sich die Cibervaller@s?

Mit der Entscheidung, die Türen des Supermarktes zu verschließen, nicht obwohl, sondern gerade weil noch eine Vielzahl an Menschen in dem Gebäude waren, die ihm andernfalls, so die Befürchtung, einen wirtschaftlichen Schaden zugefügt hätten, stellt der Eigentümer des Supermarktes sein Recht auf Besitz über das Recht auf Leben seiner Kund/innen und löst damit weltweit Empörung aus. Die Kommunikation von Empörung und Kritik orientiert sich zumindest vordergründig[110] an einem bestimmten Sachverhalt oder der Handlung eines Gegenübers und versetzt den Sprecher in die Position des Beobachters. In der Äußerung von Scham hingegen ändert sich die Orientierung der Sprecherin hin zum imaginierten Publikum. In Antizipation der Bewertung durch einen Dritten begibt sie sich nun selbst in die Rolle der Beobachteten. Die Cibervaller@s sind beides gleichzeitig: Beobachtende und Beobachtete. Als Beobachter/innen empören sie sich über das Verhalten des Supermarkteigentümers, kritisieren die Regierung und grenzen sich von beiden ab. In dieser Hinsicht bilden sie eine Öffentlichkeit des nationalen Kontextes. Als Beobachtete sind sie gleichzeitig Teil desselben nationalen Kontextes, der nun in den Fokus der Weltöffentlichkeit gerät.

Das plötzliche globale Interesse an Paraguay spiegelt sich nun auch in einem verstärkten Interesse an Cibervalle. Nicht nur geografisch ferne Landsleute nutzen das Forum, um detaillierte Informationen über das Ereignis zu erhalten. Eine Vielzahl von Beiträgen neuer, eigens zu diesem Zweck registrierter Teilnehmer/innen, insbesondere aus Süd- und Mittelamerika, bestätigt die Cibervaller@s in der Annahme, dass ihre Aktivitäten weltweit beobachtet werden. Cibervalle wird in dieser Situation zu einer interaktiven Öffentlichkeit, in der jedwedes, der spanischen Sprache mächtige Individuum seine persönliche Botschaft an Paraguay bzw. Paraguayer/innen adressieren kann.

Forumskommunikation Beispiel 32: Ycua Bolaños 12 „quebrar a Paiva"

Sepan hermanos y hermanas Paraguayas que desde Uruguay estamos orando por ustedes. Es cierto que le paso lo mas horrible que se pueda imaginar a ese hermoso pueblo de uds., pero ahora el mundo les está mirando, juntense y muestren lo unidos que son, lo buena gente que son, y por favor muestren que en Paraguay se puede hacer justicia, que los responsables sean castigados como merecen. Un gran abrazo y acá támbien hay mucha gente orando por ustedes. AGUANTE PARAGUAY Y LOS PARAGUAYOS	Ihr sollt wissen, paraguayische Schwestern und Brüder, dass wir in Uruguay für euch beten. Es ist wahr, dass diesem eurem wunderbaren Volk das Schrecklichste passiert ist, was man sich vorstellen kann, aber jetzt schaut euch die Welt zu, kommt zusammen und zeigt, wie vereint ihr seid, was für gute Menschen ihr seid, und bitte zeigt, dass in Paraguay Gerechtigkeit möglich ist und dass die Verantwortlichen die Strafe bekommen, die sie verdienen. Eine große Umarmung und hier gibt es auch viele Menschen die für euch beten. HALTE DURCH, PARAGUAY UND PARAGUAYER

---

[110] Im Bewusstsein, dass die Kommunikation vor Publikum stattfindet, hat die Äußerung von Empörung immer auch inszenierenden Charakter.

Beiträge wie dieser betonen nicht nur den Aspekt der Beobachtung. Sie suggerieren zudem, die Welt habe eine normative Erwartung an Paraguay, wie mit dieser Situation umzugehen sei. Die Cibervaller@s, deren Interesse an den Forumskommunikationen ja vorwiegend privater Natur ist, finden sich nun plötzlich in der kuriosen Situation wieder, dass diese Erwartungen an sie adressiert werden, einzig aus dem Grund, weil sie in einem paraguayischen, öffentlichen Online-Forum aktiv sind. Wenn Anastasia und viele ihrer Kommunikationspartner/innen das Verhalten des Eigentümers als Schande bewerten, tun sie das in dem Bewusstsein, dass seine Entscheidung nicht nur das Leben von hunderten von Menschen in Gefahr gebracht, sondern auch noch Paraguay ein negatives Image in der Welt verschafft hat. Wenn sie allerdings das öffentlich zugängliche Diskussionsforum nutzen, um ihre Haltung zu kommunizieren, grenzen sie sich von der Person und dem Verhalten des Unternehmers ab und übernehmen gleichzeitig als Paraguay@s Verantwortung dafür, die normativen Erwartungen der Weltöffentlichkeit zu erfüllen.

Tatsächlich lassen sich in den zahlreichen Tópicos*, die im Zuge des Brandereignisses entstanden sind, eine Vielzahl von Aktivitäten finden, die gewissermaßen als Versuche der Image-Bereinigung gelesen werden können. So wurden in den Diskussionen positive Aspekte, wie die außerordentliche Hilfsbereitschaft und bedingungslose Solidarität der paraguayischen Bürger/innen, hervorgehoben und gemeinsame Lobeshymnen auf die vielen freiwilligen Helfer/innen und vor allem auf den unermüdlichen Einsatz der freiwilligen Feuerwehr angestimmt. Den Tenor der Diskussionen veranschaulicht das folgende Bild:

Abbildung 11: Ycua Bolaños „bombero"

„Gracias a bomberos voluntarios!!"
[Danke den freiwilligen Feuerwehrleuten]

Das Bild zeigt einen Feuerwehrmann bei der Bergung eines verletzten Kindes. Das Foto wurde von einem Cibervaller@ online aus einer der paraguayischen Tageszeitungen kopiert und mit nationalen Symbolen und einer Trauerschleife versehen.

Mit der Überschrift wird der Feuerwehrmann als „unser anonymer Held" zur Symbolfigur des guten, selbstlosen Paraguayers stilisiert, der sich selbst in Lebensgefahr bringt, um andere Menschenleben zu retten. Der Feuerwehrmann wird damit zum Gegenentwurf des schlechten, selbstsüchtigen paraguayischen Unternehmers, der Menschenleben riskiert, um seinen Besitz zu retten.

Die Dynamik zwischen einem lokalen Ereignis, dem globalen öffentlichen Interesse daran und den daraus abgeleiteten Erwartungen hat das Forum anscheinend in eine Plattform zur Koordination diverser Hilfsaktivitäten verwandelt. Diesen Eindruck suggerieren zumindest die zahlreichen Aufrufe und Angebote an Solidarbeiträgen, wie Geld- und Sachspenden, Medikamente, Lebensmittel, Blutspenden sowie dem persönlichen Einsatz der nicht persönlich Betroffenen, etwa bei der Betreuung von Verletzten. Die Hilfsaktivitäten, die sich in den Kommunikationen abbildeten, gipfelten offenbar in einem lokalen Treffen der in Asunción ansässigen Cibervaller@s. Wie aus dem Tópico* hervorgeht, der im Anschluss das Treffen dokumentierte, war der Anlass des Treffens, den nationalen Tag der Freundschaft zu feiern und dabei Spenden für die Opfer der Brandes von Ycua Bolaños zu sammeln. Auf die Frage eines neu registrierten Mitglieds, das den Tópico* gelesen, aber nicht über dessen Hintergründe informiert war, antwortet eine der hauptverantwortlichen Organisatorinnen entsprechend.

Forumskommunikation Beispiel 33: Lokales Treffen „Ycua Bolaños"

Fue un encuentro el 07/08/04, por festejo del dia de la amistad y para recaudar una platita o ayuda a las personas que sufrieron el accidente del 01-A, en el CLUB TRINIDAD	Es war ein Treffen am 07/08/04, um den Tag der Freundschaft zu feiern und um ein bisschen Geld oder Hilfe für die Personen zu sammeln, die von dem Unfall am 01-A. betroffen sind, im CLUB TRINIDAD
Felina IP: 200.85.34.* 10/08/2004	**Felina** IP: 200.85.34.* 10/08/2004

Neben den für diese Tópicos* üblichen kommunikativen Mustern des gegenseitigen Bedankens, Lobens und Wertschätzens sowie der überhöhten Darstellung der Begeisterung über die gelungene Zusammenkunft und das gemeinsam geteilte Vergnügen wird in diesem Fall besonders das solidarische Verhalten der Teilnehmer/innen hervorgehoben. Schon im Titel des Tópicos* „Treffen_07 AUGUST ... Resümee und gesammelte Spenden" definiert Felina den besonderen Charakter des Treffens. In ihrem Eröffnungsbeitrag dankt sie dann den anderen Teilnehmer/innen explizit für die Hilfe und Beteiligung an diesem Akt der Solidarität für die „compatriotas" [Landsleute] und unterstreicht den Erfolg des Treffens im Verweis auf die Summe an Spenden, die von allen zusammengetragen wurde und die „viele Leute in den Krankenhäusern und auch in einigen Häusern sehr glücklich machen werden." Auch die Kommentare der anderen Mitglieder betonen den Aspekt der Solidarität und den nationalen Gemeinschaftssinn der Gruppe, indem sie sich gegenseitig beglückwünschen und bedanken und immer wieder die Eigenschaft des Teilens und Helfens als idiosynkratisch für die Cibervalle-Gemeinschaft, respektive die nationale Gemeinschaft, hervorheben.

Forumskommunikation Beispiel 34: Lokales Treffen „Ycua Bolaños"

„ESTOY MUY ORGULLOSA DE MI PAIS Y DE MIS PAISANOS. Felicidades gente y que sigamos asi, luchando por construir de nuestro pais un lugar cada dia mejor.	ICH BIN SEHR STOLZ AUF MEIN LAND UND MEINE LANDSLEUTE. Glückwünsche, Leute, und auf dass wir so weitermachen, dafür kämpfend, dass aus unserem Land mit jedem Tag ein besserer Ort wird.

Auch die Fotos, die in dem Tópico* veröffentlicht wurden, tragen einen wesentlichen Teil dazu bei, das Treffen als Akt der Solidarität zugunsten der Opfer der Brandtragödie von Ycua Bolaños erscheinen zu lassen.

Forumskommunikation Beispiel 35: Lokales Treffen „Ycua Bolaños"

Un minuto de silencio en memoria de los compatriotas que fallecieron en la tragedia 1A	Eine Schweigeminute in Gedenken an die Landsleute, die in der Tragödie 1A gestorben sind

In Gesprächen mit den Cibervaller@s, die ich während meiner Feldforschung in Paraguay kennengelernt und nach den Aktivitäten im Zusammenhang mit Ycua Bolaños befragt hatte, ergab sich jedoch ein etwas anderes Bild. Es stellte sich heraus, dass das Treffen lange vor der Tragödie geplant war. Ursprünglich ging es bei dieser Zusammenkunft um den Abschied von Tomás, eines in den USA lebenden Cibervalleros, der seinen Urlaub in Asunción verbracht hatte. Eduardo zufolge hatte Tomás eine beträchtliche Summe Geld an Felina gegeben und sie mit der Organisation des Treffens betraut. In Anbetracht des Brandes von Ycua Bolaños besprach Felina dann die Situation mit Eduardo. Zwar war niemand aus der Gruppe direkt von dem Brand betroffen, dennoch war Felina unsicher, ob man angesichts der nationalen Tragödie das Treffen stattfinden lassen sollte oder nicht. Eduardo schlug vor, das Treffen im Forum als Solidaritätskampagne anzukündigen, verbun-

den mit dem Aufruf an die Teilnehmer/innen, als „Eintrittsgeld" Hilfsgüter mit-
zubringen. Eduardo war der Ansicht, es hätte einen schlechten Eindruck gemacht,
in einer solchen Situation ein Treffen zum bloßen Vergnügen zu veranstalten. Im
Grunde sei es aber eine Party gewesen, mit dem Nebeneffekt, dass ein bisschen
Geld und einige Sachspenden gesammelt worden seien, die Felina dann weiterge-
leitet hätte. Andere Mitglieder der Gruppe standen dem Unternehmen kritischer
gegenüber. Eine von ihnen war Sandra, die allerdings auf ihren Vorschlag, lieber
das Geld von Tomás direkt zu spenden und auf das Treffen zu verzichten, heftige
Gegenstimmen erntete und am Ende entschied, das Treffen zu boykottieren.

> „Es wurde viel Geld ausgegeben, das man hätte spenden können. Tomás bezahlte
> alles. Es wurde überhaupt nichts gesammelt, ich meine, es wurde mehr ausgegeben,
> als sie eingenommen haben. Alles war sehr teuer, die Miete für die Freizeitanlage,
> die T-Shirts und die Digitalkameras, die verlost wurden" (Sandra, Asunción, *Feld-
> tagebuch, f-t-f-Gespräch*).

In der Narration des Treffens, die auf der Forumsebene konstruiert wurde, hielten
sich allerdings die kritischen Stimmen nicht nur zurück, sie beteiligten sich sogar
aktiv an der Inszenierung. Obwohl Sandra das Treffen boykottiert hatte, erscheint
sie in dem Tópico*, lobt die schönen Fotos und gibt sogar vor, dabei gewesen zu
sein.

An diesem Beispiel zeigt sich erneut, dass die lokalen Treffen und ihre virtuellen
Neuerfindungen zwei Ebenen der sozialen Realität in Cibervalle sind, die in Struktur und Erscheinung stark voneinander abweichen, gleichwohl sie sich wechselseitig beeinflussen. Während das Treffen auf der lokalen Ebene als Abschiedsfest
für Tomás geplant war, wurde sein Charakter in Anbetracht des Brandereignisses
verändert. Nun wurde das Treffen inhaltlich in den Kontext des Brandereignisses
gestellt, Spenden für die Betroffenen gesammelt und der Opfer gedacht. Ausschlaggebend für diese inhaltliche Veränderung war allerdings weniger der Brand
als solcher als die öffentliche Rahmung des lokalen Treffens durch seine Anbindung an das Cibervalle-Forum und der antizipierte Außenblick auf die Cibervalle-
Aktivitäten. Gleichwohl findet die inhaltliche Veränderung des Treffens seine volle
Entfaltung erst in seiner virtuellen Neuerzeugung. Während das Ereignis auf der
physisch-lokalen Ebene für die Teilnehmenden vor allem ein Abschiedsfest war,
werden in seiner virtuellen Replik die solidarischen, auf das Brandereignis bezogenen Aktivitäten besonders hervorgehoben.

Strukturen einer globalen Lebenswelt

In diesem Kapitel wurde gezeigt, dass der Alltag der Bewohner/innen von Cibervalle entscheidend von der globalen öffentlichen Rahmung der Kommunikation
geprägt ist. Das latente Wissen um die Möglichkeit der anonymen Beobachtung
erhöht die Selbstreflexivität der Akteur/innen im Hinblick auf ihre kommunika-

tiven Akte im Forum, beeinflusst aber auch ihre Aktivitäten in den physisch-lokalen Sozialräumen. Das Online-Forum fungiert als globaler Beobachtungshorizont
der Cibervalle-Gemeinschaft. Der antizipierte Außenblick und die Möglichkeit der
wechselseitigen Beobachtung werden zu handlungsleitenden Elementen. Globalität
ist hier allerdings keine eindeutig bestimmbare Größe. Vielmehr changiert das reflexive Bewusstsein über die öffentliche Beobachtung zwischen unterschiedlich umfassenden Globalitätsreferenzen, je nachdem, welches Publikum gerade imaginiert
wird. Während die Adressierungen im Analysebeispiel „Geburtstagsfest" in erster
Linie auf das bekannte Publikum – man könnte auch sagen: auf die Cibervalle interne globale Öffentlichkeit – rekurrieren, wird im Beispiel „Friedensvertrag" eine
übergreifende Weltöffentlichkeit in ironischer Weise adressiert, wodurch die Diskrepanz zwischen potentiell globaler Erreichbarkeit der Kommunikation und der
Marginalität Paraguays, respektive Cibervalles, in den medialen Weltkarten zum
Ausdruck kommt. Im Analysebeispiel Ycua Bolaños wird schließlich die strukturelle Möglichkeit, in den Blickpunkt einer übergreifenden Weltöffentlichkeit zu
geraten, real.

Um die Sozialstruktur der Cibervalle-Öffentlichkeit zu beschreiben, bedarf es
also eines differenzierten Publikumsbegriffs. In Cibervalle gibt es *anonyme* und
bekannte Zuschauer/innen. Das anonyme Publikum wiederum teilt sich in *transitorische* und *permanente* Beobachter/innen. Die transitorischen anonymen Be-
obachter/innen werden als potentiell an Mitgliedschaft Interessierte mitgedacht,
die sich vor der Registrierung zunächst ein Bild von Cibervalle machen wollen.
Die permanenten anonymen Beobachter/innen hingegen bleiben stets im Verbor-
genen. Hier scheint gerade die Diffusität des anonymen Publikums, das sich nie
zeigt, von dem man aber annimmt, dass es existiert, die Imagination bezüglich
seiner Relevanz zu verstärken. Man weiß nicht genau, wer und wie viele Personen,
wo und wie oft die Forumsaktivitäten beobachten, hat aber ein diffuses Wissen
darüber, dass das Forum nicht nur das Interesse von Privatleuten weckt, sondern
auch von Politiker/innen, Journalist/innen und Sozialwissenschaftler/innen[111] als
Ressource genutzt wird. Das imaginierte öffentliche Interesse am eigenen privaten
Handeln wird in den Kommunikationen immer wieder aktiviert, indem sich die
Akteur/innen gegenseitig zu angemessenem Verhalten ermahnen. Dabei weisen
sie etwa darauf hin, es gäbe viele Leute, auch Nicht-Paraguayer/innen, die regelmäßig die Aktivitäten im Forum verfolgten, auch wenn sie nicht registriert seien.
Es gilt also erstens zu bedenken, dass die anderen Mitglieder die eigenen kommunikativen Akte beobachten und zu einem späteren Zeitpunkt auch kommentieren
können, und zweitens, potentiell Interessierten gegenüber ein möglichst attrak-
tives Erscheinungsbild zu liefern. In dem Bewusstsein, dass das Forum eine glo-

---

[111] So trägt auch dieses Buch dazu bei, die Imagination der Cibervaller@s zu bestätigen, dass ihr
Privatleben von öffentlichem Interesse ist.

bale Reichweite hat, gilt es drittens, sich als Paraguayer/innen der Welt gegenüber zu positionieren. Der antizipierte Außenblick wird in jedem Fall eine relevante, handlungsleitende Größe für die Beurteilung der eigenen Aktivitäten.

Je nachdem, welches Publikum gerade adressiert wird, verändert sich offensichtlich auch die maßgebliche Zugehörigkeitsreferenz. Wenn die Cibervaller@s im Alltag vor allem die bekannten Mitglieder und die potentiell an Mitgliedschaft interessierten Zuschauer/innen adressieren, konstruieren sie in der wechselseitigen Beobachtung ihre Zugehörigkeit zu der jeweiligen lokalen Subgruppe und der globalen Gemeinschaft Cibervalle. Die latente Möglichkeit, auch von einer außerparaguayischen Weltöffentlichkeit beobachtet zu werden, läuft in den Kommunikationen unterschwellig immer mit und verpflichtet die Mitglieder zur Pflege des nationalen Images. In Situationen wie der des Brandes von Ycua Bolaños tritt dann diese umfassende Globalitätsreferenz in den Vordergrund. Denn in einer solchen Situation, in der sich eine außerparaguayische Öffentlichkeit in den Forumskommunikationen artikuliert, wird die Imagination, sich der Welt zu präsentieren, kommunikativ bestätigt. Nun treten die Cibervaller@s als Repräsentant/innen der „imagined community" Paraguay in Beziehung mit der Weltöffentlichkeit. Mit anderen Worten: Cibervaller@s werden bei der Pflege ihrer privaten Beziehungen und bei der Gestaltung ihres Alltagslebens nicht nur zu global playern. Es lässt sich überdies feststellen, dass nationale Zugehörigkeit und die Motivation zur Repräsentation der Nation durch die Beteiligung an globalen öffentlichen Kommunikationszusammenhängen bestärkt werden.

Die soziale Formation Cibervalle ist mehr als ein globales elektronisches Netzwerk, das auf Kommunikationen beruht. Sie ist auch mehr als die Summe der Lokalitäten, die sie verbindet. Cibervalle hat eine eigene sozial-räumliche Qualität für seine Nutzer/innen gewonnen. Es ist ein Ort ohne geografische Koordinaten, der dennoch eine konstante Adresse bietet. Man kann diesen Ort aufsuchen, man kann dort Dinge wahrnehmen und mit anderen erleben. Seine Bewohner/innen bilden darin gemeinsame Alltagsroutinen und „Denken-wie-üblich-Schemata" (Schütz 1972) aus, die mit der Zeit fraglos und selbstverständlich werden, wenngleich sie sich von den physisch-lokal gültigen Deutungsmustern unterscheiden, weil die physisch-lokale Alltagswelt eine andere Zeitlichkeit, Leib- und Raumbezogenheit aufweist (vgl. Schütz und Luckmann 2003) als die virtuell-globale Alltagswelt. Der ortlose Ort wird so zu einem Bereich direkter sozialer Erfahrung, den man mit seinen Mitmenschen teilt, dessen Bedeutung allerdings in einem Spannungsfeld divergierender Strukturen lokaler, globaler, medial vermittelter und kopräsenzbasierter Schichten der Lebenswelten seiner Bewohner/innen erfahren wird.

Schlussbetrachtung

Migrationserfahrene Mediennutzer/innen – medienkompetente Migrant/innen: Eine Avantgarde der Globalisierung. Betrachtet man die Praktiken der Mediennutzung in Migrationskontexten in ihrer zeitlichen Entwicklung, so wird deutlich, dass Medien in der Migration nicht erst in Zeiten von Satellitenfernsehen und Internet eine wesentliche Rolle spielen. Seit jeher werden sie eingesetzt, um den tatsächlichen Ortswechsel vorzubereiten, Netzwerke zu knüpfen, Beziehungen zwischen Herkunfts- und Aufenthaltsort aufrecht zu erhalten, politischen Einfluss auf den Nationalstaat auszuüben, dem man sich zugehörig fühlt, oder die Nation als kollektive Imagination überhaupt erst hervorzubringen. Was sich seither verändert und stetig weiterentwickelt hat, sind lediglich die Medienformate und die Intensität und Dichte der medialen Kommunikation.

Insbesondere das Internet hat mit seiner komplexen technologischen Struktur, der Möglichkeit zur globalen Kommunikation in Echtzeit sowie seines Potenzials zur Integration verschiedenster Medienformate den Prozess der Verdichtung globaler Kommunikation enorm beschleunigt. Die kreativen Praktiken, mit denen sich die Akteur/innen die Medien aneignen, führen gleichzeitig dazu, dass sich die Kommunikationsmedien weiterentwickeln. Der Vergleich der Ergebnisse der Studie von Thomas und Znaniecki aus den 1920er Jahren mit denen der vorliegenden Dissertation liest sich wie eine sozio-technologische Evolution und zeigt, dass Migration mit medialer Sozialisation verbunden ist. So, wie die (polnischen) Bauern im Zuge der Migration in die US-amerikanischen Städte lesen und schreiben gelernt haben, lassen sich heute paraguayische Großmütter und ihre Enkel in Cibercafés in den Gebrauch von Chat, E-Mail und Videokonferenz einweisen und lernen die Cibervaller@s den Umgang mit HTML. Während die briefliche Kommunikation der polnischen Familien die Anwesenheit des migrierten Angehörigen substituiert und ansatzweise auch simuliert, erzeugen die kommunikativen Praktiken in Cibervalle Spielarten von Interaktion und Präsenz, in denen die Grenzen zwischen imaginierter, virtueller und physischer Realität, An- und Abwesenheit, Sozialität und Technologie immer weiter zu verwischen scheinen.

Aus den Ergebnissen der vorliegenden Arbeit lässt sich verallgemeinernd die These ableiten, dass Migrationspopulationen und deren spezifischer Gebrauch von Kommunikationstechnologien geradezu prädestiniert sind, neue Formen der Sozialität hervorzubringen, die geografische Distanzen überwinden. Mit anderen Worten: bei der Frage, wie sich Globalisierungsprozesse im Alltag von Individuen entfalten und von den Akteur/innen befördert und gestaltet werden, stellen migrationserfahrene Mediennutzer/innen gewissermaßen eine Avantgarde dar. Vor diesem Hintergrund ist es erstaunlich, dass der Zusammenhang von Migration und medialer Kommunikation bislang recht wenig erforscht wurde und es kaum systematische

Bemühungen gibt, Migrationsforschung und Medienforschung in einen frucht-baren Dialog zu bringen. In der Medienforschung der Cultural Studies finden Migrationsgruppen und deren spezifische Praktiken der Medienaneignung zwar Berücksichtigung, allerdings liegt ihr Fokus vorwiegend auf der Produktion und Rezeption von Film- und Fernsehprodukten sowie auf dem Verhältnis zwischen dominanten und subalternen Kulturen[112] (vgl. Gillespie 1995, Morley und Robins 1995). Der Migrationsforschung mangelt es bislang weitgehend an Interesse für die Medienkompetenzen ihrer Forschungssubjekte[113]. Die vorliegende Dissertation versteht sich in dieser Hinsicht als Exempel, das die Vorteile einer solchen, an den Praktiken der Akteur/innen orientierten Interdisziplinarität plausibilisieren und zu ihrer systematischen Erweiterung ermutigen will.

Die Macht der Methode: Zum Verhältnis von Theorie, Empirie und Methodik in der qualitativen Sozialforschung. Die wesentlichen Herausforderungen der vorliegenden Forschung lagen kurz zusammengefasst darin, erstens ein Feld zu erkunden, das die Vorstellungen klassischer Ethnographie im wörtlichen Sinne übersteigt, zweitens Datentypen zu analysieren, für die es bisher kaum erprobte Analyseverfahren gibt, und schließlich eine Wirklichkeit zu beschreiben, für die den Sozialwissenschaften buchstäblich die Worte fehlen. Ein einführendes Theoriekapitel sucht man deshalb vergeblich in diesem Buch. Stattdessen nähert sich die Forschung ihrem Gegenstand reflexiv-methodologisch, das heißt über eine gegenstandsbezogene Methodendiskussion und die den gesamten Forschungsprozess begleitende Reflexion und Darstellung der Methodengenese. Mit der Entwicklung eines methodischen Konzepts, das sowohl konkrete, praktisch erprobte Möglichkeiten des ethnographischen multi-sitings als auch Analyseverfahren für internetbasierte Kommunikation enthält und darüber hinaus ethnographische und kommunikationsanalytische Verfahren miteinander kombiniert, leistet diese Studie einen innovativen Beitrag zur Erforschung globaler Mikrostrukturen, die durch Praktiken der Mobilität und Mediennutzung erzeugt werden.

Der methodologische Beitrag der vorliegenden Forschung geht allerdings über die Entwicklung konkreter Methoden hinaus. Das Methodenkonzept hat sich im Forschungsprozess sukzessiv entwickelt und kombiniert verschiedene methodische Ansätze in einer innovativen Art und Weise, die durchaus Anregungen für ähnliche Forschungsarbeiten geben, aber nicht ohne weiteres auf einen anderen Forschungsgegenstand übertragen werden kann. Denn sie erkennt nicht nur an, dass

---

[112] Migrationsgruppen sind für die Cultural Studies deshalb in erster Linie als ethnische Gruppen, also im Hinblick auf ihre ethno-kulturellen Deutungsmuster, interessant und weniger bezogen auf ihre Migrations*praktiken.*

[113] Das von Panagakos und Horst (2006) herausgegebene Sonderheft von Global Networks, in dem die Internet- und Mobilfunknutzung im Kontext transnationaler Migration in fünf Fallstudien untersucht wird, gilt in diesem Zusammenhang als rühmliche Ausnahme.

Forschungsgegenstand und die Methoden und Begriffe seiner Erfassung in einem reflexiven Konstitutionsverhältnis zueinander stehen. Vielmehr zeigt die Arbeit darüber hinaus, wie sich Reflexivität systematisch als Ressource zur Erschließung eines Forschungsgegenstandes nutzen lässt, und regt dazu an, die erkenntnisgenerierende Macht der Methode im Forschungsprozess stärker zu reflektieren. Im Hinblick auf das Verhältnis zwischen Empirie, Theorie und Methodik in der qualitativen Sozialforschung plädiert dieses Buch folglich für eine stärkere Hinwendung zur Methodologie.

Globalisierung alltäglicher Lebenswelten: (K)ein Thema für die Weltgesellschaftsforschung. Wie Greve und Heintz (2005) feststellen, beschränkt sich die „Entdeckung der Weltgesellschaft", im Sinne eines eigenständigen sozialwissenschaftlichen Untersuchungsgegenstandes, bisher weitgehend auf makroskopisch beobachtbare und bereits stark institutionalisierte Strukturmuster.

> „Die Größe des globalen Zusammenhanges legt es offenbar nahe, makroskopisch zu beobachten und makrosoziologisch zu erklären, während die Mikrosoziologie ins Reservat des (G)Lokalen verbannt und weltgesellschaftstheoretisch als irrelevant betrachtet wird" (2005:111).

Die Notwendigkeit für eine mikrosoziologische Herangehensweise erklärt sich den Autor/innen zufolge aus dem Umstand, dass selbst stark institutionalisierte Strukturmuster von den Akteur/innen lokal interpretiert, interaktiv ausgehandelt und praktisch vollzogen werden müssen. Darüber hinaus würden in einer strikt makrosoziologischen Ausrichtung der Weltgesellschaftsforschung „globale Zusammenhänge, die noch wenig institutionalisiert und entsprechend instabil und interaktionsabhängig sind, aus dem Blickfeld geraten" (ebd). Die vorliegende Forschung zeigt empirisch, dass sich „Weltgesellschaft" nicht nur in großen, stark institutionalisierten sozialen Zusammenhängen wie Funktionssystemen und Organisationen entdecken lässt. Sie bestätigt damit die Kritik von Greve und Heintz, geht jedoch über sie hinaus, indem sie dazu anregt, das Globale auch im Kleinen, im Unscheinbaren, im privaten Alltag von Individuen zu suchen. Für eine mikrosoziologische Fundierung der Weltgesellschaftsforschung enthält diese Studie eine Reihe von Anknüpfungspunkten für weitere Forschungen:

Am 16.05.2007 war in der Online-Version der paraguayischen Tageszeitung Ultima Hora ein Artikel zum Phänomen der Feminisierung der Migration in Paraguay zu lesen. Der Artikel beklagt den Mangel an fundierten sozialwissenschaftlichen Untersuchungen zu den sozialen Folgen der Migration, die im Hinblick auf die Entwicklung der Kinder und das Familienleben in Paraguay „sicherlich Veränderungen mit sich bringen, denn es gibt eine Generation von Paraguayern, die ohne Mutter aufwachsen wird" (*Übersetzung H.G.*). Gewissermaßen im Nebensatz kommt in dem Artikel ein Aspekt zur Sprache, der im Kontext des in dieser Arbeit entfalteten Forschungsinteresses von Bedeutung ist. So werden Kinder einer Familie zitiert, deren Mutter in Spanien arbeitet:

> „Wir werden ihr eine E-Mail schicken. Papa scannt eine Karte mit einem Herz, die ich gemacht habe. Da sage ich ihr, dass ich sie liebe und vermisse und viele Dinge mehr. ... So oft es geht, gehen wir in ein Cibercafé, um per Internet mit ihr zu sprechen und sie zu sehen (webcam). Sie ist dünner geworden" (*Übersetzung H.G.*).

An anderer Stelle wird von einem Projekt zur Stärkung der Rechte der Kinder berichtet, in dem die beteiligten Kinder gebeten worden waren, ihr Wunschbild der Gemeinschaft zu malen, in der sie leben wollen. „In der Regel malten sie Telefonkabinen und sie erklärten uns, die seien dafür da, dass sie mit ihrer Mutter telefonieren könnten, die in Spanien sei" (*Übersetzung H.G.*). Die Selbstverständlichkeit von medialer Kommunikation, Telefon- und Internetnutzung in der Organisation des transnationalen Familienlebens kommt in beiden Zitaten deutlich zum Ausdruck. Dass die Kinder nicht die Mutter, sondern eine Telefonkabine als Teil ihrer Wunschgemeinschaft sehen, weist auf eine Entwicklung hin, in der sich die Ergebnisse der vorliegenden Studie und die Notwendigkeit für vertiefende Forschungsarbeiten bestätigen. Denn an die Stelle der leibhaftigen Mutter tritt für diese Kinder schon die mediale Vermittlung, die durch die Telefonkabine symbolisiert wird. Ihre leibliche Abwesenheit wird fraglos akzeptiert. Was die Kinder sich wünschen, ist die Kommunikation mit der Mutter. In Paraguay und – so lässt sich vermuten – in vielen anderen Ländern wächst eine Generation heran, für die medial vermittelte Primärbeziehungen und virtuelle Interaktionen alltäglich werden, in deren Verständnis der Unterschied zwischen leiblicher Abwesenheit und medial vermittelter Anwesenheit immer weniger plausibel erscheint und deren Lebenswelten hochgradig medialisiert und globalisiert werden.

Wenn das kein Thema für die Weltgesellschaftsforschung ist.

¡Nos seguimos leyendo! [Auf Wiederlesen]

Glossar

Buena onda

[span. gute Welle]

onda bezeichnet umgangssprachlich die Ausstrahlung einer Person, die Atmosphäre oder die Stimmung einer Situation bzw. innerhalb einer Gruppe. In Cibervalle wird der Ausdruck **buena onda** sehr häufig verwendet. Damit werden gleichermaßen die positive Grundstimmung innerhalb der Gemeinschaft und die guten Absichten ihrer Mitglieder betont.

Clon, clonarse

[span. Klon, sich klonen]

bezeichnet die im Cibervalle-Forum übliche Praktik, sich mit mehreren Nicks zu registrieren, so dass eine Person sich mit mehreren Persona an der Forumskommunikation beteiligen kann. Die einzelnen Nicks können mit unterschiedlichen Persönlichkeitsmerkmalen ausgestattet sein, dann wird meist das Forum als identitäres Experimentierfeld angesehen. Oft ist die Neuregistrierung unter anderem Nick aber auch eine Möglichkeit, die Sanktionsform der temporären Exklusion von der Forumsbeteiligung zu umgehen. In der Regel wird zwischen einem Original-Nick und den ihm zugeordneten Clons unterschieden. Der Original-Nick ist der Name, mit dem sich die Cibervaller@s einander persönlich vorstellen, wenn sie sich etwa bei lokalen Treffen begegnen. Die Legitimität des Klonens wird in der Forumskommunikation kontrovers diskutiert und problematisiert. Der Clon gilt in Cibervalle als Inbegriff für jegliches unerwünschtes Verhalten. Sobald in einem Tópico Streit ausbricht, provokante Thesen vertreten, einzelne Teilnehmer/innen beleidigt, Schlechtes über Paraguay geschrieben oder die Cibervalle-Gemeinschaft kollektiv beschimpft werden, vermuten die Cibervaller@s Clons am Werk.

Compadre, comadre

[span. wörtl. Ko-Vater, Ko-Mutter]

ist in Paraguay die Bezeichnung für Pate oder Patin. Wie schon der Begriff vermuten lässt, spielen die Ko-Eltern bei der Erziehung und Fürsorge des Patenkindes in der Regel eine wichtige unterstützende Rolle.

Flame-war, to flame

[engl. aufflammen]

sind Begriffe aus dem Internetjargon, die das abrupte Auftauchen von hoch aggressiven, sich wechselseitig beschimpfenden Kommentaren bezeichnen. Ein Flame-War entwickelt sich meist aus einer zunächst sachlichen Diskussion, die dann in einen Schlagabtausch unsachlicher und meist beleidigender Äußerungen abrutscht.

Instant Messenger (IM), instant messaging

[engl. sofortige Nachrichtenübermittlung]

bezeichnet eine Software, die computervermittelte Echtzeitkommunikation mit anderen ermöglicht, die ebenfalls über diese Software verfügen. Es gibt verschiedene Messaging-Programme, die meist kostenlos aus dem Internet heruntergeladen werden können. Die übliche Kommunikationsform ist schriftlich (Instant-Chatting) und kann zwischen zwei oder mehr Personen erfolgen. Daneben halten die meisten IM-Programme weitere Dienste vor, wie etwa Dateienaustausch, Spiele oder Videokonferenz.

Lurker, to lurk [engl. herumschleichen]	ist ein Begriff aus dem Internetjargon, der die Position der anonymen Leser/innen in Diskussionsforen, Chaträumen, News-Groups oder Mailinglisten beschreibt.
Opinar, Opinión [span. Meinung]	ist die in Cibervalle benutzte Bezeichnung für das Verfassen und Veröffentlichen von Beiträgen in einem bereits bestehenden Tópico.
Perros [span. Hunde]	wird in Paraguay auch zur Bezeichnung einer Gruppe von Freunden verwendet.
Tags	sind in Kleiner- und Größerzeichen eingeschlossene Kürzel, die dazu dienen, in Auszeichnungssprachen (mark-up languages, wie HTML) Textelemente für Webseiten zu formatieren.
Tereré [guar. Mate, kalt]	ist ein Kaltgetränk auf der Basis von **Yerba Mate**, dem wahlweise weitere Kräuter, so genannte **yuyos,** zugefügt werden. Tereré wird in Paraguay in der warmen Jahreszeit zu jeder Gelegenheit getrunken. Als heißes Aufgussgetränk ist es im Winter als **Mate** bekannt. Tereré oder Mate werden aus einem speziellen Becher (**guampa**) mit einem Saughalm (**bombilla**) getrunken. Als kulturelle Praktik hat das Tereré- oder Matetrinken eine vergemeinschaftende Funktion. So werden Tereré und Mate in der Regel in Gesellschaft getrunken. Man sitzt zusammen, eine Person übernimmt die Aufgabe, den Tereré zu servieren und den leergetrunkenen Becher jeweils wieder mit Wasser aufzufüllen und an die nächste Person weiterzureichen. Trifft man auf eine tereré- oder matetrinkende Person oder Gruppe, gebietet es die Höflichkeit, das Getränk mit der hinzukommenden Person zu teilen.
Tópico [span. Thema]	bezeichnet in Cibervalle den einzelnen Diskussionsstrang innerhalb des Forums.
Videokonferenz	bezeichnet eine Art der Messengerkommunikation, die verschiedene Medien miteinander kombiniert. Neben dem Instant Chatting, also der schriftlichen, synchronen Kommunikation, werden dabei auch synchrone Sprach- und Bildübermittlung eingesetzt.
Yuyos	ist ein Wort aus dem Guarani, das aromatische Heilkräuter bezeichnet, mit denen Tee zubereitet wird oder die dem Tereré beigefügt werden können.

Literaturverzeichnis

Abu-Lughod, Lila, 1991, Writing Against Culture, in: Fox, Richard G. (Hrsg.), Recapturing Anthropology, Santa Fe: School of American Research, 137–162.

Adams, Angel Parham, 2004, Diaspora, Community and Communication: Internet Use in Transnational Haiti, in: Global Networks, Vol. 4(2), 199–217.

Ahrens, Daniela, 2001, Grenzen der Enträumlichung: Weltstädte, Cyberspace und transnationale Räume in der globalisierten Moderne, Opladen: Leske und Budrich.

Alvarez-Fleitas, Ramona, 2003, Vortragsmanuskript, in: Dokumentation des IV. Encuentro Nacional Metropolis Argentina. La ciudad como nexo entre la política migratoria y la integración de los migrantes, Buenos Aires, 25. 11. 2003, 36–39.

Amann, Klaus und Stefan Hirschauer, 1997, Die Befremdung der eigenen Kultur. Ein Programm, in: Hirschauer Stefan und Klaus Amann (Hrsg.), Die Befremdung der eigenen Kultur: Zur ethnographischen Herausforderung soziologischer Empirie, Frankfurt a. M.: Suhrkamp, 7–52.

Anderson, Benedict, 1996, Die Erfindung der Nation. Zur Karriere eines folgenreichen Konzepts, Frankfurt a. M.: Campus.

Androutsopoulos, Jannis, 2003, Online Gemeinschaften und Sprachvariation. Soziolinguistische Perspektiven auf Sprache im Internet, in: Zeitschrift für Germanistische Linguistik, Vol. 31(2), 173–198.

Androutsopoulos, Jannis, 2005, Virtuelle Öffentlichkeiten von Migranten, in: Jahrbuch für Kulturpolitik, Band 5, 299–308.

Appadurai, Arjun, 1998, Modernity at Large: Cultural Dimensions of Globalization, Minneapolis [u. a.]: University of Minnesota Press.

Ayaß, Ruth, 1997, Das Wort zum Sonntag: Fallstudie einer kirchlichen Sendereihe, Stuttgart [u. a.]: Kohlhammer.

Ayaß, Ruth, 2006, Zur Geschichte der qualitativen Methoden in der Medienforschung: Spuren und Klassiker, in: Ayaß, Ruth und Jörg R. Bergmann (Hrsg.), Qualitative Methoden der Medienforschung, Reinbek: Rowohlt, 42–71.

Bakardjieva, Maria und Simon Fraser, 2001, The Internet in Everyday Life. Computer Networking from the Standpoint of the Domestic User, in: New Media and Society, Vol. 3(1), 67–83.

Bareiro, Line, 2004, Paraguay empobrecido. Análisis de Coyuntura política 2004, in: CODEHUPY (Hrsg.), Derechos Humanos en Paraguay 2004, Asunción: 13–28.

Barfield, Thomas (Hrsg.), 1997, The Dictionary of Anthropology, Oxford [u. a.]: Blackwell.

Basch, Linda, et al., 1994, Nations Unbound: Transnational Projects, Postcolonial Predicaments, and Deterritorialized Nation-States, Amsterdam: Gordon & Breach.

Bauman, Zygmunt, 2000, Society under Siege, Polity Press, Cambridge.

Baym, Nancy, 1995, The Emergence of Community in Computer Mediated Communication, in: Jones, Steve (Hrsg.), CyberSociety – Computer Mediated Communication and Community, London: Sage, 138–163.

Beaulieu, Anne, 2004, Mediating Ethnography: Objectivity and the Making of Ethnographies of the Internet, in: Social Epistemology, Vol. 18(2–3), 139–163.

Beisswenger, Michael, 2002, Getippte Gespräche und ihre trägermediale Bedingtheit, in: Schröder, Ingo W. und Stephane Voell (Hrsg.), Moderne Oralität, Marburg: Reihe Curupira, 265–299.

Berg, Eberhard und Martin Fuchs (Hrsg.), 1993, Kultur, soziale Praxis, Text. Die Krise der ethnographischen Repräsentation, Frankfurt a. M.: Suhrkamp.

Berger, Peter A., 1995, Anwesenheit und Abwesenheit. Raumbezüge sozialen Handelns, in: Berliner Journal für Soziologie, Vol. 5, 99–111.

Bergmann, Jörg R., 1985, Flüchtigkeit und methodische Fixierung sozialer Wirklichkeit. Aufzeichnungen als Daten der interpretativen Soziologie, in: Bonß, Wolfgang und Heinz Hartmann (Hrsg.), Entzauberte Wissenschaft: Zur Relativität und Geltung soziologischer Forschung. Sonderband 3 der Zeitschrift ‚Soziale Welt‘, Göttingen: Schwartz, 299–320.

Bergmann, Jörg R., 1988, Ethnomethodologie und Konversationsanalyse, Studienbriefe (1–2), Hagen: Fernuniversität.

Bergmann, Jörg R., 1993, Alarmiertes Verstehen: Kommunikation in Feuerwehrnotrufen, in: Thomas Jung und Stefan Müller-Doohm (Hrsg.), Wirklichkeit im Deutungsprozeß. Verstehen und Methoden in den Kultur- und Sozialwissenschaften, Frankfurt a. M.: Suhrkamp, 283–328.

Bergmann, Jörg R., 2003a, Konversationsanalyse, in: Flick, Uwe et al. (Hrsg.), Qualitative Forschung. Ein Handbuch, Reinbek bei Hamburg: Rowohlt, 524–537.

Bergmann, Jörg R., 2003b, Ethnomethodologie, in: Flick, Uwe et al. (Hrsg.), Qualitative Forschung. Ein Handbuch, Reinbek bei Hamburg: Rowohlt, 118–135.

Bergmann, Jörg R., 2006, Qualitative Methoden der Medienforschung – Einleitung und Rahmung, in: Ayaß, Ruth und Jörg R. Bergmann (Hrsg.), Qualitative Methoden der Medienforschung, Reinbek: Rowohlt, 13–41.

Bergmann, Jörg R. und Christoph Meier, 2003, in: Flick, Uwe et al. (Hrsg.), Qualitative Forschung. Ein Handbuch, Reinbek bei Hamburg: Rowohlt, 429–437.

Bergmann, Jörg R. und Thomas Luckmann, 1995, Reconstructive Genres of Everyday Communication, in: Quasthoff, Uta M. (Hrsg.), Aspects of Oral Communication, Berlin [u. a.]: de Gruyter, 289–304.

Berié, Eva und Heide Kobert, 2006, Der Fischer Weltalmanach 2007, Frankfurt a. M.: Fischer, S. 384, Online-Version: http://www.weltalmanach.de/staat/staat_detail.php?fwa_id=paraguay [27.02.07].

Betrisey, Débora, 2000, Retóticas de exclusión. La construcción social de la migración limítrofe como „problema", in: Revista de Antropología Avá, Nr.1, 141–158.

Boase, Jeffrey, et al., 2002, Is there a Place in Cyberspace: The Uses and Users of Public Internet Terminals, in: NetLab, Centre for Urban und Community Studies, University of Toronto, http://www.chass.utoronto.ca/~wellman /publications/index.html [27.07.2004].

Boden, Deirdre und Harvey L. Molotch, 1994, The Compulsion of Proximity, in: Friedland, Roger und Deirdre Boden (Hrsg.), NowHere: Space, Time and Modernity, Berkeley: University of California Press, 257–286.

Bommes, Michael, 2002, Migration, Raum und Netzwerke, in: Oltmer, Jochen (Hrsg.), Migrationsforschung und Interkulturelle Studien – IMIS-Schriften, Nr. 11, 91–105.

Bommes, Michael, 2004, Migration, Belonging, and the Shrinking Inclusive Capacity of the Nation-State, in: Friedman, Jonathan und Shalini Randeria (Hrsg.), Worlds on the Move. Globalization, Migration and Cultural Security, London [u. a.]: I.B. Tauris, 209–227.

Braune, Ines, 2008, Aneignungen des Globalen: Internet-Alltag in der arabischen Welt. Eine Fallstudie in Marokko, Bielefeld: Transcript.

Burawoy, Michael, et al. (Hrsg.), 2000, Global Ethnography. Forces, Connections and Imaginations in a Postmodern World, Berkeley: University of California Press.

Bruno, Sebastián F., 2007a, Movilidad territorial y laboral de los migrantes paraguayos en el Gran Buenos Aires, Vortragsmanuskript, IX Jornadas Argentinas de Estudios de Población, Huerta Grande (Cordoba).

Bruno, Sebastián F., 2007b, Cifras imaginarias de la inmigracion limitrofe en la Argentina, Vortragsmanuskript, VII Jornadas de Sociología, Buenos Aires.

Chen, Wenhong, Jeffrey Boase und Barry Wellman, 2002, The Global Villages, Comparing Internet Users and Uses Around the World, in: Wellman, Barry und Caroline Haythornthwaite (Hrsg.), The Internet in Everyday Life, Oxford: Blackwell, 74–113.

CIA, 2008, World Fact Book, https://www.cia.gov/library/publications/the-world-factbook/geos/pa.html [09.01.2009].

Clementi, Hebe, 1987, La Frontera en America. Una clave interpretativa de la historia americana, Band 1, Buenos Aires: Leviatan.

Clifford, James und George E. Marcus (Hrsg.), 1986, Writing Culture. The Poetics and Politics of Ethnography, Berkeley [u. a.]: University of California Press.

DGEEC, 2002, Atlas Censal del Paraguay, URL: http://www.dgeec.gov.py/ Publicaciones/Biblioteca/Atlas%20Censal%20del%20Paraguay/atlas_censal_ paraguay.html [11.08.2006].

Dillon, Andrew und Barbara A. Gushrowski, 2000, Genres and the Web: Is the Personal Home Page the First Uniquely Digital Genre? In: Journal of the American Society for Information Science, Vol. 51, 202–205.

Dittmer, Dörte und Ulrike Fullriede, 1996, Como agua y aceite: zum Verhältnis von Mennoniten und Indígenas in der multiethnischen Gesellschaft im paraguayischen Chaco, Berlin [u. a.]: Wiss. Verlag Berlin.

Fariña, Gladys, 2004, Otro año más marcado por la lucha por la tierra, in: CODEHUPY (Hrsg.), Derechos Humanos en Paraguay 2004, Asunción: 265–284.

Fischer Sara, et al., 1997, Inmigración y Emigración en el Paraguay 1870–1960, digital veröffentlichtes Manuskript, http://www.clacso.org [07.09.2005].

Fogel, Ramón, 2005, Efectos socioambientales del enclave sojero, in: Fogel, Ramón und Marcial Riquelme (Hrsg.), Enclave Sojero: Merma de Soberanía y Pobreza, Asunción: CERI.

Garfinkel, Harold und L.D. Wieder, 1992, Two Incommensurable Asymmetrically Alternate Technologies of Social Analysis, in: Watson, G. und R. Seiler (Hrsg.), Text in Context, London und New Dehli: Sage, 175–206.

GCIM, 2005, http://www.iadb.org/mif/remittances/index.cfm [13.12.2006].

Georg, Sheba, 2000, „Dirty Nurses" and „Men Who Play". Gender and Class in Transnational Migration, in: Burawoy, Michael et al. (Hrsg.), Global Ethnography, Berkeley, University of California Press, 144–174.

Gille, Zsuzsa und Sean O Riain, 2002, Global Ethnography, in: Annual Review of Sociology, Vol. 28, 271–295.

Gillespie, Marie, 1995, Television, Ethnicity and Cultural Change, London: Routledge.

Glaser, Barney G. und Anselm Strauss, 1967, The discovery of grounded theory. Strategies for qualitative research, Chicago: Aldine.

Glick-Schiller, Nina, 2003, The Centrality of Ethnography in the Study of Transnational Migration: Seeing the Wetlands Instead of the Swamp, in: Foner, Nancy (Hrsg.), American Arrivals: Anthropology Engages the New Immigration, Santa Fe: School of American Research Press, Kapitel 4.

Glick-Schiller, Nina und Georges Fouron, 2001, Goerges Woke Up Laughing: Long Distance Nationalism and the Apparent State, Duke University Press.

Glick-Schiller, Nina und Ayse Çaglar, 2008, Migrant Incorporation and City Scale: Towards a Theory of Locality in Migration Studies. In: Willy-Brandt-Series of Working Papers in International Migration and Ethnic Relations, 2/07, http://hdl.handle.net/2043/5935 [18.01.2009].

Goffman, Erving, 1980, Die Rahmen-Analyse des Gesprächs, in: Goffman, Erving, Rahmen-Analyse. Ein Versuch über die Organisation von Alltagserfahrungen, Frankfurt a. M.: Suhrkamp, 531–601.

Goll, Michaela, 2002, Arbeiten im Netz: Kommunikationsstrukturen, Arbeitsabläufe, Wissensmanagement, Wiesbaden: Westdeutscher Verlag.

González de Bosio, Beatriz, 2000, Ocupación de espacios en el Paraguay colonial, in: Recondo, Gregorio (Hrsg.), Mercosur. Una historia común para la integración, Asunción und Buenos Aires: 181–192.

Gregorio Gil, Carmen, 1998, Migración Femenina. Su Impacto en las Relaciones de Género, Madrid: Narcea Ediciones.

Greve, Jens und Bettina Heintz, 2005, Die „Entdeckung" der Weltgesellschaft. Entstehung und Grenzen der Weltgesellschaftstheorie, in: Heintz, Bettina, Richard Münch, Hartmann Tyrell (Hrsg.), Weltgesellschaft. Theoretische Zugänge und empirische Problemlagen. Sonderband der Zeitschrift für Soziologie, Stuttgart: Lucius & Lucius, S. 89–119.

Grimson, Alejandro, 2002, El otro lado del río. Periodistas, Nación y Mercosur en la frontera, Buenos Aires: Editorial Universitaria de Buenos Aires.

Guarnizo, Luis E., 2003, The Economics of Transnational Living, in: International Migration Review, Vol. 37(3): 666–699.

Guber, Rosana, 2001, La etnografía. Método, campo y reflexividad, Bogota: Grupo Editorial Norma.

Guillén, Mauro F., 2001, Is Globalization Civilizing, Destructive or Feeble? A Critique of Five Key Debates in the Social Science Literatur, in: Annual Review of Sociology, Vol. 27, 235–260.

Günthner, Susanne und Hubert A. Knoblauch, 1997, Gattungsanalyse, in: Hitzler, Ronald (Hrsg.), Sozialwissenschaftliche Hermeneutik: Eine Einführung, Opladen: Leske und Budrich, 281–307.

Hack, Hans, 1960, Die Kolonisation der Mennoniten im paraguayischen Chaco, Amsterdam: Medeling/Koninklijk Instituut vor de Tropen.

Hall, Stuart, 1999, Kodieren / Dekodieren, in: Bromley, R. et al. (Hrsg.), Cultural Studies – Grundlagentexte zur Einführung, Lüneburg: zu Klampen, 92–110.

Halpern, Gerardo, 2003, Vortragsmanuskript, in: Dokumentation des IV Encuentro Nacional Metropolis Argentina. La ciudad como nexo entre la política migratoria y la integración de los migrantes, Buenos Aires, 25. 11.2003, 39–42.

Halpern, Gerardo, 2001, Convenios (Migratorios) sin Inmigrantes, digital veröffentlichtes Manuskript, http://www.periodismo.uchile.cl/encuentroconosur/ponencias/2/2a_gerardohalpern.html [15.12.2004].

Han, Petrus, 2003, Frauen und Migration, Stuttgart: Lucius & Lucius.

Hannerz, Ulf, 2003, Being There ... and There ... and There! Reflections on Multi-Site-Ethnography, in: Ethnography, Vol. 4(2), 201–216.

Hanratty, Dennis, et al., 2005, Paraguay: A Country Study, http://lcweb2.loc.gov/frd/cs/pytoc.html [23.05.2006].

Heft, Kathleen und Urmila Goel, 2005, Räume der zweiten Generation, Dokumentation des Workshops 10.–12.11.2005, Europa-Universität Viadrina, Frankfurt/Oder.

Heintz, Bettina, 2000, Gemeinschaft ohne Nähe? Virtuelle Gruppen und reale Netze, in: Thiedeke, Udo (Hrsg.), Virtuelle Gruppen. Charakteristika und Problemdimensionen, Wiesbaden: Westdeutscher Verlag, 188–218.

Heintz, Bettina und Christoph Müller, 2000, Virtuelle Vergemeinschaftung – Die Sozialwelt des Internets, http://www.soz.unibe.ch/ii/virt/sb00.pdf [08.01.2004].

Heritage, John, 1984, Garfinkel and Ethnomethodology, Cambridge und Oxford: Polity Press.

Herzog, Roman, et al., 2002, Internet und Politik in Lateinamerika: Regulierung und Nutzung der Neuen Informations- und Kommunikationstechnologien im Kontext der politischen und wirtschaftlichen Transformationen, Band 1. Einleitung und Vergleich, Frankfurt a. M.: Vervuert.

Hine, Christine, 2000, Virtual Ethnography, London: Sage.

Hirschauer, Stefan, 1999, Die Praxis des Fahrstuhlfahrens und die Minimierung von Anwesenheit. Eine Fahrstuhlfahrt, in: Soziale Welt Jg 50, 221–245.

Hirschauer, Stefan und Klaus Amann (Hrsg.), 1997, Die Befremdung der eigenen Kultur: Zur ethnographischen Herausforderung soziologischer Empirie, Frankfurt a. M.: Suhrkamp.

Holly, Werner und Heike Baldauf, 2001, Grundlagen des fernsehbegleitenden Sprechens, in: Holly, Werner, Ulrich Püschel und Jörg R. Bergmann (Hrsg.), Der sprechende Zuschauer. Wie wir uns Fernsehen kommunikativ aneignen, Opladen: Westdeutscher Verlag, 41–60.

Honer, Anne, 2003, Lebensweltanalyse in der Ethnographie, in: Flick, Uwe et al. (Hrsg.), Qualitative Forschung. Ein Handbuch, Reinbek bei Hamburg: Rowohlt, 194–204.

Jones, Steven G., 1995, Cybersociety: Computer-Mediated Communication and Community, London: Sage, 10–35.

Johnstone, Patrick, 1994, Handbuch für die Weltmission: Gebet für die Welt, Neuhausen-Stuttgart: Hänssler, S.529–31.

Karim, Karim H. (Hrsg.), 2003, The Media of Diaspora. Mapping the Globe, Oxford: Routledge.

Karim, Karim H., 2003, Mapping Diasporic Mediascapes, in: Karim, Karim H. (Hrsg.), The Media of Diaspora. Mapping the Globe, Oxford: Routledge, 2–17.

Kendall, Lori, 1999, Recontextualizing Cyberspace – Methodological Considerations for Online Research, in: Jones, Steven G. (Hrsg.), Doing Internet Research: Critical Issues and Methods for Examining the Net, Thousand Oaks: Sage, 57–75.

Khagram, Sanjeev und Peggy Levitt (Hrsg.), 2008, The Transnational Studies Reader. Intersections an Innovations, New York [u. a.]: Routledge.

Kieserling, André, 1999, Kommunikation unter Anwesenden: Studien über Interaktionssysteme, Frankfurt a. M.: Suhrkamp.

Klassen, Peter P., Was ist aus uns geworden? Die Mennoniten Lateinamerikas im Vergleich, http://www.jungegemeinde.de/jgakt600.htm [24.11.2003].

Klemm, Michael und Lutz Graner, 2000, Chatten vor dem Bildschirm: Nutzerkommunikation als Fenster zur alltäglichen Computerkultur, in: Caja Thimm (Hrsg.), Soziales im Netz. Sprache, Beziehungen und Kommunikationskulturen im Internet, Opladen [u. a]: Westdeutscher Verlag, 156–179.

Klima, Rolf, 1994, Lebensraum, in: Fuchs-Heinritz, Werner (Hrsg.), Lexikon der Soziologie, Opladen [u. a.]: Westdeutscher Verlag, 394.

Knoblauch, Hubert A., 1997, Zwischen den Geschlechtern? Zur In-Szenierung, Organisation und Identität des Transvestismus, in: Amann, Klaus und Stefan Hirschauer (Hrsg.), Die Befremdung der eigenen Kultur. Zur ethnographischen Herausforderung soziologischer Empirie, Frankfurt a. M.: Suhrkamp, 84–114.

Knoblauch, Hubert A. und Thomas Luckmann, 2003, Gattungsanalyse, in: Flick, Uwe, et al. (Hrsg.), Qualitative Forschung. Ein Handbuch, 538–546.

Knoblauch, Hubert, et al. (Hrsg.), 2006, Video Analysis. Methodology and Methods, Frankfurt a. M. [u. a.]: Peter Lang Verlag.

Knorr-Cetina, Karin und Urs Bruegger, 2002, Global Microstructures, The Virtual Societies of Financial Markets, in: American Journal of Sociology, Vol. 107(4), 905–950.

Krüger, Hildegard, 1979, Der Cabildo von Asunción. Stadtverwaltung und städtische Oberschicht in der ersten Hälfte des 18. Jahrhunderts (1690–1730), Frankfurt a. M.: Peter D. Lang.

Lachi, Marcello, 2004, Pobreza ... la única realidad económica paraguaya en crecimiento sostenido, in: Acción. Revista paraguaya de reflexión y diálogo, Nr. 250, 6–9.

Lindner, Rolf, 1981, Die Angst des Forschers vor dem Feld. Überlegungen zur teilnehmenden Beobachtung als Interaktionsprozess, in: Zeitschrift für Volkskunde, Vol. 77, 51–66.

Luna Nueva, 2005, La Trata de Personas en el Paraguay. Diagnóstico exploratorio sobre el tráfico y/o trata de personas con fines de explotación sexual. http://www.oimconosur.org/documentos/buscador.php?tipo=unico&documento=340&categoria=1 [11.10.2005].

Lustig, Wolf, 1995, Mba'éichapa oiko la guarani? Ein Portrait des guarani paraguayo, in: Hispanorama, Vol. 69: 19–27.

Lutz, Helma, 2003, Leben in der Twilightzone. Migration, Transnationalität und Geschlecht im Privathaushalt, in: Allmendinger, Jutta (Hrsg.), Entstaatlichung und Soziale Sicherheit. Verhandlungen des 31. Kongresses der Deutschen Gesellschaft für Soziologie. Teil 1, Opladen: Leske und Budrich, 254–266.

Maffia, Marta (Hrsg.), 2002, ¿Dónde están los inmigrantes? Mapeo sociocultural de grupos de inmigrantes y sus descientes en la provinicia de Buenos Aires, La Plata: Al Margen.

Malinowski, Bronislaw, 1967, A Diary in the Strict Sense of the Term, London: Routledge & Kegan Paul.

Mann, Chris und Fiona Stewart, 2000, Internet Communication and Qualitative Research. A Handbook for Researching Online, London: Sage.

Manning, Peter K., 1998, Media Loops, in: Bailey, Frankie Y. und Donna C. Hale (Hrsg.), Popular Culture, Crime and Justice, Belmont [u.a]: West/Wadsworth Company, 25–39.

Marcus, George E., 1996, Ethnography In/Of the World System: The Emergence of Multi-Sited Ethnography, in: Annual Review of Anthropology, Vol. 24, 95–117.

Mecheril, Paul, 2003, Prekäre Verhältnisse: Über natio-ethno-kulturelle (Mehrfach-)Zugehörigkeit, Münster [u. a.]: Waxmann.

Mecheril, Paul, 2004, Einführung in die Migrationspädagogik, Weinheim [u. a.]: Beltz.

Mecheril, Paul und Britta Hoffarth, 2004, Adoleszenz und Migration. Zur Bedeutung von Zugehörigkeitsordnungen, in: King, V. und H.-Ch. Koller, Adoleszenz – Migration – Bildung. Bildungsprozesse Jugendlicher und junger Erwachsener mit Migrationshintergrund, Wiesbaden: Verlag für Sozialwissenshaften, 221–240.

Miller, Carolyn und Dawn Shepherd, Blogging as Social Action: A Genre Analysis of the Weblog, Vortrag präsentiert an der Sussex University, AoIR Conference 2004, http://blog.lib.umn.edu/blogosphere/introduction.html [04.10.2004].

Miller, Daniel und Don Slater, 2000, The Internet – An Ethnographic Approach, Oxford [u. a.]: Berg.

Mitchell, Don, 2003, Cultural Geography. A Critical Introduction, Oxford [u. a.]: Blackwell.

Moes, Johannes, 2000, Von der Text- zur Hypertextanalyse: Konsequenzen für die qualitative Forschung, in: Forum Qualitative Sozialforschung, Vol.1(1), http://www.qualitative-research.net/fqs-texte/1-00/1-00moes-d.htm [15.08.2004].

Molinier, Lila, 2004, Análisis economico. De un modelo de desarrollo insostenible a otro sostenible, in: CODEHUPY, (Hrsg.) Derechos humanos en el Paraguay 2004, Asunción, 29–39.

Morley, D. und K. Robins, 1995, Spaces of Identity – Global Media, Electronic Landscapes and Cultural Boundaries, New York: Routledge.

Morokvasic, Mirjana, 1994, Pendeln statt Auswandern. Das Beispiel der Polen, in: Morokvasic, Mirjana und Hedwig Rudolph (Hrsg.), Wanderungsraum Europa. Menschen und Grenzen in Bewegung, Berlin: Ed. Sigma, 166–187.

Münker, Stefan, 1997, Was heißt eigentlich »virtuelle Realität«? Ein philosophischer Kommentar zum neuesten Versuch der Verdopplung der Welt, in: Münker Stefan und Alexander Roesler (Hrsg.), Mythos Internet, Frankfurt a. M.: Suhrkamp, 108–130.

Orthmann, Claudia, 2004, Strukturen der Chat-Kommunikation: konversationsanalytische Untersuchung eines Kinder- und Jugendchats, digital veröffentlichte Dissertation, http://www.diss.fu-berlin.de/2004/78/ [10.04.2006].

Orué Pozzo, Anibal, 1999, Comunicación y Estado en Paraguay, in Fogel, Ramón und James Diego Hay (Hrsg.), La Responsabilidad Social y la Vision del Futuro: Paraguay en el Siglo XXI, Asunción, 35–52.

Palau Viladesau, Tomás, 2004, La situación migratoria en el país. Para las autoridades, la migración es un problema de seguridad, in: CODEHUPY (Hrsg.), Derechos humanos en el Paraguay 2004, Asunción, 157–165.

Panagakos, Anastasia N., 2003, Downloading New Identities: Ethnicity, Technology, and Media in the Global Greek Village, in: Identities: Global Studies in Culture and Power, Vol. (10), 201–219.

Panagakos, Anastasia N. und Heather A Horst (Hrsg.), 2006, Return to Cyberia: Technology and the Social Worlds of Transnational Migrants, Sonderheft der Zeitschrift Global Networks, Vol. 6(2).

Park, Robert E., 1970 [1922], The Immigrant Press And Its Control, Westport: Greenwood Press.

Pertierra, Raúl (2006). Transforming technologies: Altered selves–Mobile phone and Internet use in the Philippines. Manila, the Philippines: De la Salle University Press.

Phizacklea, A. (Hrsg.), 1983, One Way Ticket: Migration and Female Labour, London: Oxford University Press.

Poster, Mark, 1997, Elektronische Identitäten und Demokratie, in: Münker, Stefan und Alexander Roesler (Hrsg.), Mythos Internet, Frankfurt a. M.: Suhrkamp, 147–170.

Potthast, Barbara, 2006, Algo más que heroínas – roles y memorias femeninas de la Guerra de la Triple Alianza, Vortrag präsentiert im Rahmen des IV. International Symposiums „De patrias y matrias: Género y nación en las Américas", Zentrum für interdisziplinäre Forschung (ZIF) Bielefeld, 29.11.–01.12. 2006.

Potthast-Juttkeit, Barbara, 1994, „Paradies Mohammeds" oder „Land der Frauen"? Zur Rolle von Frau und Familie in Paraguay im 19. Jahrhundert, Köln: Böhlau.

Prasad, Pushkala, 1997, Systems of Meaning: Ethnography as a Methodology for the Study of Information Technologies, in: Lee, Allan S. et al. (Hrsg.), Information Systems and Qualitative Research. Proceedings of the IFIP TC8 WG 8.2, London [u.a.]: Chapman und Hall, 101–118.

Pries, Ludger, 1998, Transnationale Soziale Räume – Theoretisch-empirische Skizze am Beispiel der Arbeitswanderungen in Mexiko-USA, in: Beck, U. (Hrsg.), Perspektiven der Weltgesellschaft, Frankfurt a. M.: Suhrkamp, 55–86.

Pries, Ludger, 2006, Zwischen methodologischem Nationalismus und Weltgesellschafts-Deduktion – Transnationalisierung und relationales Raumkonzept, Vortrag präsentiert am Institut für Weltgesellschaft, Universität Bielefeld, 05.12.2006.

Rawls, Anne, Warfield, 2002, Editor's Introduction, in: Garfinkel, Harold, Ethnomethodology's Program: Working out Durkheims Aphorism, Lanham [u. a.]: Rowman und Littlefield, 1–64.

Reichert, Ramón, 2008, Amateure im Netz. Selbstmanagement und Wissenstechnik im Web 2.0, Bielefeld: Transcript.

Rheingold, Howard, 1994, Virtuelle Gemeinschaft: soziale Beziehungen im Zeitalter des Computers, Bonn: Addison-Wesley.

Riquelme, Marcial Antonio, 2004, Los desafíos de la inmigración brasileña, in: Acción. Revista paraguaya de reflexión y díalogo, Nr. 250, 31–36.

Robertson, Roland, 1995, Glocalization: Time-Space and Homogeneity-Heterogeneity, in: Mike Featherstone (Hrsg.), Global Modernities, London: Sage, 25–44.

Sacks, Harvey, 1984, On Doing „being ordinary", in: Atkinson, John M. und John Heritage (Hrsg.), Structures of Social Action. Studies in Conversation Analysis, Cambridge [u. a.]: Cambridge University Press, 413–429.

Sacks, Harvey, Emmanuel Schegloff und Gail Jefferson, 1974, A Simplest Systematic for the Organisation of Turn-taking for Conversation, in: Language, Vol. 50, 696–735.

Salim, Celso, Migración brasiguayos y MERCOSUR. Fuerza de trabajo rural en el centro-oeste brasilero, digital veröffentlichtes Manuskript, http://www.clacso.org [15.08.2006].

Schmidt, Gurly, 2000, Chat-Kommunikation im Internet – eine kommunikative Gattung? In: Thimm, Caja (Hrsg.), Soziales im Netz, Opladen [u. a.]: Westdeutscher Verlag, 112–130.

Schmidt, Henrike und Katy Teubener, 2007, Abschlussbericht zum Projekt „Virtuelle (Wieder)Vereinigung? Mechanismen kultureller Identitätsbildung im russischsprachigen Internet", http://www.ruhr-uni-bochum.de/russ-cyb/news/de/aktuell.htm [01.05.2007].

Schneider, Daniel, et al., 2005, Instant Messaging – Neue Räume im Cyberspace. Nutzertypen, Gebrauchsweisen, Motive, Regeln, München: Reinhard Fischer.

Schütz, Alfred, 1971, Gesammelte Aufsätze, Band I – Das Problem der sozialen Wirklichkeit, Den Haag: Nijhoff.

Schütz, Alfred, 1972, Der Fremde. Gesammelte Aufsätze Band II – Studien zur soziologischen Theorie, Den Haag: Nijhoff.

Schütz, Alfred und Thomas Luckmann, 2003, Strukturen der Lebenswelt, Konstanz: UVK-Verlag.

Simmel, Georg, 1908, Exkurs über den schriftlichen Verkehr, in: Simmel, Georg, Soziologie. Untersuchungen über die Formen der Vergesellschaftung, Leipzig: Duncker & Humblot, 287–288.

Smith, Michael P. und Luis E. Guarnizo, 1998, Transnationalism From Below, New Brunswick: Transaction Publishers.

Smith, Robert C., 1998, Transnational Localities: Community, Technology and the Politics of Membership Within the Context of Mexico and U.S. Migration, in: Smith, Michael P. und Luis E. Guarnizo (Hrsg.), Transnationalism From Below, New Brunswick: Transaction Publishers, 196–240.

Soeffner, Hans-Georg, 1995, Die Ordnung der Rituale, Frankfurt a.M.: Suhrkamp.

Spiegel, Anna, 2005, Alltagswelten in translokalen Räumen: bolivianische Migrantinnen in Buenos Aires, Frankfurt a.M.: IKO.

Stegbauer, Christian, 2000, Begrenzungen und Strukturen internetbasierter Kommunikationsgruppen, In: Thimm, Caja (Hrsg.), Soziales im Netz. Sprache, Beziehungen und Kommunikationskulturen im Internet, Opladen: Westdeutscher Verlag, 18–38.

Stegbauer, Christian und Michael Jäckel (Hrsg.), 2008, Social Software. Formen der Kooperation in computerbasierten Netzwerken, Wiesbaden: VS Verlag für Sozialwissenschaften.

Stichweh, Rudolf, 2005, Inklusion und Exklusion. Studien zur Gesellschaftstheorie, Bielefeld: Transkript.

Sutter, Tilmann, 2008, „Interaktivität neuer Medien – Illusion und Wirklichkeit aus der Sicht einer soziologischen Kommunikationsanalyse, in: Willems, Herbert (Hrsg.), Weltweite Welten. Internet-Figurationen aus wissenssoziologischer Perspektive, Wiesbaden: VS-Verlag für Sozialwissenschaften.

Thiedecke, Udo, 2000, Virtuelle Gruppen: Begriff und Charakteristik, in: Thiedecke, Udo (Hrsg.), Virtuelle Gruppen, Wiesbaden: Westdeutscher Verlag, 23–73.

Thomas, William I. und Florian Znaniecki, 1958 [1918–20], The Polish Peasant in Europe and America, New York: Dover.

Tini, Natalia, 2004, Argentina-Paraguay, una relación especial, digital veröffentlichtes Manuskript, www.rlcu.org.ar [16.09.2006].

Tipp, Anika, 2008, Doing being present. Instant messaging aus interaktionssoziologischer Perspektive, in: Stegbauer, Christian und Michael Jäckel (Hrsg.), Social Software. Formen der Kooperation in computerbasierten Netzwerken, Wiesbaden: VS Verlag für Sozialwissenschaften.

Turkle, Sherry, 1995, Life on the Screen: Identity in the Age of the Internet, New York [u.a.]: Simon & Schuster.

Uimonen, Paula, 2003, Mediated Management of Meaning. Online – Nationbuilding in Malaysia, in: Global Networks, Vol. 3(3), 299–314.

Urry, John, 2002, Mobility and Proximity, in: Sociology, Vol. 36 (2), 255–274

Vertovec, Steven, Conceiving and Researching Transnationalism, in: Ethnic and Racial Studies, Vol. 22(2), 447–462.

Warkentin, Jakob, 2003, Probleme und Chancen des interethnischen Zusammenlebens im Chaco, in: Jahrbuch 2003 des Vereins für Geschichte und Kultur der Mennoniten in Paraguay, http://www.menonitica.org [13.12.2006].

Weber, Gaby, 2008, Das Ende der Abgeschiedenheit. Deutsche Mennoniten im paraguayischen Chaco, in: Ila, Zeitschrift der Informationsstelle Lateinamerikas, Nr. 312, 28–30.

Weidmann, Angelika, 1975, Die Feldbeobachtung, in: Koolwijk, J. und M. Wiekenmayser (Hrsg.), Techniken der empirischen Sozialforschung (Band 3), München: Oldenbourg, 9–26.

Wellman, Barry, 2000, Die elektronische Gruppe als soziales Netzwerk, in: Thiedecke, Udo (Hrsg.), Virtuelle Gruppen, Wiesbaden: Westdeutscher Verlag, 134–167.

Wellman, Barry und Bernie Hogan, 2004, The Immanent Internet, in: McKay, Johnston (Hrsg.), Netting Citizens, St. Andrews, Scottland: University of St. Andrews Press.

Wellman, Barry und Caroline Haythornthwaite (Hrsg.), 2002, The Internet in Everyday Life, Oxford: Blackwell.

Wimmer, Andreas und Nina Glick-Schiller, 2002, Methodological Nationalism and Beyond: Nation-State Building, Migration and the Social Sciences, in: Global Networks, Vol. 2(4), 301–334.

Wittel, Andreas, 2000, Ethnography on the Move: From Field to Net to Internet, Forum: Qualitative Research Vol. 1(1), http://qualitative-research.net/fqs/fqs-eng.htm [15.08.2004].

Whyte, William F., 1996 [1943], Die Street Corner Society. Die Sozialstruktur eines Italienerviertels, Berlin: de Gruyter.

Wobbe, Theresa, 2000, Weltgesellschaft, Bielefeld: Transcript.

Wolff, Stephan, 2003, Wege ins Feld und ihre Varianten, in: Flick, Uwe, et al. (Hrsg.), Qualitative Forschung. Ein Handbuch, Reinbek bei Hamburg: Rowohlt, 334–349.

Wolff, Stephan, 2006, Textanalyse, in: Ayaß, Ruth und Jörg R. Bergmann (Hrsg.), Qualitative Methoden der Medienforschung, Reinbek bei Hamburg: Rowohlt, 245–273.

Zarza, Olga, 1996, Género y Participación Económica en Paraguay, Asunción: Universidad Nacional.

www.ingramcontent.com/pod-product-compliance
Lightning Source LLC
Chambersburg PA
CBHW050636280326
41932CB00015B/2666